KB250832

자본론의 세계

자본론의 세계

풀빛신서 181

자본론의 세계

초판 1쇄 발행   2001년 8월 31일
초판 8쇄 발행   2013년 9월 25일

지은이   강신준
펴낸이   홍석
펴낸곳   도서출판 풀빛
등 록   1979년 3월 6일 제 8-24호
주 소   120-818 서울특별시 서대문구 북아현동 177-5 한딜빌딩 3층
전 화   02-363-5995(영업), 02-362-8900(편집)
팩 스   02-393-3858
전자우편   inmun@pulbit.co.kr
홈페이지   www.pulbit.co.kr

© 2001, 강신준

ISBN 89-7474-204-7 93320

자본론의 세계

강신준 지음

풀빛

서문

　『자본』의 번역 이후 번역자의 당연한 의무로『자본』의 해설서에 해당하는『「자본」의 이해』를 출판한 지 벌써 7년이 흘렀다. 맑스와『자본』에 대한 항간의 천박한 폄하 경향에도 불구하고『「자본」의 이해』에 대한 독자들의 애정은 비록 '인기'라고까지는 얘기할 수 없었지만 비교적 꾸준하게 지속되었다. 그것은 우리나라에서 맑스경제학이 갖는 현실성을 대변하는 것이었다고 필자는 믿는다. 그러나 이런 독자들의 지속적인 성원에도 불구하고 IMF 경제위기의 여파는 출판사 이론과 실천에도 밀어닥쳐『「자본」의 이해』는 잠시 절판되는 운명을 맞게 되었다.

　새로운 출판사를 구하는 것이 계기가 되어 필자는『「자본」의 이해』를 찬찬히 돌아볼 수 있는 기회를 갖게 되었고 이것은 결국 이 책의 전면적인 개편작업으로 이어졌다. 무엇보다도 사회적 변화를 강제하는 7년의 세월이 있었고 또한 10년째 계속하고 있는 동아대학교에서의 강의와 그동안 외부의 대학이나 노동조합들에 대한 특강들을 통해서 수강자들로부터 받은 이 책의 부족한 점에 대한 많은 지적들을 수용할 필요도 있었다.

　개편작업에서 필자가 가장 중요하게 고려한 점은『자본론』의 현실성과 관련한 우리 사회의 조건이 변화하였다는 사실이다. 무엇보다도 진보적인 운동에 채워져 있던 많은 족쇄들이 상당 부분 해체되었다. 남북관계가 진전

됨으로써 『자본론』에 대한 황폐한 야만의 근거가 되었던 분단과 관련된 신화의 허구들도 상당부분 제거되었다. 또한 민주노총이 합법화되고 민주노동당이 공개적인 정치활동을 수행함으로써 노동과 관련된 몽매한 파시즘도 어느 정도 걷혔다. 게다가 시민운동도 사회적인 지위를 획득함으로써 진보적인 운동의 다양성이 점차 확대되고 있다. 이는 민주주의를 향한 실험이 우리나라에서 본격화되었으며 이런 조건하에서는 이제 진보적인 운동이 단순히 억압에 저항하는 도덕성이나 당위론만으로는 입지를 얻기 어렵게 되었다는 것을 의미한다고 필자는 믿는다. 그것은 우리나라만의 특수한 상황이 아니라 세계적인 수준에서 이미 19세기말 진보적인 운동들이 경험해야 했던 일반적인 역사적 경향으로 확인되기 때문이다.

따라서 이제 『자본론』의 해석은 도덕성이나 당위론에 머무는 것이 되어서는 곤란하게 되었다. 그것은 구체적인 대안과 그런 대안의 실천과 관련된 과학으로 해석되는 것이 필요하게 된 것이다. 그래서 개편작업에서는 『자본론』이 과학이며 특히 '변화'를 위한 객관적인 과학이라는 점을 부각시키고자 노력하였다. 공상적 사회주의나 아나키즘과 맑스가 구별되는 가장 중요한 점은 진보(혹은 변화)가 도덕적 당위에 의해서 이루어지는 것이 아니라 현실을 변화시킬 구체적인 대안(지렛대)에 의해서만 이루어진다는 냉철한 과학적 인식에 있었다고 보기 때문이다. 그리고 바로 그런 점에서만 맑스와 『자본론』은 두 세기를 뛰어넘는 오늘에도 우리에게 의미 있는 고전으로 남을 수 있을 것이라고 필자는 생각한다.

이것은 특히 IMF 경제위기 이후 최근 우리 사회에서 새롭게 정치경제학에 대한 관심이 고조되는 경향이 당위적이거나 도덕적 관심에 머무는 것을 경계하고자 하는 바램과도 관련이 있다. 『자본』의 족쇄가 풀리기 이전에 그렇게 끓어올랐던 맑스에 대한 관심이 막상 족쇄가 풀리고 나서는 급작스럽게 연기처럼 사라졌던 경험을 우리는 가지고 있으며 이것은 맑스에의 관심이 도덕적 관심 이상을 넘어서지 못했던 때문이라고 필자는 믿기 때문이다. 맑스에 대한 과거와 최근의 관심은 모두가 사실상 당시의 파시즘적 상황과 현재의 신자유주의적 상황에 대한 변화의 갈망과 결부된 것이었으며 맑스에 대한 올바른 해독은 이런 변화의 열망을 어떻게 현실로 구체화시킬 것인가에 모아져야 했던 것이라고 생각된다. 그런 점에서『자본론』은 변화를 실현시키기 위한 실천적인 과학으로 해석될 필요가 있으며 이런 인식을 부각시키기 위하여 이 책에서는 제1장과 제12장이 새롭게 집필되었다.

이런 사회적 변화에 대한 고려와 함께 그동안 수강자들로부터 지적이나 요구를 받은 부분들을 새롭게 수용할 필요도 있었다. 이를 위해서 전체적인 목차를 새롭게 편성하였는데 개편된 부분 가운데 특히 설명이 필요한 부분은 두 부분이다. 하나는 자본주의를 변화시킬 일차적인 지렛대로서 자본 임노동간의 모순구조를 보다 구체적으로 설명하기 위하여 가치생산의 구조 외에 가치배분의 구조에서도 이들간의 모순적 관계를 부각시키고자 한 부분이다. 이는 그동안 노동조합 간부들을 상대로 정치경제학 강의를 수행하면서 생각해 오던 것들을 반영하기 위한 것이었다. 제8장은 이런 배경으로 새롭게 집필되었으며 주로 노동조합의 실천과 관련된 내용들이 중요하게 고려되었다. 그리고 또 하나는 자본주의의 모순구조내에 자본간 이해대립 구조를 부각시키고자 한 부분이다. 이는 최근의 신자유주의 경향에 대한 많은 혼선 가운데 케인즈주의와 통화주의간의 대립을 잘못 이해하는 경향이 있어서 이에 대한 이해를 도울 필요가 있다는 생각에서였다. 자본주의에서는 자본분파간에도 대립과 모순의 구조가 있으며 그런 측면에서 볼 때 1980년대 이후 진행된 신자유주의 경향은 산업자본과 화폐자본간의 대립이 표면화된 것이다. 그래서 이들 자본분파간의 이해대립구조를 설명하기 위하여 잉여가치의 배분에서 제9장과 제10장을 분리시켜 집필하였다.

나머지 부분들은『「자본」의 이해』에 있던 부분을 상당부분 살리면서 사

례와 내용을 보다 적합하고 일관된 형태로 바꾸어서 집필하였다. 그밖에 각 절의 끝 부분에 현실경제의 통계들을 중간 중간에 삽입해서 간단한 설명을 첨부해 두었는데 이는『자본론』의 정식들을 현실경제의 구조와 연결시키기 어렵다는 수강자들의 의견을 반영한 것이다. 이런 작업들을 통해서 결국 전체적으로 책의 체제가 완전히 개편되었을 뿐만 아니라 내용도 재집필에 가까운 수정이 이루어져서 결국 사실상의 새 책으로 만들어진 셈이 되었다. 그래서 제목도 새롭게 바꾸게 되었는데 그동안 필자와 이론과 실천사가『자본』으로 불러오던 것을 이번에는『자본론』으로 바꾸어 부르기로 하였다. 이는 워낙 맑스의 저작이『자본론』으로 일반화되어 있어서 이를 그대로 따르기로 한 결정이다. 그러나 '맑스'를 '마르크스'라고 부르는 일반적 경향은 받침을 표기하지 못하는 일본어 'マルクス'에서 따온 것이므로 받침표기가 가능한 우리말로는 '맑스'로 표기하는 것이 올바르다고 생각하기 때문에 그렇게 표기하였다.

　『「자본」의 이해』에 비하여 보다 적극적으로『자본론』을 해석하고자 다가섰다는 점에서 이 책은 그만큼 위험도 많이 안게 되었다. 그러나 이런 위험을 감수하지 않고는 맑스로부터 우리가 얻을 수 있는 것이 그만큼 적을 수밖에 없다는 것도 그동안 강의를 통해서 얻은 결론이었다. 물론 여기에는 '실천하지 않으면 오류도 없다'는 헤겔의 경귀가 상당 부분 그런 위험을 부추겼던 점도 사실이다. 실천으로의 접근은 이론적 위험을 수반하게 마련인 것이다. 이런 우려와 함께 미진한 감정의 빚도 아직 정리되지 못한 채로 남아 있다. 어려운 상황에서 출판된 탓에 적지 않은 결함을 안고 있는『자본』의 개역작업이 아직도 완결되지 못한 상황에서 해설서만을 다시 펴내게 되어 독자들에게는 어째 본말이 뒤바뀌어버린 것 같아 송구스럽기 그지없는 것이다. 그러나 그 작업이 방대한 작업이다 보니 오랜 기간을 필요로 하고 필자로서는 거북이걸음으로 할 수밖에 없는 작업이라는 점에서 염치없는 이해를 구할 뿐이다.

언제나 그렇듯이 감사의 이야기를 빠뜨릴 수는 없다. 무엇보다도 이 책은 애초 이론과 실천사의 『자본』의 번역작업으로부터 시작된 것이다. 그 어렵고 황폐한 시기에 그런 발판을 만든 이 출판사의 용기와 희생이 묻혀서는 안된다고 생각한다. 그리고 이제 이런 희생의 짐을 기꺼이 이어받은 풀빛출판사에게도 마찬가지의 감사를 드리지 않을 수 없다. 또한 필자가 『자본론』과 관련된 이런 작업을 계속할 수 있는 것은 무엇보다도 우리 사회에 대한 진보의 열망을 가지고 묵묵히 개인적 희생을 감당하는 많은 노동운동가들과 진보적인 지식인들이 필자와 함께 나란히 하고 있기 때문이다. 이들 가운데 필자와 다소간의 생각 차이가 있는 분들도 있겠지만 이들 모두가 가지고 있는 진보의 열망은 바로 이 책의 밑거름이 되고 있다는 점을 알려 드리고 싶다. 100여 년 전 맑스와 엥겔스가 『자본론』속에 담았던 그 변화의 열망이 이들의 그것과 별로 다르지 않으리라고 믿기 때문이다.

2001년 8월
부산에서   강신준

차례

그림과 표 차례

자본론의 세계

이 책 전체에서 사용되고 있는 약어 MEW는
Marx-Engels Werke(Dietz Verlag, Berlin)를 가리킨다.

제1장
『자본론』은 무엇을 위해서 쓰여졌는가

철학자들은 단지 세계를 다양하게 해석해 왔을 뿐이다. 그러나 중요한 것은 세계를 변화시키는 것이다. —Marx. 1886, 「포이어바하 테제」, *MEW* 21: 7

1. 요지경 세상—'이대로'와 '바꿔, 바꿔'

1997년 IMF 구제금융의 경제위기를 한 고비 넘기고 난 이후 서울의 강남에 있는 술집들에서 유행하던 건배구호는 "이대로!"였다. 제발 더도 말고 덜도 말고 지금의 상태가 지속되었으면 하는 간절한 바램과 의지가 담긴 구호였다. 그것은 금융위기를 통해서 터진 대박으로 주체할 수 없는 부를 얻은 사람들의 마음을 그대로 보여주는 것이었다. 도대체 이들이 "이대로!" 지속되기를 희망했던 것은 어떤 것일까?

품격 있는 인테리어에 널찍한 정원, 빌라에서 산다는 것이 이렇게 즐거울 줄 몰랐어요. 진작 이곳으로 이사오는 건데… (압구정동으로부터) 이사를 왔지만 맛 있는 음식을 파는 음식점, 아름다운 그림들이 전시돼 있는 화랑, 카푸치노의 향기를 더하는 테라스 카페를 아직도 자주 이용해요. 잃은 것 없이 얻은 것만 있는 셈이죠.

서울의 강남구 청담동에 있는 D건설사의 '로얄카운티'에 살고 있는 주부 L씨의 술회이다. 이 빌라는 105평형으로 시세가 8억 9,000만원으로 알려져 있다. 강남에는 이런 빌라들이 곳곳에 산재해 있는데 청담동 일대에 있는 것만으로도 상지리츠빌, 연세빌라, 두산빌라, 시티빌라, CJ호원빌라, 대우리츠카운티 등을 들 수 있다. 이들 빌라는 보통 100~150평형으로 평당 1,000만원 안팎으로 시세를 형성하고 있다고 한다(『동아일보』, 2000년 8월 21일자). 그러나 이런 빌라는 비슷한 동급의 많은 다른 빌라들과 그룹을 형성하고 있는 '범상한' 고급빌라들이다. 아예 타의 추종을 불허할 작정으로 만들어진 초호화빌라들도 있다. 4년 전인 1996년 이미 분양가가 '20억원+α'(α가 얼마인지는 끝내 알려지지 않았다)에 달해서 한때 주목을 받았던 '트라움하우스 II' 같은 빌라들은 350kg의 육중한 무게를 자랑하는 현관 철제문, 300벌의 외출복을 수용하는 드레스 룸, 가구당 3대 이상의 주차공간, 개당 600만원짜리 욕조 수도꼭지 등의 내부구조를 갖추고 있다(『동아일보』, 1996년 9월 15일자). 이런 세상에서 왜 '이대로!'가 아니겠는가?

그러나 술자리에서 흐드러지게 터져 나온 이 '이대로!' 구호는 "바람 부는 날이면 가야 하는" '압구정동'(혹은 강남)에서만 외로운 메아리로 울려 퍼지고 있다(유하, 1994).

세상은 압구정동만 있는 것이 아니다. 또 다른 세상이 있다. 그래서 세상은 요지경이다. 압구정동이 아닌 그곳에서는 '이대로!' 대신에 앙증맞은 10대 소녀가수 이모양의 노래가 넘쳐났다. 그 노래의 제목은 「바꿔, 바꿔!」였다. 1999년 한국을 휩쓴 이 노래는 금융위기를 통해서 대박이 아니라 오히려 쪽박을 맞아야 했던 많은 사람들의 절망을 대변하는 노래였다. 그 절망은 어떻게든 현재의 상태를 부인하고 벗어나고 싶어하는 마음이었다. 이런 사람들의 세상은 어떤 것일까?

건설회사에 다니는 K씨와 결혼한 주부 P씨(38세). 월세 20만원짜리 단칸방에서 신혼살림을 시작해서 남편은 10년을 넘게 새벽 6시에 출근해서 자정이 넘어서야 집에 들어오면서 휴일도 없이 성실하게 일하였다. "첫 월급 60만원 가운데 50만원을 저축하고 나머지 10만원으로 먹고 살았어요. 여행은커녕 외식 한 번 하지 않았어요. 카드할부로 물건을 사 본적도 없고요." 13평짜리 전세 아파트를 구하러 다닐 무렵, IMF 경제위기가 닥쳤다. 남편의 회사는 부도나고 곧 법정관리에 들어갔다. 회사의 권유로 1,500만원을 들여 샀던 우리사주도 휴지조각이 되었다. 남편은 6달째 월급봉투를 가져오지 않았다. 그러나 부도 6개월 만에 남편의 회사는 결국 회생하지 못하고 퇴출되고 말았다. "퇴출기업 발표가 있던 날 12살짜리 딸아이가 말했어요. 아빠는 열심히 일했는데 왜 그만두라고 하냐고요. 뭐라고 대답했으면 좋겠습니까? 우리 부부가 뭘 잘못한 겁니까?"(『한겨레신문』, 2000년 11월 4일자).

안타까운 사연은 또 있다. 중학교 1년생 딸과 초등학교 3년생 아들을 둔 이혼주부 Y씨.(37세) 보증금 800만원에 월세 20만원의 단칸방에서 아이들과 살아보려고 식당주방과 호프집 종업원, 일식집과 양식집 등을 다니며 닥치는 대로 일을 했다. 그러다가 "돈을 더 벌기 위해" (하루 3~5만원) 단란주점을 나갔다가 화재를 만나 희생되고 말았다. Y씨를 희생시킨 성남 단란주점 화재참사에서는 Y씨와 비슷한 사연을 가진 주부 희생자가 3명 더 있었다(『동아일보』, 2000년 10월 20일자). 이런 세상이 어떻게 '이대로!'일 수 있겠는가?

이런 세상이 어떤 것인지를 잘 보여주는 글이 있다. 2000년 9월 19일 전

북 군산시 대명동 속칭 '쉬파리골목'에서 발생한 화재로 숨져간 한 매매춘 여성의 일기장에는 이렇게 쓰여 있었다.

> 살고 싶다. 정말 살고 싶다. 사람답게 여자답게 살고 싶다.
> 도와 주세요. 삶의 의미조차 잃어버릴까 두렵습니다. 산다는 것이 힘들고 어려운 줄은 알았지만 이건 아닙니다.

그런 세상은 '이대로!'가 아니라 '이건 아닌' 세상인 것이다. 그래서 요지경세상은 우리에게 완전히 상반된 두 개의 세상을 보여준다. 하나의 세상은 '이대로!'이다. 그것은 더 이상 고치거나 손댈 필요가 없는 완성된 세상이다. 그리고 다른 하나의 세상은 '바꿔, 바꿔!'이다. 이 또 하나의 세상은 '이건 아니다'라고 생각되는 불완전하고 결함이 드러난 세상이다. 따라서 이 세상은 그대로 지속되기보다는 이제부터 '바뀌어야 할' 세상이다. 그러나 물론 세상 자체가 별개로 두 개인 것은 아니다. 세상은 동일한 하나의 것이며 그것을 바라보는 자리에 따라 두 개로 보일 뿐이다. 세상은 하나이면서 두 개인 요지경과 같은 것이다.

세기 말의 2000년 한국이라는 요지경 세상에는 이처럼 두 개의 상반된 세상이 함께 존재한다. 이제 『자본론』의 세계로 들어가기에 앞서 승차권을 점검해보기로 하자. 이 요지경의 두 세상 가운데 당신의 세상은 어떤 것인가? 만일 당신의 세상이 '이대로!'라면 당신은 차를 잘못 골라 탄 것이다. 당신은 다른 차를 바꿔 타야 한다. 그러나 당신의 세상이 '바꿔, 바꿔!'라면 당신은 차를 맞추어 탄 셈이다. 『자본론』의 세계로 들어가는 문은 '이대로!'가 아니라 '바꿔, 바꿔!'의 세상에서 비로소 열린다. '이것이 아닌' 세상에서 변화를 열망하는 사람에게만 『자본론』의 세계는 시작되는 것이다.

그러면 『자본론』이 만들어진 19세기 유럽에서는 어떤 '바꿔, 바꿔!'의 세상이 있었을까? 그리고 그 세상에서는 어떤 변화의 열망이 있었으며 그 열망은 『자본론』의 세계에 어떻게 담아졌을까? 그리고 그것은 20세기를 넘어서 21세기에 접어든 한국의 우리에게 어떤 의미를 갖는 것일까? 이제 그 물음의 첫 꼭지를 틀어보기로 하자.

2. 『자본론』이 본 세상은 어떤 것일까

판사: 당신의 직업은?

피고인: 프롤레타리아.

판사: 그것은 직업이 아니지 않은가?

피고인: 무엇이라고! 직업이 아니라고? 그것은 노동으로 살아가며 정치적 권리를 박탈당한 3천만 프랑스인의 직업이다!

1832년 1월 프랑스 법정에서 있었던 일이다. 피고는 시위를 주도한 혐의로 체포된 블랑키(Blanqui, Louis Auguste, 1805~1881)였다. 블랑키는 왜 이 법정에 섰을까? 판사가 의아해했던 그 생소한 직업, 프롤레타리아 때문이었다. 프롤레타리아가 처해진 현실이 그로 하여금 거리의 바리케이트 선두에 서게 만들었던 것이다. 어떤 현실이 있었을까?

먼저 지독한 가난이 있었다. 열악한 주거상태, 형편없는 의복, 빈약한 식사가 이들을 짓누르고 있었다.

1817년 왕립 의과대학 교수 앨리슨 박사(Dr. W. P. Alison)의 보고: (더블린의) 니콜슨(Nicholson) 골목에는 28개의 낡고 조그만 방에서 151명이 절대적 궁핍 속에서 살고 있는데 그 골목을 통틀어 2개의 침대와 2장의 담요밖에 없다(Engels, 1845, *MEW* 2: 266).

맨체스터에 대한 보고: 옥스퍼드 로드(Oxford Road) 남서쪽 리틀 아일랜드(Little Island)로 알려진… (이곳에는) 200채의 집들로 이루어진 두 개의 (노동자 주거구역이 있으며) 여기에서 약 4만 명의 인구가 살고 있다.… 거리는 울퉁불퉁하며… 배수시설이 되어 있지 않다. 많은 음식찌꺼기와 쓰레기 그리고 병을 일으키는 오물 등이 웅덩이 옆에 사방으로 퍼져 있다. 이런 것이 내뿜는 악취, 그리고 사방을 둘러싸고 있는 공장 굴뚝에서 내뿜는 매연으로 주변환경은 오염되고 새까맣게 그을려 있다. 헐벗은 여인네와 어린이들이 쓰레기더미와 웅덩이 안에서 돼지만큼이나 더러운 차림으로 이 주변을 돌아다닌다(Engels, 1845, *MEW* 2: 293).

…(위생감독관들은) 380명이 사는 팔라멘트가(Parliament Street), 그리고 30채가 넘는 팔라멘트가의 골목에 옥외변소가 하나밖에 없다는 사실을 발견하였다(Engels, 1845, *MEW* 2: 304).

그런데 이런 가난 그 자체는 문제가 아니었다. 가난은 오랜 옛날부터 늘상 있어왔기 때문이었다. 그것은 프롤레타리아에게만 해당하는 유별난 현실은 아니었던 것이다. 문제는 좀 다른 곳에 있었다. 프롤레타리아는 그냥 가난한 사람들이 아니라 노동하는 사람들이었기 때문이다. 그것도 정상적인 건강을 해칠 정도로 너무 많이 노동하는 사람들이었다.

1844년 공장감독관 손더스(Saunders)의 보고서: 여성노동자 중에는 며칠을 제외한 수주일 동안 계속해서 2시간이 채 못 되는 식사시간을 포함하여 아침 6시부터 밤 12시까지 일하기 때문에 주중 5일 동안은 통근시간과 침대에서 휴식할 수 있는 시간이 통틀어 6시간밖에 되지 않는 부인들이 있다(Kuczynski, 1967: 82).

공장주들은 보통 8~9세의 어린이들을 고용하고 있다. 그러나 드문 경우이긴 하지만 5살짜리 어린이도 고용하는 경우가 있으며 6~7세 어린이를 고용하는 것은 심심찮게 볼 수 있다. 노동시간은 식사시간과 휴식시간을 제외하고 14~16시간에 이른다(Engels, 1845, *MEW* 2: 375)

어느 양말직조공의 술회: 지난 월요일 나는 새벽 2시에 일어나 거의 한밤중까지 일했다. 그리고 그 다음날에는 다시 아침 6시에 일어나서 저녁 11~12시까지 일했다. 나는 그럭저럭 그렇게 할 수 있었다. 그러나 내가 계속 그렇게 한다면 결국 죽게 될 것이다(Engels, 1845, *MEW* 2: 410)

프롤레타리아의 가난은 이처럼 '죽도록' 일하는 것과 결합된 것이었다. 그러나 이런 최대한의 노동에도 불구하고 가난은 피할 수 있는 것이 아니었다.

빈곤은 특정한 노동자집단만이 겪는 특수한 경험이 아니라 모든 노동자 가족의 생활에서 나타나는 통례적인 특징이었다. '가난은 거의 누구에게나 언젠가는 닥쳐오고 말았다'(Schneider, 1980: 293).

결국 프롤레타리아의 세상은 죽도록 일해도 가난으로부터 빠져나올 수 없는 마법의 웅덩이와 같은 것이었다. 그런 세상을 프롤레타리아는 어떻게 바라보았을까?

'일하면서 살거나 싸우다가 죽는다'─1830년 프랑스 리용에서 봉기를 일으킨 견직공들은 자신들의 세상을 그렇게 바라보았다. 그들이 봉기에서 내걸었던 이 슬로건은 그들의 눈에 비친 세상을 압축적으로 보여준다. 프롤레타리아에게 세상은 '죽음'이었고 그 세상을 바꾸는 것만이 '생명'이었던 것이다. 『자본론』이 본 세상은 바로 이 마법의 웅덩이에 갇힌 프롤레타리아의 세상이었으며 '바꿔, 바꿔!'의 세상이었던 것이다. 엥겔스는 그것을 이렇게 표현하고 있다.

> 『자본론』은 대륙(유럽대륙—필자)에서 흔히 '노동자계급의 성서'로 불린다. 이 저작에서 도달한 결론이 독일이나 스위스뿐만 아니라 프랑스, 네덜란드, 벨기에, 미국 같은 곳에서도, 그리고 이탈리아나 스페인에서조차도 날을 거듭할수록 더욱 위대한 노동자계급 운동의 기본적인 원칙이 되고 있다는 것, 그리고 어디서나 노동자계급은 점점 이들 결론이 자신의 상태와 열망의 가장 적절한 표현이라고 인식한다는 것, 이러한 사실들은 이 운동에 정통한 사람들이라면 아무도 부정하지 못할 것이다(『자본론』, 제1권 영어판에 대한 엥겔스의 서문 가운데에서; *MEW* 23: 39).

19세기 유럽에서 『자본론』이 보았던 세상은 이처럼 '죽도록' 일을 해도 가난으로부터 벗어날 수 없는 모순에 가득 찬 마법의 세상이었다. 그런 세상에 갇힌 프롤레타리아들에게 그 마법은 '죽음'이었고 그들은 '생명'을 얻기 위해 목숨을 걸고 싸워야 했다. 『자본론』은 이 변화의 열망을 담고 있는 프롤레타리아의 '성서'였던 것이다. 『자본론』은 그 변화의 열망을 어떻게 담고 있는 것일까?

3. 변화의 지렛대는 어디에 숨겨져 있을까

『자본론』이 보았던 세상은 프롤레타리아의 세상이었고 그들에게는 그 세상을 '바꾸고자 하는' 열망이 가득했다. 『자본론』은 그 열망을 담고자 하였다. 그러나 단순한 열망만으로는 세상을 변화시킬 수 없다는 것이 점차로 사실로 드러났다.

1988년 6월 29일 오후 1시 서울시 신정동의 S무역상사라는 완구공장에서 한 소년 노동자가 원자재에 불을 질렀다. 14살밖에 되지 않은 이 소년은 평상시에는 하루 11시간, 일이 밀리면 17시간 반(한치의 과장도 없이 아침 8시 반부터 새벽 2시까지)을 일하면서 특근수당을 포함하여 12만원을 월급으로 받고 있었다(1988년 우리나라 1인당 국민소득은 4,127달러, 당시의 평균환율로 환산하면 약 280여만원으로 월평균 23만원여원이었다—필자). 방화혐의로 구속된 이 소년이 밝힌 방화동기는 "불이 나서 공장이 없어지면 힘든 일을 쉴 수 있고 자나깨나 다니고 싶던 학교에도 갈 수 있을 것으로 생각했기" 때문이었다(정운영, 1989: 24).

이 소년은 공장을 태워 없애면 세상이 바뀌어질 수 있다고 생각했다. 19세기의 유럽 노동자들도 처음에는 '바꿔, 바꿔!'에 대한 열망을 소년과 비슷하게 실현하고자 노력하였다. 선구자는 넷 러드(Nedd Ludd) 혹은 러들램(Ludlam)이라는 전설적인 인물이었다. 그는 양말편물공이었는데 양말편물기계를 망치로 때려부수었던 사람으로 전해지고 있다. 그의 이름을 따서 러디즘(Luddism) 혹은 러다이트(Luddite)운동이라고 불리는 이 운동은 소년의 행동처럼 공장의 기계를 파괴해버리는 운동이었다. 1811년을 전후해서 섬유산업을 중심으로 노팅엄서, 웨스트 라이딩, 랭카셔 등의 영국은 물론 독일, 프랑스, 벨기에, 북부 이탈리아 등에서도 많은 곳곳에서 기계파괴가 이루어졌다.

기계파괴는 은밀하고 전격적으로 이루어져서 사전에 저지하는 것이 쉽지 않았다. 영국 뉴캐슬(Newcastle)의 한 공작은 이렇게 술회하고 있다.

최대의 어려움은 폭동분자의 움직임과 의도에 대한 정확한 정보를 얻는 것이 거의 불가능하다는 점이다. 그들 사이에는 모든 것이 잘 조직되어 있고 그 행동 수단은 극히 비밀스럽게 이루어져서 누구라도 자기 목숨을 걸지 않고는 감히 고발할 수 없기 때문에 그들을 체포하는 것은 거의 불가능하다(Morton and Tate, 1956: 36).

그것은 또한 공개적으로 이루어지기도 하였다.

1819년 비엔느(Vienne)의 두 제조업자가 전모기를 도입하고자 하였다. … 기계가 경찰의 보호하에 리용에서 도착하자마자 노동자들은 기계를 부숴 버리기 위해 곧바로 포장상자에 달려들어 부수려고 하였다. 군대가 개입하지 않을 수 없었으며 주동자는 체포되었다(Sée, 1936: 191).

그러나 기계파괴는 세상을 바꾸고자 하는 노동자들의 열망을 실현하지 못하였다. 기계파괴에 참가한 노동자들은 처형되었고 파괴된 기계의 뒤를 이어 새로운 기계가 끊임없이 나타났던 것이다. 그리하여 러다이트운동은 실패로 끝났다. 열망만으로 세상은 변화하지 않았던 것이다. 그렇지만 이런 좌절에도 불구하고 열망은 스러지지 않았다. 열망은 형태를 바꾸어 지속적으로 터져 나왔다. 공제조합, 협동조합, 정치조직 등의 형태로 노동자들의 조직이 결성되기 시작하였고 파업과 폭동이 분출되었다. 노동자들의 단결을 억제하기 위한 단결금지법 등의 제약에도 불구하고 1820년대에 영국과 프랑스 등지에서는 무수히 많은 파업과 봉기가 이루어졌다. 1830년 프랑스 리용에서는 4만명의 견직공이 대규모 파업을 일으켰고 1848년에는 유럽 전역에서 노동자들의 봉기가 일어났지만 노동자들이 열망하던 변화는 이루어지지 않았다.

드디어 열망만으로는 변화가 이루어지지 않는다는 것이 분명해졌다. 변화의 열망을 실현하기 위해서는 그 변화의 지렛대를 찾는 것이 중요하다는 것이 점차로 모두에게 인식되었다. 『자본론』은 바로 그런 지렛대를 찾고자 하는 저작이었고 결국 그 지렛대를 찾아낸 실질적으로 유일한 저작이었다. 『자본론』은 그 지렛대를 경제적 관계(자본주의적 생산관계) 속에서 찾았다.

> 흑인은 흑인이다. 어떤 일정한 관계들 속에서 비로소 그는 노예가 된다. 면방적기계는 면방적을 위한 기계이다. 어떤 일정한 관계들 속에서만 그것은 자본이 된다. 이 관계들로부터 떼어놓으면 그것은 결코 자본이 아니다. 마치 금이 그 자체로는 화폐가 아니며 설탕이 설탕가격이 아닌 것과 같다.⋯ 자본은 하나의 생산관계이며 동시에 하나의 역사적 생산관계이다(Marx, 1849, 「임노동과 자본」, *MEW* 6: 407/408).

그래서 『자본론』은 서문에서 "근대사회의 경제적 운동법칙을 밝혀내는 것이 이 저작의 궁극목표이다"라고 분명하게 밝히고 있다.

『자본론』은 이처럼 변화에 대한 열망을 담고 세상을 바라보며 그 열망을 실현하기 위해 변화의 지렛대를 찾고자 하였으며 또 실제로 찾아낸 저작이다. 이제 우리는 『자본론』의 세계를 통해서 세상의 변화에 대한 모든 것들을 보게 될 것이다.

1997년 미국의 미디어 황제 제럴드 레빈 타임워너(주) 회장의 아들인 조나단 레빈(당시 31세)이 뉴욕 브루클린의 한 고등학교에서 영어교사로 재직하다 제자에게 피살되는 사건이 발생하였다. 조나단은 재벌2세의 자리를 마다하고 방 한 칸짜리 싸구려 아파트에 거주하면서 우범지역에 자리한 태프트고교에서 문제학생들을 지도해온 것으로 알려졌다. 그는 자신의 박봉을 털어 가난한 학생들에게 미래의 희망을 심어주고자 갖은 노력을 아끼지 않았다고 한다. 그를 살해한 범인이 바로 그런 문제학생의 하나였다는 점에서 그의 죽음은 안타까움을 불러일으켰다. 『뉴욕 타임즈』는 그의 고귀한 희생과 봉사에 대한 정신을 기려서 그의 사망소식을 6월 3일자 1면에 전하면서 이례적으로 개인의 죽음을 애도하는 사설을 다음과 같이 썼다. "레빈 교사의 사망소식이 1면 기사가 된 것은 그의 아버지가 레빈 회장이기 때문이 아니라 가난한 학생들을 위해 헌신 봉사한 참스승이었기 때문이다"(『조선일보』, 1997. 6. 9).

조나단 레빈의 이 안타까운 죽음은 우리에게 변화의 지렛대에 대한 힌트를 상징적으로 얘기해준다. 레빈이 맞닥뜨린 미국 사회의 모순은 그의 희생과 봉사를 통해 학생 개개인의 품성의 교정에 의해서 이루어질 수 있는 것일까? 그의 희생에도 불구하고 그를 살해한 제자는 왜 교정이 되지 않았을까? 그것이 품성의 문제일까, 아니면 레빈의 희생과 봉사의 부족 때문이었을까, 아니면 맑스의 얘기처럼 그런 문제를 재생산해내는 사회적 관계 때문이었을까?

맑스가 찾았던 변화의 지렛대와 조나단 레빈의 개인적 희생 사이에는 어떤 차이점과 공통점이 있는 것일까?

제2장
『자본론』은 어떻게 쓰여졌는가

1. 마법의 구조

1) 마법의 세상이 만들어지다

『자본론』이 보았던 마법의 세상에서는 이상하게도 '죽도록' 일을 해도 가난을 피할 수 없었다. 왜 그랬을까? 하나님이 프롤레타리아에게 부과한 원죄 때문이었을까? 아니다. 그것은 어쩔 수 없는 '신의 계시' 때문이 아니라 인위적으로 만들어진 구조적인 것이었다. 그렇다면 이런 마법의 세상은 어떻게 만들어졌을까?

그것은 가난의 방패막이를 제거함으로써 만들어졌다. 18세기 이전까지만 해도 유럽의 대다수 사람들은 농촌에 살고 있었다. 이들은 14세기 이후 이미 농노는 아니었고 대부분이 자영농민으로서 대토지소유자들에게 의탁하여 품을 팔아서 생계를 영위하고 있었다. 이들은 대토지소유자들에게 자신의 품값 이외에도 4에이커(약 5,000평에 해당함) 이상의 토지와 오두막집을 부여받았다. 뿐만 아니라 목초지와 숲('로빈 훗'에 나오는 셔우드숲이 바로 그런 숲이다)으로 이루어진 공유지를 누구나 함께 이용할 수 있는 권리도 가지고 있었다. 이들 공유지로부터 이들은 가축을 방목해서 키울 수 있었고 연료가 되는 나무와 석탄을 가져다 쓸 수 있었다(*MEW* 23: 745) 이들은 넉넉하지는 않았지만 이처럼 약간의 토지, 주택, 그리고 가축, 땔감 등을 가난의 방패막이로 가지고 있었다.

이 방패막이를 제거하는 것은 처음 15세기말 '공유지에 대한 울타리치기'(Enclosure Movement)로부터 시작되어 19세기의 토지 '청소'로 절정을 이루었다. 물론 그것은 '신의 계시'처럼 자연스럽고 당연하게 진행될 수 없었고 폭력과 강제를 동반하는 것이었다.

19세기에 지배적으로 자행되었던 방법의 실례로서 서덜랜드 여공작의 '청소'를 그 예로 들어도 충분할 것이다. 경제에 통달한 이 인물은 공작의 지위에 오르자마자 경제를 근본적으로 치유하겠다고 결심하고서 이전과 똑같은 과정을 거쳐서 이미 주민이 15,000명으로 감소된 자신의 영지 전체를 목양지로 바꾸어버렸다. 이 15,000명의 주민들, 약 3,000호의 가구는 1814년에서 1820년 사이에 조직적으로 내쫓겨 근절되었다. 그들의 촌락은 남김없이 헐리어 소각되었고 경지는 모두 목장으로 바뀌었다. 영국의 병사들이 명령을 집행하다가 토착민들과 충돌하게 되었다. 어느 노파는 오두막집을 떠나기를 거부하고는 그 불 속에 뛰어들어 타죽었다. 이렇게 하여 이 귀부인은 까마득한 옛날부터 씨족의 땅이었던 794,000 에이커의 토지를 남김없이 자기 소유로 만들었다.… 1825년에는 15,000명의 겔인들이 살던 이 땅에 131,000마리의 양이 길러지고 있다(*MEW* 23: 757/758).

이런 **토지청소**는 자명한 결과를 가져왔다. 이제 방패막이를 잃어버린 사람들은 "… 다른 사람들을 위한 노동을 통해서 생계비를 얻을 수밖에 없고 또 스스로에게 필요한 모든 것을 시장에서 구입해야 하는 사람으로 변해버렸다"(*MEW* 23: 754). 이들은 가난을 피할 수 없게 되었고 그 가난에 쫓겨

'죽도록' 일을 할 수밖에 없게 되었다. 그러나 그것으로 마법의 세상이 완성된 것은 아니었다. 도대체 토지로부터 쫓겨난 난 이 많은 사람들이 (토지가 아닌) 어디에서 일을 한단 말인가? '토지청소'는 마법의 세상을 위한 겨우 하나의 전제를 만들었을 뿐이었다.

또 하나의 전제는 1776년 3월 11일자 『버밍엄 가제트』(*Birmingham Gazette*)지에 난 기사와 깊은 관련이 있었다.

> 지난 주 금요일 와트씨의 새로운 원리에 따라 제작된 증기기관이 블룸필드(Bloomfield)탄광에서 가동에 들어갔다.… 이 진기하고 강력한 기계의 시운전을 보고자 호기심에 잔뜩 흥분해 있던 많은 과학자들이 그 순간을 함께 지켰다.… 이번 일로 증기기관에 대해 잘 모르는 사람들의 의심은 말끔히 사라졌으며 그 발명품의 중요성과 유용성에 대한 논란은 모두 끝이 났다(Langford, 1868: 221).

그러나 새삼 유용성이 입증된 와트의 이 증기기관은 사실 1720년대 이후 몇몇 탄광들에서 이미 사용되고 있던 뉴커먼(Newcomen)식 증기기관의 단점을 개량한 것에 지나지 않았다. 즉 그것은 당시에 널리 일어나고 있던 경향을 보여주는 한 단면에 불과한 것이었다. 이런 경향을 가장 상징적으로 대표하는 예는 1764년 하그리브스(James Hargreaves)가 발명한 제니방적기였다. 그것은 기존의 방적속도를 80배나 증가시키는 것이었다. 뒤를 이어 1785년 카트라이트(Edward Cartwright)가 발명한 역직기는 이제 방직속도를 약 40배나 증가시키는 것이었다. 이들 새로운 경향의 공통된 특징은 기계를 통한 생산의 비약적인 증대였다. 산업혁명(Industrial Revolution)으로 불리는 이 경향은 산업부문들의 운명을 완전히 바꾸어놓았다. 기계가 도입된 공업부문은 급속히 확대된 반면 기계의 도입이 늦은 농업이나 수공업부문은 위축되거나 해체된 것이다. '토지청소'를 통해서 토지에서 쫓겨난 사람들은 이제 급속히 확대되는 공업부문에서 일하게 된 것이었다. 그리하여 마법의 세상을 위한 두 번째 전제가 만들어졌다.

그런데 이렇게 새로 만들어지는 마법의 세상은 누가 주인일까? 무엇보다도 우선 '토지청소'로부터 쫓겨난 사람들은 아니었다. 그러면 그들을 쫓아낸 여공작 같은 사람들일까? 아니면 증기기관이나 역직기와 같은 기계를 만든 사람들일까? 모두 아니었다. 토지도, 공장도 아닌 정치의 영역에서 주인이 만들어지는 이 세 번째 전제를 통해서 마법의 세상은 비로소 완성된다.

1789년 7월 14일 프랑스 파리에서는 바스티유감옥이 파괴되었다. 그리고 4년 후 1793년 1월 21일. 파리의 기온은 섭씨 3도였고 날씨는 구름이 잔뜩 끼어 온종일 음침하였다. 이날 루이 16세가 처형당함으로써 마법의 세상은 낡은 주인을 청산하고 새로운 주인을 맞았다. 혁명이 있었고 많은 사람들이 피를 흘려야 했다. 그러나 모든 일이 지나가고 달콤한 열매를 최종적으로 차지한 사람은 지금까지 '제3계급'이라고 부르던 부르주아였다(부르주아가 어떤 사람들인지는 이 책의 중요한 주제이므로 나중에 자세히 다루게 될 것이다). 프랑스혁명을 통해서 부르주아정부가 탄생함으로써 이제 새로운 사회, 부르주아사회가 등장하였다. 그것은 '토지청소'와 산업혁명과 함께 『자본론』이 보게 되는 마법의 세상을 만들었다. 마법의 세상을 만든 두 개의 혁명(산업혁명과 프랑스혁명)을 우리는 이중혁명(dual revolution)이라고 부른다.

2) 숨겨진 마법의 열쇠

그(맑스를 가리킴-필자)가 남긴 교훈들은 철학과 경제학, 그리고 사회주의 분야에서 가장 위대한 대표자들의 교훈을 그가 곧바로 계승함으로써 이루어졌다. … 그것(맑스의 교훈들, 즉 맑스주의를 가리킴-필자)은 19세기에 인류가 창출한

최상의 것들, 즉 독일의 철학, 영국의 경제학, 프랑스의 사회주의의 합법적인 계
승자이다.- 1913년 3월, 레닌이 맑스 서거 30주년을 기념하며(Lenin, 1990: 41).

마법의 세상은 마법을 풀어줄 열쇠를 그 속에 간직하고 있었다. 변화의
지렛대는 새롭게 만들어질 것이 아니라 단지 '발견'하면 되는 것이었다.
『자본론』이 찾았던 변화의 지렛대는 마법의 세상 어디에 숨겨져 있었을까?
부르주아 사회는 자신을 변화시킬 지렛대를 세 가지 간직하고 있었고『자
본론』은 이 세 가지를 온전하게 계승하였다. 마법은 그렇게 풀리게 되어 있
었다.

부르주아 사회는 프랑스혁명을 통해서 신분이 중심이 되던 사회를 궤멸
시키고 '부'가 중심이 되는 사회를 열었다. 제3계급이었던 부르주아는 신분
사회에서 제1계급과 제2계급에 의해 억압받던 지위에 있었고 이들이 이들
두 계급에 비해 우월한 부분은 '부'에 있었다. 그리하여 부르주아가 중심이
된 사회에서는 이제 '부'가 모든 문제의 기준이 되었다. '좋은 신분'대신에
'많은 부'가 사회를 움직이는 원리로 되었다.

그러면 어떻게 해야 '많은 부'를 얻을 수 있는가? 이 문제만 전문적으로
연구하는 과학이 등장하였다.

1492년 아메리카 대륙(사실은 서인도제도)을 발견한 콜럼버스는 이사벨
라 여왕으로부터 훈장을 받았다. 훈장에는 이렇게 쓰여 있었다.

카스틸래(스페인왕국)와 레옹을 위해
콜럼버스는
새로운 세계를 발견하였다

그러나 콜럼버스가 발견한 것은 '새로운' 세계가 아니었다. 그것은 (오래

전부터 유럽인이 인디언이라고 불렀던 원주민이 이미 대를 이으며 살아온)
낡은 세계였을 뿐이다. 사실 콜럼버스가 발견한 것은 '금'이었다 콜럼버스
는 그 세계에서 이렇게 외쳤던 것이다.

> 금은 영물이다! 금을 가진 자는 그가 바라는 모든 것의 주인이다. 금이라면 영
> 혼을 천국에 이르게 할 수도 있다(콜럼버스, 「자메이카로부터의 편지」, 1503년;
> *MEW* 23: 145)

'부'를 향한 열망의 시대가 이렇게 열렸다. 콜럼버스가 보여준 '부'를 얻
는 방법은 '달걀을 세우는' 기발한 방법이 아니라 낡은 고전적인 수법, 항해
와 약탈이었다. 그러나 약탈에는 끝이 있었고 그래서 '부'를 얻기 위한 새롭
고 지속적인 방법이 모색되었다. 그리하여 '부'를 획득하는 방법을 전문적
으로 연구하는 학문이 시작되었다. 그것은 정치경제학(political economy)이라
는 이름을 얻었다(오늘날 우리가 경제학이라고 부르는 학문의 본명이 바로
이 political economy이며 economics라는 용어는 A. Marshall에 의해서 1900년
대 이후 불리는 또 하나의 경제학의 별명일 뿐이다). 정치경제학은 생산의
폭발적인 증대를 가져다준 산업혁명을 맞으면서 비로소 지속적인 과학의
안정적 체계를 갖추게 되었는데 여기에는 오늘날 경제학의 아버지라고 불
리는 아담 스미스(Adam Smith)의 결정적인 공헌이 있었다. 부르주아 사회의
작동원리를 이루는 '부'의 모든 것을 해명하는 과학인 정치경제학은『자본
론』이 찾고 있던 지렛대의 첫 번째 부분을 이루었다.

부르주아사회에서 '부'를 향한 열망은 1760년대 들어 산업혁명을 맞으면
서 획기적인 전기를 맞았다. 공업생산을 통해서 '부'는 폭발적으로 늘어났
고 부르주아사회는 넘쳐나는 '부'로 행복을 주체할 수 없게 되었다. 그러나
'부'와 행복만이 급증한 것은 아니었다. 그것과 함께 '가난'과 불행도 급증

하였다. 그리하여 급증하는 부와 행복을 거머쥔 부르주아와 함께 늘어난 '부'만큼을 가난과 불행으로 바꾸어 짊어진 프롤레타리아가 사회 내에서 마주보게 되었다. 부르주아사회의 발전과 함께 모순이 드러나기 시작했던 것이다.

부르주아는 봉건적 프롤레타리아의 잔재이기도 한 바로 그 프롤레타리아와 함께 출발한다. 그러나 역사가 발전해 감에 따라서 부르주아는 필연적으로 자신의 적대적 성격ー처음에는 어느 정도 은폐시킨 채로 단지 잠재적인 형태로만 존재하는ー을 발전시켜 나간다. 부르주아가 발전해 가는 만큼 그의 품 안에서 새로운 프롤레타리아, 즉 근대적 프롤레타리아도 함께 발전해 간다. 프롤레타리아와 부르주아간의 투쟁도 발전해 가는데, 이것은 양 계급이 이것을 느끼고 인식하고 평가하고 이해하고 결국 선전포고를 하게 되기 전까지는 잠정적이고 부분적으로 단속적인 갈등으로만, 즉 기계파괴운동 등의 형태로만 표출된다.… 이런 이해의 대립은 그들 부르주아들의 경제적인 생활조건에서 드러난다. 날이 갈수록 분명해지는 사실은 부르주아가 움직이고 있는 생산관계가 하나의 단일한 성격을 지닌 것이 아니라 이중적인 성격을 지니고 있다는 사실이다. 즉 부가 생산되는 바로 그 관계로부터 빈곤이 생산되며, 생산력의 발전이 이루어진 바로 그 관계로부터 생산력의 정체요인이 발전해 나오고, 이 관계로부터 부르주아적 부가 창출되는 과정은 단지 이 계급의 개별 구성원들의 부의 끊임없는 절멸과 끊임없는 프롤레타리아의 창출을 통해서라는 사실이다(Marx, 1885, 「철학의 빈곤」, *MEW* 4: 141)

부르주아사회의 발전이 만들어내는 이런 모순을 과학으로 제기한 사람들이 있었다. 프랑스에서는 생시몽(Claude-Henri de Saint-Simon)과 푸리에(Charles Fourier)가, 영국에서는 오웬(Robert Owen)이 이들의 선두에 섰다. 이들은 부르주아사회를 행복으로 가득 찬 세상이 아니라 '바꾸어야 할' 세상으로 바라본 최초의 사람들이었다. 『자본론』이 변화의 대상으로 본 마법의 세상은 바로 이 사람들이 물려준 유산이었다. 그리고 이들은 그 마법을 푸는 열쇠가 마법에 갇힌 프롤레타리아 속에 있다는 것을 처음으로 제기하였다. 그것은 『자본론』이 물려받는 두 번째 변화의 지렛대가 되었다. 부르주아사회를 마법의 세상으로 구성한 이 과학은 사회주의(socialism)였다.

변화의 열망이 이어지고 있음에도 불구하고 아직 변화가 실현되지 않고 있다면 이 열망은 과연 옳은 것일까? 1492년 8월 3일 팔로스항을 떠난 콜럼버스는 2달이 넘도록 육지를 발견할 수 없었다. 선원들은 지쳐서 폭동을 준비하였고 드디어 불만의 정점에서 10월 10일 사흘의 말미만을 콜럼버스에게 양보하였다. 다행히(?) 10월 12일 서인도제도는 발견되었다. 항로에 대한 과학적 확신이 없었다면 그 발견은 불가능한 것이었다. 프롤레타리아의 변화에 대한 열망도 마찬가지였다. 변화의 지렛대는 변화가 단순히 열망이 아니라 과학적 귀결이라는 확신을 담고 있어야 했다. 바로 그런 변화의 과학적 논증은 변증법적 유물론이라는 독일의 철학으로부터 주어졌으며 그것이 『자본론』의 세 번째 지렛대가 되었다.

사실 부르주아사회의 전제가 되는 산업혁명은 18세기 이후 자연과학의 혁명적 진보에 힘입은 것이었다. 그런 진보는 자연현상이 단순히 멈춰서 있는 것이 아니라 지속적으로 변화하고 진화하는 것이라는 사실을 보여주었다. 그리하여 자연뿐만 아니라 인간과 사회를 포함한 모든 사물이 변화하고 진화하는 것이라는 사고방식이 철학에서 자리를 잡았다. 이런 철학은 독일에서 칸트(Immanuel Kant)와 피히테(Johann Gottlieb Fichte)를 거쳐 헤겔(Wilhelm Friedrich Hegel)에서 거의 완성되었고 포이어바흐(Ludwig Feuerbach)에 의해 마지막 손질을 보았다. 그것은 변화에 대한 프롤레타리아의 열망에 과학적 확신을 제공하였다. 변화는 거역할 수 없는 사물의 법칙이었던 것이다.

『자본론』이 만들어지는 과정은 이 세 개의 요소들이 하나씩 발견되어 결합됨으로써 변화의 지렛대가 완성되어 가는 과정이었다.

2. 『자본론』의 출생

1) 마법사 맑스의 출생과 『자본론』의 출산 준비

『자본론』을 통해서 프롤레타리아를 부르주아사회의 마법으로부터 구원해줄 프로메테우스는 1818년 5월 5일 우리나라의 인기 있는 포도주 '마주앙'의 원액을 공급하는 모젤(Moselle) 강가의 조용한 도시 트리어(Trier)에서 출생의 울음을 터뜨렸다. 아이의 이름은 칼 하인리히 맑스(Karl Heinrich Marx), 주소는 브뤼켄슈트라세(Brückenstrasse) 10번지였다. 집안은 대대로 유태교의 율법을 가르치는 독실한 유태교집안이었으나 고등법원의 관리였던 아버지 하인리히대에서 공직 유지를 위해서 1817년 루터파 개신교로 개종한 상태였다. 사회적으로 탄탄한 지위를 가지고 있던 아버지 덕분에 맑스의 성장기는 유복한 환경을 유지하였다.

1835년 맑스는 아버지의 희망에 따라 법학공부를 위해 본(Bonn)대학으로 진학하였다가 이듬해 베를린대학으로 학교를 옮겼다. 그런데 당시 베를린대학은 헤겔철학의 소굴이었다. 맑스는 헤겔에게 빠져들었다. 아버지의 간절한 희망이었던 법학공부는 철학공부의 뒷전으로 밀려나고 말았다. 원래 헤겔철학은 낡은 질서를 무너뜨린 프랑스혁명의 의식을 반영하는 변화와 개혁의 철학이었다. 그러나 맑스가 베를린대학에서 만난 헤겔철학은 이미 변화가 끝난 부르주아사회에서 그 소명을 다하고 프러시아정부의 관변철학으로 변질해 있었다. 맑스는 헤겔을 원래의 개혁적 철학으로 재해석하는 급진적 흐름에 합류하여 헤겔 연구에 몰입하였다. 당시 베를린대학에는 이런 흐름을 주도하는 청년헤겔주의자(Junghegelianer)들이 소굴을 이루고 있었고 맑스는 이들 그룹에 합류하였던 것이다. 1841년 맑스는 박사학위논문으로 자신의 철학 연구의 소산인 「데모크리토스(Democritos)와 에피쿠로스(Epicouros)의 자연철학의 차이점」을 제출하였다. 그의 철학 연구의 성과는 이후 1843년 『헤겔의 국가법 비판』, 1844년 『유태인문제에 관하여』, 『헤겔법철학 비판』의 「서론」, 『경제학 철학 초고』, 1846년 『도이치 이데올로기』 등으로 이어진다. 이 철학 연구를 통해서 그는 독일의 철학체계를 온전하게 계승하여 부르주아사회를 변화시킬 지렛대 가운데 하나인 변증법적 유물론을 완성하였다.

박사학위 취득 후 교수직을 얻고자 하던 그의 희망은 베를린대학 시절의 학생운동경력 때문에 당시의 반동적인 프로이센정부에 의해 좌절되었다. 1841년 고향으로 돌아온 맑스는 이웃 도시 쾰른(Köln)에서 발간되고 있던 『라인신문』(Rheinische Zeitung)에 참여하여 1842년 편집장이 되었다. 반정부적 색채가 뚜렷하던 이 신문은 프로이센정부로부터 주목을 받았고 결국 1843년 3월 폐간되었다. 편집장으로서 이미 보안기관의 요시찰인물이었던 맑스는 파리로 망명하였다. 망명 직전 6월 19일 그는 트리어로부터 멀지 않은 크로이츠나허에서 7년의 연애를 끌어오던 옌니(Jenny von Westphalen)와 전격적으로 결혼한다.

1843년 10월 맑스는 가족과 함께 파리로 이주하였다. 파리생활은 그에게 중요한 두 가지 계기를 가져다주었다. 하나는 부르주아사회를 변화시킬 또 하나의 지렛대를 이루는 사회주의와의 만남이었으며 다른 하나는 『자본론』의 탄생에서 결코 빠뜨릴 수 없는 사람인 엥겔스(Friedrich Engels, 1820~1895)와의 만남이었다.

프랑스는 1789년 부르주아혁명 이후 유럽의 정치적 사회적 중심이었다. 새롭게 등장한 부르주아사회와 관련된 모든 변화가 이 곳에 집중되었다. 혁명으로 해체된 권력의 중심부를 금융 및 산업부르주아가 차지했으며 1830 년대 이후 급속히 나타난 산업혁명의 성과도 이들의 독차지가 되었다. 반면 혁명에 참여하였던 노동자들은 정작 혁명의 가장 중요한 성과인 선거에서 배제되었으며[1] 산업혁명 이후 급속히 커져 가는 '부'의 그늘에서 날로 심해 지는 착취와 빈곤에 시달렸다. 그리하여 1830년대 말부터 프랑스의 노동자 들 사이에서는 사회의 변화를 갈망하는 사회주의사상이 점차로 퍼져 나가 고 있었다. 생시몽과 푸리에를 추종하는 많은 사회주의자들이 다양한 유형 의 사회주의이론을 제기하고 있었다. 맑스는 파리에서 이들 다양한 사회주 의 조류들을 직접 만날 수 있었던 것이다. 그것은 부르주아사회를 변화시킬 두 번째 지렛대와의 만남이었다.

파리에서의 또 하나의 중요한 계기는 1844년 8월말에 이루어졌다. 엥겔 스와의 운명적인 만남이었다. 두 사람은 헤장스 카페(Café de la Régence. 이 카페는 벤저민 프랭클린 Benjamin Franklin, 드니 디드로 Denis Diderot, 생트 뵈브 Sainte-Beuve, 루이 나폴레옹 Louis Napoleon 등이 잘 찾던 곳이기도 하 였다)에서 만나 오랫동안 차분히 얘기를 나누었고 완전히 의기투합하였다. 엥겔스는 그것을 다음과 같이 회상하고 있다.

> 내가 1844년 여름 파리로 맑스를 방문하였을 때 우리는 모든 이론적 분야에 서 완벽한 일치를 확인하였고 그날부터 우리의 공동작업은 시작되었다(Engels, 1885, 「공산주의자동맹의 역사」, *MEW* 21: 211).

---

1) 1789년 프랑스혁명 이후 공화정의 기초로 제정된 1791년 헌법은 모든 공화국 국민을 능동시민과 피동시민으로 분류하였다. 분류의 기준은 3일간의 임금에 해당하는 직접세를 납부할 능력이 있는지의 여부였고, 이를 납부하지 못하는 국민은 피동시민으로 규정하여 일체의 선거권과 피선거권을 부여하지 않았다.

공동작업의 가장 중요한 성과는 바로 『자본론』이었다. 신호탄은 『독불연보』에 게재한 엥겔스의 「국민경제학 비판 개요」(Umrisse zu einer Kritik der Nationalökonomie)였으며 이 글은 이후 맑스의 경제학 연구에서 길잡이가 되었다. 1844년 이후 맑스는 점차로 경제학 연구로 넘어가기 시작하였다. 연구의 성과로서 1847년 『철학의 빈곤』이 출간되었고 1848년 엥겔스와 공동작업으로 『공산당선언』이 집필되었다. 그러나 부르주아사회를 바꿀 마지막 지렛대인 경제학과의 본격적인 만남은 1848년 혁명이 실패로 돌아가고 반동의 시대가 도래한 이후 맑스가 다시 파리에서 추방령을 받고 런던으로 망명한 이후에 이루어졌다.

영국은 정치경제학의 본산이었다. 1849년 런던으로 망명한 맑스는 런던의 대영박물관 도서실에서 페티(William Petty), 케네(François Quesnay), 스미스, 리카도(David Ricardo) 등의 많은 경제학자들의 저작, 부르주아사회의 내막을 소상하게 기록하고 있는 영국의회 의사록, 영국 공장감독관 보고서, 각종 역사·문화·기술·자연과학에 대한 문헌들, 각종 통계자료 등을 한껏 이용할 수 있었다. 박물관 열람실에 몇 년 동안 맑스는 단골좌석을 가지고 있었다. 1851년 6월 27일 바이데마이어(Joseph Weydemeyer)에게 보낸 편지에서 맑스가 술회한 바에 따르면 그는 "대개 아침 9시부터 저녁 7시까지 대영박물관에 있었다"(MEW 27: 558)고 한다. 맑스는 망명생활의 어려움 속에서도 정력적으로 연구에 몰두하였다. 이렇게 하여 『자본론』이 탄생할 준비가 모두 갖추어지고 탄생의 시간이 점차 무르익어 갔다.

드디어 1851년 4월 2일 맑스는 엥겔스에게 경제학 연구의 마무리 구상을 밝히고 11월에는 엥겔스의 집으로 가서 이 구상을 논의하였다. 이때 그가 밝힌 구상은 제1권 『(경제학) 비판』, 제2권 『(사회주의자) 비판』, 제3권 『(경제학의) 역사』였다. 그러나 이 구상은 극심한 빈곤으로 중단되었고 그는 당장의 빈곤을 해결하기 위하여 『뉴욕 트리뷴』지의 통신원 역할 등으로 바삐

쫓기게 된다. 1853년 이런 구상은 다시 재개되지만 그것도 성사되지 못한다. 1854년 크림전쟁이 발발하자 맑스는 다시 혁명에 대한 급박한 기대감에 휩싸여 1856년까지 경제학 연구를 중단한다.

2) 『자본론』의 집필

1857년 공황이 발생하자 공황이 혁명을 가져다줄지도 모른다는 기대감으로 인해 맑스는 경제학 연구에 새롭게 불을 당겼다. 그는 1857년 8월 오랫동안 구상에만 머물러 있던 경제학 비판의 '서론'(Einleitung)을 썼다. 그는 이 「1857년 서론」에서 자신이 구상하는 경제학 비판의

> 연구대상을 부르주아적 생산으로,
> 연구방법을 추상과 구체간의 교호적 방법

으로 규정하고 앞으로의 연구 개요를 확정지었다.

그리하여 드디어 1857년 7월부터 1858년 5월까지 약 10개월 만에 맑스는 『정치경제학 비판 요강』(*Grundrisse der Kritik der politischen Ökonomie.* 통상 '그룬트리세'라고도 부른다)를 완성한다. 그러나 맑스는 이 『요강』이 자신의 연구를 위해서 작성한 원고 형태로 되어 있지만, 아직 출판을 위한 형태로는 부족하다는 사실을 깨달았다. 그는 이 원고를 집필해 나가는 과정에서 계속 새로운 의문과 난관에 봉착해야 했고, 따라서 집필 도중에 이런 사후적인 사항과 추가적인 자료들을 끊임없이 보완해야만 했던 것이다. 이런 괴리는 나중에 출판원고와 이 『요강』 사이에 나타나는 결정적인 차이점에서 선명하게 확인된다. 『요강』에서의 출발점은 '화폐'였지만, 출판 원고인 『정치경제학 비판을 위하여』와 『자본론』의 출발점은 '상품'으로 되어 있기 때

문이다. 그래서 『요강』은 통상 '연구방법'(Forschungsmethode)에 의해 집필되었다고 얘기한다.[2]

『요강』에서 맑스는 중요한 이론적 문제들, 즉 이윤, 지대, 이자와 그런 특수 형태들로부터 독립된 순수한 형태로서의 잉여가치를 발견하였으며, 그럼으로써 부르주아적 생산 속에 숨겨진 비밀(이 비밀이 바로 그 짙은 그늘을 만들어내는 것이었다), 즉 착취의 본질을 과학적으로 증명하였다. 잉여가치이론의 정립과 함께 맑스는 이 『요강』에서 자신의 경제학 연구에 관한 독자적인 체계를 완성시킨 것으로 보인다. 그리고 『요강』의 집필 과정에서 맑스는 앞으로의 경제학 연구의 전체 체계를 ① 자본, ② 토지소유, ③ 임노동, ④ 국가, ⑤ 무역, ⑥ 세계시장의 6권으로 계획하였다.

『요강』이 거의 완성되어 갈 무렵 맑스는 이 저작의 출판원고를 준비하기 시작하였다. 출판업자를 물색하던 맑스는 라살레(Ferdinand Lassalle)[3]의 소개로 둥커(Franz Duncker)와 계약을 맺고 이 책을 몇 개의 단행본으로, 즉 분책으로 나누어 출판하기로 합의를 보았다. 1858년 4월 맑스는 제1분책의 내용 계획에 대해 엥겔스에게 편지로 자세히 알렸다. 제1분책은 3개 장으로, 즉 ① 가치, ② 화폐, ③ 자본으로 구성하기로 하였다.

맑스는 『요강』의 방대한 원고를 기초로 이 인쇄원고를 단숨에 다듬어내고자 노력하였다. 그러나 1858년 5월말까지 출판업자에게 넘겨주기로 계획되었던 제1분책 『정치경제학 비판을 위하여』(*Zur Kritik der politischen Ökonomie*)는 작업이 지체되었다. 3월 말경부터 건강이 악화되어 그는 종종 전혀 일에

---

2) 이런 맥락에서 『자본론』은 대개 '서술방법'(Darstellungsmethode)에 의거했다고 간주된다(Wygodski, 1976: 34).

3) 당시 독일 노동운동의 최고의 지도자로서 맑스의 동지였으나 나중에 노선의 문제로 점차 맑스와 거리가 멀어졌다. 두 사람간의 노선차이 문제는 강신준(1991)을 참고할 것.

몰두할 수 없을 정도로, 심지어는 "펜을 움직일 수 없을 정도"로 고통에 시달렸으며 고통을 무릅쓰고 작업을 강행한 경우에는 "어김없이 며칠 동안을 앓아 누워야만 하였다"(*MEW* 29: 318, 323). 게다가 이 시기에는 재정적인 어려움도 극에 달해 있었다. 그는 베를린에 원고를 보낼 우송료조차도 없어서 엥겔스가 돈을 보내줄 때까지 기다려야 하기도 하였다. 많은 어려움 끝에 원고는 1859년 1월 26일에야 비로소 베를린으로 우송되었다. 그러나 이번에는 인쇄가 늦어졌다. 우여곡절 끝에 『정치경제학 비판을 위하여』는 1859년 6월 중순에 출간되었다. 그러나 언론의 활발한 반향을 기대했던 맑스와 엥겔스의 기대는 여지없이 어긋났다. 언론은 침묵하였으며, 맑스는 이를 부르주아 언론들의 '침묵의 음모'라고 비난하였다. 이 책을 영어로 출판하려던 모든 시도도 실패로 끝났다.

제1분책을 탈고한 이후 맑스는 곧바로 제2분책의 집필에 들어갔다. 그러나 보나파르트의 첩자였던 포크트(Karl Vogt)가 그에게 중상모략을 퍼부은 사건이 발발하면서 그는 일시적으로 작업을 중단하였다. 이 중단은 『자본론』의 완성을 1년 반이나 지연시켰다. 새로운 작업은 1861년 8월부터 시작되어 1863년 7월까지 계속되어 총 23책의 초고가 완성되었다. 이 초고는 『요강』을 『자본론』의 제1초고라고 부를 때(Wygodski, 1976) 『자본론』의 제2초고에 해당한다. 총 23책의 초고는 대체로 다음의 네 부분으로 이루어져 있다.

첫 번째 부분은 1861년 8월부터 1862년 3월까지 집필된 제1책에서 제5책까지가 해당된다. 여기에서 맑스는 자본의 생산과정을 다루면서 『정치경제학 비판을 위하여』의 연구를 바로 속행시키고 있으며, 이 부분은 『자본론』 제1권의 앞부분의 초안을 포함하고 있다. 두 번째 부분으로 1862년 3월부터 12월까지 맑스는 제6책에서 제15책까지를 집필했다. 이것은 전체 원고의 절반 이상을 차지하는 방대한 분량으로서 이 부분은 "정치경제학의 핵심, 즉 잉여가치이론에 관한 자세한 비판적 역사를 담고 있다"(Engels,

1885, *MEW* 24: 8) 원래 '잉여가치학설사'는 이론적 절인 '자본의 생산과정'에 대한 역사적 보론으로서 이를 끝맺는 것으로 구상되었다. 그러나 작업이 많이 진척된 훗날 맑스는 이 방대한 자료를 세 권의 이론적 저서의 후편으로『자본론』제4권의 독립된 저서로 사용하고자 결심하였다. 세 번째 부분은 1862년 12월부터 집필된 제16책에서 제18책으로서 자본과 이윤, 이윤율, 상인자본과 화폐자본 등을 다루고 있으며, 이것은『자본론』제3권의 초고를 이룬다. 1863년 1월 말부터 맑스는 제5책에 대한 그의 새로운 생각들과 『자본론』제1권과 관련된 몇몇 주제들에 대한 생각들을 다시 정리하여 제19책에서 제23책까지를 완성하였다. 이것이 마지막 네 번째 부분을 이룬다. 1863년 7월에 전체 원고가 마무리되었고, 맑스는 이제『자본론』제1권의 집필을 위한 모든 준비를 마쳤다.

맑스는『자본론』제1권의 출판을 위한 작업을 시작하였고, 1865년 7월 중순까지 제2권과 제3권을 위한 초고도 함께 집필하였다. 제2권과 제3권의 초고가 완성될 때까지 그는 제1권의 출간을 미루었다. 제1권의 최종판을 위해서는 제2권과 제3권이 매우 중요했기 때문이었다. 잉여가치의 순수한 형태를 다룬 제1권을 위해서는 잉여가치의 특수 형태들인 이윤, 이자, 지대, 즉 제3권의 제반 문제에 대한 성숙하고 완성된 서술이 필수적이었던 것이다.

이런 작업의 결과로 1863년에서 1865년까지『자본론』의 제3초고가 만들어졌다. 그리고 이 초고에는 원래『자본론』제1권의 제6장으로 계획되어 있던 「직접적 생산과정의 결과」(Resultate des unmittelbaren Produktionsprozesses)가 포함되어 있었다.

3) 출산―『자본론』 제1권의 출판

결국 1866년 1월에 가서야 맑스는『자본론』제1권의 최종판을 집필하기 시작하였으며, 그것은 1867년초에 완성되었다. 맑스는 마치 "몇 번의 산고를 겪으면서 낳은 아이를 어루만지며 씻겨주는 것과 같은 기쁨"(*MEW* 31: 179)을 느끼며, 1867년 4월 10일 이 원고를 직접 독일로 가지고 가서 라이프치히의 출판업자 마이스너(Otto Meissner)에게 넘겨주었다. 4월 29일부터 출판작업은 시작되었고, 9월 14일 초판 1,000부가 발간되었다. 실로 25년 동안이나 지속된 작업의 결과였다. 맑스의 술회대로 그것은 맑스 자신의 "건강과 행복 그리고 자신의 가족의 희생"을 대가로 한 것이었다. 집필의 모든 과정을 지켜보았던 그의 아내 옌니는 이렇게 말하였다.

> 이보다 더 어려운 상황에서 쓰여진 책은 거의 없으리라. 이 책의 집필과 관련해서 알려지지 않은 이야기들을 책으로 엮어내자면 아마 몇 권 분량이 족히 넘으리라. 그리고 그것을 듣는 사람이라면 이 책을 쓰는 동안 묵묵히 감내해온 엄청난 근심과 번민 그리고 고통을 헤아릴 수 있을 것이다. 오직 노동자와 그들의 이익을 위해 쓰여진 이 저작이 완성되기까지 지불된 희생을 노동자들이 알아준다면 좋으련만…(*MEW* 31: 596).

맑스는 이 책의 인세로 해묵은 빚을 청산하고 자신의 재정적 어려움을 어느 정도 극복할 수 있기를 기대했다. 그러나 막상 거기에 들인 노력에 비해 『자본론』의 인기는 출판 직후 그다지 높지 못하였다. 맑스 자신의 술회대로 정작 실제 돌아온 인세는 너무 적어 그가 집필 기간 동안 피운 담뱃값에도 못 미칠 정도였다. 사실 맑스와 엥겔스는 이미 이런 사태를 어느 정도는 예견하고 있었다. 그들은 이미 1859년 『정치경제학 비판을 위하여』가 부르주아 언론에 의해 의도적으로 묵살되었던 경험이 있었기 때문이다.

그래서 『자본론』의 출판을 앞두고 맑스와 엥겔스는 어떻게 하면 이 책을 널리 알릴 것인지에 대해 많은 고민을 하였다. 출판업자인 오토 마이스너,

맑스의 친구인 쿠겔만(Ludwig Kugelmann), 베커(Philipp Becker)는 별도로 짧은 광고들과 서문의 전문이나 요약을 여러 잡지에 게재하였지만 그것들은 그다지 큰 도움이 되지 못하였다. 이때 엥겔스가 기발한 생각을 해냈다. 엥겔스는 이 책이 대중들의 주목을 받기 위해서는 부르주아들로부터 공격을 받아야 한다고 맑스에게 제안하였던 것이다. 1867년 9월 12일 맑스는 엥겔스의 이 아이디어에 전적으로 동의하는 편지를 썼다.

> 이 책이 부르주아로부터 공격을 받도록 해야 한다는 자네의 계획은 최상의 무기이네(*MEW* 31: 346)

이 계획에 따라 엥겔스는 1867년 가을부터 1868년 봄까지 부르주아 잡지에 적어도 15편의 『자본론』서평을 썼다. 이 작업의 효과는 매우 좋았다. 1868년 중반 이후 『자본론』을 더 이상 묵살하는 것은 무의미하다는 것이 분명해졌다. 이 저작에 관해 논의하는 것은 공공연한 일이 되었다. 1868년 권위 있는 독일 잡지에 부르주아 학자 3명의 서평이 게재되었다. 엥겔스의 표현대로 "묵살은 이제 지나간" 것이다.

1868년 9월 '상트 페테르스부르크 공제 신용조합'의 젊은 사무원 다니엘슨(Nikolai Danielson)으로부터 맑스에게 반가운 내용을 담은 한 통의 편지가 도착하였다. 이 편지에는 『자본론』을 러시아어로 번역해서 출판하고 싶다는 제안이 담겨 있었다. 그리고 1870년 7월초에는 구체적인 번역작업을 상의하기 위하여 러시아에서 로파틴(Herman Lopatin)이라는 젊은이가 맑스를 만나기 위하여 런던으로 왔다. 맑스의 조언하에 번역이 시작되었고, 1872년 3월 27일 『자본론』의 러시아어 판 3,000부가 출판되었다. 러시아어 판은 인기가 높아서 5월 15일까지 900부가 판매되었고, 연말까지는 초판이 거의 매진되었다. 뒤이어 1872년부터 1875년까지 프랑스어 판이 몇 부분으로 나뉘어 출판되었다. 맑스는 크게 고무되었고『자본론』은 이제 국제적인 명성을 확보하게 되었다.

독일에서도 상황은 점차 호전되고 있었다. 1871년 가을『자본론』제1권의 독일어 초판은 매진되었고 출판업자 마이스너는 맑스에게 조속한 시일 내에 제2판의 출판을 준비해달라고 요청하였다. 엥겔스의 상세한 지적들을 모두 검토하면서 맑스는 책의 전체 구성을 크게 개선시켰다. 모두 6장으로 구성되었던 초판은 제2판에서 7편 25장으로 재편되었다. 그리고 쿠겔만의 견해에 따라 난해하다고 지적된 가치형태론 부분을 새롭게 부록으로 추가하였다. 그리하여 새롭게 구성된 제2판이 1873년 6월초에 출판되었다.

4) 유복자의 출산과 미완성의 끝맺음―『자본론』제2권과 제3권의 출판

1867년초부터 맑스는 1865년에 이미 집필해두었던『자본론』제2권과 제3권의 초고에 손질을 가하기 시작한다. 1860년대말과 1870년대초에 맑스는 『자본론』의 완성을 위해 최선을 다했으나, 1864년 설립 초기부터 그가 깊이 개입해오던 제1인터내셔널의 과중한 업무로 작업은 많은 지장을 받았다. 그러나 그는『자본론』의 완성을 결코 포기하지 않았다. 1871년 11월 24일 맑스는 벨기에 노동운동 지도자인 페페(César De Paepe)에게 이런 그의 의지를 분명하게 표현하고 있다.

지난번 런던에서 말했듯이 나는 가끔 총회에서 손을 뗄 기회가 나에게 과연 찾아올 수 있을지 의심스럽게 생각해왔습니다. 이 단체가 성장함에 따라 더 많은 시간을 투자해야 할 것이지만, 그럼에도 불구하고『자본론』은 조만간 완성될 것입니다(*MEW* 33: 338).

1870년 1월 맑스는 『자본론』 제2권 토지소유 부분의 집필자료를 페페에게 요청하였으며, 1876년 3월에는 조르게(Adolph Sorge)에게 제2권과 제3권의 집필에 도움이 될 미국의 농업과 토지소유, 신용, 재정과 화폐관계 등에 관한 자료들을 구해달라고 요청하였다. 1875년 5월에서 8월까지는 잉여가치율과 이윤율간의 관계에 대한 계산에 골몰하여 『자본론』 제3권 제1편 제3장의 골격을 완성하였다. 1876년 2월 맑스는 「차액지대 그리고 토지로 화한 자본의 단순이자로서의 지대」라는 글을 쓰게 되는데, 이것은 나중에 『자본론』 제3권 제44장을 이루게 된다. 1878년 7월까지는 『자본론』 제2권 제1장 「화폐자본의 순환」의 출판 준비가 행해졌으며, 1880년에는 제3권 제3편 「이윤율 저하경향의 법칙」이 집필되었고, 제2권과 제3권의 나머지 부분도 집필되었다. 그러나 그의 이런 많은 노력에도 불구하고 『자본론』의 제2권과 제3권의 출판원고는 완성되지 못하였다.

1881년 12월 2일 맑스는 그의 평생의 반려자였던 아내 옌니를 잃는다. 그리고 그와 함께 그의 건강도 급속히 악화되어 갔다. 1883년 3월 14일 결국 맑스는 운명하였다. 운명하기 얼마 전 맑스는 딸 엘레아너(Eleanor)에게 『자본론』의 원고를 엥겔스에게 넘겨주라고 당부하였다. 엥겔스는 『자본론』의 나머지 원고를 즉시 출판하는 것이 자신의 의무라는 것을 절감하고 있었다. 그러나 여기에는 많은 시간이 필요하였고, 엥겔스는 자신의 남은 전 생애를 여기에 쏟아 부었다. 그런 의미에서 『자본론』의 제2권과 제3권은 명백히 맑스와 엥겔스의 공동작업의 소산이다.

1884년 봄 엥겔스는 제2권의 편찬에 들어갔다. 그것은 고행의 시작이었다. 판독하기 어려운 미세한 글씨로 빽빽하게 쓰여진 수백 장의 원고가 그의 앞에 놓여 있었고, 그는 우선 이 '상형문자'들을 읽기 쉬운 원고로 옮겨야 했다. 거기에만도 수 주일이 소요되었다. 이미 63세였던 그는 자신의 나이도 잊고 간혹 밤을 꼬박 새우기도 하였다.

마침내 그는 병이 들었고 의사로부터 경고를 받았다. 그러자 엥겔스는 비서를 채용하여 매일 5시간씩 그의 병실에서 원고를 받아쓰도록 하였다. 엥겔스는 제2권이 "가능한 한 완결된 저작이되 동시에 편집자가 아니라 저자 자신의 저작으로 간행되어야 한다"(Engels, 1885, *MEW* 24: 7)는 입장을 고수하였으며, 따라서 선별된 초고를 가능한 한 쓰여진 그대로 옮기고 문체도 최소한의 선에서만 변화시켰다. 1885년 중반 드디어 『자본론』 제2권이 간행됨으로써 엥겔스는 자신의 과업의 일부를 달성하였다.

그러나 아직 제3권이 남아 있었다. 엥겔스는 원래 이 제3권을 제2권과 동시에 또는 늦어도 2~3년 이내에 출판원고로 완성하고자 하였다. 그러나 막상 초고를 접하게 되자 그는 초고의 불완전한 상태에 놀라지 않을 수 없었다. 그는 제3권이 제2권보다 훨씬 힘든 작업이 되리라는 것을 예감했지만, 그것에 9년이 소요되리라고까지는 생각하지 못하였다. 쉽게 알아볼 수 있는 원고로 옮기는 작업은 제2권에 비해 쉽게 진행되었다. 그 작업은 1885년 1월에 끝났다. 엥겔스는 곧바로 편집에 들어갔으나 제3권의 간행은 쉽게 이루어지지 않았다.

무엇보다도 초고의 상태가 단순히 한번 훑어보는 정도로 편집될 수 있는 상태가 아니었다. 게다가 맑스가 사망하고 나서 국제노동운동에서 엥겔스는 유일하게 남은 가장 권위 있고 탁월한 상담자였다. 그리고 1889년에는 제2인터내셔널이 창설되었다. 엥겔스는 각국의 노동운동 지도자들의 끊임없는 방문과 상담에 응해야만 하였다. 그러나 이런 어려움 속에서도 작업은 계속되었다.

제4장의 경우에는 엥겔스 자신이 직접 집필해야만 하였다. 초고에는 「자본회전이 이윤율에 미치는 영향」이라는 소제목밖에 없었기 때문이었다. 제3장도 엥겔스가 거의 집필하다시피 해야만 했다. 가장 어려웠던 부분은 제5편이었다. 엥겔스는 이 부분을 다음과 같이 회고하고 있다.

요컨대 여기는 완성된 초고는커녕 윤곽에 따라 채워 넣을 도식도 없고 단지 여러 차례 무질서하게 산더미처럼 쌓인 메모, 주석, 발췌 형태의 자료들로만 정리된 흔적뿐이다. 처음에 나는 이 제5편을 내가 제1편에서 어느 정도 성공적으로 그러했듯이 빈 곳을 메우고 단지 암시에 그친 단편적인 문장들을 완결시킴으로써 이 제5편이 저자가 저술하고자 했던 모든 것을 적어도 개략적으로나마 제공하려고 시도하였다. 나는 이를 적어도 세 차례 시도했으나 매번 실패하였다.… 마침내 나는 이런 식으로는 불가능하다는 것을 깨달았다. 나는 이 분야의 방대한 문헌을 모두 읽어야만 하였으며, 결국 맑스의 책이 아닌 것을 만들어냈다. 나에게는 어떤 의미에서는 이 일을 서둘러 끝내고 기존의 것을 가능한 한 정리하는 데 그치며 절실하게 필요한 것만을 보충하는 길밖에 없었다(Engels, 1895, MEW 25: 12/13).

이렇게 힘든 작업에도 결국 끝이 있었다. 1894년 가을 마침내 『자본론』 제3권이 출판되었고, 맑스의 유언은 실현되었다. 일찍이 『자본론』 제1권의 출판을 앞두고 벅찬 감정을 억누르면서 1867년 8월 16일 맑스는 엥겔스에게 이렇게 편지를 썼다.

방금 이 책의 마지막 장의 교정을 모두 마쳤네. 부록—가치형태—은 소활자로 1과 4분의 1장에 달하는군.
서론은 어제 교정을 끝내고 돌려보냈네. 드디어 이 책이 완성되었네. 이것이 가능했던 것은 오로지 자네 덕택일세! 나를 위한 자네의 희생이 없었다면 세 권에 달하는 이 방대한 저작은 결코 이루어지지 않았을 것일세. 감사에 가득 찬 마음으로 자네를 껴안고 싶네(*MEW* 31: 323).

　그러나 이 감사의 편지가 있고 나서『자본론』이 완성되기까지에는 무려 27년의 세월이 더 소요되었고 거기에는 엥겔스의 사력을 다한 노력이 녹아들어가야만 했다. 그 감사는 너무 일렀던 것이다.

　그러나 모든 것이 끝난 것은 아니었다. 1861년부터 1863년까지의 방대한 초고에는 아직 출판을 기다리는 초고가 남아 있었다. 제4권『잉여가치학설사』가 바로 그것이었다. 엥겔스는『자본론』제3권이 끝나자마자 즉시 이 작업에 착수하였다. 그러나 그것은 엥겔스의 몫이 아니었다.『자본론』의 완성에 남아 있던 모든 생명의 기운을 빼앗긴 엥겔스는 1895년 8월 5일 맑스의 곁으로 떠났다. 그리하여『자본론』은 영원히 미완성의 역사를 간직하게 되었다.

제3장
『자본론』은 어떤 구조로 이루어져 있는가

… 이 책에서 내가 연구해야 하는 것은 자본주의적 생산양식과 거기에 상응하는 생산관계 및 교환관계이다.… 근대사회의 경제적 운동법칙을 밝혀내는 것이 이 책의 궁극적인 목표이다.… 경제적 사회구성체의 발전을 하나의 자연사적 과정으로 파악하는 나의 입장은… 현재의 사회가 결코 고정적인 결정체가 아니라 변화될 수 있고 또 끊임없는 변화과정에 있는 유기체라는… (1867년 7월 25일 『자본론』 서문에서, *MEW* 23: 12, 16).

1. 마법의 수수께끼―우화의 모순

『자본론』은 근대사회인 부르주아사회를 '바꾸어야 할' 요지경 세상으로 보았다. 그 세상은 마법에 걸린 사회이며 그 마법은 풀릴 수 있는 것이었다. 부르주아사회는 '변화될 수 있는' 것이며 또 '항상 변화하고 있는' 것이었다. 변화는 가능한 것이며 필연적인 것이었다. 그렇다면 『자본론』은 그 변화의 고삐를 어디에서 잡았을까?

문제의 출발점은 마법의 수수께끼였다. 이상하게도 이 사회에서는 '죽도록'

일을 하고도 가난으로부터 벗어날 수 없었던 것이다. 그것이 왜 이상한가? 누구나 이해할 수 있는 '개미와 베짱이'의 우화를 배반하고 있기 때문이었다.

무더운 여름날 개미들이 땀을 뻘뻘 흘리며 열심히 일을 하고 있다. 그 옆의 시원한 나무 그늘 밑에서 베짱이는 개미들을 비웃으며 노래만 불러대고 있다. 도처에 먹을 것이 많은데 왜 저렇게 땀을 흘리며 일하는지 베짱이는 개미들이 어리석어 보이기만 한 것이다. 비가 오는 날에도, 바람이 부는 날에도 개미는 여전히 열심히 일하며 겨울에 먹을 양식을 저장하였다. 베짱이는 그러나 줄곧 나무 밑에서 개미를 비웃으며 노래만 불러댔다. 가을이 오고 낙엽이 지자 베짱이는 이제 어디에서도 먹을 것을 구할 수 없게 되었다. 점점 날씨가 추워지면서 겨울이 오자 베짱이는 이제 더 이상 살 수 없게 되어 결국 개미집을 찾아가서 지난날 자신이 개미를 비웃었던 것을 사과하면서 목숨을 구걸하였다.

이야기를 배우기 시작하면 유아원이나 유치원, 어디에서나 쉽게 만나게 되는 이 우화는 개미처럼 열심히 일하면 부유하게 되는 반면 베짱이처럼 게으름을 피웠다간 가난을 면치 못한다는 교훈을 가르치고 있다. 그러나 부르주아사회에서는 이 교훈이 현실과 일치하지 않고 있다. 오히려 그 반대가 나타나고 있다. 19세기 유럽에서 프롤레타리아는 '죽도록' 열심히 일을 해도 '생명을 유지하기 어려울 만큼' 가난했던 것이며 20세기말 한국에서도 건설회사에 다니는 K씨의 딸은 "아빠는 열심히 일했는데 왜 그만두라고 하냐"는 의문에 휩싸여 있다. 한편 우리나라의 부유층이 모여 사는 강남 양재동의 호화빌라촌을 조사해보았더니 총 150여 가구 중 직업이 확인된 사람은 40가구밖에 되지 않았다. 전체의 2/3가 넘는 나머지 100여 가구는 아예 직업이 확인되지 않는, 말하자면 경제학적 용어로 '무직자' 혹은 '실업자'였다(『한겨레신문』, 한승동 기자의 르포; 월간 『말』 1991년 11월호: 152). 이상하게 열심히 일하는 개미는 가난에 허덕이고 게으름 피우는 베짱이는 호화로운 부유한 생활을 하고 있는 것이다. 이것이 『자본론』이 풀고자 했던 마법의 수수께끼였다.

그런데 19세기에 이미 그 수수께끼를 설명해주는 경제학이 있었다. 이른바 경제학적 원죄설이 바로 그것이다. 이 경제학은 아담이 사과를 베어먹었기 때문에 인류에게 죄가 내린 것과 꼭 마찬가지로 가난의 원인도 그렇게 설명한다.

> 아주 옛날에 한편에는 부지런하고 현명하며 무엇보다도 검약한 뛰어난 사람들이 있었고 다른 한편에는 게으름뱅이들로서 자신의 모든 것 또는 그 이상의 것을 써버리는 쓰레기 같은 인간들이 있었다. 신학에서의 원죄설은 우리에게 어째서 인간이 이마에 땀을 흘려야만 빵을 먹을 수 있게끔 저주받았는지를 말해주지만 경제학의 원죄설은 그렇게 일을 할 필요가 조금도 없는 사람들이 어떻게 하여 존재하는지를 설명해준다. 결국 전자의 사람들은 부를 축적하고 후자의 사람들은 팔 것이라고는 자기 자신의 몸 외에 아무 것도 없는 빈털터리가 되었다. 그리하여 이같은 원죄가 저질러지고부터는 아무리 일을 해도 여전히 자기 스스로의 몸 외에는 아무 것도 팔 것이 없는 대중의 빈곤과 극소수의 사람들의 부가 비롯되었으며 이 극소수의 사람들은 아주 오래 전부터 노동하기를 이미 그만두었음에도 불구하고 그의 부는 계속 늘어만 온 것이다(*MEW* 23: 741).

가난의 원인은 원죄에 의한 것이므로 가난은 섭리(혹은 팔자소관)이며 이제 '변화'는 불가능한 것이 된다. 세상은 '이대로!'인 것이다. 그러나 '바꿔, 바꿔!'로 세상을 보는 『자본론』에게 그것은 수수께끼의 해답이 아니었다.

그래서 『자본론』은 이제 자신의 수수께끼를 풀기 위해 실험을 하나 해보기로 한다. 가난하지만 개미처럼 열심히 일하는 건설회사 K씨의 가족과 양재동 호화빌라에서 베짱이처럼 게으름을 피우는 무직자 한 가족을 각기 다른 무인도로 보내기로 한다. 로빈슨 크루소처럼 이들을 사회로부터 고립시키는 것이다. 이 무인도에서 이들 가족이 각기 자신의 생활방식을 그대로 유지한다고 가정해보자. K씨의 가족은 새벽부터 밤까지 열심히 일하고 강남가족은 무직으로 일하지 않고 지낸다고 가정해보자. 불을 보듯 뻔한 일을 우리는 보게 될 것이다. 열심히 일하는 K씨의 가족이 가난하게 살 리가 없으며 무직으로 빈둥거리는 강남의 가족이 무엇으로 부유하게 살 수 있겠는가? 여기에서는 '개미와 베짱이'의 우화가 그대로 현실로 나타날 것이다.

마법의 수수께끼는 이렇게 너무도 쉽게 풀리고 만다. 개미가 가난하고 베짱이가 부유한 수수께끼의 마법은 이들이 '사회'로부터 고립되는 순간 우화의 진실로 돌아간다. 마법의 수수께끼는 '사회'라는 조직 때문인 것이다. '사회'야말로 바로 그 마법을 부리는 원인이다. 그렇다면 사회는 어떻게 해서 개미를 가난하게, 베짱이를 부유하게 만드는 것일까? 그리하여『자본론』의 연구대상은 사회로 된다.

개미와 베짱이를 사회로부터 고립시키는 로빈슨 크루소 실험을 통해서 부르주아사회의 마법은 '원죄'로부터 비롯된 섭리가 아니라 '사회'라는 조직 때문이라는 것이 밝혀졌다. 이제 경제학적 원죄설은 설 땅을 잃게 되었다. 그러나 아직 결정적인 종말이 온 것은 아니었다. 원죄설을 주장하던 경제학자들은 새로운 돌파구를 찾았다. 즉 인간이 사회를 구성하는 것은 "인간의 본성에 내재하는 일정한 성질, 즉 완만하고 점진적인 것이기는 하지만 어떤 것을 다른 것과 거래, 교역, 교환하려는 성향의 필연적인 결과"(Smith, 1937: 13)라는 것이다. 인간은 타고나면서부터 '사회적 동물'이며 따라서 인간이 사회를 구성하는 것은 '원죄'라는 신의 섭리와 마찬가지로 필연적이라는 것이다. 인간이 사회를 구성하는 것이 이처럼 필연적이라면 그 사회로부터 비롯되는 개미와 베짱이의 운명이 바뀌는 것도 역시 필연적인 것이 아니겠는가? 세상은 역시 '이대로!'인 것이다. 그래서 '바꿔, 바꿔!'로 세상을 보는 『자본론』에게 그것은 역시 받아들일 수 없는 수수께끼의 해답이었다.

사회는 정말 인간의 본성으로부터 유래하는 필연적인 것일까? 고고학과 인류학은 사회의 기원을 이렇게 밝히고 있다.

북극이 남쪽으로 이동하면서 얼음이 북쪽으로부터 남쪽으로 밀려 내려왔다. 빙하기가 시작되고 세상에는 종말이 왔다. 그러나 그 종말은 모든 것의 끝이 아니라 세상의 변화였으며 새로운 세상의 시작이었다. 문제는 새로운 세상에 적응해서 살아 남는 것이었다. 나무 위에서 살던 원숭이들은 나무 열매가 사라짐으로써 굶주림에 쫓겨 나무에서 내려왔다. 나무에서 내려온 원숭이 가운데 새로운 조건에 적응한 종류들이 인간이 되었다. 나무 밑에서 살아남을 수 있는 조건은 무엇보다도 사냥을 할 수 있는 능력이었다. 사냥의 대상은 매머드였으며 그것은 오로지 혼자가 아닌 집단이 되어야만 가능했다. 이제 인간은 '인간들'로만 살아 남을 수 있었다. 사회가 형성된 것이다.

그러면 인간들(이미 혼자가 아니다)은 매머드를 어떻게 사냥했을까? 인간들은 매머드를 에워싼 다음 주위의 풀밭에 불을 질렀다. 매머드는 활활 타는 불빛 때문에 눈이 뒤집혔고 털이 타서 그을리는 데 정신이 팔려 불길이 몰아대는 대로 도망을 쳤다. 인간들은 불길을 이용하여 매머드를 늪지로 유인해서 빠뜨렸다. 매머드는 울부짖으며 늪지에서 빠져 나오려고 버둥댔지만 그럴 때마다 몸은 더욱 깊숙이 늪지 속으로 빠져 들어갔다. 이제 인간들은 매머드를 죽이기만 하면 되었다(일린, 1993).

이처럼 사회는 인간의 본성 때문이 아니라 세상의 변화에 적응하여 살아 남기 위하여 인간이 스스로 선택한 것이었다. 그 선택은 '살아 남기 위한' 목적을 가지고 있었고 사냥이라는 생존활동을 수단으로 하는 것이었다. 그 생존활동은 바로 생산—자연으로부터 인간의 생존에 필요한 물자를 획득하는 활동—이었다. 사회는 인간의 본성이 아니라 '생산'의 필요성 때문에 인간이 선택적으로 만든 것이다. 그렇다면 마법의 수수께끼를 간직하고 있는 사회라는 조직의 구조는 바로 생산에 의해서 결정되는 것임을 알 수 있다. 이제 우리의 물음은 이렇게 바뀌어야 한다. 생산은 어떻게 해서 사회의 구조를 결정하며 그 사회의 구조는 어떻게 해서 개미를 가난하게, 베짱이를 부유하게 만드는 것일까? 마법의 수수께끼는 한 개의 열쇠가 아니라 두 개의 열쇠를 필요로 하고 있는 이중의 구조로 되어 있는 것이다. 우리가 찾아낸 첫 번째 열쇠는 사회이며 두 번째 열쇠는 다시 사회를 마법으로부터 풀어줄 생산이다.

"난자 기증자 구함. 재정적 보상 있음." 1999년 아이비리그대학과 스탠퍼드, MIT, 칼텍 등 미국의 유수 대학 신문에 실린 한 이색광고의 문구이다. 광고의 보다 자세한 내용은 다음과 같았다. "키 175cm 이상에 미국 대학입학시험(SAT) 성적 1,400점(1,600점 만점) 이상으로 운동에 소질 있으며 가계에 병력이 없는 여학생이 자신의 난자를 기증할 경우 5만 달러를 지불하겠다." 광고를 낸 사람은 핀커튼 변호사로서 익명을 원하는 불임부부의 의뢰를 받은 것이라고 했다. 광고를 낸 이후 200여명의 여대생들이 신청해왔는데 광고주의 까다로운 조건에 맞는 학생은 1% 정도로서 이들 신청자는 치열한 경쟁을 거쳐서 선발될 것이라고 한다(『한겨레 21』, 1999. 4. 29).

돈으로 혈통을 고를 수 있다는 이런 발상은 아마도 경제학적 원죄설에서 비롯된 아이디어가 아닐까? 혹시 베짱이족의 혈통이 이렇게 발전한 것이라면 개미와 베짱이의 모순은 혈통적 우열에 의한 것일지도 모를 일이다.

2. 수수께끼를 푸는 열쇠 — 경제적 사회구성체의 구조

그러면 두 번째 열쇠인 생산은 어떤 구조로 이루어져 있을까? 위에서 보았듯이 인간이 사회를 이루면서 최초로 수행한 생산은 사냥이었다. 그러나 빙하기가 끝나고 나면 인간은 강가에 정착하여 농사를 주된 생산활동으로 수행하였으며 산업혁명이 일어난 이후에는 주로 공장에서 생산활동을 수행하였고 오늘날에는 복잡한 전자기술을 이용하여 로봇이나 컴퓨터를 이용하는 생산활동에 점차로 의존하고 있다. 인간의 생산활동은 이처럼 끊임없이 변화해왔다. 이렇게 변화하는 생산의 구조를 어떻게 파악할 수 있을까?

다양한 변화에도 불구하고 지금까지 인간이 수행해온 생산활동들은 공통된 특징을 가지고 있다. 모든 생산활동이 인간과 자연의 만남에 의해서 이루어지고 있다는 것이다. 그래서 생산은 이들 두 요소에 의해서 기본적으로 구성된다. 자연은 생산을 통해서 언제나 인간에게 필요한 형태로 가공되는데 자연을 이처럼 가공하는 능력을 **노동력**(Arbeitskraft)이라고 부른다. 노동력에 의해서 가공되는 자연은 이미 원래대로의 자연이 아니다. 그래서 그것은 **생산수단**(Produktionsmittel)이라고 부른다. 이 둘은 생산의 기본요소를 이루는데 전자를 생산의 인적 요소로, 후자를 물적 요소로 부른다.

그런데 노동력은 생산의 구조와 관련하여 중요한 특징을 가지고 있다. 자연을 자신의 필요에 따라 가공하는 것은 인간만의 고유한 활동이 아니다. 사자는 사냥을 통해서 얼룩말이라는 자연을 자신의 식량으로 가공하며 얼룩말은 풀이라는 자연을 자신의 식량으로 가공한다. 그러나 사자의 사냥능력이나 얼룩말이 풀을 뜯어먹는 능력을 우리는 노동력이라고 부르지 않는다. 인간의 능력은 이들과 뚜렷이 구별되기 때문이다. 이들 동물의 능력은 모두가 부모로부터 물려받은 천부적인 것들이다. 사자는 태어나면서 이미 날쌔게 달릴 수 있는 튼튼한 다리, 억세고 날카로운 발톱과 이빨을 가지고 있으며 그래서 그의 사냥방법은 이런 천부적인 조건에 의존한다. 따라서 사자가 사자로 태어나는 한 그의 사냥방법은 본능적이며 동일하고 반복적일 수밖에 없다.

그러나 인간은 이런 조건들을 타고나지 못한다. 당장 사냥의 경우만 해도 그는 팔, 다리, 어깨 어느 것 하나 사냥에 적합한 것을 갖추고 태어나지 못하였다. 다리는 빠르지 못하고 팔은 억세지 못하다. 그래서 인간은 생산방법을 후천적으로 갖추어야만 한다(일린, 1993). 이것은 그가 자신의 열악한 신체조건을 보완해줄 연장을 통해서 생산을 수행할 수밖에 없는 조건을 의미하며 그 연장을 의식적으로 만들어야 한다는 것을 의미한다. 결국 그의 노동활동은 의식적으로 수행되며 기능과 지식, 경험이 축적되면서 지속적으로 변화할 수 있게 된다.

과거에 인간은 식량을 얻기 위해 온종일 들판을 뛰어 다녀야 했다. 사냥감을 발견하면 수십 명이 떼를 지어 불을 놓고 종일토록 동물과 씨름하여 간신히 사냥에 성공했다. 오늘날 인간은 자신이 만들어 놓은 사육장에서 동물을 키우다가 원하는 시기에 원하는 만큼 손쉽게 식량을 조달할 수 있게 되었다. 과거에는 부산에서 서울까지 가려면 한 달 이상이 소요되었다. 걸어서 가야 했기 때문이었다. 마르코폴로는 베니스에서 중국까지 낙타와 말을 타고서도 4년을 소비해야 했다. 오늘날 부산에서 서울은 자동차로 5시간이 채 걸리지 않으며(교통순경에게 과속으로 딱지를 떼지 않더라도 말이다) 베니스에서 중국까지는 10시간 정도면 비행기로 도착할 수 있게 되었다. 이처럼 인간의 노동력은 동물과 달리 반복적이지 않고 지속적으로 진화해 가는 속성을 갖는다. 생산활동이 끊임없이 변화해온 것은 바로 이 인간 노동력의 진화 때문이다. 그런 의미에서 노동력은 생산요소 가운데에서도 보다 능동적이고 본원적인 부분을 이룬다.

생산의 두 요소인 노동력과 생산수단이 결합하면 생산의 목적인 물자,

즉 인간의 생활에 필요한 물자(이것을 우리는 재화 goods라 부른다)가 만들어진다. 노동력이 끊임없이 진화하기 때문에 그것의 대상이 되는 생산수단도 노동력의 진화수준에 따라 함께 변화하며 따라서 재화는 이들 생산요소의 진화수준을 반영한다. 그런데 바로 이 재화의 양과 질이야말로 개미와 베짱이의 우화에서 문제가 된 가난과 부를 나누는 기준이 된다. 많은 재화와 질이 좋은 재화는 부의 상징이며 모자라는 재화와 질이 나쁜 재화는 가난을 대표한다. 그리고 그런 재화의 양과 질을 결정하는 것은 거기에 결합된 생산요소의 진화수준이다. 이런 진화수준은 한 사회의 생산수준을 나타내는 지표이며 생산력(Produktivkraft)이라고 부른다. 노동력과 생산수단은 한 사회의 생산수준을 결정하면서 함께 생산력을 구성한다.

생산력은 흔히 재화를 분류하는 '독일제', '한국제', '중국제' 등의 표현으로 나타나는데 '100% 독일 수입제품!'이라는 광고문구는 독일의 생산력이 높다는 사실을 반영한다. 이처럼 생산력이 높은 나라를 우리는 스스럼없이 '발전된 나라'(선진국)로 부른다. 반면 우리는 보통 중국을 당연하게 '발전이 뒤처진 나라'(후진국)로 부르는데 이는 중국이 찬란한 문화를 가지고 있고 세계적인 군사강국임에도 불구하고 이를 고려하지 않고 중국의 생산력이 낮은 것을 기준으로 삼고 있기 때문이다. 즉 생산력은 한 사회의 발전수준을 결정하는 가장 중요한 지표로 사용되고 있는 것이다. 이는 생산이야말로 사회의 성격을 결정하는 가장 기본적인 요소라는 사실을 새삼 일깨워준다.

그런데 노동력과 생산수단은 그냥 결합하는 것이 아니다. 물론 만일에 무인도에 표류한 로빈슨 크루소처럼 노동력이 하나밖에 없는 경우라면 양자의 결합방식은 아무런 문제없이 직접적으로 이루어지고 그것으로 완결된다. 그러나 우리가 여기에서 다루는 생산은 사회적 생산의 형태를 띠고 있으며 노동력은 이미 하나가 아니라 여럿이 존재한다. 생산은 고립적으로 이루어지는 것이 아니라 사회적으로 이루어진다. 따라서 노동력과 생산수단은 직접적으로 결합되는 것이 아니라 사회적으로 일정한 관계 하에서 결합된다. 노동력과 생산수단의 사회적 결합방식은 생산의 전체과정을 결정짓는다. 생산은 노동력과 생산수단의 결합을 출발점으로 하여 생산된 물자가 사회의 각 구성원들에게 분배됨으로써 완결된다. 그런데 노동력과 생산수단의 결합방식이 바로 이 분배를 결정짓는 것이다. 노동력과 생산수단의 결합방식이 어떻게 생산물의 분배를 결정짓는 것일까?

그것은 이렇다. 즉 마을의 공동소유인 마을 앞 개펄의 조개는 마을사람들이 공동으로 노동하여 함께 나누어 갖지만, 갑순이네가 소유한 어장에서는 어느 누구도 함부로 노동할 수 없으며 거기서 잡힌 멸치도 마을사람 아무에게나 무상으로 분배되지 않는다. 마을이 공동으로 소유한 뒷산의 나무는 마을사람 모두가 각자 직접 나무를 베어서 땔감으로 사용할 수 있지만, 갑돌이네 산에서 함부로 나무를 베다가는 경찰서에서 콩밥을 먹을 수 있는 것이다. 말하자면 생산물의 분배를 결정짓는 것은 생산수단의 소유형태인 것이다. 생산수단의 소유형태에 따라 그것과 노동력의 결합방식이 결정되고 동시에 그 결과 생산된 생산물의 분배방식도 결정되는 것이다. 그리하여 생산수단의 소유형태는 생산의 전과정을 결정짓는 것이다. 우리는 생산수단의 소유형태로부터 비롯되는 생산의 전과정, 즉 생산, 교환, 분배의 제반 형태를 통틀어 **생산관계**(Produktionsverhältnis)라고 부른다. 그리고 그런 생산관계의 가장 본원적인 부분을 생산수단의 소유형태로 간주한다.

노동력 및 생산수단으로 구성되는 생산력과 이 양자의 결합방식에 의해 결정되는 생산관계는 서로 밀접한 관계를 가지며 영향을 미친다. 그런데 우리가 앞서 보았듯이 노동력은 끊임없이 진화하는 속성을 가지고 있기 때문에 생산력도 계속 변화한다. 따라서 생산력과 밀접한 관계에 있는 생산관계도 지속적으로 변화한다. 그리고 생산관계의 변화는 다시 생산력에 영향을 미치게 된다. 생산력과 생산관계는 서로 영향을 미치면서 함께 진화해 가는 것이다.

인간의 노동력 수준이 아직 낮았던 원시시대에는 혼자서 자연으로부터 생활수단을 획득하는 것이 매우 어렵거나 거의 불가능하였다. 그 당시에는 주요 생활수단인 식량을 얻기 위해서는 사냥을 해야 했지만 사냥도구가 발달하기 전까지는 혼자서 사냥한다는 것이 매우 어려웠다. 인간은 힘도 세지 않았고 다른 동물보다 빨리 달리지도 못했기 때문이다. 인간들은 미개한 사냥도구들을 가지고 여럿이 힘을 합쳐서야 비로소 사냥감을 포획할 수 있었다. 노동력과 생산수단의 결합은 공동의 형태를 띠었고, 생산물의 분배도 공동으로 이루어졌다. 그러다가 생산력이 발전하여 농사를 짓게 되자 생산은 개별적으로 이루어지게 되었다. 사람들은 자신의 농사도구들을 사용하여 혼자의 힘으로 농사를 지을 수 있게 되었고, 따라서 생산된 농산물도 각자가 개별적으로 소유하게 되었다. 노동력과 생산수단의 결합은 개별적으로 이루어졌고 생산물의 분배도 개별적으로 이루어졌다.

그리하여 '손맷돌은 봉건영주가 있는 사회를 낳고 증기제분소는 산업자본가가 있는 사회를 낳는' 것이다(Marx, 1885, 「철학의 빈곤」, *MEW* 4: 130).

생산력과 생산관계는 이처럼 서로 밀접한 관련을 맺고 있다. 양자는 서로 분리될 수 없는 하나의 전체를 이루고 있다. 사회적 생산은 이 양자의 전체에 의해 완결된 형태를 띤다. 그리고 이 양자는 노동활동의 변화, 발전에 따라 역사적으로 각기 상이한 형태를 띤다. 우리는 역사적으로 상이한 형태를 띠는 이 양자의 전체를 생산양식(Produktionsweise, mode of production)이라고 부른다. 생산양식은 일정한 발전 수준에 있는 생산력과 생산관계의 상호작용으로 이루어진다. 우리가 찾던 수수께끼의 두 번째 열쇠는 바로 생산양식이라는 구조로 이루어져 있다. 우리는 이 열쇠로부터 첫 번째 열쇠를 찾을 수 있게 될 것이다.

그러면 두 번째 열쇠인 사회는 어떻게 구성되는 것일까? 생산력과 생산관계의 상호작용은 사회의 토대가 되는 생산의 가장 기본적인 골격을 이룬다. 그런데 생산관계는 단순히 생산력과의 관련만을 맺고 있지는 않다. 원시공동체에서는 노동력과 생산수단이 공동소유의 형태로 결합되고 분배도 공동으로 이루어지면서 공동체 성원들간에는 그러한 생산관계를 **토대**(Basis, infrastructure)로 거기에 적합한 여러 관계들, 즉 정치적·법률적·이데올로기적·민족적·가족적 관계나 제도들이 함께 성립하였다. 생산과 분배를 공동으로 행하기 위해서 일정한 규율이 성원들간에 합의되어 만들어지고 공동체적 가족관계가 만들어졌다. 오늘날에도 노동력과 생산수단이 결합하기 위해서는 자본가와 노동자가 고용계약이라는 법률적 관계에 의존하고 있으며, 그런 법률적 관계를 사회 전체적으로 통제하기 위한 법률기구, 즉 입법기구나 사법기구가 존재한다. 이들 제반 관계들은 물론 모두 생산관계를 토대로 그로부터 파생된 것들이다. 그래서 우리는 이것들을 토대 위에 성립되는 관계라는 의미에서 **상부구조**(Überbau, superstructure)라고 부른다. 토대인 생산관계가 노동력과 생산수단, 즉 인간과 자연간의 관계인 데 반해 상부구조는 노동력 상호간의 관계, 즉 인간들간의 관계라는 특징을 갖는다.

상부구조가 파악되면서 우리는 비로소 사회의 전체적인 모습을 획득하게 된다. 사회는 노동력과 생산수단이 결합하는 생산을 중심으로 여기에서 형성되는 자연과 인간간의 생산관계와 그로부터 파생되는 상부구조라는 인간들간의 관계 전체를 포괄하는 구조로 이루어져 있는 것이다.

생산의 담당자들이 자연에 대해서나 그들 상호간에 갖는 관계 그리고 그 속에서 그들이 생산을 행하는 관계, 바로 이러한 관계 전체야말로 경제적 구조라는 측면에서 본 사회이다(*MEW* 25: 827).

　이렇게 생산의 구조로부터 파악해 들어간 사회의 전체적 모습을 우리는 경제적 사회구성체(ökonomische Gesellschaftsformation, economic social formation)라고 부른다. 이 경제적 사회구성체가 바로 마법의 수수께끼를 풀어줄 두 번째 열쇠이다. 이제 우리는 마법의 수수께끼를 풀 수 있는 열쇠의 구조를 모두 파악하였다. 첫 번째 열쇠는 사회였고 그것은 다시 두 번째 열쇠를 필요로 하였다. 두 번째 열쇠는 생산이었고 그것은 생산양식이라는 구조로 이루어져 있었다. 그리고 두 번 째 열쇠로 찾을 수 있는 사회는 경제적 사회구성체라는 구조로 이루어진 것이었다.

　그렇다면 이제 우리는 곧바로 수수께끼를 풀 수 있게 된 것일까? 아니다. 아직은 서두를 때가 아니다. 한 가지 문제가 더 남아 있다. 두 번째 열쇠인 생산양식은 이미 위에서 보았듯이 노동력의 진화로 인한 생산력과 생산관계의 변화 때문에 역사적으로 각기 상이한 형태를 띠면서 지속적으로 변화한다. 이렇게 변화하는 생산양식을 어떻게 파악할 것인가? 이 문제를 해결하고 나서야 우리는 비로소 수수께끼를 푸는 작업에 착수할 수 있을 것이다.

<그림 1> 경제적 사회구성체의 구조

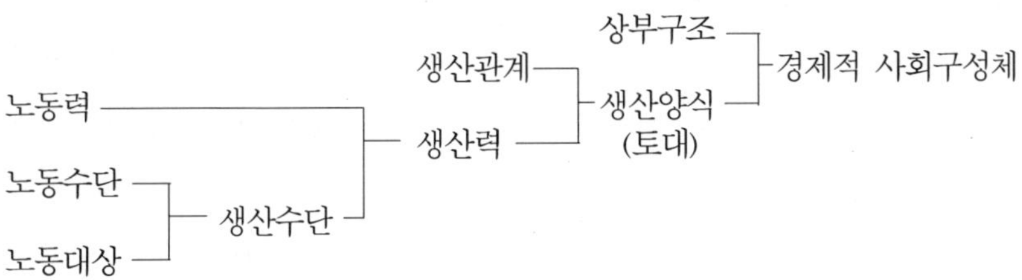

3. 예비작업—두 번째 열쇠의 구조

생산양식은 인류역사에서 일정한 시기별로 다양한 형태를 띠면서 변화해왔다. 그리고 이러한 변화과정은 각 지역별로 서로 상이한 양태를 보이고 있다. 그러나 이러한 상이점에도 불구하고 대체로 각 생산양식은 노동활동, 특히 사회적 생산력의 변천에 따른 일정한 발전적 형태를 보여왔다. 즉 일정한 발전단계로 나누어진다.

생산양식의 발전과정에서 가장 고전적인 형태를 보이고 있는 곳은 유럽지역이다. 유럽 지역에서는 원시공동체, 노예소유제, 봉건제, 자본주의적 생산양식이 번갈아 이어지면서 발전해왔다. 원시공동체적 생산양식은 인간의 노동력 수준이 매우 낮을 때 나타났다. 인간들의 생존조건은 매우 열악했다. 사람들은 누구나 혼자의 힘으로는 필요한 생활수단을 얻을 수 없었다. 사람들은 함께 힘을 합쳐야만 음식물을 얻을 수 있었고 외부의 위험으로부터 생명을 보존할 수도 있었다. 사람들은 종족사회로부터 벗어나면 생존을 영위해 나갈 수 없었다. 그리하여 함께 일해서 얻은 생활수단은 서로 균등하게 나누어 가질 수밖에 없었다. 그러다가 노동활동으로부터 지식과 경험이 쌓이자 생산력이 향상되어 갔고, 노동을 통해 얻을 수 있는 생활수단이 늘어나면서 생존에 필요한 생활수단보다 더 많은 물자가 생산되기 시작했다. 잉여가 발생하기 시작한 것이다.

잉여가 발생하기 시작하자 잉여에 의존하여 자신이 직접 노동하지 않고 생활수단을 얻는 사람이 나타났다. 남을 등치는 사람이 최초로 등장한 것이다. 그것은 무엇을 의미하는가? '베짱이'의 원조(元祖)가 탄생한 것이다. 공동의 노동과 공동의 분배에 의존하던 공동체적 관계는 붕괴되었다. 그리하여 베짱이의 원조가 만들어낸 것은 노예소유제적 생산양식이었다. 이 생산양식은 베짱이의 원조가 만들어낸 것이라는 점에서 역사적으로 이후의 모든 베짱이들에게 가장 모범적인 귀감이 되었다. 그것은 심지어 19세기까지도 계속되었다.

　1828년 미국 남부의 유명한 노예항구 찰스턴의 한 신문에는 다음과 같은 광고가 게재되었다. "지금까지 팔려고 내놓았던 것 중에서… 가장 쓸모 있는 가족으로… 35세 가량의 여자 요리사와 14세 가량의 딸, 8세 가량의 아들로 구성됨. 구매자가 원하는 대로 한꺼번에 팔기도 하고 따로따로 팔기도 함"(Huberman, 1968: 7).

이 생산양식은 처음에는 주로 정복전쟁을 통하여 만들어졌다. 정복자는 노예소유주로서 정복된 땅의 노동력과 생산수단을 모두 자신의 소유로 하였고, 그로부터 생산된 생산물을 모두 자신이 차지하였다. 피정복자는 노예가 되었고, 이들 노예에게는 생존에 필요한 최소한의 또는 그 이하의 물자만이 주어졌다. 노예는 상당수가 사슬에 묶여 있었고 저항을 봉쇄하기 위해 가혹한 체벌이 가해졌다. 그들은 최소한의 휴식시간을 제외하고는 쉴새없이 노동해야만 하였다. 휴일이 없었으며 밤이나 비가 오는 날의 노동도 예사였으며 검투사처럼 오락으로도 사용되었다. 노예는 인간이 아니었고 바로(Varro, Marcus Terentius, BC 116~27)[1]의 얘기대로 단순히 '말하는 노동도구'에 지나지 않았다. 따라서 노예의 노동은 인간의 창의적인 노동이 아니었고 단순하고 반복적인 노동으로 강제되었다. 노동의 창의성에 의존하는 생산력의 발전은 정체되었다. 게다가 정복지가 한계에 도달함으로써 노예 공급이 벽에 부딪히고 노예에 대한 혹사는 노예의 수명을 단축시켰으므로 노예의 수는 갈수록 줄어들었다. 노예의 노동력에 절대적으로 의존하던

---

1) 로마시대의 백과전서가. 기원전 37년에 『농업론』이라는 저서를 남겼는데, 이 저작은 로마시대 농업을 연구하는 데 몇 남아 있지 않은 귀중한 자료이다.

물질적 생산은 정체 또는 감소하였다. 노예제적 생산양식은 붕괴하기 시작하였다.

노예의 혹사를 일정하게 제약하고 노동의 창의성을 어느 정도 보장해주는 새로운 생산양식이 등장하였다. 노예는 약간 자유로워졌으며 단순한 노동도구로부터 어느 정도 독립된 노동력으로 인정받게 되었다. 노예는 농노가 된 것이다. 그리하여 봉건제적 생산양식이 성립하였다. 노예소유주는 영주로 변모하였다. 영주는 생산수단(주로 토지)을 소유하였고, 그것을 농노에게 빌려주었다. 농노는 생산수단을 빌려서 사용한 대가로, 생산된 생산물의 일부를 영주에게 바쳤다. 그러나 영주는 권력을 사용하여 필요할 때는 농노에게 노예적 예속을 강요하기도 하였는데, 여기에는 영주에 대한 절대적 복종을 비롯한 각종 부역과 세금, 심지어 농노의 혼인에서의 초야권(신부의 초야를 영주가 자의적으로 대신 차지해 버리는 권한)까지도 포함되어 있었다. 농노는 아직 절반은 노예상태였던 것이다. 노동의 창의성이 약간 보장됨으로써 생산력은 노예소유제 때보다는 발전하였지만 아직 남아 있던 반노예적 예속들은 여전히 생산력의 진보를 가로막고 있었다. 그러나 15~16세기에 영주들간의 계속된 전쟁과 역병의 창궐로 영주경제가 피폐해지면서 영주경제의 타개책으로 시작된 지리상의 발견과 그로 인한 교환경제의 급격한 발전은 농노에 대한 영주의 통제를 느슨하게 만들어갔다. 영주들은 농노들에게보다는 상인들에게 더 의존해갔으며, 농노들에 대한 지배력은 영주들에게서 상인들에게로 이양되어갔다. 봉건적 생산양식은 붕괴되어갔다.

상인들에 의해 확대된 교환관계는 상인 자신과 농노들에 대한 봉건제적 예속을 해체시켜나갔다. 상인들은 도시를 만들었고 이 도시에 대한 영주의 봉건적 예속들을 모두 사버렸다. 영주경제가 피폐해지자 영주들은 돈이 필요하게 되었고, 그들에게 돈을 지불할 수 있는 사람들은 이미 교역을 통해 많은 돈을 벌어들인 상인들뿐이었다.

1241년 도르트문트 백작이 도시에 대한 자신의 봉건적 권리 가운데 몇 가지를 판 것은 그 좋은 예이다.

도르트문트의 백작인 나 콘라트(Conrad)와 나의 아내 기젤트루데(Giseltrude) 및 우리의 모든 정통 상속인들은… 도르트문트 시와 시민들에게 시장 옆에 위치한 우리의 저택을 매각한다.… 우리는 신성로마제국으로부터 물려받은 도살장과 신기료 작업대… 그리고 빵집과 재판소 위의 건물에 대한 권리와 함께 그 저택을 영구히 그들에게 양도하며 그 대가로 도살장에 대해 2데나리(denarii), 신기료 작업대에 대해서도 2데나리, 빵집과 재판소 위쪽의 건물에 대해서는 1파운드의 후추를 매년 지불 받기로 한다(Pirenne, 1925: 177).

80년 후 또 다른 콘라트 백작은 매년 지대를 받는 조건으로 도르트문트 시의 시의회와 시민들에게 도르트문트 지역의 절반에 대해 자치권을 양도하였다. 여기에는 백작 자신의 저택, 그의 농노와 성 마르틴 성당 등을 제외한 나머지 재판소, 통행세, 공과금, 세입 등 성벽 안의 모든 것이 포함되었다(Huberman, 1968: 31).

도시는 이처럼 영주의 봉건적 속박으로부터 벗어난 '블랙홀'이 되어갔다. 이미 피폐해져버린 장원에서 더 이상 먹고 살기 힘들어진 농노들도 영주의 예속으로부터 벗어나 도시로 도망쳐왔고, 봉건제의 고리들은 이처럼 곳곳에서 해체되어갔다. 그리고 이런 해체는 상인들에 뒤이어 등장한 산업자본가들에 의해 결국 완성되었다. 교환관계는 그것을 통해 돈을 벌고자 하던 상인들에 의해 사회 전체 그리고 더 나아가 세계로까지 확대되었고, 과학기술의 발전에 따른 산업혁명에 의해 생산의 주도권을 장악한 부르주아계급이 전면에 등장하였다. 결국 이들은 부르주아혁명에 의해 자신들을 속박하던 봉건적 생산양식을 완전히 무너뜨렸다.

교환과정이 사회 전체로 확대됨으로써 생산수단은 이제 토지가 아니라 토지를 포함한 모든 것을 구매할 수 있는 '자본'으로 바뀌었으며, 생산수단인 자본은 부르주아계급 즉 자본가가 소유하였다. 농노는 이제 봉건적 예속으로부터 벗어나 자유로운 인격체가 되었다. 그러나 그럼으로써 그는 자유로운 노동력으로 변모하게 되었을 뿐이었다. 생산수단은 그로부터 괴리되어 있었고, 그들은 독자적으로 생산을 수행할 수 없었다. 그들은 생산수단을 소유한 자본가에게 자신의 노동력을 판매함으로써만 비로소 생활수단을 구매할 수 있는 화폐를 손에 넣을 수 있게 되었다. 그리하여 자본이 모든 생산활동의 중심이 되는 생산양식 즉 **자본주의적 생산양식**(kapitalistische Produktionsweise, capitalist mode of production)이 등장하였다. 그 생산양식에서 생산의 주도적 역할을 수행하는 자본가는 부르주아계급이었다. 그래서 부르주아사회는 바로 자본주의적 생산양식의 토대 위에 서 있는 사회였다. 부르주아사회의 마법을 풀기 위해『자본론』이 찾던 두 번째 열쇠는 바로 자본주의적 생산양식이었던 것이다. 그래서 마법의 수수께끼를 푸는『자본론』의 작업은 자본주의적 생산양식의 구조를 해명하는 것으로부터 출발한다.

제4장
마법의 세계에서는 가치가 만들어진다

1. 교환되는 재화, 상품

부르주아사회의 마법의 수수께끼를 풀기 위한 『자본론』의 작업은 그 사회의 토대를 이루는 자본주의적 생산양식의 구조를 분석하는 것에서 시작한다. 그렇다면 이 생산양식에서는 도대체 무엇이 생산되고 있는가?

1995년 1월 9일 오후 3시 30분경 서울 성동구 능동 천호대로 옆 국민은행 능동 출장소에 K_2 소총과 20발들이 빈 탄창, 대검 한 자루를 든 무장강도가 침입하였다. 은행 여직원에게 준비해간 스포츠 가방에 돈을 담게 한 범인은 은행을 나서려다 청원경찰과 몸싸움을 벌였고 싸움이 여의치 않자 돈가방을 버리고 도망치다 결국 붙잡혔다. 체포된 범인은 현역 육군 하모 중위로서 서울법대에서 위탁교육을 받고 있던 중이었다. 경찰에서 그가 밝힌 범행동기는 엉뚱한 것이었다. "빨간 스포츠카를 타고 예쁜 여자와 놀러 다니고 싶었다"(『조선일보』, 1995년 1월 10일자).

하중위가 필요로 했던 것은 '빨간 스포츠 카'와 '예쁜 여자'였다. 그런데 이상하지 않은가, 은행에는 '빨간 스포츠 카'와 '예쁜 여자'가 없지 않은가?

'빨간 스포츠 카'는 은행이 아니라 수입차 판매장에 가야 있으며 '예쁜 여자'도 은행이 아니라 한밤중 방배동이나 압구정동에 가야만 만날 수 있다. 그렇다면 그는 도대체 왜 은행에 온 것일까? 그는 은행에 '돈'을 털기 위해서 온 것이다. 왜냐하면 그가 필요로 하는 '빨간 스포츠 카'와 '예쁜 여자'는 '돈'을 주고 교환해야만 비로소 손에 넣을 수 있는 것이기 때문이다. 교환을 해야만 손에 넣을 수 있는 재화, 그것을 상품(Ware, commodity)이라고 한다. 하중위가 필요로 하는 재화는 상품의 형태를 띠고 있는 것이다.

원래 빙하기가 시작되고 인간들이 처음 사회를 구성하여 생산을 수행했을 때 그 생산의 목적은 먹고 살기 위해 필요한 재화를 획득하는 것이었다. 생산의 목적은 재화였으며 그때부터 재화는 한 사회의 경제활동의 중심으로서 '부'를 이루었다. 그런데 자본주의적 생산양식에서는 이러한 재화가 상품의 형태를 띠고 있다. 자본주의적 생산양식은 상품을 생산하는 사회인 것이다. 그리하여 자본주의적 생산양식의 구조를 분석하는 『자본론』은 상품의 분석으로부터 시작한다. 상품이란 도대체 무엇이며 그것은 어떻게 생산되는가?

자본주의적 생산양식이 지배하는 사회의 부는 하나의 거대한 '상품집적'(ungeheure Warensammlung)으로 나타나고, 하나하나의 상품은 이러한 부의 기본형태로서 나타난다. 그러므로 우리의 연구는 상품의 분석으로부터 시작한다 (*MEW* 23: 49).

1) 상품은 어떻게 생산되기 시작했는가

두 남자는 숨을 헐떡이고 있었다. 늪지와 통과하기 어려운 덤불, 이리저리 뒤엉킨 오솔길, 수정같이 맑은 물이 굽이치는 골짜기들을 지나 그들은 벌써 부족

거주지로부터 멀리 벗어났다. 수염이 가득한 얼굴에 땀이 흘러내리고 있었다. 그들 중 한 사람은 열매와 나무뿌리가 담긴 바구니를 들었고 다른 한 명은 등에 가죽배낭을 메고 있었다. 배낭 속에는 곡식이 들어 있었다. 올해 수확은 대단히 좋았다. 수확은 부족이 모두 풍족하게 먹고도 남을 만큼이 되었다. 그래서 그들이 속한 부족은 수확 중 일부를 팔 수 있었다.

목적지가 가까워졌다. 낮은 구릉과 돌출 바위, 그뒤에는 분명히 자작나무숲이 있을 것이다. 그들은 곧 숲속의 작은 빈터를 발견했다. 그들은 물건들을 내려놓고 가까운 은신처로 돌아가서 그동안 미루었던 휴식을 취했다.

이틀 밤이 지나 낯선 사람들이 그 장소에 나타났다. 이번 두 사람은 그곳에 놓인 물건들을 주의 깊게 관찰하고 나서, 무엇인가를 거기 남겨 놓고 다시 사라졌다. 그들은 창대와 창촉을 남겨놓고 갔다. 바구니와 배낭은 그대로 있었다. 그들이 떠나고 나서 처음의 두 사람이 나타나서 나중의 두 사람이 두고 간 창대와 창촉을 확인하였다. 그러나 두 사람은 실망했다. 그들은 더 많은 것을 원했다. 두 물건을 모두 둔 채로 그들은 다시 한번 자신들의 은신처로 돌아갔다. 한 시간쯤 뒤에 아까의 그 낯선 사람들이 반대편 숲에서 교환장소로 나왔다. 그리고 더 많은 창대를 남겨 놓고 다시 빈터를 떠났다. 이제 처음 두 사람은 만족한 것 같아 보인다. 그들은 바랐던 창대와 창촉을 가지고 그들 부족이 있는 곳으로 다시 떠났다(Müller, 1988: 23/24).

처음 상품의 등장은 이런 형태로 이루어졌다. 각 부족들은 서로 상이한 자연조건 아래서 살았고, 따라서 자연으로부터 획득할 수 있는 재화도 각자의 자연조건에 따라 달랐다. 어떤 부족은 들에서 살았고 따라서 그들의 영토에는 가축들이 뜯어먹기에 좋은 부드러운 풀이 한껏 자라는 초지가 있었으며, 다른 부족이 사는 곳에는 물고기가 많이 서식하는 강이 있었으며, 또 다른 부족의 영토에는 맛있는 과일나무가 많이 자라고 있었다. 또 어떤 부족들에는 부싯돌이나 질긴 풀들이 풍부하기도 하였다. 생산력이 진보하면서 각 부족의 생산물 중 쓰고 남는 것이 발생하였으며, 그것은 자연히 다른 부족에게 줄 수 있는 것으로 되었다. 그들은 매우 우연한 계기로 이웃 부족의 재화가 자기 부족의 재화와 다르다는 것을 알게 되었고, 그런 다른 재화들 가운데 서로에게 좀더 유용한 것들이 있다는 것을 알게 되었다.

우연한 계기가 공동체들의 접점에서 이루어졌다. 서로 다른 부족원이 우연히 만나고 한 사람이 자신에게서 남은 재화를 선물로 주게 되고, 다른 사람이 그 선물에 대한 답례의 형태로 자신의 재화를 제공함으로써 교환이 시작되었다. 상대편이 보내준 재화가 매우 유용한 것임을 알고 나서는 의도적으로 그것을 답례로 기대하면서 선물이 제공되었고, 그리하여 교환은 점차로 안정적인 형태로 발전해 갔다. 그리하여 개중에는 일부를 아예 교환을 목적으로 생산하는 형태가 나타나게 되었다. 교환을 위한 생산, 그것이 바로 **상품생산**이며 그를 위해 만들어지는 재화가 곧 상품이다.

상품생산을 처음 가져오게 한 공동체의 접점은 유럽의 경우 북방에서는 해상무역의 중심지였던 플랑드르(Flandre)지방의 브뤼헤(Brugge)를 대표적으로 들 수 있다. 이들 지역에서는 북해와 발트해를 무대로 하여 물고기, 목재, 수지, 피혁, 모피 등이 교환의 주된 대상이 되었다. 브뤼헤는 유럽과 러시아 및 스칸디나비아간의 접점이었다. 한편 남방에서는 베네치아가 유럽과 동방간의 접점으로 중요한 교역의 중심지였고, 여기로는 동방의 향료, 장신구, 면화 등이 들어왔다.

상품생산이 등장하면서 사회적 생산의 구조는 변화를 겪게 되었다. 상품생산 이전의 생산에서는 모든 생산물이 공동체 내부의 소비를 위한 것이었다. 생산물은 현물형태 그대로 직접 소비되거나 다시 생산에 투입되었다. 생산은 그 자체 소비와 직결되었고, 따라서 생산과 분배는 중간에 아무런 장애물도 없이 투명하게 연결되어 있었다. 이것은 '현물생산'이라고 하며,

그런 생산의 구조를 투명한 생산관계라고 부른다.

그러나 생산이 상품생산이 되면서 생산과 소비는 분리되고, 생산의 구조는 투명하게 생산에서 분배에 이르기까지 드러나는 것이 아니라 중간에 교환이라는 장애물을 지니게 되었다. 그것은 불투명하게 되었다. 동시에 생산물도 현물이 아니라 상품으로 되었으며, 교환은 생산의 구조를 이루는 중요한 부분이 되었다.

그러나 이런 상품생산이 곧바로 자본주의적 생산양식을 가져온 것은 아니었다. 초기의 상품생산은 단지 공동체의 필요를 모두 충족시키고 나서 남은 여분의 것으로 이루어졌고 그런 여분은 그다지 많지 않았다. 따라서 상품생산은 공동체 내에서 매우 부분적이고 국지적으로만 이루어졌다. 그러나 그것은 넓은 범위에서 목축과 농업 등으로 부족들간에 사회적 분업이 형성되도록 만든 모태가 되었다. 교통이 발달하고 십자군 원정 등을 통하여 교역이 부를 가져다준다는 사실이 드러나자, 교환은 사회 내에서 점점 중요한 위치를 차지하게 되었다. 상품생산은 상인들에 의하여 확대되었고, 그에 따라 분업도 발전해갔다.

지리상의 발견이 이루어지면서 교환은 폭발적으로 확대되었다. 교환은 범세계적으로 되었으며, 상업이 부의 원천으로 간주되었다. 상인이 물질적 생산의 주역으로 자리잡게 되자 유럽 사회의 모든 생산은 교환을 위해 재편성되었다. 교환을 위한 생산, 즉 상품생산이 지배적인 생산으로 된 것이다. 상품생산은 분업을 촉진시켰고, 분업의 효과는 놀라운 생산력의 증대로 나타났다.

마지막으로 산업혁명이 이 모든 변화를 결정적인 것으로 만들었다. 산업혁명이 가져온 엄청난 생산의 증대는 생산이 이미 개인의 필요를 충족시키기 위한 것으로 그칠 수 없고 교환을 위한 생산, 타인을 위한 생산으로 될 수밖에 없도록 만들었다. 분업은 극도로 발달하여 대부분의 사람들은 한 가지 상품의 생산에만 전념하게 되었다. 사회의 모든 생산은 상품생산에 의해 지배되었다. 상품생산이 사회의 지배적인 생산형태가 되면서 사회 내의 재화도 상품이 지배적인 형태로 되었다. 그리하여 자본주의적 생산양식이 성립되었다. 그것은 생산의 구조가 부르주아사회가 거는 마법의 세계로 변모하였다는 것을 의미한다. '부'의 세계, 재화의 세계는 이제 마법에 의해 상품의 세계로 바뀌었다. 마법에 걸린 이 새로운 생산형태에서는 무엇이 달라졌는가? 단 한 가지가 변화되었다. 여기에서는 재화가 '교환을 위해서' 생산된다는 사실이 변화한 것이다. '교환'이야말로 재화를 상품으로 만든 마법의 내용인 것이다. 그러면 마법의 내용, 교환을 자세히 들여다보기로 하자.

2) 상품은 어떻게 교환되는가 — 마법의 교환관계

오늘날 뉴욕의 중심가인 맨해튼은 피터 미뉴잇이라는 사람이 인디언들로부터 단돈 24달러에 구매했다고 한다. 데이비드 피셔가 보고하고 있는 그 교환의 전말은 다음과 같다.

그(피터 미뉴잇을 가리킴—필자)는 맨헤이트족 족장에게 몇 개의 도자기와 수건 몇 장, 그리고 풍문에 따른다면 추가로 유리구슬 몇 개와 잡동사니를 지불하고 허드슨강 어귀에 위치한 길이 21킬로미터, 폭 4킬로미터, 넓이 57평방킬로미터인 섬을 받았다. 그가 지불한 물건들의 액수를 합치면 채 60굴덴이 되지 않았다. 이 거래의 합법성에 대해서는 역사책에서 흔히 다루어지고 있다. 19세기에 한 역사학자가 당시의 시세로 이 60굴덴을 환산해보았더니 그것은 단돈 24달러에 지나지 않았다. 그러나 350년 전에 60굴덴은 상당히 큰 돈이었으며, 거의 끝없이 펼쳐진 황무지로서 좁다란 한 구역에 지나지 않던 그 섬은 결코 유목하는 인디언 부족의 소유도 아니었다. 당시에 양측은 모두 그 거래가 괜찮은 것이었다고 생각하고 만족해했다(Müller, 1988: 27).

어떻게 해서 이런 기가 막힌 교환이 이루어졌을까? 그러나 그것은 전혀 이상한 일이 아니었다. 처음에 공동체의 접점에서 이루어지던 교환의 기준은 재화의 유용성이었다. 그런데 재화의 유용성은 무엇에 의해 결정되는가? 그것은 인간이 그것에 대해 쓸모 있다고 느끼는 효용에 의해 결정된다. 그러한 효용은 전적으로 개별적이며 주관적인 것이다. 맨해튼의 교환은 철저하게 바로 이런 양자의 효용에 의해 결정되었던 것이다. 이런 쓸모·유용성은 상품의 일차적인 성격을 이룬다. 그것을 사용가치(Gebrauchswert, use value)라고 부른다.

교환이 처음 이루어질 때 교환의 기준은 단연 이러한 사용가치였다. 사용가치는 교환에 참여하는 사람의 주관적 효용에 의해 평가되었다. 그래서 재화는 일차적으로 그것의 효용에 대한 합의가 있어야만 교환의 대상이 되었다. 교환할 재화의 사용가치를 확인하기 위하여 사람들은 물건을 만져보거나 냄새를 맡아보거나 발로 밟아보기도 하였으며 이빨로 깨물어보기도 하였다. 사용가치가 일단 확인된 후에는 교환의 양적 기준이 결정되어야만 교환이 가능하였다. 그러나 자신의 공동체에서 생산이 불가능한 재화들을 양적으로 측정할 수 있는 기준은 양자가 모두 가지고 있지 않았다. 따라서 교환은 철저히 양자의 사용가치에 의한 평가, 즉 주관적인 판단에 의존할 수밖에 없었다.

그러나 점차 교환을 목적으로 하는 상품생산이 증가하고 교환이 사회 전반에 확대되자 사용가치는 더 이상 교환의 기준이 될 수 없었다. 교환에 참여하는 사람이 아직 두 사람뿐이고 교환의 대상이 되는 재화가 몇 개뿐일 때 교환의 기준은 두 사람이 각자 느끼는 사용가치에 의거할 수 있고, 이때 이 교환의 양적 기준은 전혀 문제가 되지 않는다. 그들은 앞서 곡식과 창을 교환하던 두 부족인들처럼 두세 번의 거래를 통해서 쉽게 합의에 도달할 수 있었다. 그리고 그런 교환이 자신의 생존에 직접적 영향을 미치지 않는 경우라면 맨해튼의 거래처럼 기막힌 교환도 전혀 이상한 거래가 아니었다. 그러나 교환에 참여하는 사람이 다수이고 교환되어야 할 상품의 수가 많아지면, 그리고 교환을 통해서만 먹고 살 수 있는 상품생산의 조건 아래서는 그런 거래는 불가능해진다. 시장에 진열된 많은 상품들, 즉 예를 들어 의자, 칼, 접시, 닭, 우유, 과자, 모피 등의 효용의 크기를 누군가가 측정해서 그것들을 그런 효용의 크기 순서대로 배열해두었다면 그것이 과연 교환의 기준이 될 수 있을까?

동일한 재화를 놓고도 사람들은 각자 상이한 효용을 느끼며, 그 효용의 크기도 상이하다. 동일한 쌀을 보고 어떤 사람은 밥을 짓는 용도로, 어떤 사람은 떡을 만드는 용도로, 또 다른 어떤 사람은 과자를 만드는 용도로 생각할 수 있다. 어떤 사람은 식사를, 어떤 사람은 잔치를, 어떤 사람은 제사를 생각할 수 있기 때문이다. 또 똑같은 순가락을 놓고도 밥 먹는 용도로, 노랫가락 맞추는 용도로, 호박을 파는 용도로 생각하는 사람들이 있을 수도 있다. 게다가 배탈이 나서 급해진 사람에게는 화장지 몇 미터가 냉장고보다 더 큰 효용을 가질 수 있으며, 급한 용무에 쫓겨 길을 가다 소나기를 만난 사람에게는 우산 하나가 텔레비전보다 더 큰 효용을 가진 것으로 평가될 것이다. 이처럼 효용은 사람에 따라 달라지며 처해진 조건에 따라서도 달라진다. 교환에 참여하는 사람이 다수일 때 이처럼 상이한 효용대로 사람마다 전부 다른 교환의 기준을 적용하는 것이 과연 가능할까? 물론 불가능하다.

교환이 사회적 규모로 이루어지면 교환의 기준이 개인의 주관적 효용에 의존하는 것이 불가능해진다. 따라서 사회적 생산이 교환을 전제로 하는 상품생산으로 이루어지는 곳에서는 교환의 기준은 객관적인 것이 되어야 한다. 즉, 모든 사람에게 적용되는 하나의 기준이 필요한 것이다. 사회적으로 필요한 교환의 객관적 기준, 그것을 교환가치(Austauschwert, exchange value)라고 부른다. 그러면 이런 객관적인 교환의 기준은 과연 무엇일까?

효용이 그것이 될 수 없다는 것은 분명한 사실이다. 즉 사용가치는 교환의 기준이 될 수 없다. 그리고 교환가치는 무엇보다도 양적인 기준이다. 그런데 어떤 양을 기준으로 할 것인가?

허버트 스펜서의 보고에 의하면 쿠키스(Kukis)족과 벵골 지방의 베파리스(Beparis)족은 '닭의 무게와 면화의 무게를 같은 가치로 따져서' 닭과 면화를 교환했다고 한다. 그리고 비스마르크제도에서는 과거에 물고기에 대해서 그것의 길이와 같은 길이의 조개껍데기를 지불하기도 했다고 한다.

그러나 이런 교환이 오래 가지는 못하였다. 닭을 생산하는 쿠키스족과 면화를 생산하는 베파리스족이 각기 상대편의 재화를 생산할 수 없을 동안에는 이런 교환이 성립할 수 있다. 그러나 교환이 단순히 두 부족간의 교환을 넘어서서 많은 부족들간의 교환으로, 그리고 하나의 부족 내에서도 일반화된다고 생각해보자. 그리하여 교환의 당사자가 닭도 면화도 모두 생산이 가능한 범위에서 교환이 이루어진다면 그때에도 교환의 비율은

닭 1킬로그램＝면화 1킬로그램

이 될까?

내가 닭을 생산할 수도 있고 면화도 생산할 수도 있다면, 이때 두 상품의 교+환비율은 어떻게 결정될 수 있을까? 더 나아가 교환되는 상품의 종류가 많아지면 이제 닭과 면화처럼 무게로 비교할 수 있는 상품간의 교환만이 문제가 되는 것이 아니다. 즉 이제 쌀과 광목간에도 교환이 필요하고, 돼지와 보리쌀간에도 교환이 필요하게 된다. 상품생산이 일반화되면 사람들은 분업의 진전에 따라 한 가지 상품만을 생산하게 되기 때문이다.

쌀과 광목은 어떤 비율로 교환될 것인가? 무엇보다 이 양자는 양적 기준이 완전히 서로 다르다. 쌀의 양적 척도는 부피를 나타낸다. 반면 광목의 양적 척도는 길이를 나타낸다. 어느 만큼의 부피와 어느 만큼의 길이가 교환되어야 하는 것일까? 도대체 길이와 부피가 양적으로 비교될 수 있는 것일까?

이런 문제들 때문에 상품생산이 일반화된 조건에서는 상품의 교환이 성립하기 위해서 모든 다양한 상품들을 한꺼번에 비교할 수 있는 동일한 교환기준이 필요하게 된다. 그런데 이런 교환기준은 당연히 모든 상품 속에 들어 있는 것이면서 양적 척도도 동일해야 할 것이다. 말하자면 질적으로도 동일해야 할 것이다. 모든 상품 속에 들어 있으면서 동시에 양적으로 비교 가능한 것, 그것은 무엇일까?

모든 상품을 양적으로 비교할 수 있는 기준을 찾기 위해서 우리는 상품을 해체해 볼 필요가 있다. 우리는 앞서 제2장에서 해부해본 생산의 구조를 떠올리기로 하자. 모든 상품은 재화로서 인간이 생산하는 물건이다. 그런데 이런 재화의 생산에는 반드시 두 가지의 요소가 들어간다. 그것은 인간의 노동력과 그것의 대상이 되는 생산수단이다. 말하자면 모든 상품은 이 두 요소의 결합으로 이루어지는 것이다. 따라서 모든 상품에는 이 두 요소가 들어 있다. 그런데 이 두 요소 가운데 질적으로 동일하면서 동일한 양적 척도를 가진 것은 무엇인가?

먼저 생산요소는 바로 상품의 자연적 요소이다. 책상의 생산수단은 나무이며, 광목의 생산수단은 면화이다. 나무의 질과 면화의 질은 서로 다르며, 그 양적 척도도 다르다. 나무는 길이나 부피로, 면화는 무게로 측정된다. 모든 상품의 자연요소들은 전부 이처럼 상이하다. 따라서 생산수단은 교환가치가 될 수 없다. 그렇다면 남은 것은 노동력이다. 노동력은 모든 인간에게 갖추어진 능력이며, 질적으로 동일하다. 인간은 누구나 똑같이 논을 매고 밭을 갈 수 있으며 나무를 벨 수 있다. 인간의 노동은 이처럼 질적으로 동일하다. 그리고 이런 인간의 노동은 양적 척도도 동일하다. 그것은 시간이다. 모든 인간의 노동은 시간에 의해 양적으로 측정될 수 있다. 상품의 교환가치로 될 수 있는 것은 이처럼 노동뿐이다.

노동이 상품의 교환가치로 되면 상품생산이 일반화되면서 교환으로부터 발생하는 모든 곤란이 해결된다. 우선 교환 당사자가 닭도 생산할 수 있고 면화도 생산할 수 있지만, 생산의 전문화를 위해 면화만을 생산하고 있다고 가정해보자. 그리고 이때 그가 면화를 1킬로그램 생산하는 데 10시간이 소요되고 있다고 하자. 그런데 만일 그가 면화를 생산하지 않고 닭을 생산한다면 닭 1킬로그램을 생산하는 데 5시간이 걸린다고 하자. 그렇다면 그가 시장에 나가서 자신이 생산한 면화 1킬로그램을 닭 1킬로그램과 교환할까? 그는 당연히

닭 2킬로그램＝면화 1킬로그램

의 교환비율을 주장하게 될 것이다. 만일 그런 비율이 아니고 '닭 1킬로그램＝면화 1킬로그램'이라면 그는 교환에 응하지 않고 닭을 자신이 직접 생산할 것이다.

서로 양적 척도가 상이한 쌀과 광목의 교환은 이제 쌀을 생산하는 데 소요되는 노동시간과 광목을 생산하는 데 소요되는 노동시간이 기준이 되어 교환이 이루어짐으로써 문제를 해결할 수 있을 것이다. 즉 쌀 한 말을 생산하는 데 5시간이 소요되고, 광목 한 필을 생산하는 데 10시간이 소요된다면 두 상품간의 교환비율은

쌀 두 말＝광목 한 필

이 될 것이다.

교환가치는 이처럼 상품 속에 들어 있는 인간의 **노동량**에 의해 결정된다. 그런데 어떤 상품 속에 들어 있는 노동량이 얼마인지 누가 아는가? 그것은 생산자 자신이 가장 잘 알 것이다. 그렇다면 교환가치는 생산자가 주장하는 노동량에 의해 결정될 것인가? 교환이 아직 두 사람 사이에서만 이루어질 때는 분명히 그랬을 것이다. 그러나 교환에 참여하는 사람이 다수라면 동일한 상품에 대해서 각기 다른 노동량이 주장될 수 있다. 똑같이 쌀 한 말을 생산한다 하더라도 일에 익숙하고 부지런해서 작업속도가 빠른 사람과 일에 익숙하지 않고 게을러서 작업속도가 느린 사람간에 생산하는 데 소요되는 노동시간의 차이가 분명히 발생할 것이기 때문이다. 그렇다면 이때 교환가치는 누구의 노동량에 의해 결정될 것인가? 그것은 교환에 참여하는 사람들 간의 합의에 의해 결정될 것이다.

그래서 교환가치는 사실상 상품 속에 들어가 있는 실제 노동량과 일치하지 않을 수 있다. 그것은 사회 내에서 사람들간의 합의에 의해 결정되며, 따라서 '사회적 노동량'이 된다. 이런 사회적 합의는 사회적 평균으로 수렴할 것이다. 그래서 '사회적 노동량'이란, 좀더 구체적으로 말해서 사회적 평균 노동시간이 된다. 이 '사회적 평균 노동시간'이 상품의 가치(Wert, value)를 이룬다.

> 어떤 사용가치(재화－필자)의 가치크기를 결정하는 것은 오로지 사회적으로 필요한 노동량, 곧 그 사용가치의 생산에 사회적으로 필요한 노동시간뿐이다 (*MEW* 23: 54).

교환가치는 사실상 이 가치가 교환과정에서 나타나는 양적 비율이다. 교환가치는 가치의 크기를 나타내는 것이다. 이 점이 매우 중요하다! 왜냐하면 바로 이 점이야말로 상품이 부리는 마법의 핵심을 이루는 것이기 때문이다. 무엇보다도 교환가치와 가치는 구별해야 한다. 교환가치는 양적 비율이며 가치는 바로 그런 비율을 성립시키는 내용, 즉 인간의 사회적 노동이다. 그런 점에서 교환가치는 인간노동(즉 가치)의 비율이며 그 결과 상품들간의 교환관계는 인간들간의 교환관계로 되는 것이다! 이 마법 속에 개미와 베짱이간의 관계에 대한 수수께끼의 열쇠가 숨겨져 있다. 우리는 바로 다음 절에서 그 열쇠를 찾게 될 것이다.

그래서 위의 예에서

닭 2킬로그램＝면화 1킬로그램
쌀 두 말＝광목 한 필

의 교환이 이루어진다는 것은 닭 2킬로그램과 쌀 두 말을 생산하는 데 사회적으로 평균 10시간의 노동이 소요된다는 것을 의미하고 면화 1킬로그램과 광목 한 필을 생산하는 데도 평균 10시간의 노동이 소요된다는 것을 의미한다. 이들 상품은 모두 10시간의 노동가치를 가진 것이다.

상품은 사용가치와 교환가치를 모두 가졌으며, 이 두 가지를 동시에 가져야만 상품이 될 수 있다. 타인을 위해, 즉 교환을 위해 생산되는 재화가 곧 상품이다. 그래서 상품이 되기 위해서는 우선 그것의 유용성을 타인에게 인정받아야 하며, 따라서 상품은 사용가치를 가져야 한다. 그러나 동시에 상품은 교환과정에서 일정한 양적 기준을 가져야만 교환될 수 있고, 그런 기준은 교환가치이다. 이 두 가지 가치를 모두 갖지 못하면 상품이 될 수 없다. 이 두 가지 가치를 모두 가져야 하는 것을 '상품의 이중성'이라고 부른다. 그리고 이런 상품의 이중성을 성립시키는 것은 인간의 노동이 '가치'로서 상품간의 교환비율을 성립시키기 때문이다. 따라서 자본주의 생산양식에서 생산되는 것이 재화가 아니라 (교환을 위해 생산되는) 상품이라면 이 생산양식에서 생산되는 것은 사실상 '가치'('사회적 평균노동')인 셈이다. 가치야말로 재화를 상품으로 만드는 마법의 핵심이기 때문이다. 결국 자본주의 생산양식에서는 가치가 생산된다. 이 가치는 인간의 노동이며 따라서 그 마법은 인간의 노동과 직접적인 관련이 있다. 마법에 걸린 인간의 노동은 어떤 모습을 하고 있는가?

3) 마법에 걸려든 노동－노동의 이중성

자본주의 생산양식의 마법은 재화의 세계를 상품의 세계로 변화시킨다. 상품의 세계는 이중화하면서 상품들간의 교환을 인간노동의 교환으로 만들고 그리하여 상품을 생산하는 요소인 인간의 노동은 자본주의 생산양식의 마법에 편입된다. 마법에 걸린 노동은 어떤 것일까? 상품 속에는 노동이 들어가 있고 상품의 구성요소가 두 가지라면, 그 두 가지 구성요소에도 노동은 각각 들어 있을 것이다. 따라서 노동은 상품이 이중화됨에 따라서 함께 이중화되는 것이다. 노동의 이중화, 그것이 상품세계에서 마법에 걸린 노동의 모습이다.

상품 속에 들어간 노동은 어떻게 상품의 두 가지 요소로 나누어질까? 상품이 상품으로 되기 위해서는 두 가지 과정을 거쳐야만 한다. 상품은 우선 현물로 만들어진 다음 상품으로 교환된다. 생산되지 않은 상품은 교환될 수 없는 것이다. 교환에 들어가기 전에 우선 만들어진 상태에서 상품은 단지 현물의 형태를 가질 뿐이다. 이런 현물형태의 상품은 본래적인 유용성, 즉 사용가치만을 갖고 있다.

이런 상품의 사용가치는 상품의 구체적인 모양과 여러 가지 자연적 속성으로 이루어져 있다. 그래서 우리는 상품을 유심히 살펴보거나 만지거나 냄

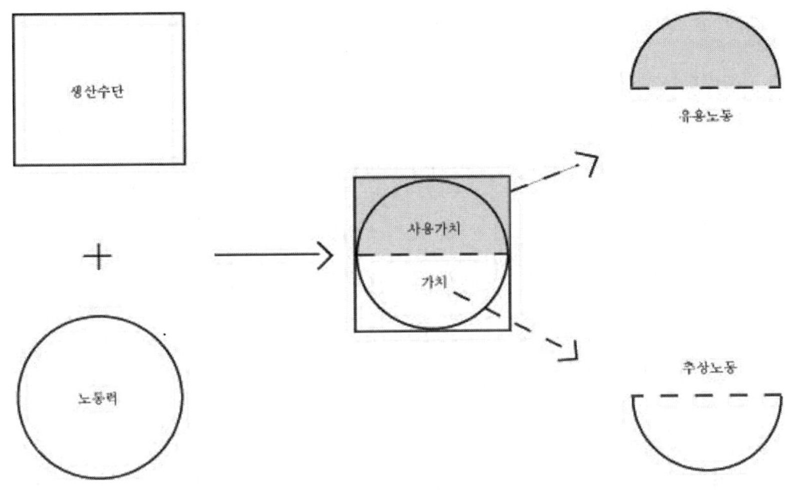

새를 맡거나 이빨로 깨물어 봄으로써 그것의 사용가치를 확인한다. 이런 현물형태의 상품을 만드는 노동, 그것은 상품의 사용가치를 만들어내는 노동이다. 상품의 이런 유용성을 만드는 노동을 유용노동(nützliche Arbeit)이라고 부른다. 이런 유용노동은 구체적으로 생산수단과 결합하는 노동이며, 따라서 상품 속에 실제 들어간 노동이다. 그래서 그것을 구체적 노동이라고 부르며, 또한 각각의 개별상품마다에 들어 있는 노동이므로 개별적 노동이라고도 부른다.

그러나 현물형태로 만들어진 상품은 원래 그 속성이 교환을 목적으로 했던 것이다. 따라서 이 상품은 교환되어야 한다. 그런데 교환은 사회적으로 수행되며 교환가치에 의해 이루어진다. 그리고 그 교환가치는 '사회적 평균 노동시간'으로 결정되는 것이다. 교환가치도 인간의 노동인 것이다. 그러나 교환가치를 표시하는 노동은 사용가치를 만들어낸 노동과는 다른 노동이다. 이것은 상품 속에 실제로 들어간 노동을 가리키는 것이 아니라 사람들이 합의한 노동을 나타낸다. 따라서 그것은 합의를 통해서 사람들의 머리 속에만 존재하는 노동을 표시한다. 우리는 누구나 자장면을 2,500원(2001년 봄 현재의 가격)으로 생각한다. 그것은 실제로 그 자장면 속에 들어간 각 주방장들의 노동량을 일일이 가리키는 것이 아니라 우리 모두가 머리 속으로 합의한 노동량을 가리킨다. 그래서 교환가치로 나타나는 노동은 **추상적 노동**이다. 또한 그것은 개개의 상품 속에 있는 노동이 아니라 '사회적 평균'으로 합의한 노동이므로 **사회적 노동**이다. 그것이 바로 서로 비교될 수 있는 동일한 질을 가진 노동, 즉 '가치'인 것이다.

노동이 이처럼 두 가지 성격을 갖게 되는 것을 **노동의 이중성**이라고 부른다. 그것은 인간노동의 산물인 상품이 이중적이기 때문에 함께 이중적으로 된다. 이런 현상을 **조응**(Korrespondenz)이라고 한다. 상품의 이중성은 노동의 이중성과 조응하는 것이다. 노동의 이중성은 『자본론』의 이해에 결정적인 중요성을 갖는다.

> 상품에 포함된 노동의 이중적인 성질은 나(맑스를 가리킴—필자)에 의해 처음으로 비판적으로 지적된 것이다. 이 점은 정치경제학을 이해하는 데 결정적인 도약점이므로…(*MEW* 23: 56).

그것은 '개미와 베짱이'의 우화에서 드러난 모순을 해결하는 데 결정적인 단서를 제공한다. 상품생산 아래서는 인간의 노동이 두 가지 노동으로 분화되는데, 그 양자는 일치하지 않는다. 그 두 가지 노동이란 개별적 노동과 사회적 노동이다. 개미가 베짱이보다 더 많은 노동을 한다고 할 때 그 노동은 단지 현물형태의 상품을 생산하는 것만을 가리킨 것이다. 말하자면 그 노동은 사용가치를 생산하는 개별적 노동이다. 그러나 상품생산 아래서 노동은 교환되는 것을 전제로 한 노동이며, 그것은 개별적 노동이 아니라 사회적 노동에 의해 결정된다. 개미가 잘 사느냐 못 사느냐를 결정짓는 것은 개미의 구체적 노동, 즉 사용가치를 생산하는 노동이 아니라 개미의 노동이 사회적으로 인정받는 사회적 노동의 크기인 것이다.

그렇다면 그런 노동의 사회적 합의과정은 어떻게 이루어질까? 그것은 바로 노동의 사회적 분배과정이다. 그러나 그것은 나중에 상세히 다루게 되며, 단지 여기에서는 상품과 노동의 이중성으로 인해 열심히 일하는 개미가 가난할 수 있다는 단서만 기억해두기로 하자. 그것은 바로 부르주아사회의 마법의 수수께끼를 푸는 결정적인 열쇠가 된다.

2. 화폐

'돈은 자유입니다'(The Money is Freedom) ─ '돈이 부족한 것이야말로 모든 악의 근원'이라는 도발적 메시지로 선풍적 인기를 끌고 있는『부자 아빠 가난한 아빠』의 저자 로버트 기요사키의 말이다. 그는 돈이야말로 사랑이나 행복을 가능하게 만드는 '생활의 절대적인 필요조건'이라고 자신 있게 말한다(『동아일보』, 2000년 6월 8일자).

정말 그렇다! 돈은 얼마나 좋은 것인가?

1997년 5월 27일 오전 11시 20분경 서울시 중구 롯데호텔 바로 옆에 위치한 프레지던트호텔 27층 2718호실에서 김모씨가 객실 창문을 열고 1만원권 지폐 70여장과 1천원권 3천여장 등 3백70여만원 어치를 시청앞 광장 쪽으로 뿌렸다. 이 바람에 호텔 앞은 지나던 행인들과 차를 멈춘 운전자들이 돈을 줍기 위해 차도로 몰려들어 시청앞 광장 일대가 1시간여 동안 극심한 교통혼잡을 빚었다.… 김

씨가 뿌린 돈은 행인들이 대부분 주워가고 경찰은 1천원권 80장, 8만원밖에 수
거하지 못하였다(『조선일보』, 1997년 5월 28일자, 「도심하늘에 대낮 '돈벼락'」).

기요사키의 얘기가 아니더라도 돈은 이처럼 누구에게나 '미치도록' 좋은
것이다. 그것은 우리 생활의 질서를 흔들 정도로 절대적인 위력을 갖고 있
다. 그런데 언제나 그런 것일까? 기요사키의 생각대로 돈은 언제나 사랑과
행복도 가능하게 하는 '생활에 절대적으로 필요한 것'일까?

두 명의 여행자가 사막에서 길을 잃고 헤매고 있었다. 양식도 다 떨어졌다. 힘
이 거의 다 빠졌을 때 그들은 우연히 대상들이 지나간 길을 발견하였다. 그들은
배가 너무 고팠기 때문에 발을 질질 끌다시피 걷다가 갑자기 길 위에 놓인 큰 자
루를 발견하였다. 그들 중 힘이 더 센 자가 그 자루를 열었다. 그러나 그는 기쁨
의 환호 대신 실망의 소리를 질렀다. 그 자루는 금으로 가득 차 있었던 것이다.
정상적인 조건이라면 이 금은 거대한 부를 의미했을 것이다. 그러나 사람이 전혀
살지 않고 금으로 아무것도 사들일 수 없는 여기 이 사막에서 금이란 사막의 모
래만큼이나 무용하고 값어치 없는 것이었다(아라비아 동화에서).

기요사키의 얘기는 사막에서는 더 이상 통하지 않는다. 그것은 로빈슨
크루소에게도 통하지 않는다. 그러고 보니 이것은 우리가 '개미와 베짱이'
의 우화에서 이미 보았던 그런 상황과 비슷하지 않은가? 돈은 사회라는 구
조 내에서만 위력을 갖는 것이다. 그것은 사회로부터 격리되는 순간 위력을
잃고 쓸모 없는 것으로 전락한다. 그렇다면 화폐의 위력은 어디에서 비롯된
것일까? 사실 그것은 상품이라는 마법의 세계가 만들어낸 부산물이다. 그러
나 그것은 단순한 부산물에 그치지 않고 그 마법의 주술이 응결된 결정체
이다. 이제 그 화폐의 주술을 헤쳐보도록 하자.

1) 화폐는 어떻게 생겨났는가

돈의 기원은 교환과 함께 시작된다. 어떻게 시작되는가? 교환이 시작되고 발전해가면서 사람들은 교환의 기준이 필요하다는 것을 알게 되었다. 그리고 그런 기준은 교환되는 재화, 즉 상품 속에 들어 있는 노동일 수밖에 없었다. 따라서 상품이 되기 위해서는 두 가지 얼굴을 모두 가지고 있어야만 했다. 그것은 사용가치와 교환가치였다. 그런데 상품이 이처럼 두 얼굴을 가졌다면 그것이 우리에게는 어떤 모습으로 비칠까? 우리는 그것을 어떻게 확인할 수 있을까?

상품의 사용가치는 상품의 현물형태(Naturalform) 그 자체이다. 우리는 그것을 직접 보거나 만지거나 냄새를 맡아봄으로써 확인할 수 있다. 상품의 사용가치는 그런 모습으로 우리에게 나타난다. 그렇다면 상품의 교환가치는 어떤 모습으로 우리에게 나타나는가? 교환가치는 상품 속에 들어 있는 인간의 추상적 노동, 즉 가치의 크기를 나타낸다. 그런데 이 가치는 어떤 모습을 하고 있는가? 그것은 볼 수 있는 것인가, 또는 만져지는 것인가 아니면 냄새를 가지고 있는 것인가? 가치는 보이는 것도 아니며, 만져지는 것도 아니며 또한 냄새를 가지고 있지도 않다. 이처럼 가치가 전혀 확인할 수 없는 것이라면 교환은 어떻게 이루어지는가?

물론 확인할 수 없는 유령의 물체를 기준으로 교환이 이루어질 수는 없다. 그래서 가치는 확인 가능한 형태를 가져야만 한다. 가치가 자신을 드러내는 이 확인 가능한 형태, 그것을 가치형태(Wertform)라고 한다. 그러므로 상품은 자신의 두 가지 얼굴로 현물형태와 가치형태를 각각 드러내는 셈이다. 그러면 이 가치형태는 어떤 방법으로 드러나는가?

얼마 전에 우리나라에서 굉장한 인기를 누린 영화 가운데 패트릭 스웨이지와 데미 무어가 주연한 「사랑과 영혼」이라는 작품이 있다. 인류와 함께 불멸의 주제인 사랑을 묘사한 영화로서 사랑의 힘이 죽음의 벽을 뛰어넘는 것을 보여주는 작품이었다. 그런데 이 영화에서 우리는 중요한 힌트를 하나 얻을 수 있다. 이미 죽어서 영혼이 되어 버린 패트릭 스웨이지는 사랑하는 연인과 대화를 하기 위해서 무당의 몸을 빌린다. 실제로 영혼이 남의 몸을 빌려 살아 있는 사람과 대화를 나누는 것은 우리나라에도 널리 알려진 영적 체험으로서 '강신'(降神: 신이 내림)이라는 개념으로 잘 알려져 있다.

스스로 아무런 확인 가능한 형태를 갖지 못한 가치는 바로 이 '강신'의 형태로만 자신을 드러낼 수 있다. 가치는 언제 강신하는가? 가치의 형태가 절실하게 필요한 경우는 바로 교환이 이루어질 때이다. 가치가 교환 당사자들에게 서로 확인 가능한 형태를 갖지 못하면 교환은 이루어질 수 없을 것이기 때문이다. 그래서 최초의 가치형태는 가장 단순한 형태의 교환이 처음 이루어질 때 등장하였다.

(1) 단순한 가치형태

최초의 교환은 하나의 상품과 또 다른 하나의 상품간의 만남이었다. 교환은 단 두 상품간에 이루어졌다. 이때 가치가 자신을 표현할 수 있는 남의 몸은 단지 교환의 대상이 되는 상대편 상품뿐이다. 따라서 한 상품의 가치는 다른 상품의 몸을 빌려 표현된다. 이런 가치형태를 단순한 가치형태라고 부른다.

쌀 두 말=광목 한 필

쌀은 광목을 통해서 자신의 가치를 표현한다. 여기에서 쌀 두 말의 가치는 광목 한 필로 표현되고 있다. 쌀 두 말의 가치는 스스로 자신을 나타내는 것이 아니라 광목 한 필이라는 남의 몸을 빌려서 상대적으로 표현되고, 광목은 쌀의 가치크기를 똑같이 표현해 주는 등가(等價, Äquivalent)로서 기능하고 있다. 그래서 맑스는 이 경우 쌀을 상대적 가치형태, 광목을 등가형태라고 불렀다. 여기에서는 쌀의 가치만이 표현되고 광목의 가치는 표현되지 않는다. 광목은 여기에서 단순히 쌀의 가치를 표현해주는 재료, 즉 무당의 몸으로서 역할을 수행하고 있을 뿐이다.

이러한 가치형태를 통해서 원래 볼 수도 만질 수도 없었던 쌀의 가치는 이제 광목이라는 볼 수도 만질 수도 있는 현물의 형태를 띠게 되었다. 쌀의 가치는 '강신'하였다. 그런데 이제 쌀의 가치가 광목의 몸을 빌려 빠져나가 버림으로써 원래는 쌀 속에 사용가치와 함께 있던 쌀의 가치는 쌀로부터 분리되는 형태를 띠게 된다. 이제 쌀 속에는 그 사용가치만이 남아 있고, 쌀의 가치는 쌀의 몸 속으로부터 빠져나와 광목이라는 몸 속으로 옮겨 앉은 형태를 취하게 된 것이다. 그래서 상품의 두 가지 요소는 서로 분리된 형태를 띠게 된다. 그럼으로써 상품 속에는 서로 분리될 수 있는 완전히 다른 두 요소가 있다는 사실이 분명하게 드러난다. 상품의 이중성이 확인되는 것이다.

단순한 가치형태를 통해 비로소 상품의 가치는 현물의 형태로 자신을 드러낼 수 있게 되었다. 그러나 동시에 이것은 상품의 가치가 혼자의 힘으로 자신을 드러낼 수 없다는 한계를 나타내는 것이기도 하다. 상품의 가치가

<그림 3> 쌀의 가치의 '강신'

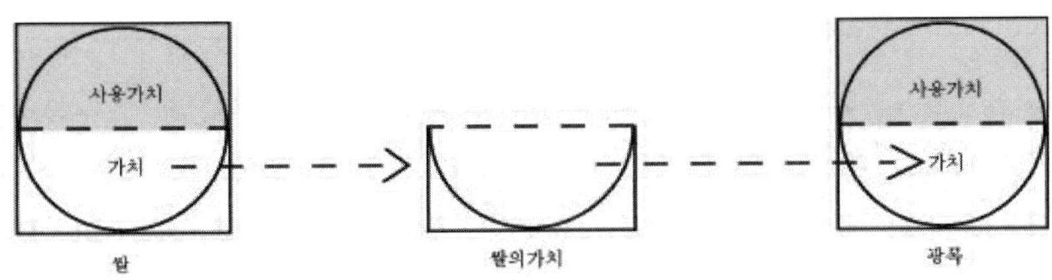

이처럼 남의 몸을 통해서만 드러날 수 있다는 한계 때문에 상품가치에 대한 중요한 오해도 여기에 함께 발생한다.

오해는 일종의 착시현상을 가리키는 것이다. 단순한 가치형태를 다시 한 번 살펴보자. 'x량의 상품 A=y량의 상품 B'에서 상품 B는 상품 A의 가치를 반영하는 단순한 재료로서 그것의 거울의 역할을 하고 있을 뿐이다. 상품 A의 가치는 반드시 상품 B에 의해 표현될 필요가 없다. 그것은 다른 상품으로 표현될 수도 있으며, 하필 그것이 상품 B로 표현된 것은 단순한 우연일 뿐이다. 그런데도 눈에 보이는 현상으로는 상품 A의 가치가 B라는 상품의 현물형태로 표현됨으로써 현물로서의 상품 B 속에, 즉 상품 B의 자연적·물리적 속성 속에 이미 상품 A의 가치를 표현할 수 있는 어떤 '등가적인 속성'이 존재하고 있는 것처럼 보인다.

거울(상품 B)에 황금(상품 A의 가치)을 비추면 거울에서 황금의 빛이 반사되는데, 그 빛은 사실상 황금으로부터 나오는 것이지만 외견상으로는 거울로부터 나오는 것처럼 보이는 것이다. 황금이 거울 앞에 놓이지 않으면 거울이 빛을 발할 리가 없는 것이지만, 외견상으로는 거울 그 자체가 빛을 내는 것처럼 보이는 것이다. 그것은 마치 왕이 왕인 이유가 신하가 왕에 대해서 신하로서 행동하기 때문인데도 얼핏 보면 왕이 왕이기 때문에 신하가 신하인 것처럼 보이는 것과 같다. 영화 「마지막 황제」는 바로 그런 내막을 우리에게 잘 가르쳐주고 있다. 신하가 없으면 황제는 이미 황제가 아닌 것이다. 이러한 착각으로부터 상품의 물신성이 비롯된다.

즉 상품의 가치는 원래 인간의 노동이다. 그러나 그 노동가치가 스스로를 표현할 수 없어서 다른 상품의 몸을 빌려 자신을 표현함으로써 몸을 빌려준 상품 자체가 노동가치인 것처럼 보이는 것이다. 광목 한 필이 표현하고 있는 것은 쌀 두 말 속에 들어간 인간의 노동량, 즉 노동가치이다. 다시 말하자면 그것은 쌀 두 말을 생산하는 데 소요되는 사회적 평균 노동량을 표현하고 있는 것이다. 그러나 이 쌀의 가치가 광목의 몸을 빌려야만 자신을 나타낼 수 있기 때문에 가치는 언제나 광목의 현물형태로만 나타나고, 따라서 마치 가치는 원래부터 광목 속에 있던 것인 양 보이는 것이다. 다시 말하자면 가치가 인간의 노동으로 구성된 것이 아니라 광목 속에 원래 내재해 있는 어떤 광목의 속성—그것을 우리는 광목의 유용성, 광목의 사용가치라고 불렀다—인 양 보이게 되는 것이다. 가치가 인간의 노동에 의해 생산이라는 과정을 통해서 만들어지는 것이 아니라 자연 속에 원래부터 주어져 있는 것으로 보이는 것이다. 이런 착시현상을 맑스는 상품의 물신성(Fetischismus)이라고 불렀다(*MEW* 23: 87). 그것은 상품의 세계가 인간의 노동을 이중화하면서 빚어내는 마법의 주술이다.

(2) 가치형태의 발전

① 전개된 가치형태

단 두 사람간에 최초의 교환이 이루어진 이후 분업은 발전해갔으며 생산도 진보하였다. 생산되는 상품의 양은 늘어났으며 더욱 많은 양의 상품, 더욱 많은 종류의 상품이 교환되었다. 교환에 참여하는 사람의 수가 늘어났다. 이렇게 되자 가치형태는 새로운 형태로 변하게 되었다. 무엇보다도 교환되는 상품의 종류가 늘어남으로써 한 가지 상품은 한 가지 상품하고만 교환되는 것이 아니라 여러 상품들과 교환되어야 했다. 그래서 상품의 가치는 한 가지 상품만을 등가형태로 하는 것이 아니라 여러 상품을 등가형태로 하게 된다. 이것이 전개된 가치형태이다.

쌀 두 말=광목 한 필
　　　=신발 다섯 켤레

=그릇 열 개

=닭 세 마리 등등.

가치형태가 이처럼 변화되었다는 것은 교환이 그만큼 복잡해졌다는 것을 의미한다. 교환이 복잡해지자 어려움이 함께 등장하였다. 그런 어려움의 진상을 한번 살펴보자. 다음은 아프리카를 여행하던 어떤 사람의 기록이다.

탕가니카 호를 건너기 위해서 나는 거룻배를 빌리려고 하였다. 나는 사이드 이븐 하비드라는 사람에게 배 한 척을 빌려달라고 부탁했다. 그는 그 대가로 상아를 요구했다. 나에게는 물론 상아가 없었으며 무하마드 벤 살리브라는 사람이 상아를 가지고 있다는 것을 알게 되었다. 그러나 그것은 나에게 전혀 도움이 되지 않았다. 왜냐하면 그 사람은 상아를 주는 대가로 면화를 받기를 원했기 때문이다. 당연히 나는 면화도 가지고 있지 않았다. 그런데 무하마드 이븐 가리브라는 사람이 면화를 가지고 있었으며, 그는 철사를 원한다는 이야기를 듣게 되었다. 다행히 내게 얼마간의 철사가 있었다. 나는 무하마드 이븐 가리브에게 적당한 양의 철사를 주고 면화를 받아서, 다시 그 면화를 무하마드 벤 살리브에게 주고 상아를 받았으며, 그 상아를 이번에는 사이드 이븐 하비드에게 줌으로써 마침내 원하던 거룻배 한 척을 빌릴 수 있었다(Müller, 1988: 31).

이 여행자의 어려움에서 드러나듯이 교환이 이루어지기 위해서는 두 가지 조건이 충족되어야 한다. 우선 쌀을 사고자 하는 사람은 쌀을 팔고자 하는 사람을 찾아야 한다. 그런 사람을 찾는 일이 결코 간단한 일은 아니다. 그러나 그 사람을 찾는 것만으로 모든 일이 끝난 것은 아니다. 두 번째 조건은 쌀을 팔고자 하는 사람이 원하는 상품을 그가 가지고 있어야 하는 것이다. 그래야만 교환이 이루어진다. 예를 들어 쌀을 팔고자 하는 사람이 광

<그림 4> 복잡해진 교환

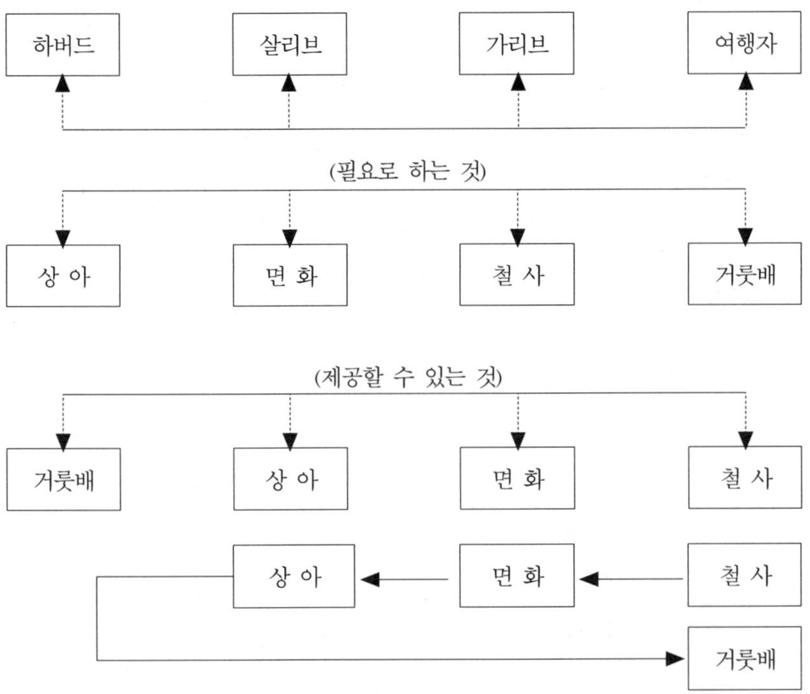

목을 필요로 하고 있다면 광목을 그에게 즉시 내놓을 수 있는 사람만이 그와 쌀을 교환할 수 있다. 그러나 자신이 원하는 상품을 팔고자 하는 사람을 찾아냈을 때 그 사람이 원하는 물건을 마침 자신이 가지고 있는 경우란 극히 가능성이 희박하다. 옷이 필요한 대장장이가 마침 호미를 필요로 하는 재단사를 만나는 일이 어찌 쉬운 일이겠는가? 따라서 옷이 필요한 대장장이는 재단사가 필요로 하는 상품을 내놓기 위해 자신의 호미를 시작으로 여러 차례의 우회적인 교환을 거쳐야만 한다. 자연히 그러기 위해서는 많은 사람들과의 거래가 요구되고 교환의 횟수는 늘어날 수밖에 없다. 교환에는 많은 노력이 들어가고, 따라서 어려움도 늘어났다.

② 일반적 가치형태

    교환의 어려움이 늘어나면서 이런 어려움을 극복하고자 하는 경향이 나타났다. 여러 상품 가운데 하나의 상품에 대해 교환을 전담하는 특별한 임무가 주어지도록 합의가 형성되어 갔던 것이다. 그 상품은 가치에게 몸을 빌려주는 역할을 전담함으로써 모든 상품의 가치는 이 상품을 통해서만 표현되도록 지정되었다. 그것은 전개된 가치형태의 역전된 모습을 띠었다. 이런 가치형태를 일반적 가치형태라고 한다.


```
광목 한 필       = 쌀 두 말
신발 다섯 켤레   =
그릇 열 개       =
닭 세 마리       =
```


    이제 쌀은 모든 상품의 가치에 대해 등가형태를 이룬다. 그래서 이런 상품을 일반적 등가물이라고 부른다. 일반적 등가물은 모든 상품과 즉시 교환될 수 있으며, 따라서 이것을 매개로 하면 교환의 빈번함으로부터 발생하는 어려움들은 모두 해결될 수 있었다. 여행자가 거룻배를 빌리기 위해 자신이 가지고 있는 철사를 먼저 면화로 바꾸고 그것을 다시 상아로 바꾼 다음, 비로소 그 상아로 거룻배를 빌리는 우회적인 교환은 이제 필요 없게 되었다. 그는 먼저 철사를 쌀로 바꾸고, 쌀을 주고 거룻배를 빌릴 수 있게 된 것이다. 그리고 거룻배의 소유자는 배를 빌려주고 받은 쌀로 자신이 필요로 하는 상아를 곧바로 교환할 수 있게 되었다. 교환은 단축되고 간단해졌다.

    일반적 등가물은 사람들의 합의에 의해 선택되었다. 그러면 어떤 상품이 일반적 등가물로 지정되었을까? 대개 초기에는 그 사회에서 가장 널리 필요한 상품이 일반적 등가물로 되었다. 그래서 유목민들에게는 소가 되는 경우가 많았으며, 농경민들에게는 곡물이 되는 경우가 많았다. 그밖에 생활조건에 따라 생선, 소금, 차, 조개껍데기, 모피, 수공예품 등이 되는 경우도 있었다.

이들 품목 가운데 일반적 등가물로 가장 인기가 높았던 것은 가축, 그중에서도 특히 소였던 것 같다. 일찍이 그리스에서는 소가 중요한 일반적 등가물로 기능하였던 예가 자료로 남아 있다. 호머는 이미 자신의 작품에 등장하는 용사들의 무장 정도를 소로 표현하고 있다. 예를 들어 그는 디오메데스의 갑옷은 9마리 황소의 가치와 같고, 글라우코스의 갑옷은 100마리의 황소에 해당한다고 적고 있다. 『일리아드』 제23절 가운데에서 전쟁에서 죽은 그리스의 영웅 파트로클로스를 기리기 위해 거행된 시합을 묘사한 부분에는 이런 구절이 있다.

아킬레스는 아약스와 오디세우스의 레슬링 시합의 상으로 승자에게는 '그리스인들이 그 가치를 12마리의 소로 평가하는, 불 위에 놓는 커다란 삼각용기'를 주고 패자에게는 '가치로 따져 4마리의 소에 해당하는, 예술적 재능이 풍부한…꽃다운 나이의 여인'을 주기로 결정하였다(Homer, B.C. 900?, 제23절 「파트로클로스의 장례 및 경기」).

그리스 외에도 가축을 일반적 등가물로 사용한 사회의 예는 적지 않다. 아일랜드의 '쿠길디'(kugildi)라는 단어는 곧 '암소화폐'(Kuhgeld)를 뜻하는 것이고, 인도의 화폐단위인 '루피'(rupee)는 산스크리트에서 가축떼를 가리키는 '루퍄'(rupya)에서 유래된 말이다. 원래 '자본'(Kapital)이라는 단어도 동물의 머릿수를 가리키는 '카푸트'(caput)라는 단어에서 유래한 것이다.

소 다음으로 인기가 있었던 것은 곡물이었다. 우리나라에서 1970년대초에 유행하던 농담이 있다. 그 당시 여성들 사이에서 가장 유행하던 차림은 부츠 차림이었고 부츠는 구두가게마다 필수적인 품목이었다. 바로 이 부츠를 신고 가는 여성을 보면 "대단히 튼튼한 다리를 가지고 있군요"라는 농담이 유행했던 것이다. 왜냐하면 당시 유행하던 이 부츠 한 켤레의 가격이 쌀 한 가마 값이었고, 따라서 부츠를 신은 아가씨는 곧잘 다리에 쌀 한 가마를 달고 다니는 것으로 간주되었던 것이다. 그런 비슷한 표현으로 당시에는 좋은 옷을 입은 사람에게 "그 옷 말섬깨나 주었겠는걸"이라는 말을 하곤 하였다. 이것도 옷을 쌀의 양으로 표현한 것이다. 우리나라에서는 쌀이 일반적 등가물로 오랫동안 기능하였던 것이다.

③ 화폐형태

그런데 이런 동물이나 곡물의 형태를 띤 일반적 등가물들은 교환이 차츰 발달하면서 단점이 발견되었다. 우선 이들은 모두 부피가 적잖이 커서 운반이 매우 불편하였고 보관에도 많은 공간이 필요했다. 가축은 가축우리가 필요했고, 곡물은 비를 피할 수 있는 창고가 필요했다. 게다가 '살아 있는 화폐'는 분할이 곤란했다. 살아 있는 것을 분할하려면 죽여야만 했는데, 일단 그렇게 되면 그때부터는 보관이 불가능했던 것이다. 또한 소 세 마리의 가치, 한 마리의 가치는 표현이 어렵지 않지만 소 1/4의 가치, 소 1/6의 가치는 표현하기도 어렵지만, 구체적으로 소를 어떻게 분할하여 해당 가치를 교환할 것인지가 거의 불가능하였다. 말하자면 적은 가치에 대해서는 일반적 등가물로 사용하는 것이 어려웠던 것이다. 그리고 이들은 모두 시간이 지나가면서 병들거나 부패하든가 품질이 저하되면서 점점 가치가 하락하는 성격을 가지고 있었다.

그래서 이런 단점을 극복할 수 있는 일반적 등가물이 모색되었고 그 결과 귀금속, 그 중에서도 금과 은이 매우 적합하다는 사실이 발견되었다. 금과 은은 매우 소량의 가치도 정밀하게 분할이 가능했으며, 아무리 오랜 시간 동안 저장해도 가치가 전혀 변하지 않았다. 그것은 부패하지도 않았고 품질이 저하되지도 않았다. 그리고 소량으로도 많은 가치를 표현할 수 있었기 때문에 운반과 보관에 전혀 부담이 없다. 금과 은은 일반적 등가물로서 가장 강력한 경쟁력을 가지고 있었던 것이다. 그래서 시간이 지남에 따라 대부분의 사회에서 일반적 등가물은 금과 은으로 고정되어 갔다. 상품의 가치는 이제

<pre>
광목 한 필   = 금 3그램
신발 다섯 켤레   =
그릇 열 개   =
닭 세 마리   =
</pre>

로 표현되었다.

그런데 금은이 일반적 등가물의 지위를 독점하는 순간 금은은 '화폐상품'이 되며 "금이 화폐상품으로 된 그 순간부터… 일반적 가치형태는 화폐형태로 전화"(*MEW* 23: 4)한다. 금은이 화폐가 된 것은 전혀 어느 누구의 음모에 의해서가 아니었다. 그것은 순전히 금은의 속성 때문이었다. 그래서 맑스는 다음과 같이 말하였다.

금과 은이 날 때부터 화폐인 것은 아니지만 화폐는 날 때부터 금과 은이다 (*MEW* 23: 104).

금은의 어떤 속성이 금은을 일반적 등가물로부터 화폐로 만드는가? 금은이 일반적 등가물이 되면 왜 상품의 가치형태가 화폐형태로 발전하는가? 일반적 가치형태와 화폐형태 사이에는 어떤 차이가 있는가?

일반적 가치형태에서 가치의 표현형태로서 일반적 등가물로 사용되던 가축이나 곡물은 그 자체가 언제든지 사용될 수 있는 유용성을 가지고 있었다. 다시 말해서 가치를 표현하던 가축이나 곡물은 모두 사용가치를 가지고 있었다. 즉 가치는 사용가치와 결합되어 있었던 것이다. 그래서 상품의 이중성은 이미 가치형태를 통해서 분명히 드러나고 있었다. 상품은 가치와 사용가치 모두를 지니고 있으며, 동시에 그 두 가치의 원천이라는 것이 확인되었던 것이다.

일반적 등가물로서 금이 다른 상품들과 처음 경쟁에 들어설 때 금도 물론 다른 상품과 꼭 마찬가지로 두 가지의 가치를 모두 가지고 있었다. 금은 치아를 땜질하는 데, 그리고 여러 장신구의 중요한 원료로서의 사용가치를 가지고 있었다. 그리고 그런 금의 사용가치를 만들기 위해 금을 캐내고 그것을 야금하는 유용노동이 있었다. 이런 유용노동을 바탕으로 금을 생산하는 데 들어가는 사회적 평균노동이 계산되었고, 따라서 금도 그러한 사회적 노동 즉 교환가치에 따라 교환되었다. 이런 교환은 금의 산출지에서 주로 이루어졌다. "금이 화폐로서 유통에 들어올 때 그 가치는 이미 주어져 있는 것이다"(*MEW* 23: 107). 금이 일반적 등가물로 처음 등장할 수 있었던 것은 바로 그것이 상품이었기 때문이다.

다른 상품과 꼭 마찬가지의 상품으로서 일반적 등가물이 되었던 금은이 화폐가 될 수 있었던 것은 그것이 다른 상품들과는 달리 주조될 수 있다는 특성 때문이었다. 그것은 자신이 나타내는 가치만큼의 크기로 정확하게 분할이 가능했고, 그런 분할된 크기로 주조될 수 있었던 것이다. 그리하여 주화가 나타났다. 이것이 화폐로 넘어가는 직접적 계기로 작용하였다. 주화는 그것이 나타내는 가치를 표면에 각인으로 표시되기 시작하였는데, 그것이 주화의 이름으로, 그리고 주화의 단위로 되어 갔다. 그런 이름은 주화의 무게나 주화를 만든 지역을 나타내는 경우도 있었고, 주화를 만든 주조권자를 나타내는 경우도 있었다. 우리나라와 중국의 화폐단위였던 '냥'(兩)은 은의 무게를 기준으로 한 화폐단위이며, 오늘날 국제화폐로 출세한 달러(dollar)의 조상인 '탈러'(taler)나 영국의 '파운드 스털링'(pound sterling)은 모두 주조장소의 지명에서 유래한 것이고, 고대 유럽의 금화 '두카텐'(dukaten)은 황제 두카스(Dukas)가 주조한 주화였다. 요컨대 주화의 단위는 반드시 무게는 아니었고, 그것은 단지 어떤 가치를 나타내는 단순한 표지(Zeichen)로 되어갔던 것이다.

가치가 이처럼 주화의 단순한 표지로 정착되어 가자 가치는 사용가치로부터 분리되기 시작하였다. 가치를 나타내는 것은 주화였으며, 주화가 표시하는 가치는 사용가치와는 전혀 무관한 것이었다. '탈러'나 '두카텐'은 어떤 사용가치도 연상시키지 않는, 따라서 사용가치와는 무관한 것으로 생각되었다. 이것은 점점 더 발전하여 아예 아무런 노동량도 담고 있지 않은 종잇장이 가치의 표지만을 찍은 채로 화폐의 역할을 수행하게까지 되었다. 지폐가 본격적인 화폐로 등장하였던 것이다.

그들은 뜻을 모아 자기들의 힘과 권세를 그 짐승에게 주더라. 그 표, 곧 그 짐승의 이름이나 그의 이름의 숫자를 가진 자말고는 아무도 매매할 수 없게 하였다(『요한계시록』 제17장 제13절, 제13장 제17절).

그리하여 화폐가 나타내는 그 가치가 원래 사용가치와 결합되어 있었다는 사실은, 즉 상품이 가치와 사용가치의 모든 원천이라는 사실은 점차로 묻혀져 갔다. 이제 가치는 사용가치로부터 분리되었으며 가치는 화폐 속에만, 그리고 사용가치는 상품 속에만 존재하는 것으로 되어갔다.

화폐와 상품이 분리됨으로써 '달러'나 '파운드', '원'이 가치의 원천인 것처럼 보이게 되었다. 가치는 상품 속에 들어간 인간의 노동으로부터 비롯된 것이었지만, 그것이 이제는 아무런 의미도 없는 단순한 화폐의 표지들로부터 비롯되는 것처럼 되는 것이다. 그리하여 상품의 물신성에서 우리가 보았듯이 거울이 마치 빛을 내는 듯한 착시현상이 이런 화폐의 분리로부터도 발생한다. 화폐는 단순히 가치의 그림자 또는 거울에 불과한 것인데 그 그림자 또는 거울이 가치 그 자체인 것처럼, 즉 가치를 발하는 것처럼 보이는 것이다. 교환에 필요한 것은 가치이고, 그 가치가 상품 속에 있는 것이 아니라 화폐 속에만 있는 것처럼 보임으로써 교환을 지배하는 것은 이제 화폐이다. 따라서 상품은 자신의 가치에 따라서가 아니라 그것과 무관한 화폐의 표지에 의해 교환되는 것처럼 보인다. 화폐는 원래 상품으로부터 비롯된 '상품의 아들'인데, 이제 그것은 상품으로부터 독립되어 그것을 지배하는 '상품의 주인'으로 행세하게 된 것이다. 돈만 있으면 어떤 상품도 구매할 수 있게 된 것이다. 부모도 몰라보는 참으로 통탄할 패륜아가 등장한 것이다. 화폐로부터 비롯되는 이 착시현상을 화폐의 물신성이라고 한다.

상품의 물신성은 원래 상품의 가치가 처음의 가치형태에서 다른 상품의 몸을 빌려서 나타나게 됨으로써 발생하였다. 그런데 그런 가치형태가 발전하여 결국 가치에게 몸을 빌려주는 무당의 역할을 다른 상품이 아니라 화폐가 수행함으로써 '화폐의 물신성'이 발생하였다. 따라서 화폐를 신주 모시듯하는 '화폐의 물신성'은 사실상 '상품의 물신성'에서 유래하고 있다 (*MEW* 23: 108). 따라서 화폐의 위력은 물론 화폐 그 자체도 상품의 마법에서 유래한 것이다. 상품의 마법이 풀리면 화폐는 눈 녹듯 사라지는 그림자에 불과한 것이다.

2) 화폐를 암살하라—실패한 지령(미션 임파서블)

1983년 캐나다의 코목스라는 작은 마을에 살고 있던 마이클 린턴은 훌륭한 기술을 가진 노동력이 있고 일손이 필요한 곳이 많은 데도 단지 돈이 부족하다는 이유만으로 마을 전체가 높은 실업률과 경기침체로 고통을 받고 있는 것을 보고 한 아이디어를 생각해냈다. 마을 안에서만 통용되는 화폐를 만드는 것이었다. 이것은 지역통화운동의 효시가 되었다. 이 운동은 1990년대 들어서 전세계로 퍼져나가 1,200여 곳에서 공동체조직이 운영되었고 우리나라에서도 IMF경제위기 직후인 1998년 3월 서울에 '미내사'(미래를 내다보는 사람들)라는 조직이 구성된 뒤 전국적으로 10여 개가 운영되고 있다. 필자가 살고 있는 부산에서도 '부산녹색통화'라는 이름으로 2000년 8월부터 준비모임이 활발한 활동을 벌이고 있다고 한다. 이 운동에서는 시중에 통용되는 화폐(은행권) 대신에 조직 내에서만 통용되는 별도의 '품'(품앗이의 '품'에서 따온 글자로 미래통화 Future Money의 약자라고 함)을 매개로 서비스와 상품을 교환한다고 한다. 예를 들어 세탁소에서 세탁을 하고 그 대가로 '2만품'을 주기로 한 후에 나는 세탁소 주인에게 현금이 아닌 다른 상품이나 서비스, 예를 들어 내가 생산하는 쌀을 '2만품어치' 주는 것이다. 품의 가치는 거래당사자간에 협의에 의해 결정되며 이자가 붙지 않고 현금으로는 교환되지 않는다. 이런 지역통화운동의 궁극적 목표는 돈에 의한 소외와 단절을 극복하고 공동체를 회복함으로써 자본주의적 상품경제의 모순을 극복하는데 있다고 한다(『부산일보』, 2000년 12월 4일자).

그러나 사실 자본주의 생산양식의 마법이 만들어낸 주술체인 화폐를 제거하고자 하는 노력은 1983년에 처음 시작된 것은 아니었다. 부르주아사회의 마법이 부와 행복을 만들어내면서 동시에 불행과 가난을 함께 만드는 것을 목격하고 그 모순을 처음으로 해결하고자 했던 과학자들인 초기의 사회주의자들이 사실은 그 원조였다.

인쇄공 출신이었던 프랑스의 뛰어난 사회주의자 프루동(Pierre Joseph Proudhon, 1809~1865)은 1848년 2월혁명 이후 구성된 제2공화정에서 이미 화폐 대신 교환권을 통한 생산물간의 등가교환체제를 주장하였고(Haubtmann, 1982; 이학수, 1988: 85) 이를 위한 인민은행의 설립을 제창하였다. 당시 이 인민은행에는 13,267명이 주주로 등록하였고 49개 노동조합이 공식적으로 이 운동에 참가하였다(Moss, 1975: 81). 영국의 초기 사회주의자였던 오웬 (Robert Owen, 1771~1858)도 비슷한 개념의 '노동권'을 통한 물물교환체제 를 구상하고 이를 위해 이상촌 건설에 노력하였다. 오웬의 이상촌은 1817년 처음 제안되어 1825년 미국 인디애나의 3만 에이커의 토지에 뉴하모니라는 이름으로 건설되었고 뒤를 이어 18개가 더 건설되기도 하였다. 그러나 프루 동과 오웬의 이들 운동은 19세기를 채 넘기지 못하고 모두 실패로 끝났다 (Foster, 1986: 52 이하). 20세기말 한국에서 싹을 틔운 '미내사' 운동은 이 19세기 실험의 실패를 성공으로 바꿀 수 있을까?

화폐가 사랑과 행복의 필수적인 전제조건이라고 찬양했던 21세기의 로 버트 기요사키도 화폐의 부족이야말로 '모든 악의 근원'이라고 갈파하여 화 폐가 갖는 어두운 기능을 인정하였다. 이런 화폐의 암살은 과연 가능한 것 일까? 불행히도 그 대답은 '아니다'이다. 물론 국지적으로는 가능할 수도 있겠지만 사회 전체적으로는 불가능하다. 사실 화폐는 상품의 교환과정으 로부터 발생한 것이며, 그것은 필연적인 것이었다. 상품의 교환과정은 모순 을 발생시키며, 그 모순은 화폐를 통해서만 해소될 수 있다. 어떤 모순이 발 생하는가?

상품의 사용가치는 모두 '타인을 위한 사용가치'이며, 상품소유자 자신의 사용가치는 아니다. 그러므로 상품이 현실에서 사용가치로 되기 위해서는, 즉 사용가치로 실현되기 위해서는 상품의 소유자가 완전히 바뀌어야만 한 다. 그러한 소유자의 변경이 곧 상품의 교환이다. 즉 상품의 사용가치는 처 음부터 교환을 전제로 하고 있는 것이다. 그런데 상품이 교환되기 위해서는 교환가치라는 양적 기준이 반드시 필요하다. 교환가치가 없이는 상품은 교환될 수 없다. 결국 상품의 사용가치는 교환가치가 전제되어 있지 않으면 실현될 수 없다. 그렇다면 교환가치는 어떻게 존재할 수 있는가? 교환가치는 두 상품끼리의 교환을 통해서 처음 드러난다. 쌀 생산자는 광목 생산자와 자신의 쌀 두 말과 광목 두 필을 서로 교환한다. 쌀은 광목 생산자의 수중에 넘어가고 그 대신 광목이 쌀 생산자의 수중에 들어온다. 그러나 이미 우리가 앞서 탕가니카호수를 건너려는 여행자의 예에서 보았듯이 교환의 전제는 상대방이 필요로 하는 것을 서로가 곧바로 제시했을 때만 이루어진다. 쌀을 필요로 하지 않는 광목 생산자가 자신의 광목을 쌀과 교환하겠는가? 여기에서 쌀의 교환가치는 쌀의 사용가치가 광목 생산자에게 인정될 때에만 나타난다. 즉 교환가치는 사용가치를 전제로 하고 있다. 사용가치는 교환가치를 전제로 하고, 교환가치는 다시 사용가치를 전제로 하고 있는 것이다. 이것이 상품교환에서 나타나는 모순이다.

상품교환의 모순은 구체적으로 각 상품생산자들에게 절박한 생존의 문제로 나타난다. 상품생산 아래서는 인간이 욕망을 충족시키는 재화가 모두 상품의 형태를 띠고 있다. 인간은 생존하기 위해 다양한 욕망을 가지고 있으며, 따라서 다양한 상품을 필요로 한다. 인간은 다양한 상품을 교환해야만 하는 것이다. 그런데 상품생산 아래서 대부분의 상품생산자는 분업의 발달로 하나의 상품만을 생산한다. 따라서 대부분의 상품생산자는 자신이 생산한 하나의 상품으로 여러 상품을 교환해야만 하는 것이다. 여러 상품과 교환될 수 있는 하나의 상품은 바로 일반적 등가물이다. 일반적 등가물은 사회적 합의에 의해 결정되는데, 대부분의 상품생산자는 자신의 상품이 일반적 등가물이 되기를 희망하는 것이다. 만일 자신의 상품이 일반적 등가물이 되지 못한다면 그는 자신의 다양한 욕망을 충족시켜 줄 수 있는 다양한 상품을 얻을 수 없다. 따라서 자신의 상품이 일반적 등가물로 되는 것은 그에게 생존의 문제이다. 이런 상황에서 합의가 이루어질 수 있겠는가?

상품교환의 모순은 이처럼 모든 상품이 동시에 일반적 등가물로 되고자 하는 형태로 나타난다. 이러한 모순은 각 상품소유자들의 그러한 희망을 역전시킴으로써만 해결된다. 즉 모든 상품소유자들이 동시에 일반적 등가물로 되고자 할 것이 아니라, 역으로 모든 상품소유자들이 동시에 어떤 한 상품을 상품 세계로부터 떼어내어 그것만을 일반적 등가물로 합의해버리는 것이다. 즉 모두가 동시에 자신이 아니라 타인의 상품을 일반적 등가물로 만들어버리는 것이다. 그리고 그러한 과정은 현실적으로 교환이 확대되면서 상품소유자들의 사회적 행위에 의해서 자연스럽게 이루어졌다. 화폐는 이렇게 교환의 모순으로부터 자연스럽게 그리고 필연적으로 성립하였다.

상품생산이 생산력 발전의 필연적 소산이고 그런 생산력의 발전이 역시 필연적인 것이라면 화폐의 발생도 필연적인 것이다. 화폐는 인위적으로 희망에 의해 제거될 수 있는 것이 아니다. '화폐를 암살하라.'—그것은 이룰 수 없는 과제(미션 임파서블)였던 것이다. 화폐가 부르주아사회의 모순을 낳는 것이 아니라 부르주아사회의 모순이 가치와 화폐를 통해서 반영되는 것이다. 그것은 마법의 근원이 아니라 마법의 결과물인 것이다. 따라서 화폐를 제거한다고 해서 자본주의적 생산양식의 모순은 해소되는 것이 아니다. 맑스는 그것을 이렇게 표현했다.

화폐는 물건이 아니라 하나의 사회적 관계이다(Marx, 1885, 「철학의 빈곤」, *MEW* 4: 107).

3) 화폐는 어떤 일을 하는가

은화 30냥에 유다는 예수를 배반하였다. 그리고 이후 … 바실리 골리친 영주는 1687년과 1689년에 크림전쟁에 참여하였다. 그는 전쟁터에서 의심스러운 행동을 보인 군사령관 사모일로비치를 해임하였는데, 해임 직후 카자흐의 기병대장 이반 마체파가 그의 천막을 찾아왔다. 마체파는 이렇게 말하였다. "우리는 짜르 폐하의 충실한 신하입니다.… 저는 어려운 시기가 닥칠 경우를 대비해 폴타바 부근의 한 은밀한 장소에 금화 1만 루블이 든 작은 통을 묻어두었습니다. 우리 소러시아 사람들은 소박한 사람들이어서 위대한 일에 유감없이 전재산을 바칩니다.… 하지만 무엇이 두려운 일이겠습니까? 배반자나 멍청한 자가 군사령관의 지휘봉을 쥐게 된다면 그것이 두려운 일일 것입니다."

다음날 마체파는 새로운 군사령관으로 임명되었다. 같은 날 네 명의 카자흐인들이 땅에 묻어두었던 금화통을 골리친 영주의 천막으로 가져왔다. 돈이 군사령관을 임명하였던 것이다. 그러나 군사령관뿐이었을까?

1494년 독일의 왕 막시밀리안 1세는 밀라노의 공주 마리아 비앙카와 결혼하였다. 이 결혼에는 막대한 돈이 들어갔으며, 이 돈은 한 상인의 집안으로부터 조달되었다. 거래는 이때부터 시작되었다. 1515년 막시밀리안의 손녀인 마리아는 헝가리의 왕위 계승자인 루드비히와 비엔나에서 화려한 결혼식을 올릴 수 있었다. 여기에도 그 상인 집안에서 제공한 많은 돈이 들어갔다. 가장 중요한 거래는 1507년에 이루어졌다. 이 상인은 20만 9천 굴덴을 막시밀리안 1세에게 주었고, 그 대가로 키르쉬베르크 백작령과 바이센보른 영지를 제공받기로 왕과 약속하였다. 막시밀리안 1세는 1508년 2월 4일 이 막대한 자금을 동원하여 결국 신성로마제국 황제의 왕관을 머리에 썼다. 황제의 왕관을 사준 이 마법의 상인은 자그마한 키의 독일 은행가 야콥 푸거였다(푸거가의 본거지였던 독일의 아우크스부르크 Augsburg에는 푸거가 세웠던 구빈원이었던 푸거아파트 Fuggerei가 있다. 이 아파트는 1년간 집세가 2DM[1 DM=약 600원, 2001년 4월 환율 기준]에 불과해서 세계에서 가장 값싼 아파트로서 관광명소가 되어 있다).

그러나 거래는 아직 끝나지 않았다. 거래는 후손에게까지 이어졌다. 1519년 신성로마제국의 황제 자리는 비었고, 이 자리에는 강력한 두 후보자가 물망에 올랐다. 스페인을 통치하고 있던 막시밀리안의 손자 카를로스 5세와 프랑스의 프랑수아 1세가 바로 그 두 후보였다. 카를로스는 집안의 전통대로 오랜 거래자 푸거에게 거래를 요청하였다. 투표권이 있는 모든 사람들은 푸거의 돈으로 매수되었다. 대주교와 궁중의 귀족들, 변방의 영주들, 주교, 기사, 외교관 등에게 모두 100만 골드굴덴의 돈이 뿌려졌다. 1520년 10월 23일 카를로스는 교황으로부터 '신의 선택을 받은 로마 황제'라는 칭호를 부여받았다. 카를로스는 원래 그가 빌린 돈에 대해 푸거에게 8%의 이자를 약속했었다. 그러나 1523년 스페인과 티롤로부터의 은화 수입이 줄면서 황제는 제때에 이자를 지불할 수 없게 되었다. 푸거는 카를로스에게 다음과 같은 편지를 썼다.

> 황제 폐하께서 저의 도움 없이는 로마의 왕관을 얻지 못했으리라는 것은 모든 사람들이 알고 있는 사실입니다. 저는 폐하의 대리인들이 자신들의 손으로 써보낸 편지로 그것을 증명할 수 있습니다(Huberman, 1968: 96).

푸거의 협박은 헛되지 않아서 그는 스페인과의 곡물거래를 허가 받았으며, 피레네반도 광산의 수은과 주석을 손에 넣을 수 있었다. 결국 그는 카를로스에게서 본전과 이자는 물론 상당량의 초과이윤까지 뽑아냈다. 돈이 무엇을 할 수 있는지를 이처럼 명쾌하게 설명해주는 예가 또 있을까? 그러나 이것은 돈이 상당히 출세한 모습이다. 돈이 그 출생시부터 곧바로 이런 일을 할 수 있었던 것은 아니다. 돈은 출생의 이력을 부둥켜안고 자신에게 부여된 일을 묵묵히 해나갔고 바로 그 경험을 바탕으로 비로소 이런 위세를 부릴 수 있었던 것이다.

돈의 출세를 가능하게 했던 비밀, 그것은 무엇일까?

(1) 상품가치의 아들로 태어나다

원래 화폐의 출생은 상품가치의 그림자로서, 즉 '상품가치의 아들'로서 이루어졌다. 그것은 상품의 가치가 모습을 나타내기 위해서 필요한 무당의 몸으로서 세상에 처음 등장하였다. 화폐가 나중에 얼마나 출세하든 그것과 무관하게 화폐는 이 출생의 원죄를 지울 수 없으며, 사실 그 출세의 비밀은 바로 이 최초의 모습, 기능으로부터 비롯된다.

①가치척도

화폐는 원래 상품가치를 나타내는 일반적 등가물로서 처음 등장하였다. 상품의 가치는 화폐를 통해서 자신의 크기를 표현하였다.

광목 한 필=쌀 두 말

이던 것이 쌀이라는 일반적 등가물 대신에 화폐가 들어앉았던 것이다. 그래서 상품의 가치형태는 이제

광목 한 필=금 3그램

으로 표현되었다. 그래서 모든 상품의 가치는 이제 금의 양으로, 좀더 정확하게는 금의 무게로 표현되고 계산되었다. 화폐의 단위로 표현되는 가치, 이것을 가격이라고 부른다. 그래서 가격은 원래 상품가치의 일정한 양을 표

현하는 것이었다(*MEW* 23: 116). 즉 그것은 노동시간을 나타내는 것이었다. 금 3그램을 생산하는 데는 광목 한 필을 생산하는 데 소요되는 노동량과 동일한 노동량이 필요하였던 것이다. 가격은 곧 가치였던 것이다. 이처럼 상품 가치를 측정하는 기능, 즉 가치척도로서의 기능, 이것이 화폐의 가장 중요한 기능이다. 그리고 처음에는 이런 노동량이 화폐 속에 실제로 들어 있었다. 화폐는 원래 이 기능을 수행하도록 임무를 부여받고 탄생하였던 것이다.

이리하여 처음에 화폐단위와 그 명칭은 대개 귀금속의 일정 중량과 관련되어 있었다. 우리나라 이조시대의 화폐단위였던 냥(兩)이나 영국의 파운드 스털링은 모두 은의 중량단위를 그대로 화폐단위로 정한 것이었다. 그러나 시간이 지남에 따라 중량단위의 화폐명칭은 귀금속의 실제 중량으로부터 점점 유리되어 갔다. 그 이유는 여러 가지가 있는데, 그 중 하나는 역사적으로 일반적 등가물로 나타났던 귀금속이 좀더 고가의 귀금속에 의해 밀려난 사실과 관련이 있다. 가장 대표적인 예로서 은은 금에 의해 밀려났다. 이때 화폐명칭은 그대로 남았는데, 그 결과 실제 중량은 화폐의 중량 표현보다 훨씬 감소하였던 것이다. 예를 들어 파운드 스털링은 원래 은 1파운드의 화폐명칭이었지만, 금이 가치척도로 은을 밀어냈을 때 은 1파운드와 동일한 가치의 금이 1파운드로 불렸던 것이다. 그래서 15분의 1파운드의 중량을 가진 금을 1파운드로 부르게 되었다. '파운드'라는 화폐단위는 사실상 중량과 분리되고, 따라서 어떤 귀금속이나 실물과 관련된 것이 아니라 단순한 상징으로서의 명칭으로 바뀌어갔다. 또 하나의 이유는 주화의 변조에 기인한다. 그것은 국가가 화폐주조 시에 화폐명칭보다 적은 양의 귀금속만으로 주화를 제조하는 것에서 비롯되었다. 예를 들어 1파운드의 은화에 포함되어 있는 은의 양이 1파운드에 못 미치는 경우가 곧 그것이다. 파운드는 귀금속의 양과 무관하게 되어갔던 것이다.

화폐의 단위가 이처럼 중량으로부터 유리되어가자, 화폐단위는 이제 현실의 화폐와 무관한 단순한 상징으로 변해갔다. 따라서 화폐단위는 실체를 갖지 않은 것으로 되었으며, 자연히 어떤 노동량과도 관련이 없는 것으로 되었다. 화폐는 가치를 갖지 않게 되었고, 단순히 가격만을 표시하게 되었다. 가치는 가격과 분리되었다. 화폐에 대한 모든 착각은 바로 이런 가치척도로서의 화폐 기능의 변모로부터 비롯된다. 화폐의 출세의 비밀은 바로 여기에 그 최초의 단서를 가지고 있는 것이다.

화폐는 이제 노동과 무관한 것인 양 보임으로써 인간의 노동과 무관한 것에도 가격이 형성되는 현상이 발생한다. 즉 노동생산물이 아닌, 따라서 가치를 갖지 않는 것에도 가격이 형성되는 것이다. 예를 들어 개간되지 않은 토지나 도덕적인 가치(양심이나 명예 등)에도 가격이 형성된다(*MEW* 23: 117). 그러나 이 경우 이런 것들에는 가격이 형성되었지만 가치는 포함되어 있지 않다. 즉 이런 가격은 가치를 표현하는 것이 아니다. 이러한 가격을 우리는 가공의 가격 또는 불합리한 가격이라 부른다. 가공의 가격은 화폐가 출세의 단서를 쥐었다는 대표적인 증거이다.

② 유통수단

화폐의 등장은 교환의 모순을 해결하기 위해서 필연적인 것이었다. 화폐가 교환의 모순을 해결하게 되면 이제 교환의 형태가 바뀌게 된다. 최초의 교환은 원래 상품과 상품간의 교환이었다. 이것을 도식으로 표시하면

W(상품)─W(상품)

가 된다(독일어로 상품은 Ware이고 화폐는 Geld이다. 따라서 그것들의 첫 글자를 따서 우리는 이제부터 상품을 W로 화폐를 G로 표기하기로 한다). 그러나 교환이 확대되면서 이런 교환은 장애에 부딪히게 되었고, 장애를 해

소하기 위해서 교환에는 화폐가 도입되었다. 그래서 교환은 이제

W(상품)−G(화폐)−W(상품)

의 형태를 띠게 된다. 탕가니카호수를 건너려는 여행자는 배의 소유주가 필요로 하는 상아를 구하기 위해 동분서주할 필요 없이 자신이 가진 철사를 팔아 화폐로 바꾼 다음(W−G) 그 화폐를 배의 소유주에게 건네주면(G−W) 되는 것이다. 판매와 구매는 분리되고 이 두 과정은 전체적으로 W−G−W를 이룬다. 이렇게 변모된 교환과정, 즉 W−G−W를 우리는 **상품유통**(Warenzirkulation)이라고 부른다(*MEW* 23: 126).

화폐가 유통과정에 들어옴으로써 교환은 간단해지고 교환의 범위는 확대된다. 화폐가 등장하기 전까지는 사람들은 자신이 필요로 하는 상품을 가진 사람을 만나더라도 그 사람이 자신의 상품을 필요로 할 때에만 비로소 상품을 교환할 수 있었지만 이제는 그럴 필요가 없어졌다. 그는 자신의 상품을 필요로 하는 사람만 만나면 바로 상품을 화폐로 교환할 수 있다. 그런 다음 그는 그 화폐로 자신이 필요로 하는 상품을 언제든지 누구에게서나 쉽게 구매할 수 있게 된 것이다. 교환은 서로가 필요로 하는 상품을 가진 사람들끼리의 제한된 범위에서만 이루어지는 것이 아니라 상품을 가진 사

<그림 5> 상품교환 모순의 해결(유통수단으로서의 화폐)

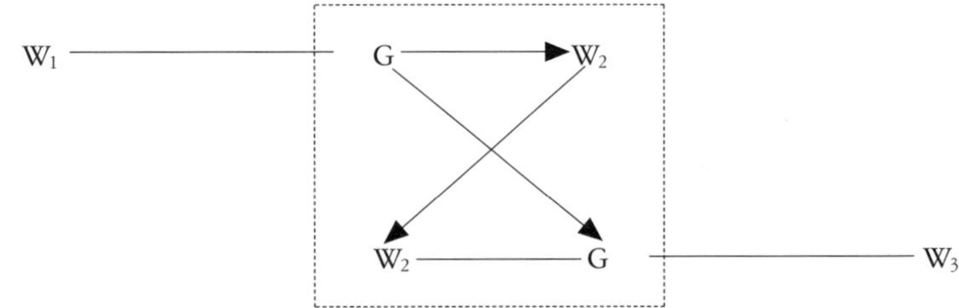

람 모두에게로 확대된다. 따라서 상품의 유통은 더욱 활발해지게 되었다. 이처럼 화폐가 등장함으로써 상품유통은 원활하게 수행된다. 화폐의 이런 기능을 유통수단으로서의 기능이라고 부른다. 화폐의 이런 기능은 물론 화폐가 상품의 가치를 그대로 반영하는 대용물이기 때문이다.

그런데 유통수단으로서의 화폐의 이런 기능은 한번의 유통으로만 끝날 수 없다. 탕가니카 호수의 여행자가 철사를 누구에겐가 팔았다면 그것은 반드시 그것을 산 사람을 전제로 하고 있기 때문이다. 판매하는 사람에게 있어서 W-G는 누군가에게는 반드시 G-W, 즉 구매일 것이기 때문이다. 그래서 하나의 유통은 반드시 다른 하나의 유통을 전제로 하고 있으며, 그것과 결합되어 있다. 이런 유통의 연쇄는 <그림 6>과 같은 형태를 이룬다.

<그림 6>에서 W-G와 G-W의 두 교환행위는 전체적으로 W-G-W라는 상품유통의 체계 속으로 통합되어 있다. 그리고 W-G와 G-W는 사실상 W-W의 변형에 불과하며, 그것은 궁극적으로 상품의 생산과정과 소비과정을 매개하고 있으며, 상품의 생산과 소비를 연결하는 중간과정의 역할을 하고 있다. 생산과 소비는 끊임없이 계속되고, 이 과정에서 상품은 끊

<그림 6> 유통수단으로서의 화폐($W_1-G-W_2-G-W_3-G-W_4-\cdots$)

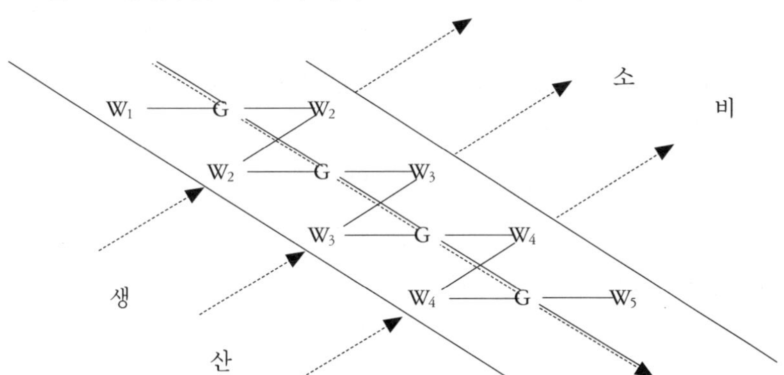

임없이 생산되어 일단 유통과정으로 들어왔다가 곧바로 소비과정으로 사라
져간다. 그러나 화폐는 이런 상품유통을 매개하면서 한번에 사라지는 것이
아니라 계속 유통과정 속에 남아서 상품유통을 반복적으로 지속한다. 화폐
는 단지 끊임없이 사라져가는 상품을 대신하면서 한 사람에게서 다른 사람
에게로 계속 장소를 옮길 뿐이다. 그리하여 유통과정 내부에서 화폐는 끊임
없이 유통된다. 그러나 물론 이러한 화폐유통은 상품유통을 매개하기 위한
것이며, 상품유통을 전제로 하고 있는 것이다. 상품의 유통이 화폐유통을
전제로 하고 있는 것은 아니다. W-G-W는 W-W로부터 모순을 해소하
면서 성립한 것이지 G-G로부터의 성립은 아닌 것이다.

한편 유통과정 내부에 계속 남는 화폐의 양은 어떻게 결정되는 것일까?
그것은 두 가지 요인에 의해 결정된다. 첫째, 상품의 총량과 그것의 가격 수
준이다. 화폐는 무엇보다도 가치척도로서의 기능을 가지고 있기 때문에 유
통에서 매개해야 할 상품의 총량에 그것들의 가격을 곱한 가격총액을 나타
낼 수 있어야 한다. 따라서 이러한 가격총액은 유통에 필요한 화폐량을 결
정짓는다. 그런데 일정 기간 동안에 이러한 가격총액은 일시에 동시적으로
유통되는 경우가 드물다. 화폐는 유통 내부에 계속 남아 상품유통을 반복적
으로 매개할 수 있기 때문에 일정 기간 동안의 **가격총액**을 몇 번에 걸쳐 나
누어 매개하느냐에 따라 유통에 필요한 화폐량은 상당히 줄어들 수 있다.
이것을 우리는 화폐의 **유통속도**라고 부르는데, 이것이 유통에 필요한 화폐량
을 결정짓는 두 번째 요인이다.

예를 들어 10,000원을 가진 어떤 사람이 3월 1일에 쌀을 한 말 구입하고,
쌀을 그에게 판매한 농부는 그 10,000원을 가지고 열흘 뒤인 3월 11일에 신
발 한 켤레를 구매하고, 신발 생산자는 다시 열흘 뒤인 3월 21일에 자기가
신발 대금으로 받은 10,000원을 가지고 광목 한 필을 구매하고, 광목 생산
자는 그 10,000원으로 다시 열흘 뒤인 3월 31일에 보리 두 말을 구매하였다

면 3월 한 달 동안 유통된 상품의 총액은 쌀 한 말 10,000원+신발 한 켤레 10,000원+광목 한 필 10,000원+보리 두 말 10,000원=합계 40,000원이지만 그 40,000원이 1일, 11일, 21일, 31일의 4번의 거래로 이루어졌으므로 화폐의 유통속도는 월 4회로서 3월 한 달 동안 사실상 유통에 필요한 화폐량은 10,000원만으로 가능해진다. 즉 40,000/4회=10,000원이 되는 것이다. 이것을 정식화하여 하나의 식으로 표시하면

$$\text{상품유통에 필요한 화폐량}(M) = \frac{\text{상품의 가격총액}(\sum P_i Q_i)}{\text{화폐의 유통속도}(V)}$$

(P : 상품가격, Q : 상품량, i : 상품수)

가 된다(*MEW* 23: 133). 이 식에서 우리는 상품유통에 필요한 화폐량이 상품가격의 총액, 즉 상품가격과 상품량 및 상품수에 비례하고 화폐의 유통속도에는 반비례한다는 것을 알 수 있다.

유통수단의 기능을 수행하면서 화폐는 그때그때 상품소유자들의 손에서 손으로 이동하고 단지 상품교환을 매개하기만 할 뿐 자신이 직접 상품유통의 내용을 변화시키지는 못한다. 따라서 화폐의 현실적인 재료가 무엇이든 상품유통의 내용은 변화할 수 없다. 그런 점에서 화폐가 반드시 금일 필요는 없어지고, 단지 유통되는 상품들의 가치를 표시해 주는 것이기만 하면 된다. 그리하여 금의 실제 중량으로 표시되던 화폐단위는 점차로 가치의 표시 기능만으로 변모해 가고 실제 중량과는 상관없이 가치의 표시 기능만을 갖는 주화가 나타나게 되었다. 상품유통이 발전해 감에 따라 이러한 가치표시 기능은 더욱더 발전하여 귀금속의 중량과 완전히 독립하게 되는데, 그 결과 아무런 실제 가치를 갖지 않으면서 가치의 표시 기능만을 갖는 지폐가 등장하게 된다. 그리고 이러한 지폐는 아무런 가치 실체도 갖지 않기 때문

에 가치 표시기능을 국가가 법률로써 승인하는 절차를 거치게 된다. 그래서 이런 지폐를 우리는 정부지폐(Staatspapiergeld)라고 부른다. 화폐의 출세의 비밀은 이처럼 그의 두 번째 기능인 유통수단의 기능 속에도 숨겨져 있다.

1999년 우리나라에서 생산된 상품의 가격총액은 약 4,000억 달러(약 500조원)이었고 이들 상품을 유통시키기 위해서 한국은행에서 발행한 화폐는 1999년 6월말 현재 1만원권 약 13억장, 5천원권 약 1억장, 1천원권 약 7억장, 주화 약 9천억원어치 등을 합쳐 모두 약 15조원어치였다.

(2) 화폐, 출세하다

W－W가 W－G－W로 이행하게 되면 모든 상품유통은 일차적으로 W－G로부터 출발하게 된다. 먼저 판매와 구매는 분리된다. 그리고 모든 상품소유자는 자신이 필요로 하는 상품을 손에 넣기 위해서 먼저 자신의 상품을 일단 화폐로 바꾸어야만 한다. 상품은 상품의 직접적인 획득을 위해서가 아니라, 일단 화폐를 손에 넣기 위해서 교환된다. 화폐의 획득이 교환의 목표가 되는 것이다. 화폐는 바로 여기에서 출세의 고삐를 단단히 잡았다. 화폐는 그림자나 수단이 아니라 그 자체 목적이 되었다. 그래서 화폐는 스스로 주인의 지위에 등극하였다. 화폐는 상품가치의 그림자로서의 화폐가 아니라 화폐로서의 화폐로 자립하게 된 것이다.

① 가치의 저장

모든 상품이 화폐로 구매됨으로써 상품소유자의 목표는 상품이 아니라 화폐로 바뀌게 되었다. 그래서 이제 화폐는 최종 목표인 구매를 준비하기 위해서 일단 상품소유자의 수중에 쌓이게 된다. 이처럼 화폐가 상품소유자의 수중에 쌓이는 현상을 **화폐축장**(Schatzbildung)이라고 부른다. 이 때 화폐가 축장되는 이유는 화폐가 모든 상품의 가치를 대표하는 유일한 등가물이기 때문이다. 즉 화폐는 모든 상품을 언제든지 원하는 시기에 구매할 수 있게 해주는 능력을 가지고 있기 때문이다. 따라서 화폐의 축장은 곧바로 모든 상품을 구매할 수 있는 능력을 저장하는 것이며, 그것은 곧 사회적 부의 저장이며, 그러한 부의 원천인 상품의 가치를 저장하는 것으로 된다.

그리하여 화폐축장은 부에 대한 인간의 욕망과 비례하여 늘어날 수밖에 없다.

> 밴더린트(Vanderlint)라는 사람은 인도의 물가가 엄청나게 싼 이유를 화폐축장과 관련시켜 설명하기도 하였다. 그의 얘기인즉 인도 사람들은 화폐를 매장하는 습관이 있으며, 그의 추산에 따르면 1602년부터 1734년에 이르기까지 인도에서는 1억 5천만 파운드 스털링의 은이 매장되었다는 것이다(*MEW* 23: 144/145).

그리하여 이제 사회적 부의 상징은 축장된 화폐의 양으로 표시된다. 과거 현물생산이 일반적인 사회에서는 상품이나 가축을 많이 소유한 사람 또는 노동력을 많이 소유하고 있는 사람을 부자로 불렀다. 즉 과거 우리나라 농촌에서는 소를 여러 마리 소유한 사람이 부자로 인정을 받았으며, 또는 쌀을 많이 소유한 사람을 부자로 간주하여 '천석꾼' 또는 '만석꾼'이라고 불렀고, 중앙아시아의 유목민들 사이에서는 양이나 말을 많이 소유한 사람이 부자로 인정을 받아왔다. 또한 고대 로마사회나 초기 아메리카대륙에서는 노예를 많이 소유한 사람이 부자로 인정을 받았다. 그러나 오늘날 우리는 사회적으로 부자를 '백만장자' 또는 '억만장자'라고 부르는데, 이는 그 사람이 어떤 상품이나 가축을 백만 개 또는 억만 마리 소유하고 있다는 것을 나타내는 것이 아니다. 그것은 그 사람이 많은 상품가치를 소유하고 있다는 것을 의미하고, 그 사람이 소유하고 있는 화폐액을 나타낸다. 화폐는 모든 상품의 가치를 대표함으로써 사회적 부를 대표하게 된 것이다. 그리하여 화폐는 이제 치부의 대상으로 일컬어지게 된 것이다.

한편 축장화폐는 가치의 저장 기능을 수행하면서 동시에 유통에 필요한 화폐량을 조절하는 저수지로서의 기능도 함께 갖는다. 상품의 유통량이 늘어나면 유통에 필요한 화폐량도 함께 늘어나기 때문에 축장되어 있던 화폐가 유통과정으로 흘러 들어오고 상품유통이 줄어들면서 유통에 필요한 화폐량이 감소하면 유통에 불필요해진 화폐량은 유통과정으로부터 빠져나와 축장화폐로 화하는 것이다.

② 지불수단

자, 다음의 예를 한번 보자.

약 6천 년 전 메소포타미아 사람들은 이미 좋은 맥주를 빚을 줄 알았다. 수메르에는 기본재료의 내용과 거기에 추가적으로 가미하는 꿀이나 계피 등의 보조재료에 따라 무려 70가지 이상의 맥주가 있었다고 한다. 그래서인지 비빌로니아의 왕 함무라비의 그 유명한 법전에는 이 맥주와 관련된 법이 들어 있다. 그것은 맥주장사에 관한 법인데, 특히 다음의 내용이 눈길을 끈다. 술집여자가 손님을 속이면 사형에 처했다. 술값을 바가지 씌우는 것을 엄벌에 처했던 것이다. 그리고 술집주인은 맥주를 '외상'으로 판매하고, 그 외상값을 추수기까지 유예시켜줄 의무가 있었다. 그 외상값은 나중에 맥주 제조에 쓰이는 곡물로 지불되었다. 주당의 심정을 너무나 잘 이해해주는 법이라 아니할 수 없다. 함무라비 왕을 위해 축배를!(Müller, 1988: 76).

외상은 이미 이처럼 오랜 역사를 가지고 있다. 그러나 외상이 본격화된 것은 역시 화폐의 등장에 힘입은 바 크다. 상품유통의 W-G와 G-W는 상품과 화폐라는 두 개의 등가물이 서로 교환되는 과정이다. 상품은 화폐소유자에게 양도되고 화폐소유자는 상품을 양도받음과 동시에 화폐를 상품소유자에게 넘겨준다. 그런데 상품유통이 발달하게 되면 교환의 범위가 확대되면서 생산기간이 서로 상이한 생산자들간에, 그리고 상품소유자와 그 상품을 소비할 화폐소유자가 서로 멀리 떨어져 있는 경우에도 교환이 이루어져야 할 필요성이 생겨난다. 예를 들어 농사를 짓는 농부는 자신의 생산물을 일년에 한 번만 수확한다. 그러나 그는 농사를 짓기 위해서 연중 농약과 비료 등을 필요로 하고, 그밖에도 생활을 유지하기 위해 연탄이나 신발 등을 필요로 할 것이다. 만일 이런 비료나 농약, 그리고 연탄이나 신발 등을 외상으로 구매할 수 없다면 그는 농사를 지을 수 없게 될 것이며, 비료나 농약을 생산하는 생산자도 자신의 상품을 순조롭게 판매할 수 없게 될 것이다. 또한 과거에 영국에서 면제품을 인도에 수출하는 면직업자는 자신의 면제품을 인도에서 판매하기 위해 수송하는 데만 6개월 이상의 기간을 소모해야만 하였다. 따라서 그는 6개월 이상이 경과하고 나서야 비로소 자신의 면제품을 판매할 수 있었다. 만일 그가 이 6개월 동안에 면화와 기타 원료들을 외상으로 구매할 수 없다면 그는 자신의 공장을 6개월 이상 놀려야만 할 것이며, 그에게 물건을 공급하던 면화업자 등도 판로를 잃게 될 것이다.

그래서 상품(또는 화폐)이 양도되고 나서 일정 기간이 경과한 후에야 비로소 화폐(또는 상품)가 넘겨지는 경우가 발생한다. 상품의 양도와 그 대금의 지불이 시기적으로 분리되는 것이다. 우리가 오늘날 흔히 볼 수 있는 외상거래 또는 신용거래가 곧 그것이다(이러한 외상거래의 종류와 발생과정에 대해서는 제10장의 신용 부분에서 상세히 다루게 될 것이다).

그러한 외상거래에서 구매자는 상품을 양도받는 시점에서는 아직 실제

로 화폐를 소유하고 있지 않고 미래의 화폐소유자에 불과하다. 그런데도 이
때 화폐는 첫째 구매자가 채무자로서 일정 기간이 지난 후 지불해야 할 채
무액을 측정한다는 의미에서 가치척도로서의 기능을 갖고, 둘째 장래의 지
불약속에 의해 상품을 양도받고 그 상품을 유통시키기 때문에 관념적이긴
하지만 상품의 등가물로서 유통수단으로서의 기능을 갖는다. 바로 이런 두
가지 기능에 의해서 화폐는 관념적인 형태이긴 하지만 상품의 양도를 보증
하고 장래의 화폐지불을 의무화한다는 의미를 갖는다.

그런데 지불기한이 지나고 나서 판매자에게 양도되는 화폐는 더 이상 상
품의 가치를 나타내는 가치척도도 아니며 상품을 대신하는 유통수단도 아
니다. 그것은 상품유통과정을 매개하는 것이 아니라 그런 과정을 종결짓는
역할을 수행한다. 채무자가 상품을 판매하는 이유는 이미 가지고 있는 화폐
로 자신이 필요로 하는 상품을 손에 넣기 위해서가 아니라 단지 지불에 필
요한 화폐를 획득하기 위해서이다. 따라서 그것은 순수하게 지불 그 자체만
을 위한 화폐이다. 그것은 지불수단으로서의 기능을 갖는 것이다. 이 기능은
앞의 여러 기능들과 구별된다.

상품유통이 발전하면서 외상거래가 확대되어 가면 지불수단으로서의 이
러한 화폐의 기능도 발전해가며, 또한 화폐축장의 기능도 함께 발전시켜나
가게 된다. 즉 지불수단의 기능이 발전해가면 부채액을 지불하기 위한 준비
금이 더욱 많이 필요해지고, 그에 따라 이러한 준비금을 지불기일에 맞추어
가며 축장해가야 할 필요성도 함께 늘어날 것이기 때문이다. 그리하여 상품
유통이 발전해감에 따라서 치부의 대상으로서의 화폐축장은 상대적으로 감
소해가는 경향을 띠며, 반면에 지불수단의 준비금으로서의 화폐축장은 점
차로 증대해가는 경향을 띠게 된다.

지불수단으로서의 화폐 기능이 성립함에 따라 상품소유자와 화폐소유자
간의 관계는 채권자와 채무자의 관계로 바뀌게 된다. 그리고 이런 채권-채

무관계를 표시하는 증서로서 만기일과 지급장소를 표시한 일정 금액의 어음이 등장하는데, 이것을 우리는 신용화폐(Kreditgeld)라고 부른다.

어음은 1차 십자군 원정기에 이탈리아 상인들에 의해 처음 사용되었던 것 같다. 1395년에 발행된 한 어음은 다음과 같이 되어 있었다.

> 10월 9일 루카스 폰 고로에게 이 편지 대신 45파운드를 지불하시오. 이 금액은 내가 마리오 레노에게서 받은 것과 같은 액수입니다. 지불기일을 정확히 지키시오. 그리고 내 장부에 금액을 기입해두시오. 신의 축복이 당신에게 가득하기를!
>
> 본로메오 본 본로메이
>
> 밀라노, 1395년 3월 9일(Müller, 1988: 76/77).

어음을 매개로 하는 이런 채권·채무관계는 상품유통의 발전에 따라 매우 복잡하게 연쇄적으로 전개될 수 있다. 예를 들어 갑이 을에게 100만원 어치의 상품을 외상으로 판매하고 을에 대한 이 100만원의 채권을 근거로 병에게 갑이 다시 100만원 어치의 상품을 외상으로 구매할 수 있으며 병도 다시 정에게 갑에 대한 채권을 근거로 100만원 어치의 상품을 외상으로 구매할 수 있는 것이다. 이것을 그림으로 그려보면 <그림 7>과 같다.

이러한 채권-채무의 연쇄에 의해 나중에 을이 갑에게 지불할 100만 원의 화폐는 단순히 갑과 을간의 거래만을 매개하는 것이 아니라 갑과 병, 병과 정간의 거래까지도 매개하게 된다. 따라서 이들 거래를 매개하는 데 필요한 화폐량은 그만큼 감소하게 된다. 즉 동일한 화폐량이 여러 지불의 결제를 매개하게 되면 유통에 필요한 화폐량은 그만큼 감소하게 되는 것이다. 지불수단으로서의 화폐의 기능에 의해 화폐의 유통 속도가 빨라질 수 있는 것이다. 이때 화폐의 유통 속도는 채권-채무관계의 연쇄의 수효와 여러 지불기간의 길이에 의해 영향을 받게 된다. 외상거래가 발전함에 따라 이를 기

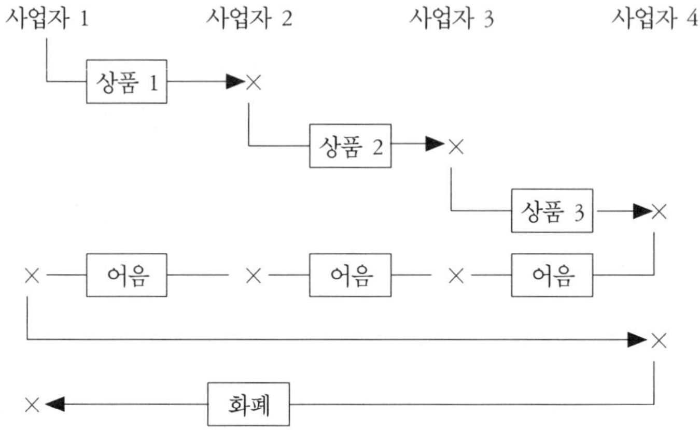

<그림 7> 어음에 의한 화폐유통의 감소

초로 신용제도가 정비되고 채권-채무관계의 지불을 한 곳에 집중하여 결제하게 되면 이러한 유통속도는 더욱 증가하게 되는데, 그런 대표적인 곳이 오늘날의 어음교환소이다.

그러나 외상거래가 발달된 상품유통에서도 지불이 순조롭게 결제되고 있을 때에는 지불수단으로서의 화폐의 기능은 그다지 중요성을 갖지 않는다. 그것은 상품유통을 따라다니는 그림자로서 상품의 가치를 반영하고 있는 역할에만 머물러 있는 것처럼 보인다. 그러다가 채권-채무의 연쇄에서 어떤 사정으로 한 곳에서라도 지불이 정지되는 사태가 발생하게 되면 지불수단으로서의 화폐는 연쇄에 관련된 모든 사람들에게 절대적인 존재로 자리를 잡게 되고, 그것을 획득하기 위한 노력은 수단과 방법을 가리지 않게 된다. 모든 외상거래는 중단되고 지불의 유예가 더 이상 용인되지 않는다. 그리하여 신용화폐는 한낱 종잇조각으로 화하고 지불의 연쇄가 일시에 붕괴되면서 이른바 화폐공황(Geldkrise)이 발생하게 된다(*MEW* Bd. 23: 152). 지불수단으로서의 화폐가 절대적인 형태로 떠오르게 되는 것이며, 화폐의 위력이 한껏 돋보이는 시기가 되는 것이다. 우리는 IMF 경제위기 이후 우리나라의 수많은 기업들이 바로 지불화폐의 부족으로 헐값에 매각되거나(4조가 넘게 투자된 삼성자동차는 어처구니없게도 불과 5천억원 남짓에 매각되었다), 아예 부도가 나는 것(대우자동차의 부도는 대우그룹 전체의 와해를 가져와서 '세계는 넓고 할 일은 많다'던 김우중 대우그룹 회장을 '할 일 없는' 사람으로 만들었다)을 목격해야 했다. 지불수단으로서의 화폐가 한껏 뽐낸 위력의 결과였다.

③ 세계화폐

상품유통이 확대되면서 한 나라의 범위를 넘어서게 되면 화폐도 세계화폐로서 기능하게 된다. 이 경우 세계화폐는 세계시장에서 공통으로 인정을 받아야 하기 때문에 한 국가가 법으로 정한 가격의 도량기준이나 주화 등은 세계화폐가 될 수 없다. 여기에서는 화폐의 본래적인 형태인 귀금속, 즉 금과 은이 화폐로 인정을 받는다. 화폐는 단순한 상징으로부터 노동을 담고 있는 귀금속 본래의 자기 모습으로 되돌아가는 것이다. 세계화폐는 세계시장에서 국제적인 차액결제를 위한 지불수단으로서, 국제적인 상품거래를 위한 유통수단으로서 원조·자본이동·차관 등의 형태로 한 국가에서 다른 국가로 이동한다. 국제분업의 발달과 함께 세계화폐의 기능은 점차로 증대되어 가고 이런 세계화폐의 준비금으로서의 화폐축장도 함께 그 중요성을 더해가게 된다. 그런데 세계화폐의 축장은 오로지 금과 은으로만 가능하고, 이것은 국가간의 차액결제를 통해서 이루어진다. 일찍이 중상주의의 표어였던 '무역수지'는 바로 이 세계화폐를 염두에 둔 것이었다(*MEW* 23: 158).

그러나 세계경제에서 어느 한 국가의 역할이 증대하면 그런 국가의 화폐가 세계화폐로 통용될 수도 있다. 제1차 세계대전 이전에는 영국의 파운드화가 세계화폐로 가능하였고 제2차 세계대전 이후에는 미국의 달러화가 브

레튼우즈협정에 의해 인정받았다. 그러나 이 경우에도 이들 화폐가 금으로 태환(화폐가 금과 직접 교환될 수 있는 상태)된다는 가정 아래서만 세계화폐로 통용되었다. 그래서 1971년 달러가 태환을 정지하자 미국의 달러는 더 이상 세계화폐로 기능하지 못하게 되어 SDR이란 새로운 세계화폐가 제창되기도 하였다. 그러나 SDR이 충분한 세계화폐로서의 기능을 수행하지 못함으로써 오늘날 세계시장에서는 단일한 세계화폐가 없이 미국의 달러화, 일본의 엔화, 독일의 마르크화, 영국의 파운드화 등이 모두 준(準)세계화폐로서 사용되고 있다.

우리나라가 겪은 IMF 경제위기는 바로 세계화폐의 축장이 부족해서 생긴 결과였다. 그래서 IMF 경제위기가 발발했을 때 우리 정부는 부랴부랴 금모으기 운동을 전개하였다. 금이야말로 가장 분명한 세계화폐라는 것을 보여주는 사건이었다. 물론 만일 우리나라 화폐가 곧바로 세계화폐였다면 아예 그런 문제는 생기지 않았을 것이다. 실제로 미국은 1980년대 이후 거의 매년 1,000억 달러 이상의 경상수지 적자를 기록하고 있음에도 불구하고 (1999년 미국의 경상수지적자는 3,389억 달러에 이르고 있다. IMF, 1999) 우리가 겪은 그런 경제위기를 겪지 않고 있다. 이것은 세계화폐가 부리는 마술이 아닐까?

2000년말 현재 우리나라가 보유(축장)하고 있는 세계화폐는 달러로 환산하여 약 960억 달러에 이르고 있다. 참고로 IMF 경제위기를 맞았을 때 우리나라의 세계화폐 보유액은 204억 달러에 불과하였다. 세계화폐를 필요로 하는 우리나라의 무역거래액은 1999년말 기준으로 약 2600억 달러에 이르고 있다.

제5장
가치는 어떻게 생산되는가

　　서기 69~79년까지 로마제국을 통치하던 베스파시아누스 황제는 네로의 무절제한 소비로 인해 황폐해진 왕실 재정을 복원하고자 많은 돈벌이를 고안하였다. 그는 그런 돈벌이의 일환으로 공중변소에 요금을 징수하도록 하였는데, 그의 아들 티투스는 이 일을 비난하고 나섰다. 황제는 아들의 이런 비난을 잠재우기로 작정하였다. 어느 날 황제는 공중변소를 사용한 사람이 내고 간 금화를 아들에게 주면서 그 돈에서 악취가 나는지를 물었다. 티투스가 나지 않는다고 대답하자 그는 이렇게 말하였다. "돈은 냄새가 나지 않는다!" 이 말은 유행어가 되었으며, 오늘날에도 모든 사람들의 귀감이 되고 있다(Müller, 1988: 198).

　　자본주의 생산양식의 마법은 재화(즉 부)를 상품으로 만들었다. 재화가 상품으로 됨으로써 재화를 생산한 인간의 노동은 가치로 되었으며 가치가 부의 기준이 되었다. 가치는 형태를 좇아서 상품으로부터 분리되었고 등가형태를 따라 발전하여 화폐로 되었다. 이제 가치는 상품으로부터 완전히 분리된 화폐로 되었다. 그리하여 화폐가 이 마법의 세상에서 부를 지배하는 주인이 되었다. 따라서 화폐를 획득하는 것, 그것은 이 세상에서 주인이 된다는 것을 의미한다. 자연히 이 세상은 화폐에 대한 열망으로 가득 찬다. 그래서 베스파시아누스 황제의 말은 마법의 세상에서 모든 사람의 주술이 되었다. 이 주술은 어떻게 실현되는가? 도대체 어떻게 하면 돈을 벌 수 있는가? 어떻게 하면 이 세상의 주인이 되는가? 우리는 먼저 그 주인의 탄생과정을 지켜보기로 한다.

1. 돈을 버는 돈, 자본

2000년 2월 16일자 주요 일간지에는 사람들의 눈길을 끄는 전면광고가 게재되었다. 제목은 "2월 18일, 차지혁의 명예와 목숨을 건 신개념 전자상거래 사업설명회"였다. 장소는 서울의 강남에서 가장 높은 빌딩인 인터컨티넨탈호텔 그랜드볼룸이었고 사업설명회는 12개 국어로 동시 통역된다고 알려졌다. 광고의 주역인 차지혁씨는 지능지수 174에 초등학교 졸업의 학력만을 가지고 재벌신화를 꿈꾸던 사람으로 이미 1990년대초에 세간의 이목을 집중시킨 바 있는 화제의 인물이었다.

그는 1990년 8월 자동차서비스 대행업체 '트리피아'를 설립했다가 1년을 넘기지 못하고 부도를 맞아서 2년여의 감옥생활을 하였다. 1992년 출소한 후 다시 가맹점카드 발급회사인 '에이스뱅크'를 설립했으나 이도 실패하였고 1999년 9월 카드사업과 카드 멤버십 맞춤광고사업을 하는 '미다스칸'이라는 회사를 새롭게 설립하고 위의 광고를 낸 것이었다. 그는 스스로를 '창의의 노동자'로 지칭하면서 자신이 1,400여 가지의 사업 아이디어를 가지고 있으며 2년 안에 1조원대의 매출을 올릴 수 있다고 선언하였다.

그의 사업 아이디어는 매우 설득력이 있어서 '미다스칸'은 인터넷 홈페이지 개설 40여분 만에 20만여 건의 조회실적을 올리고 600여명의 투자자들로부터 주식청약신청을 받아 7억 7천만원을 모금해 세간의 이목을 집중시켰다(『동아일보』, 2000년 2월 16일자). 그는 '트리피아' 설립시에도 비슷한 광고를 통해서 많은 사람들의 후원을 받았었다. 그의 아이디어가 매우 설득력이 있었다는 것을 보여주는 증거이다. 그러나 그의 이 사업은 금융감독원으로부터 인터넷 사기 주식공모 혐의로 검찰에 고발되어 한바탕의 '꿈'으로 끝날 운명에 처해졌다.

화폐를 향한 차지혁씨의 열망이 이처럼 번번이 좌절된 원인은 어디에 있을까? 그 원인을 짐작하게 해주는 기사가 있다.

증권거래소의 발표에 따르면 삼성그룹 이건희 회장의 아들 이재용씨는 1994년 말 아버지로부터 증여 받은 돈 가운데 40억원을 주식에 투자하여 주로 삼성그룹 계열사들의 주식을 사고 팔면서 3년 반 만에 1,016억원으로 만들었다(『한겨레신문』, 1998년 3월 4일자).

한편 아버지 이건희 회장은 1999년 한 해 동안에만 주식평가차익으로 5,025억원을 벌었다(『한겨레신문』, 1999년 11월 16일자).

역시 그 아들에 그 아버지였다. 참고로 1997년 8월 미국의 경제주간지인 『포브스』의 발표에 따르면 이건희 회장 일가족의 재산은 52억 달러(당시 환율로 약 4조 7천억원)로 알려졌다.

1,400여 가지의 설득력 있는 아이디어를 가진 차지혁씨의 좌절과 그런 아이디어 하나 없이 가만히 앉아서 거둔 이건희 회장 부자의 성공은 어떤 차이가 있는 것일까? 그것은 돈을 버는 원리가 아이디어가 아니라는 사실이다. 그러면 무엇이 돈을 버는 원리인가? 그것을 말해주는 경구가 있다.

돈이 돈을 번다.

그러나 이 말은 자칫 오해를 불러일으킬 수 있다. 자본주의적 생산양식
아래서는 누구나 삶을 영위하기 위해 필요한 돈을 가지고 있기 때문이다.
당장 담배를 사기 위한 돈이나 점심식사를 하는 데 사용할 돈 등은 누구나
자기 지갑 속에 넣고 다닌다. 누구나 가지고 있는 이 돈, 그것들이 모두 돈
을 벌 수 있는 것은 아니다. 그렇다면 도대체 어떤 돈이 돈을 버는가?

> G-G'. 화폐를 낳는 화폐-이것이 자본에 대한 최초의 통역자, 중상주의자들
> 의 입을 통해 나온 자본에 대한 묘사이다(*MEW* 23: 170).

돈을 버는 돈, 그것은 최초의 경제학자들이었던 중상주의자들이 갈파하
였듯이 바로 자본이다. 자본도 화폐이다. 그러나 그 화폐는 '화폐를 낳는 화
폐'이다. 가치의 화신이 화폐이고 그 화폐를 낳는 것이 자본이라면 자본이
야말로 이 마법의 세상을 움직이는 주인공이다. 그렇다면 주인공 자본은 어
디로부터 탄생하는가? 그것은 화폐로부터 탄생한다. 화폐는 어떻게 해서 자
본으로 되는가?

1) 자본의 탄생-상품유통으로부터 자본유통으로

화폐로서의 화폐는 원래 상품유통 W-G-W로부터 발생한 것이었다.
상품유통 그 자체를 살펴보면 상품유통은 생산을 전제로 한 판매와, 소비를
최종과정으로 하는 구매로 이루어져 있다. 그것은 궁극적으로 욕망의 충족
을 목표로 하고 있다. 따라서 욕망의 충족, 즉 상품의 소비에 의해 상품유통
W-G-W는 종결되어버린다. 그러나 인간의 욕망충족은 일회적인 것으로
끝날 수 없고, 따라서 이러한 소비의 연속성은 생산의 연속성과 생산과 소
비를 연결하는 유통의 연속성을 필요로 한다. 유통이 이처럼 연속되는 것을

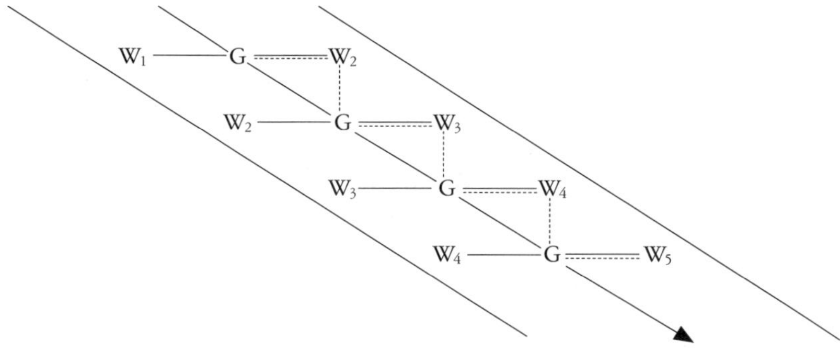

<그림 8> 화폐유통의 발생($G-W_2-G-W_3-G-W_4$)

그림으로 다시 한번 보면 <그림 8>과 같다. <그림 8>에서 보듯이 유통이 연속되면 유통에 지속적으로 남는 화폐가 필요하고 이들 화폐가 연속적으로 사람들의 손을 거쳐가는

$$G-W-G$$

의 연쇄가 발생한다. 이것을 화폐유통이라고 한다. 상품유통의 연속성으로부터 화폐유통이 발생하는 것이다.

그런데 상품유통으로부터 화폐유통이 성립하고 나면 화폐는 단순한 상품가치의 그림자로부터 그 자체가 가치로서, 즉 화폐로서의 화폐로 화한다. 화폐는 유통의 주체가 되고 동시에 유통의 목적이 된다. 그런데 화폐로서의 화폐가 수행하는 화폐유통은 상품유통과 구별되는 성격을 갖게 된다. 상품유통 $W-G-W$에서 생산으로부터 유통에 유입된 상품 W와 소비를 목적으로 구매된 상품 W는 동일한 가치액을 갖는다. 두 상품의 가치는 그들을 매개하는 화폐 G로 표시되고 화폐 G는 두 상품의 등가물로 기능하기 때문에 만일 두 상품의 가치액이 서로 다르면 상품유통 $W-G-W$는 성립하지 않는다. 그렇다면 가치액이 동일한 두 상품은 무엇 때문에 교환되는가? 두 상품의 사용가치가 서로 다르기 때문이다. 여기에서 교환의 목적은 상대편의 사용가치이다. 두 상품은 가치에 있어서 양적으로는 동일하고 질적으로는 서로 다르기 때문에 교환되는 것이다.

그런데 화폐유통 G—W—G에서는 이러한 사정이 달라지게 된다. 여기에서는 질적으로 상이한 두 상품이 존재하지 않는다. 사용가치로는 여기에는 하나의 상품만이 존재한다. 그리고 유통을 시작하는 화폐 G와 유통을 종결짓는 화폐 G는 모두 화폐로서 질적으로 동일한 가치만을 나타낸다. 화폐와 화폐는 질적으로 서로 구별되지 않으며, 단지 양적으로만 구별될 수 있을 뿐이다. 그런데 만일 여기에서 유통을 시작하는 화폐 G와 유통을 종결짓는 화폐 G가 서로 동일한 가치액이라면, 화폐유통 G—W—G는 동일한 가치액 간의 교환을 나타내게 된다. 이것은 100원의 화폐를 100원의 화폐와 교환한 형태로 되는 것이다. 그러한 교환은 동어반복적인 것이며, 전혀 무의미한 교환일 것이다. 그러한 교환은 일어나지 않을 것이다.

따라서 화폐유통은 반드시 유통을 시작하는 화폐 G와 유통을 종결짓는 화폐 G가 서로 다른 가치액일 때만 성립한다. 화폐유통은 G—W—G'(G+ΔG)로서만 성립하는 것이다. 즉 화폐로서의 화폐가 유통에 투입되는 것은 처음 투하된 것보다 더 많은 액수의 화폐가 환류될 때뿐인 것이다. 바로 이 점에 의해서 화폐유통은 앞의 상품유통과 구별된다. 그리하여 화폐유통 G—W—G는 G—W—G'(G+ΔG)로서 비로소 완성된다. 이 때 본래의 가치보다 증가된 가치액 ΔG를 우리는 잉여가치(Mehrwert)라고 부른다. 그리고 이러한 잉여가치를 수반하는 화폐유통은 가치가 증식되는 과정으로 나타나는데, 바로 이런 가치증식을 목표로 유통에 투입되는 화폐를 우리는 일반적인 상품유통을 매개하는 화폐와 구별하여 **자본(Kapital)**이라고 부른다. 자본은 처음부터 가치를 증식하고자 하는 목표를 가진 의식화된 화폐이다. 따라서 이런 자본에 의해 수행되는 화폐유통, 곧 가치를 증식시키는 화폐유통은 이미 화폐유통이 아니라 그것과 구별되는 자본유통이다. 또한 가치를 증식하는 성격에 의거하여 화폐유통은 동어반복적이고 무의미한 교환이 되지 않고 무한히 계속될 수 있다. 따라서 자본유통은 무한한 과정이기도 한 것이다. 가치액이 변동해야 하는 자본유통은 돈에 대한 열망, 즉 돈을 번다는 것이 바로 가치에 대한 열망, 가치의 증식을 의미하는 것임을 말해준다.

G—W—G'는 실제로 유통영역에 직접적으로 나타나는 그대로의 자본의 일반적 정식(allgemeine Formel des Kapitals)이다(*MEW* 23: 170).

2) 탄생의 비밀—자본유통의 모순

어릴 때 자주 하던 수수께끼를 하나만 떠올려보자.
"토해내면 토해낼수록 더 커지는 것은?" 답은 "구멍"이다.
그러면 이제 이 수수께끼를 약간 변형시켜보자.
"살 때의 가치보다 팔 때의 가치가 더 커지는 상품은?"—만일 그런 상품을 사기만 하면 돈을 버는 것이 얼마나 간단한 일이겠는가?

돈을 버는 과정을 나타내는 자본유통은 바로 이런 수수께끼를 안고 있다. 우리는 앞에서 자본유통이 상품유통으로부터 발생하면서도 상품유통과는 완전히 구별되는 특성을 갖는다는 사실을 알게 되었다. 그런데 상품유통 W—G—W는 W—G와 G—W의 두 교환과정으로 이루어져 있고 자본유통의 본래적인 형태인 화폐유통 G—W—G도 G—W와 W—G의 두 교환과정으로 이루어져 있음을 우리는 알고 있다. 자본유통의 두 교환과정이 상품유통의 두 교환과정으로부터 비롯된 것임은 말할 필요도 없다. 그렇다면 동일한 두 교환과정 W―G와 G―W로 이루어져 있는 두 유통이 이처럼 완전히 다른 성격을 갖게 되는 것은 무엇 때문일까? 즉, 동일한 두 교환과정으로부터

어떻게 해서 상품유통에서는 ΔG가 발생하지 않는데, 자본유통으로부터는 발생하는 것일까?

우리는 상품유통으로부터 잉여가치가 발생할 수 없다는 사실을 이미 얘기한 바 있다. 즉 상품유통에서는 유통의 최종목표가 사용가치의 획득에 있고, 따라서 사용가치의 질적 차이에 근거하여 교환이 이루어지며, 여기에서는 양적인 차이는 발생하지 않는다는 것을 얘기하였다. 두 상품은 동일한 등가물인 화폐를 매개로 교환되었다. 모든 상품은 등가로 교환되는 것이다. 따라서 여기에서는 ΔG가 발생할 가능성이 전혀 존재하지 않는다. 등가교환이 이루어지지 않고 부등가교환이 이루어질 경우에도 ΔG는 발생할 가능성이 없다.

예를 들어 판매자 전원이 가치 이상으로 판매한다고 가정할 경우 확실히 모든 판매자는 자신의 상품의 가치 이상의 증가분을 얻는다. 그러나 그들은 모두 판매자만으로 남을 수는 없다. 그들 모두는 자신이 필요로 하는 상품을 타인으로부터 구매해야만 하기 때문에(모든 생산자는 자신의 사용가치를 위해서가 아니라 타인의 사용가치를 위해서 생산한다는 것이 상품유통의 전제이다. 따라서 그들은 자신의 사용가치를 위해서는 타인으로부터 구매를 해야만 한다) 그들이 일단 입장을 바꾸어 구매자가 되면 그들은 상품을 가치 이상으로 구매해야만 한다. 따라서 그들이 판매에서 획득한 가치 이상의 증가분은 구매에서 다시 흘러나갈 수밖에 없다. 가치증가분은 상쇄되어 버린다. ΔG는 결과적으로 발생하지 않는다.

또한 개인적으로 교활한 어떤 상품소유자가 사기를 쳐서 자기 상품을 가치 이상으로 판매한 경우에도 이 상품소유자가 얻게 되는 가치증가분은 그 상품을 구매한 다른 상품소유자의 손해로 남을 것이기 때문에 교환된 상품 그 자체의 가치는 교환 전이나 후에도 변함이 없다. 요컨대 이러한 상품유통에서는 등가교환은 물론 부등가교환의 경우도 잉여가치는 발생하지 않는다.

그러나 가치증가분 ΔG는 이러한 상품유통의 기본구조를 벗어남으로써 획득될 수는 없다. 자본유통 G—W—G'는 두 개의 교환행위, 즉 G—W와 W—G'로 이루어지고 이 두 교환행위는 근본적으로 상품유통의 두 교환행위인 W—G와 G—W와 동일한 과정이다. 즉 자본유통도 본질적으로는 상품을 가치대로 구매하고 가치대로 판매하는 것으로 이루어져 있다. ΔG는 바로 이러한 두 교환과정으로부터 발생해야만 하는 것이다. 그러나 우리가 이미 본 바와 같이 이러한 상품유통의 두 교환과정으로부터는 ΔG가 발생할 여지가 없다. 불가능한 것이 가능해져야만 자본유통은 성립할 수 있는 것이다. 이것이 자본유통의 모순이다.

자본유통의 모순은 어떻게 해소될 수 있을까? 자본유통을 찬찬히 살펴보면 일단 거기에 한 가지 단서는 주어져 있음을 알 수 있다. 자본유통은 두 번의 교환과정, 즉 구매과정 G—W와 판매과정 W—G'로 이루어져 있다. 그런데 두 교환과정은 모두 상품교환으로부터 비롯된 등가교환이므로 교환과정에서 아무런 가치액의 변동도 있을 수 없다. 구매과정의 G와 W는 동일한 가치액이며, 판매과정의 W와 G'도 가치액이 동일하다. 따라서 판매과정의 W는 구매과정의 W와는 가치액이 다르다. G'가 이미 G보다 크기 때문이다. 그렇다면 사태는 분명해진다. 자본유통 속에 있는 상품 W는 구매할 때의 가치보다 판매될 때 그 가치가 더 커져 있는 것이다. 자본유통의 모순을 해결하는 방법은

<그림 9> 자본유통 모순의 수수께끼

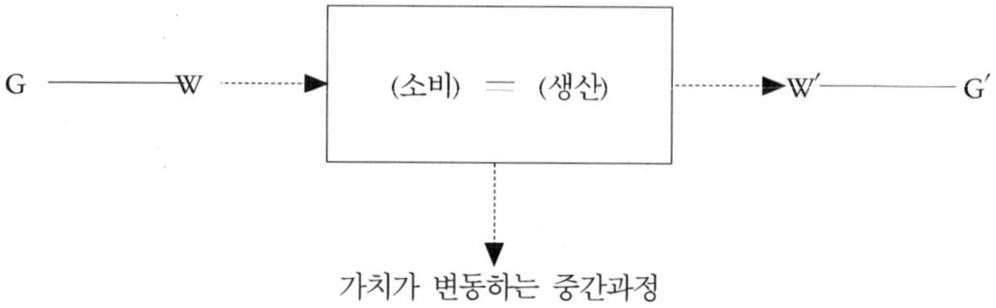

> 구매할 때의 가치보다 판매될 때 더 큰 가치를 갖는 상품, 즉 자신의 가치보다 더 큰 가치를 갖는 상품

을 시장에서 찾아내는 일이다. 우리가 처음 제기한 수수께끼가 바로 그것이다.

그러나 도대체 그런 수수께끼 같은 상품이 어디에 존재한다는 말인가? 그 단서는 상품유통 속에 이미 들어 있다. 상품유통을 구성하는 두 교환과정, W－G와 G－W는 앞에서 이미 우리가 보았듯이 각기 생산 및 소비와 연결되어 있었다. W－G는 생산을 전제로 하는 것이었으며, G－W는 소비를 목적으로 하는 것이었다. 그렇다면 자본유통의 구매과정 G－W는 소비를 목적으로 하는 것이며, 판매과정 W－G'는 생산을 전제로 하고 있다. 자본유통과정에서 수수께끼의 열쇠를 쥐고 있는 상품 W는 구매와 판매의 중간지점에서 가치를 변화시키는데, 그 중간지점이란 것이 소비이자 곧 생산인 과정이 되는 것이다(<그림 9> 참조).

이제 하나의 단서는 마련되었다. 수수께끼의 상품은 소비가 곧 생산이 되는 그런 상품이다. 그런 상품은 어떤 종류의 상품인가? 소비가 곧 생산이 되는 상품은 생산에 사용되는 상품, 즉 생산재(producer goods)이다. 생산에 사용되는 상품은 두 가지이며, 그것은 생산의 두 요소인 노동력과 생산수단이다. 이 두 가지 생산요소 가운데 가치가 변할 수 있는 상품은 무엇일까?

사태는 훨씬 분명해졌다. 가치는 노동시간으로 이루어져 있으며, 그것을 변동시킬 수 있는 것은 노동을 수행하는 노동력뿐이다. 노동력만이 소비되면서 가치를 만들어낸다. 자본유통의 수수께끼를 풀어줄 상품은 바로 노동력이다.

그러나 아직 문제가 모두 해결된 것은 아니다. 자본유통에서 필요한 노동력은 시장에서 구매할 수 있는 상품이어야 한다. 말하자면 그것은 노동력 상품이다. 그러나 생산이 처음 이루어진 이래로 노동력은 생산의 인적 요소로 기능해왔지만, 그것이 항상 상품이었던 것은 아니다. 그래서 수수께끼가 완전히 풀리기 위해서는 아직 노동력이 상품으로 되는 과정의 해명이 남아 있다. 자본유통은 노동력이 상품으로 되는 것을 조건으로 하고 있으며, 자본의 성립도 바로 이 조건에 의존한다. 노동력 상품 없는 자본은 있을 수 없는 것이다. 그러면 노동력은 어떻게 노동력 상품으로 되는가?

3) 비밀의 내막-노동력이 상품으로 되다

1861년 4월 12일 자스민 향기가 가득 덮인 사우스캐롤라이나 주 찰스턴 항구에서 북군의 섬터요새로 첫 포탄이 발사됨으로써 미국의 내전, 즉 우리가 남북전쟁이라고 부르는 바로 그 전쟁이 발발하였다. 첫 포탄을 발사하는 영광을 차지한 사람은 에드먼드 러핀이었다(보이어 모레이스, 1989: 12). 전쟁은 "모든 인간은 평범하게 창조되었다"라고 갈파한 제퍼슨의 이념에 따르는 성스러운 것이었고 많은 사람들이 이 전쟁에서 기꺼이 목숨을 바쳤다. 그러나 오늘날도 미국이 스스로 자랑해 마지않는 그 성스런 이념에도 불구하고 '자유'를 내건 북군은 전쟁이 발발한 이후 2년 동안 연속적으로 패배만 하고 있었다. 북군은 드디어 1863년 징집법을 발효시켰다. 모든 사람들은 이제 스스로의 '명예'에 의해서가 아니라 법적 강제에 의해 이 성스런 전쟁에 참여하게 되었다. 바로 그때 징집영장을 받은 모건이라는 한 젊은 사업가는 자기 대신에 다른 한 젊은이에게 자신의 이름표를 달아 주어 전쟁에 내보내었다. 이때 대신 전쟁에 나간 그 젊은이에게 모건이 지불한 대가는 일금 300달러였다. 300달러를 받은 그 젊은이는 얼마 후 전사하였다. 모건은 살아남은 대가로 전쟁물자 장사를 통해 큰돈을 벌어서 미국에서 가장 큰 금융재벌회사 모건 트러스트를 세울 수 있었다(1997년 IMF 경제위기 때 우리나라 정부를 상대로 채권단의 대표로 협상을 벌였던 모건 뱅크의 전신이다). 그 전쟁이 내걸었던 이념이 무엇인지가 분명하게 드러났다. 그 이념이 봉헌한 신성은 '자유'가 아니라 '자본가들의 출세'였던 것이다.

어쨌든 이 당시 사람의 가격이 300달러였다는 것을 우리는 알 수 있다. 너무 값싼 것이 아니었을까? 그러나 독일의 어떤 잡지에서는 인간의 신체 속에 들어 있는 원소들을 나트륨, 칼륨, 인, 황, 칼슘, 염소, 마그네슘 등으로 분해하여 그 시장가격을 계산하고, 여기에 지방과 수분의 가격을 더해보았더니 인간의 가격은 겨우 88페니히(한국 돈으로 환산하면 약 400원)였다고 보고하고 있다(Müller, 1988: 180/181). 한편 1975년에 끝난 베트남전쟁에서 용병으로 참전했던 우리나라 병사들이 전사한 뒤 받았던 몸값도 1인당 겨우 일금 5천원에 불과했다. 사실 인간의 가격은 일정하지 않으며 경우에 따라, 시대에 따라 계속 변화한다.

그런데 인간의 가격이 한 사회 내에서 완전히 일치하던 시기가 있었다. 그리고 인간의 가격에 대한 전무후무한 이 사회적 합의는 인류의 역사를 바꾸어놓았다. 그 시기는 16세기부터 시작되어 19세기까지도 계속되었으며 주된 무대는 영국 사회였다. 그것이 바꾸어놓은 역사는 바로 노동력을 노동력 상품으로 바꾸는 것이었고 그 결과 '화폐를 낳는 화폐', 즉 자본을 역사에 등장시킨 것이었다. 당시 인간의 가격은 양의 가격과 비교되었다. 합의된 가격은 인간의 가격이 양의 가격보다 싸다는 것이었다. 교역이 확대되면서 영국의 주요 수출품이었던 양모의 가격이 급격하게 상승한 것이 그 원인이었다. 농노들로부터의 소작료 수입에 의존하고 있던 봉건영주들은 농노들의 경작지에 양을 키우면, 수입을 훨씬 더 올릴 수 있다는 사실을 발견했던 것이다.

결과는 '울타리치기'운동(Enclosure Movement. 일명 종획운동이라고도 한다)이란 형태로 나타났다. 값비싼 양들이 싸구려 인간들을 모두 몰아낸 것이다. 사람들은 자신이 살던 땅에서 모두 쫓겨났다. 그리고 그 땅들은 울타리로 구획된 다음 모두 목초지로 바뀌었다. 양의 보금자리로 바뀌었던 것이다. 토머스 모어(Thomas More, 1478~1535)는 이것을 『유토피아』에서 "양이 인간을 잡아 먹는"(MEW 23: 747)기묘한 나라에 대한 이야기로 고발하고 있다. 한 양심적인 목사의 고발을 빌려서 그 실상을 조금만 들어보기로 하자.

가구 수가 100호였던 곳이… 8호나 10호로 줄어든 곳이 많다.… 4~5명의 부유한 목축업자가 최근에 울타리가 쳐진 큰 영지를 횡탈하고 있는 것을 보기란 그다지 드물지 않은 일로서 이들 토지는 이전에는 20~30명의 소작인들이나 소규모 자영농의 수중에 있었다. 이들은 모두 자신들의 가족과 함께… 자신의 토지로부터 내쫓겼다(MEW 23: 754).

'울타리치기'로 쫓겨난 농민들은 어떻게 되었을까? 그들은 이제 더 이상 농촌에서 먹고 살 수 없게 되었다. 토지를 잃은 이들은 이제 당장 먹고 살 식량과 의복을 자신이 직접 만들 수 없게 되었다. 그것을 이제부터는 돈을 주고 사야만 했다. 그러나 돈이 어디 있는가? 돈을 만들기 위해 무엇을 할 수 있는가? 그들은 하루아침에 쫓겨났으며 가진 것이라고는 발가벗은 몸뚱어리뿐이었다. 팔 수 있는 것이라곤 노동력뿐이었다. 이렇게 하여 노동력이 상품으로 시장에 등장할 수 있는 조건이 만들어졌다. 그것은 토지라는 생산수단으로부터의 분리라는 조건이었다(맑스는 이 과정을 본원적 축적 ursprüngliche Akkumulation이라고 불렀고 아담 스미스는 선행적 축적 previous accumulation이라고 불렀다).

그러나 노동력을 노동력 상품으로 변화시키기 위해서는 이런 '울타리치기'만으로는 충분하지 않았다. 아직 하나의 조건이 더 충족되어야만 했다. 무슨 조건이 더 필요한가? 노동력이 상품으로 되기 위해서는 그것이 시장에서 교환되어야만 한다. 그런데 상품의 교환은 대등한 두 상품소유주간의 교환이며, 그것은 등가교환이다. 두 상품소유주는 각기 자신의 상품만을 교환에 내놓는다. 남의 상품을 교환에 내놓을 수는 없는 일이다. 그리고 그는 자신이 교환 받는 것만큼만을 내놓을 수 있어야 한다. 따라서 노동력이 상품으로 되기 위해서는 우선 노동력을 팔고자 하는 사람이 바로 그 노동력의 소유주이어야만 하는 것이다. 그런데 노동력은 인간의 육체 속에 담겨 있으며 그것으로부터 떼어낼 수가 없다. 『별주부전』에 나오는 토끼의 간(肝)처럼 노동력을 잠시 육체로부터 떼어냈다가 다시 주워담을 수는 없는 일이다. 그러므로 노동력의 소유주는 노동력이 담겨 있는 그 육체의 당사자가 될 수밖에 없다. 따라서 노동력이 상품으로 되기 위해서는 노동력이 담겨 있는 육체가 그 사람 자신의 것이어야만 한다. 이것은 무엇을 의미하는가?

노동력의 소유주가… 자기의 노동능력이나 자기 인격의 자유로운 소유자여야한다(*MEW* 23: 182).

자유, 그렇다! 인간이 자유로워져야만 하는 것이다. 만일 인간이 노예상태로 있게 되면 그는 언제나 자신의 노동력을 일부만 팔 수 없고 자신의 육체 전체만을 팔 수 있다. 따라서 인간의 육체가 상품이 될 수는 있지만, 노동력은 상품이 될 수가 없게 된다. 그래서 노동하는 인간의 해방이 노동력 상품을 위한 또 하나의 조건이 된다. 이 조건은 이른바 부르주아혁명에 의해서, 즉 영국에서는 17세기 명예혁명에 의해, 프랑스에서는 1789년의 혁명에 의해 갖추어졌다.

이리하여 노동력이 노동력 상품으로 되기 위한 조건이 모두 갖추어진다. 그것은 두 가지 조건이다. 하나는 인간의 신체가 해방되는 것이며, 또 하나는 노동력이 생산수단으로부터 분리되는 것이다.

우리나라에서 노동력이 상품으로 되는 것은 1960년대 박정희 정권에 의해 추진되는 대규모 이농정책을 통해서였다. 박정희가 5·16 쿠데타에 의해 정권을 잡은 1960년대초 우리나라의 전체 인구 가운데 약 60%는 농촌에 살았고 이들 농촌의 노동력은 아직 상품이 아니었다. 박정희 정권은 낮은 농산물가격정책으로 농가경영을 압박하는 한편 차관에 의한 산업화정책을 추진하여 도시에서 적극적으로 일자리를 창출함으로써 어려운 농촌으로부터 인구가 도시로 옮겨가도록 유인하였다. 그 결과 박정희 정권이 끝나는 1970년대말 우리나라 농촌인구는 전체 인구의 25%로 감소하여 농촌인구의 절반 이상이 노동력 상품으로 전화되었다. 이후 농촌인구는 더욱 감소하여 2000년대에 들어서는 10% 미만으로 떨어졌다.

4) 출생의 저주, 피의 법률

거지가 되기 위해서는 거지면허를 가져야 한다.

이것은 다리 밑의 거지왕초가 정한 규율이 아니다. 한 나라의 국왕이 자신의 명예를 걸고 엄숙한 나라의 국법으로 이것을 포고하였다. 거지면허는 위엄을 가지고 있었다. 이것은 코미디를 좋아하는 왕의 장난이 아니었다. 그것은 노동력 상품과 관련된 것이었다.

노동력이 상품으로 되기 위해서 위의 두 조건만으로 충분했을까? 불행히도 그렇지 못하였다. 자본이 노동력을 상품으로 만드는 데는 아직도 한 가지 고비가 더 남아 있었다. 그것은 무엇인가? 몸은 자유로워졌지만 먹고 살 수 있는 생산수단을 모두 잃은 사람이 아직도 노동력을 상품으로 팔지 않고 버틸 수 있는 방법이 있다는 말인가? 기가 막히게도 그런 방법이 있었다.

그것은 거지로 남는 방법이었다. 실제로 '울타리치기'가 성행하던 시절 유럽에는 거지가 넘쳐흘렀다. "도처에 빈민이다"(Pauper ubique jacet. *MEW* 23: 749)라는 말이 유행처럼 떠돌았다. 지금까지 그렇게 거지가 넘쳐흘렀던 적은 없었다. 하나의 예로 1630년대 유럽에서 가장 큰 도시에 속했던 파리는 전체 인구의 약 1/4이 거지였다. 그 시기 스위스 같은 곳에서는 부자들이 벌떼같이 덤비는 거지를 막기 위해서 거지 사냥꾼들을 고용하기까지 하였다. 사실 내용을 알고 보면 이런 거지의 홍수는 농촌에서 쫓겨난 농민들이 전부 고용될 만한 일자리가 아직 도시에 충분하지 못했기 때문이었다. 산업혁명이 아직 시작되기 전이었던 것이다. 그러나 이유야 어쨌든 노동력을 노동력 상품으로 만드는 것은 자본으로서는 반드시 필요한 조건이었다. 노동력 상품 없이 자본은 돈을 벌 수 없으며, 따라서 자본 자신의 존재 자체가 불가능했던 것이다.

그래서 법이 만들어졌다. 맑스는 이 법의 잔인성을 높이 사서 그것을 피의 법률(*MEW* 23: 761)이라고 불렀다. 도대체 어떤 법이었을까? 법은 시기별로 많이도 만들어졌다.

헨리 8세(1530년): 나이가 많아 노동능력이 없는 거지는 거지면허를 받는다.

이에 반하여 건강한 부랑자는 채찍으로 때리거나 구금하였다. 그들은 짐차 뒤에 묶여 피가 날 때까지 맞고 선서를 한 뒤, 자신의 출생지나 최근 3년 동안의 거주지로 송환되어 '노동에 종사'해야 했다.… 부랑죄로 두 번 체포되면 다시 채찍을 맞고 한쪽 귀를 잘리지만, 3회의 누범은 중범죄자이자 공공의 적으로서 사형에 처해졌다.

에드워드 6세: …1547년의 어느 법규는, 노동하기를 거부하는 자는 그를 게으름뱅이로 고발한 사람의 노예로 선고할 것을 규정하였다. 그리고 주인은 자기 노예를 빵과 물 그리고 묽은 수프와 그에게 어울린다고 생각되는 고기찌꺼기 등으로 부양해야 하는 대신 노예에게 아무리 지겨운 노동이라도 채찍과 쇠사슬을 사용해서 시킬 수 있는 권리를 갖는다. 노예가 14일 동안 계속 일을 하지 않으면 종신노예로 선고하고 이마와 등에 S자로 낙인을 찍으며, 만약 세 번 도망하면 국가에 대한 반역자로서 사형에 처한다.…

엘리자베스(1572년): 면허를 갖지 않은 14세 이상의 거지는, 그들을 사용하려는 사람이 2년 안에 나타나지 않으면 가혹한 채찍질을 당하고 왼쪽 귓바퀴에 낙인이 찍힌다. 재범의 경우 또다시 그를 사용하려는 사람이 2년 안에 나타나지 않을 때는 그가 18세 이상일 경우에만 사형에 처해지지만, 3회 누범은 국가에 대한 반역자로서 가차없이 사형에 처해진다.…

제임스 1세: 방랑하며 걸식을 하는 사람은 무뢰한이나 부랑자라는 선고를 받는다.… 치안판사는 그들을 공공연하게 채찍질할 수 있는 권한과 초범의 경우 6개월, 재범의 경우 2년 투옥할 수 있는 권한을 갖는다.… 교정이 불가능한 위험한 부랑자는 왼쪽 어깨에 R자의 낙인을 찍어 강제노동을 시키고 다시 걸식을 하다가 체포되면 가차없이 사형에 처한다. 이들 규정은 18세기초까지 유효하였다 (*MEW* 23: 763~765).

법의 위력은 대단해서 당시의 한 보고서에 따르면 헨리 8세 치하에서만

이 법률에 의해 72,000명이 처형당했으며 엘리자베스 시대에는 한 해 동안 300명에서 400명이 교수대에 오르지 않은 해가 거의 없었다. 그리고 서머 세셔(Somersetshire)라는 조그만 지방에서만 단 일 년 동안에 40명이 사형 당 했고 35명이 낙인찍혔으며 37명이 채찍질을 당하였고, 183명의 '교정될 가 망이 없는 부랑자'가 석방되었다(*MEW* 23: 763~765). 프랑스와 네덜란드에 도 비슷한 법이 상당 기간 동안 존속되었다. 그리하여 이제 두 가지 조건으 로도 충분하지 못했던 노동력의 노동력 상품으로의 이행은 이런 폭력적인 수단을 통해서 완수되었다. 노동력 상품으로의 이행이라는 위대한 역사적 과업은 완성되었다. 그것은 상품으로 이루어진 마법의 세계를 움직일 자본 의 출생을 의미하는 것이었다. 그러나 그 출생은 이처럼 '피의 법률'로 얼룩 져 있었다. 맑스는 피로 얼룩진 그 출생을 이렇게 표현하였다.

자본은 머리에서 발끝까지의 모든 털구멍에서 피와 오물을 흘리면서 태어난 다(*MEW* 23: 788).

우리나라에서도 피의 입법에 의한 '거지 없애기'가 이루어졌다. 우리는 그 것을 이동철의 회고로부터 옮겨 들을 수 있다. 그가 잡혀간 곳은 역촌동 거지수 용소였다. 수용소 입구에는 '이곳은 살 곳 없는 여러분들을 보호해주는 곳입니 다'라고 쓰여 있었다. 그곳은 인생의 종착역으로 무지막지한 구타가 횡행하고 있 었고 거기에서 나갈 수 있는 방법은 두 가지뿐이었다. 죽어서 시체로 나가거나 혹은 담당에게 잘 보여서 바깥으로 노동을 나가는 일이었다. 그는 기지를 발휘하 여 살아서 나왔고 그래서 수용소의 이야기는 바깥에 전해졌다. 이후에도 심심찮 게 복지원에서 의문사 사건들이 발생하면서 수용소문제는 가끔씩 세상에 알려지 기도 하였다(황석영, 1983).

5) 노동력 상품은 어떤 성격을 갖는가

노동력이 상품으로 되었다는 것은 어떤 의미를 갖는 것일까? 상품은 일
반적으로 두 가지 가치를 갖는다. 사용가치와 교환가치가 곧 그것이다. 모
든 상품은 바로 이런 이중성을 갖는다. 노동력이 상품으로 되었다는 것은
노동력이 바로 그런 상품의 특성을 갖게 되었다는 것을 의미한다. 그렇다면
노동력이라는 상품의 사용가치와 교환가치는 어떤 것일까?

상품의 사용가치는 그것의 소비로부터 나온다. 쌀의 사용가치는 쌀을 소
비함으로써 즉 그것을 먹음으로써 실현되며, 신발의 사용가치는 신발을 신
음으로써 즉 그것을 소비함으로써 실현된다. 노동력 상품의 사용가치도 그
것을 소비함으로써 실현된다. 그런데 노동력이라는 상품의 소비는 물질적
생산활동을 통해서만 이루어진다. 노동력이라는 상품은 쌀이나 신발처럼
직접 먹거나 사용함으로써 소비되는 것이 아니고 생산수단과의 결합을 통
해서 소비된다. 그것은 생산과정을 통해서 소비되는 것이다. 그것의 용도는
오로지 생산에 사용하는 것뿐이다. 생산을 통해서 노동력은 생산수단에 노
동을 가하고, 그가 가하는 노동은 상품생산의 역사적 조건 아래 사회적 가
치로 된다. 즉 노동력 상품은 생산을 통해서 가치를 창출한다. 노동력 상품
의 사용가치는 그것이 가치를 창출한다는 데 있는 것이다.

그런데 노동력 상품이 생산을 통해서 창출하는 가치는 항상 노동력 상품
자신의 가치보다 크다. 보다 정확하게 표현하자면 노동력 상품의 가치는 항
상 소비를 통해서 창출되는 가치보다 작은 것이다. 노동력 상품의 가치란
교환가치이고 시장에서의 가치이다. 즉 시장에서의 구매가격이다. 따라서
노동력 상품이 소비과정에서 창출한 가치와 교환가치와의 차이, 즉 구매가
격과의 차이는 우리가 앞서 자본유통에서 얘기했던 바 가치증가분이 된다.
그것은 잉여가치인 것이다. 노동력 상품을 구매하는 사람은 바로 이 잉여가

치 때문에 노동력 상품을 구매한다.

　그 이유는 분명하다. 상품의 구매는 원래 구매자가 자신의 욕구를 충족시키기 위해서 이루어지는 것이다. 상품의 구매는 우리가 앞서 상품유통에서 보았듯이 욕구충족으로서의 소비가 목표인 것이다. 그런데 노동력 상품의 사용가치는 생산에 사용하는 것뿐이고, 생산 그 자체를 통해서 욕구를 충족시킬 수 있는 사람은 존재하지 않는다. 생산이란 바로 그런 욕구를 충족시켜줄 유용한 물질을 만들어내는 과정에 불과한 것이기 때문이다. 따라서 노동력 상품을 통해서 욕구충족을 할 수 있는 방법은 그것이 창출한 가치를 통해서뿐이다. 그런데 만일 그것이 창출한 가치가 시장가치와 동일하다면 구매한 사람에게는 아무런 가치도 남지 않고, 따라서 그 사람에게는 어떠한 욕구충족의 가능성도 존재하지 않게 된다. 그러므로 자연히 어떤 사람도 노동력 상품을 구매할 이유가 없을 것이다. 노동력 상품의 구매가 이루어지는 것은 노동력 상품으로부터 구매자에게 남겨지는 가치증가분이 있기 때문인 것이다. 말하자면 노동력 상품이 구매되는 것은 그것의 사용가치가 이러한 잉여가치를 창출할 수 있기 때문이다. 그런 점에서 상품으로서의 노동력의 사용가치는 자신의 가치보다 더 큰 가치, 즉 잉여가치를 창출할 수 있다는 점에 있다고 얘기할 수 있다.

　그렇다면 그러한 잉여가치의 근거가 되는 노동력 상품의 가치는 어떤 것인가? 우리는 앞에서 상품의 가치가 그것을 생산하는 데 소요되는 사회적 노동량에 의해 결정된다는 것을 보았다. 노동력 상품의 가치도 마찬가지로 생산에 소요되는 노동량에 의해 결정된다. 그러면 노동력의 생산이란 무엇인가? 노동력은 다른 상품과 달라서 공장에서 생산되는 것이 아니다. 노동력은 노동자의 살아 있는 실체와 함께 존재하는 것이므로 노동자의 생존과 분리될 수 없다. 노동력의 생산이란 바로 노동자가 생존을 유지한다는 것을 의미한다. 그런데 사람이 생존을 유지하기 위해서는 일정한 생활물자들을 소비해야 한다. 즉 식료품, 의복, 신발, 주택 등을 소비해야만 한다. 뿐만 아니라 노동력이 계속 공급되기 위해서는 노동자 자신뿐 아니라 그가 부양하는 가족도 함께 살아갈 수 있어야 한다. 왜냐하면 자본가는 노동력을 끊임없이 필요로 하는데, 노동자는 생리적으로 점차 노쇠하여 언젠가 죽음을 피할 수 없기 때문에 노동력이 끊임없이 보충되기 위해서는 노동자가 다만 자신의 생명을 유지할 뿐만 아니라 자신의 대를 잇기 위해 자기 가족을 부양할 수 있는 생활물자까지도 함께 가져야만 하기 때문이다.

그런데 사람은 먹고 자는 것만으로는 살 수 없다. 사람은 동물과 달리 사회생활을 꾸려나가고 생리적인 욕구 이외의 여러 욕구들도 갖고 있다. 즉 노동력의 가치에는 단순히 생명을 유지하는 데 필요한 생활물자의 가치뿐만 아니라 노동자와 그 가족의 문화적인 수요, 말하자면 자녀의 교육비, 신문·도서의 구입비, 영화관람비 등이 최소한의 수준으로라도 포함되어 있어야 한다. 그밖에도 어떤 공업부문에서는 특정한 기계를 다룰 수 있는 기능을 가진 기능노동자가 필요하다. 그런 기능노동자의 경우에는 그가 이런 기능을 습득하는 데 소요되는 비용도 그의 노동력 가치에 포함된다. 요컨대 노동력 상품의 가치는 노동자 자신과 그의 부양가족들의 자연적·문화적 생활에 필요한 생활물자의 가치와 동일하다. 그리고 그런 생활물자들은 시기적으로는 물론 지리적 자연환경과 문화적·도덕적 관습에 따라 각 사회마다 서로 상이할 것이다. 예를 들어 1950년대의 우리나라에서 노동력 상품의 가치는 2000년대의 노동력 상품의 가치보다 훨씬 낮을 것이며, 동일한 2000년대라고 하더라도 우리나라보다는 독일이나 미국에서의 노동력 상품의 가치가 더 높을 것이며, 인도네시아나 중국에서의 노동력 상품의 가치는 우리나라보다도 더 낮을 것이다.

1950년대에 우리나라에서는 밥을 굶지 않는 것만으로도 충분한 생존으로 간주하였고, 따라서 하루 세 끼 식생활만 해결할 정도로도 노동력 가치는 충분하였다. 그러나 오늘날에는 밥만 세 끼 먹는 것으로 만족하는 사람은 거의 없다. 오늘날에는 생계비로서 누구나 가끔씩의 외식이나 여행, 그리고 비교적 좋은 주택환경 등을 생각하며, 따라서 노동력의 가치는 그런 것을 포함한다. 독일에서 생계비는 적어도 일년에 6주간의 휴가를 외국에서 즐길 수 있는 비용을 포함하고 자동차를 기본적인 필수품으로 간주하는 수준이지만, 우리나라는 아직 생계비를 그 정도로까지 간주하고 있지는 않다. 이처럼 노동력 상품의 가치는 각기 조건에 따라 상이하다.

그러나 노동력 상품의 가치가 이처럼 아무리 각 사회마다 서로 상이하다 하더라도 그것이 궁극적으로 자신이 창출하는 가치보다는 항상 작다는 사실에는 변함이 있을 수 없다. 잉여가치를 창출하지 않는 노동력 상품은 어디에서도 구매되지 않으며, 따라서 상품이 될 수 없는 것이다. 예를 들어 노동자와 그 가족이 하루 동안 생존에 필요한 생활물자가 생산되는 데 모두 5시간이 소요되고 사회적으로 1시간의 노동은 100원의 가치를 갖는다고 가정해보자. 그러면 그 노동자의 노동력 상품의 하루 가치는 500원이 될 것이다. 이 노동자를 자본가는 시장에서 가치대로 500원에 구매한다. 노동자가 자기 노동력의 가치만큼만 일을 한다면 그는 5시간 동안만 일을 하면 될 것이다. 그러나 자본가는 노동력 상품을 구매할 때 결코 그처럼 5시간 동안만 사용하기로 하고 구매하지는 않는다. 그는 대개 하루 동안 그를 고용한다. 그래서 노동자는 반드시 5시간 이상을 일하게 된다. 만일 그가 10시간 동안 일을 했다면 그는 1,000원의 가치를 창출한 것이고, 자신의 노동력 가치에 비해 500원의 가치를 더 창출한 셈이 된다. 즉 그는 500원의 잉여가치를 창출한 것이다. 자본가는 바로 이 500원 때문에 그를 고용한 것이다. 만일 이 500원이 생기지 않는다면 자본가는 결코 그를 고용하지 않았을 것이다.

노동력의 가치를 산정하는 데는 객관적 기준이 없다. 최저한의 생존수준을 나타내는 최저임금의 산정에 있어서조차 이것은 들쭉날쭉이다. 1999년도 최저임금의 산정을 위한 생계비(1997년 10월 기준)는 최저임금심의위원회가 50만 3,000원, 노동연구원이 47만 5,000원, 한국노총이 85만 6,000원으로 나타났다. 임금교섭에서 사용되는 표준생계비의 경우에는 각 조사기관에 따라 더욱 큰 편차를 보이고 있다. 이런 편차는 노동력의 가치가 사회적 합의에 의존하는 교환가치이며 그것은 사람들의 머릿속에 들어 있는 추상적 가치라는 점을 보여주는 좋은 증거라고 할 수 있다. 따라서 노동력의 가치는 합의를 강제하는 힘(말하자면 사회적 교섭력)이 높은 쪽의 의견이 많이 반영될 수밖에 없다.

2. 돈벌이의 비밀, 가치의 생산

재화를 상품으로, 그럼으로써 노동을 가치로 만들고 가치를 다시 화폐로 변모시킨 자본주의 생산양식의 마법은 사회를 화폐에 대한 열망으로 가득 채운다. 돈이 지배하는 이 세상에서는 돈을 버는 돈이야말로 세상을 움직이는 주인공이다. 우리는 그 주인공이 자본이며 그것이 어떻게 탄생하는지를 살펴보았다. 그러면 우리의 주인공 자본은 어떻게 돈을 버는가, 그것은 어떻게 세상을 움직이는가?

1) 돈버는 비밀의 내막, 가치증식과정

시간을 팝니다. 손님이 원하는 만큼 나누어서 팔 수도 있고 통째로 팔 수도 있습니다. 시간을 사고 싶은 분은 연락 주십시오.

　만일 이런 광고가 신문에 난다면 얼마나 신나는 일일까? 그런 환상적인
일이 꿈으로라도 한 번 일어났으면 하고 바라는 사람이 얼마나 많을까? 벌
어들인 돈을 주체할 수 없어서 강아지에게 1만 5천 달러짜리 목걸이를 달
아 주고 100달러짜리 지폐로 담배를 말아 피고 원숭이를 손님 옆에 앉히고
금붕어로 변장시킨 여자들을 연못에서 헤엄치게 하고 그것도 모자라 이빨
에 다이아몬드를 끼우는가 하면 파이 속에서 소녀합창단이 튀어나오게 했
던(보이어 모레이스, 1989: 133) 철없는 대부호들은 흘러가는 시간이 얼마
나 아까웠을까? 온갖 호사를 다 누리던 진시황이 서시(徐市)를 시켜 곤륜산
의 천년 묵은 고목으로 배를 만들어 천하를 돌아다니며 불로초를 찾게 하
였던 것이 따지고 보면 바로 이 시간을 사기 위한 것이 아니었던가? 시간을
살 수만 있다면 어떤 것도 지불하고 싶은 사람이 얼마나 많을까? 그러나 시
간을 어떻게 팔 수 있다는 말인가?

　그런데 이 광고는 꿈속의 일이 아니다. 그것은 현실의 일이며 일상적으
로 늘 우리 주변에서 매일 일어나고 있는 일이다. 진시황이 그렇게 부러워
했던 일이 오늘날에는 너무도 흔한 일이 되었다. 노동력이 노동력 상품으로
되면 시간을 파는 일은 일상적인 일로 된다. 노동력 상품을 사고 파는 일이
바로 시간(보다 정확하게는 노동시간이지만)을 사고 파는 일인 것이다. 진
시황의 부러움을 한 몸에 받는 자들, 시간을 사는 자들은 누구인가? 그들은
노동력을 노동력 상품으로 만든 바로 그 장본인들이며, 따라서 노동력 상품
을 사는 자들이면서 동시에 바로 자본의 화신들이다. 그들은 자본가들이다.

　자본가들은 노동력 상품을 왜 사는가? 앞에서 이미 얘기했듯이 그것은
자본의 본래의 목적, 돈을 벌고자 하는 그 목적 때문이다. 노동력 상품으로
부터 시간을 사서 어떻게 돈을 버는가? 자본이 그처럼 많은 우여곡절을 겪
으면서 노동력을 노동력 상품으로 만든 것은 바로 돈을 벌기 위한 것이 아
니었던가? 이제 노동력 상품으로부터 자본이 어떻게 돈을 버는지 그 내막

을 더듬어보기로 한다.

　노동력 상품이 시장에 등장하면 자본가는 우선 그것을 구매하여 그 사용 가치에 따라 사용한다. 즉 노동자를 공장에 데려다가 노동을 시킨다. 그런데 노동력의 가치와 노동자가 자신의 노동력을 소비하여 창출해내는 가치는 그 크기가 같지 않다. 우리가 이미 앞의 예에서 본 바와 같이 노동력에 의해 창출된 가치는 노동력의 가치보다 항상 크다. 자본가는 노동력의 가치에 대해서만 지불하고 노동자가 일한 전체 노동에 대해서는 지불하지 않았다. 즉 노동자가 하루 동안 창출한 총가치는 1,000원이었지만, 자본가는 500원밖에 지불하지 않았다. 1,000원에는 자본가가 지출한 500원 외에 500원의 증가분이 더 붙었다. 이 증가분이 바로 잉여가치이다.

노동자가 하루 동안 일한 총가치	10시간×100원＝1,000원
자본가가 지불한 노동력 가치 　　─)	500원
잉여가치	500원

　잉여가치란 임금노동자가 자신의 노동력 가치 이상으로 창출하는 가치로서 자본가에게 무상으로 빼앗기는 부분이다. 가령 어떤 자본가가 방직공장을 경영한다면 그는 우선 생산에 필요한 건물, 방직기계, 면사 등의 원료를 구입하고 노동력도 함께 구입한다. 앞의 예에서와 같이 노동자의 하루 생활에 필요한 생활물자가 생산되는 데 사회적으로 5시간의 노동이 소요되고 1시간의 노동이 100원의 가치를 갖는다면 하루의 노동력 가치는 500원이다. 따라서 자본가는 노동자를 500원에 고용한다. 만일 이 자본가가 노동자를 하루에 5시간 동안 일을 시켜서 노동자 1명이 하루 동안에 10미터의 광목을 생산하였다고 가정해 보자. 이 경우 광목 10미터의 가치는 얼마가

될까?

우선 건물과 방직기계는 시간이 지나면 노후화되는 것이므로 총가격을 수명으로 나누면 하루 동안 노후화되는 부분을 산출해낼 수 있을 것이다. 그것이 통상 우리가 이야기하는 감가상각비에 해당한다. 예를 들어 그것이 500원이라고 하자. 그리고 광목 10미터를 생산하는 데 소요된 면사 등 원료의 가치가 1,000원이라고 하자. 그러면 이들 생산수단의 총가치는 1,500원으로 될 것이다. 여기에 노동력은 전부 5시간의 노동을 소비하였으므로 그 가치는 500원(100원×5)에 해당한다. 그리하여

생산된 광목 10미터의 총가치＝
생산수단의 가치 1,500원＋노동력이 창출한 가치 500원＝2,000원

에 해당된다. 이 2,000원 가운데 1,500원은 생산수단으로부터 가치량의 변동 없이 단순히 이전된 가치이다. 그리고 500원은 노동력으로부터 새롭게 창출되어 광목에 부가된 가치이다.

그러면 자본가가 광목 10미터를 생산하는 데 지출한 화폐는 얼마나 되는가? 기계의 감가상각비용이 500원, 면사 등 원료구입비가 1,000원, 그리고 노동자 고용비 500원이 지출되어

자본가의 지출＝생산수단 1,500원＋노동력 구입비 500원
　　　　　　＝2,000원

으로 계산된다. 그 결과 자본가는 2,000원을 지출하여 2,000원의 가치를 갖는 새 상품을 생산하였다. 그러므로 노동자는 자신이 일한 만큼의 가치를 모두 받았지만, 자본가는 한푼의 가치도 얻지 못하였다. 그런데 이런 자본가는 세상에 존재하지 않는다. 자본가는 여분의 가치, 즉 잉여가치를 얻기

위해서 생산을 수행한다.

그래서 현실의 자본가는 노동자를 대개 5시간 이상 동안, 즉 예를 들어 10시간 동안 일을 시킨다. 그러므로 10시간 동안 일을 시켜 20미터의 광목을 생산한 경우 생산된 광목의 가치를 계산해 보자. 노동시간이 두 배로 늘어났으므로 소비된 생산수단의 가치도 두 배로 증가했다고 가정하면 1,500원×2=3,000원이며, 노동력에 의해 새롭게 창출된 가치는 10시간×100원=1,000원으로

생산된 광목 20미터의 가치=
생산수단의 가치 3,000원+노동력이 창출한 가치 1,000원=4,000원

으로 된다. 자본가는 이 상품을 가치대로 팔아 4,000원의 화폐를 손에 넣게 된다. 그런데 자본가가 광목 20미터를 생산하는 데 지출한 비용은

자본가의 지출=생산수단 3,000원+노동력 구입비 500원
            =3,500원

으로 된다. 그 결과 자본가는 4,000원−3,500원=500원의 잉여가치를 얻게 된다. 이 잉여가치는 노동자가 일해서 창출해낸 전체 가치가 1,000원임에도 불구하고 그의 임금으로 500원밖에 지불되지 않는 데서 나온 것이다. 잉여가치가 그다지 크지 않은 것처럼 생각될 수도 있다. 그러나 이 잉여가치는 상당히 큰 것이다. 우리의 예에서 노동자 1명은 하루에 500원의 잉여가치를 생산했는데, 이 경우 만일 자본가가 노동자를 1,000명 고용했을 경우 자본가는 하루에 500,000원의 잉여가치를 얻게 되는 것이다.

이리하여 우리는 자본이 노동력 상품을 구매하여 어떻게 돈을 버는지, 즉 어떻게 잉여가치를 획득하는지 그 내막을 알게 되었다. 그리고 그것은

바로 자본유통의 모순도 함께 해결해주었다. 즉 유통으로부터 가치증가가 이루어질 수 없음에도 불구하고 유통을 통해서만 가치가 증가해야 한다는 그 모순이 해결되었다. 모든 가치는 등가대로 구매되고 판매되었다. 그러나 동시에 그러면서도 가치는 증가하였다. 그러한 가치증가는 모순해결의 결정적 열쇠를 쥐고 있는 상품, 즉 노동력 상품의 구매와 소비과정에서 이루어졌고, 그러한 가치증가는 노동력 상품의 고유한 특성에 연유한 것이었다.

그런데 노동력 상품의 소비과정이란 다름 아닌 노동과정이며 생산과정을 이룬다. 노동과정은 가치를 증가시키는 과정, 즉 가치증식과정이며 두 유통과정의 중간에 위치하지만 유통과정과는 별개의 과정인 생산과정을 이룬다. 그리하여 단순한 등가교환과정인 유통과정과 가치증식과정인 생산과정이 결합함으로써 자본유통의 모순은 이제 해결되었다. 따라서 비밀이 밝혀진 자본유통은 이제 다음과 같은 형태로 표현된다. 이것은 자본유통의 보다 확대된 정식이다.

$$G - W \begin{cases} Pm \cdots W' - G' \\ A \end{cases}$$

(Pm: Produktionsmittel, 생산수단)
(A: Arbeitskraft, 노동력)

이 식에서 가치를 증식시키는 과정은 $W \cdots W'$이며, 그것은 생산수단과 노동력의 결합과정으로서 노동과정에 다름 아니다. 우리의 모순의 핵심이었던 ΔG는 바로 이 노동과정으로부터 만들어지는 것이다. 그리고 이것이 매개하고 있는 두 개의 유통과정, 즉 $G - W$와 $W' - G'$는 단순한 등가교환 이외에 아무 것도 아니다. 가치증식은 유통과정으로부터 이루어지는 것이 아니라, 노동력 상품이 소비되는 생산과정으로부터 이루어진다. 그러나 동시에 그러한 생산과정은 유통과정을 통해서만 증식된 가치를 실현한다. 생산을 위해서는 생산수단과 노동력이 구매되어야 하고, 그러한 구매는 등가교환에 의해 즉 생산수단의 가치와 노동력의 가치에 따라 이루어져야 하고, 또한 생산과정에서 증가된 가치는 W'가 유통과정을 통하여 G'로 실현되어야만 비로소 증식된 가치로, 즉 ΔG로 드러난다. 가치증식은 교환의 기본법칙, 즉 등가교환을 교란시키지 않고 오히려 그러한 등가교환을 통하여 완성된다. 우리는 ΔG의 수수께끼를 모두 파악하였다. ΔG는 노동과정을 통해서만 즉 노동력의 소비를 통해서만 만들어지며, 노동으로부터 무상으로 획득되는 것에 불과한 것이다.

물론 이때 자본가가 노동으로부터 ΔG를 무상으로 얻게 되는 근거는 오로지 생산수단을 소유하고 있는 사람이 자본가 자신뿐이기 때문이다. 만일 ΔG가 자신에게 돌아오지 않는다면 자본가가 자본을 지출하여 생산활동을 수행할 이유가 없기 때문에 어떻게 보면 ΔG가 자본가에게 돌아가는 것이 당연한 것으로 보일 수도 있다. 그러나 그러한 당연성은 해와 달이 원래 존재하는 것과 마찬가지로 자연현상으로서의 당연성이 아니라는 데 문제의 핵심이 있다. 그러한 당연성은 폭력적인 방식으로 수행되었으며, 따라서 인위적으로 만들어진 것이라는 데 문제가 있는 것이다. 이런 폭력적 과정은 우리가 앞에서 이미 살펴본 대로 노동력의 노동력 상품으로의 이행과정에서 자행되었다.

눈을 다시 출발점으로 돌려보자. 잉여가치를 만들어내는 노동과정은 노동력 상품이 소비되는 과정이었다. 그런데 이 과정을 더욱 자세히 살펴보면 그것은 노동시간으로 이루어지는 것이었다. 가치는 노동시간으로 이루어지며, 여분의 가치인 잉여가치도 역시 노동시간으로 이루어지기 때문이다. 그러면 노동시간이 어떻게 잉여가치로 변화하는가?

자본가에게 고용되어 노동을 수행하는 노동자의 총노동시간—이것을 우리는 하루 동안의 기간을 기준으로 할 때 **노동일**(勞動日, Arbeitstag)이라고

부른다—은 두 부분으로 나누어진다. 노동일의 한 부분은 노동자가 자신의
생존을 위해서 필요로 하는 부분이며(위의 예에서는 총 10시간 중 5시간에
해당하는 부분) 나머지 한 부분은 무상으로 자본가에게 빼앗기는 부분이다.
전자를 우리는 필요노동시간이라고 부르며, 후자를 잉여노동시간이라고 부
른다. 필요노동시간에 지출되는 노동은 필요노동이며, 잉여노동시간에 지출
되는 노동은 잉여노동에 해당한다. 필요노동으로 노동자는 자기와 자기 가
족의 생존에 필요한 생활물자의 가치 즉 노동력의 가치를 생산하며, 잉여노
동으로는 자본가를 위하여 잉여가치를 생산한다. 노동력 상품이 시간을 판
다는 것은 바로 이런 내막을 가지고 있는 것이다.

노동자의 총노동시간＝필요노동＋잉여노동
        (10시간)   (5시간)   (5시간)

한편 노동자의 노동시간이 이처럼 두 부분으로 나누어질 수 있는 근거는
물론 인간의 생산력 수준이 자신의 생존뿐만 아니라 그것을 넘어서는 여분
의 수준으로까지 이미 도달해 있다는 사실에 기초해 있다. 즉 잉여가치가
자본가에게 귀속될 수 있는 자본주의적 관계는 이미 일정한 생산력 수준을
전제로 하고 있는 것이다. 그런데 인간의 생산력 수준이 필요노동과 잉여노
동을 모두 포함하게 된 것은 자본주의 시기에만 고유한 것은 아니다. 우리
가 앞에서 이미 보았듯이 대체로 그것은 노예사회가 성립하면서부터였고,
인간사회가 계급사회로 화하면서부터였다. 따라서 노동시간의 두 측면에서
본다면 자본주의사회는 그 이전의 사회, 즉 노예사회나 농노사회와 본질적
으로 다를 바가 없는 사회이다. 단지 이들 사회의 차이는 필요노동이 상대
적으로 노예사회보다는 농노사회가, 농노사회보다는 자본주의 사회가 더
크다는 사실뿐이다. 필요노동이 이처럼 상대적으로 커질 수밖에 없었던 이

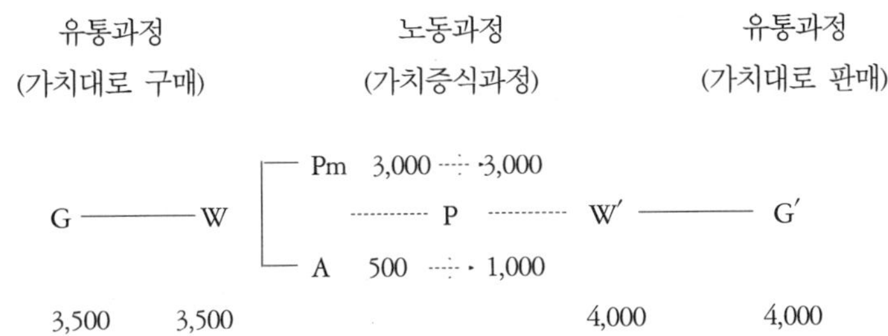

<그림 10> 돈을 버는 비밀

유는 잉여노동을 포함한 모든 노동이 궁극적으로 노동하는 인간으로부터 발생하고 있으며, 생산력의 발전이 이들에 의해 주도될 수밖에 없었고, 따라서 이들의 지위가 강화되는 것이 생산력 발전에 따른 역사적 필요와 맞아떨어졌기 때문이다. 노동하는 인간의 지위가 상대적으로 강화되는 것은 역사적 필연성이었던 것이다. 그것은 잉여노동의 본질을 대변해주는 역사적 사실이다.

노동력상품을 통해서 자본이 돈을 버는 내막은 이처럼 단순하다. 노동력상품에게 지불된 것보다 더 오랜 시간 노동을 시키는 것이다. 그것은 사실상 노동시간을 무상으로 빼앗는 행위에 다름 아니다. 상품세계의 마법에서 노동과정은 상품의 생산과정, 즉 가치의 생산과정이다. 결국 가치의 생산을 통해서 자본은 돈을 번다. 그래서 돈을 버는 과정은 가치의 생산과정으로 얘기된다.

2) 자본의 정체에 대한 진실

폴 뉴먼의 탁월한 연기가 돋보이는 영화 「스팅」의 압권은 완벽하게 재현된 경마도박의 정체가 드러나는 반전부분이다. 스릴러영화의 재미를 뚜렷하게 가르쳐준 이 영화의 반전효과는 나중에 많은 영화들에서 교훈으로 받아들여졌다. 그 교훈을 잘 살린 최근의 영화로는 놀라운 흥행기록을 보인 「미션 임파서블」일 것이다. 영화는 처음부터 끝까지 반전에 반전을 거듭한다. 바로 그 반전의 계기는 가면과 변장으로 은폐된 '정체'였다.

돈을 버는 과정은 가치의 생산과정(W…W')이다. 그러나 사실 그 과정은 자본유통정식(G－W－G') 내에 감추어져 있다. 그래서 돈을 버는 비밀의 내막은 쉽게 드러나 있는 것이 아니다. 물론 누구나 알 수 있도록 드러나 있다면 그것은 이미 비밀이 아닐 것이다. 그렇기 때문에 사실 돈을 버는 원리는 경제학의 핵심주제였음에도 불구하고 『자본론』이전까지 논란만 거듭될 뿐 올바로 밝혀지지 않고 있었다. 그런 점에서 우리가 지금까지 설명한 돈을 버는 원리는 『자본론』의 특허인 셈이다.

<그림 11> 돈 버는 비밀의 내막(잉여가치)

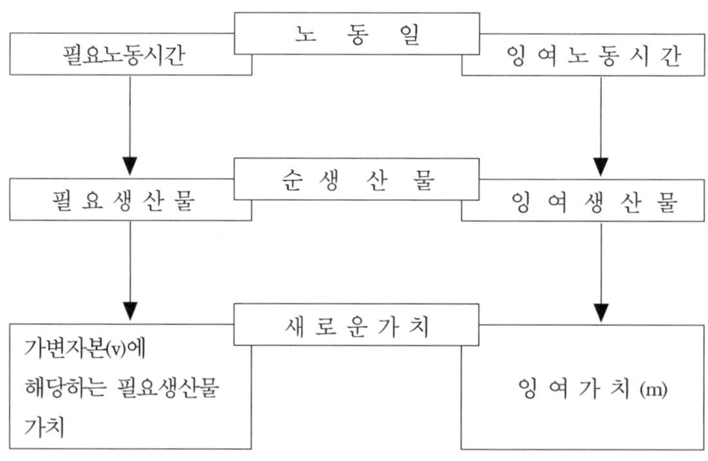

일찍이 최초의 경제학자 중상주의자들에 의해 이미 돈을 버는 돈이 자본이라는 사실은 널리 알려져 있었다. 그럼에도 불구하고 돈을 버는 원리가 베일에 감추어져 있었던 것은 그 자본의 정체를 파악하는 것이 쉽지 않았기 때문이다. 『자본론』의 특허는 바로 이 점에 집중되어 있었다. 즉 자본의 정체를 정확하게 드러내었던 것이다.

자본의 정체에 대한 최초의 오해는 자본유통 G—W…W'—G'의 출발점이 화폐형태를 띠고 있다는 사실로부터 발생한다. 이 사실 때문에 화폐가 곧 자본이라는 오해가 발생한다. 자본에 대한 최초의 발견자들이었던 중상주의자들은 바로 이 오해의 함정에 빠졌다. 그러나 가치증식을 목표로 하는 어떤 화폐가 자본으로 될 수는 있지만, 모든 화폐가 자본인 것은 아니다. 예를 들어 어떤 노동자가 자신이 받은 임금을 가지고 쌀을 구입했을 경우 그 노동자는 단지 자기가 필요로 하는 생활물자를 구입하기 위해 화폐를 사용하였을 뿐이다. 그 화폐는 소비를 최종목적으로 하고 있는 화폐이며 아무런 가치증식도 이루지 않는다. 따라서 그것은 단순한 화폐일 뿐 자본은 아니다. 그러나 자본가가 화폐를 가지고 임금노동자를 고용했을 경우에는 그 화폐는 가치증식을 목표로 하는 화폐이며 자본으로 변한다. 자본은 자본이 되기 위해 화폐형태를 띠어야 하지만, 모든 화폐가 자본은 아닌 것이다. 따라서 자본의 본질은 화폐로 규정될 수 없다.

또한 자본유통은 가치증식을 위해서 화폐형태로부터 반드시 상품형태로 전화해야 한다. 가치증식은 생산과정을 통해서만 이루어지고 생산과정의 결과로서 상품, 즉 재화가 만들어지기 때문이다. 그런데 생산과정은 노동력과 생산수단의 결합으로 이루어지기 때문에 자본유통에는 노동력 상품과 함께 생산수단도 등장한다. 그 결과 생산에 사용되는 모든 요소가 자본이라는 오해가 발생한다. 그러나 그럴 경우에는 오늘날의 각종 현대적인 기계설비는 물론 심지어 옛날 원시인들이 쓰던 돌멩이나 막대기도 자본이 되며 손수 농사를 짓는 농민들의 호미나 쟁기도 모두 자본으로 간주된다. 그러면 돌멩이로 나무열매를 따던 원시인이나 손수 농사를 짓는 농부도 모두 자본가가 될 것이다. 그러나 원시인이나 농부가 사용하던 돌멩이와 호미, 쟁기 등은 모두 그들이 자신의 생활수단을 획득하기 위해 사용하던 노동도구일 뿐 가치를 증식하고자 하는 생산수단은 아니다. 그들이 사용하던 생산수단은 자신들의 욕구를 충족시키기 위한 것이었고 타인의 잉여노동을 획득하고자 하는 것이 아니었다. 즉 자본이 가치증식을 하기 위해서는 반드시 생산수단의 형태를 띠어야 하지만, 모든 생산수단이 자본은 아닌 것이다. 따라서 자본의 본질은 생산수단으로도 규정할 수 없다.

자본의 본질은 오히려 잉여노동의 획득에 있는 것이며 가치를 증식시키고자 하는 목적의식에 있는 것이지, 그런 목적을 달성하기 위하여 그때그때 취하는 여러 형태들에 있는 것은 아니다. 그러므로 그러한 목적의식을 갖지 않은 생산수단이나 화폐는 자본이 될 수 없다. 이처럼 자본의 정체를 올바로 파악하고 나면 자본유통과정, 특히 자본의 가치증식과정인 생산과정에서 생산요소의 형태로 나타나는 자본들이 모두 똑같은 자본이 아니라는 것을 알 수 있다. 자본들은 이제 가치증식을 목표로 하는 그 본래의 성격을 기준으로 서로 구별된다. 자본의 정체는 이런 구별을 통해서 더욱 분명하게 드러난다.

가치의 크기가 어떻게 변화하는지를 기준으로 이제 생산과정을 자세히 살펴보기로 하자. 자본유통의 첫 번째 단계(G—W)에서 화폐형태의 자본은 생산요소의 형태(A, Pm)로 바뀐다. 이들 생산요소는 가치증식을 기준으로 보았을 때 생산과정에서 각기 서로 다른 역할을 수행한다.

먼저 생산수단으로 변모한 자본의 가치크기는 노동과정에서 구체적인 노동을 통해 새로운 생산물에 이전된다. 그러나 이 가치크기는 가치증식과정에서 변화하지 않고 그대로 새로운 생산물에 이전된다. 생산수단의 가치가 생산물에 이전되는 방식은 여러 가지가 있을 수 있다. 가공되는 노동대상은 통상 원료라고 부르기도 하는데, 질료로는 대부분이, 가치로는 그 전체가 새로운 생산물에 이전된다. 또한 노동과정을 돕는 노동수단은 대개 우리가 고정자본이라고 부르는 건물이나 기계설비 등으로서 질료 그 자체가 이전되기보다는 소모되는 정도로만 가치 가운데 일부가 이전된다. 즉 감가상각 부분만이 이전된다. 따라서 노동대상은 자신의 내구연한을 기준으로 오랜 기간 동안 연속적으로 그 감모 부분을 조금씩 생산물에 이전시킨다. 이들 생산수단의 구매에 사용된 자본 부분은 이처럼 노동과정에서 그 가치가 변하지 않은 채로 단순히 새로운 생산물에 그대로 이전되기만 하므로 불변자본(不變資本, konstantes Kapital, constant capital; 약자로 c라고만 표기한다)이라고 부른다. 불변자본은 가치증식과정에 참여는 하지만 가치증식을 직접적으로 수행하지 않는 자본인 것이다.

한편 노동력을 구매하는 데 사용된 자본은 대개 노동자에 의해 임금형태로 소비된다. 그러므로 이 자본은 새로운 생산물에 단순히 이전되는 것이 아니라 새로이 생산되고 재생산되어야 한다. 노동력은 생산과정에서 가치를 이전시키는 것이 아니라 가치를 만들어내는데, 이때 자신의 가치크기는 물론 그것을 넘어서는 여분의 가치, 즉 잉여가치도 함께 생산한다. 따라서 노동력의 구매에 사용된 이 자본 부분은 생산과정을 통하여 그 가치크기가 변화한다. 즉 잉여가치만큼 증대된다. 따라서 이 자본 부분은 그 가치크기가 변화한다는 점에서 가변자본(可變資本, variables Kapital, variable capital ; 약자로 v라고만 표기한다)이라고 부른다. 가변자본은 자본가가 지출하는 자본 가운데에서 가치증식을 직접적으로 수행하는 자본 부분에 해당한다.

잉여가치(剩餘價値, Mehrwert; 약자로 m으로 표기한다)는 결국 자본가가 지출한 자본 전체로부터 생겨나는 것이 아니라 오직 노동력을 구매하는 데 지출되는 자본, 즉 가변자본에 의해서만 창출되는 것이다. 이것은 잉여가치가 생산수단에 의해서는 창출될 수 없고, 오로지 노동자의 노동에 의해서만 창출된다는 것을 보여준다. 생산수단은 잉여가치 생산에서 단지 필요한 조건일 뿐이고 노동력이야말로 잉여가치의 창조자이다. 그리하여 이런 자본의 구별은 자본의 본질을 훨씬 명확하게 보여준다. 자본을 이처럼 가치증식 과정에서의 역할에 따라 구별하게 되면 이제

생산된 생산물의 가치(W)
=불변자본 부분(c)+가변자본 부분(v)+잉여가치(m)

가 된다. c는 단순히 이전된 가치이며, v+m은 새롭게 생산된 가치이다. 그리하여 생산물가치(c+v+m)는 가치생산물(v+m)과 구별된다.

노동자의 입장에서 가변자본은 자신이 생산한 총가치 v+m의 일부분에 지나지 않는다. 그래서 노동자가 자신이 생산한 총가치로부터 자신이 임금으로 받는 부분과 자본가에게 무상으로 빼앗기는 부분간의 관계를 식으로 나타내면 m/v가 되는데, 이것을 백분율로 나타내어(m/v×100) 잉여가치율(剩餘價値率, Rate des Mehrwerts; 약자로 m'라고 부른다)이라고 부르며, 그것이 노동자가 자본가에게 착취당하는 정도를 나타내준다는 의미에서 착취도(搾取度, Exploitationsgrad)라고도 부른다.

잉여가치율(m') = m/v×100

앞의 예에서 본다면 방직공장에 고용된 노동자가 생산한 총가치는 1,000원이었고, 그 가운데 500원이 임금으로 받은 부분이며, 500원은 잉여가치로 자본가가 수탈하였다. 따라서 이 경우 잉여가치율은 m'=500/500×100=100%가 되는 것이다. 이처럼 잉여가치율은 노동자가 하루에 자기의 노동력

가치를 보전하기 위해 몇 시간을 일하고 자본가를 위하여 무상으로 몇 시간을 일하는가, 다시 말해서 필요노동시간이 몇 시간이며, 잉여노동시간이 몇 시간인가를 보여준다. 만일 예를 들어 잉여가치율이 100%라는 것은 노동자가 하는 노동의 절반은 필요노동이며, 나머지 절반은 잉여노동이라는 것을 의미한다. 맑스가 살던 19세기 중반에는 대개 잉여가치율은 100% 정도였던 것으로 알려져 있다. 그러나 자본주의가 발전함에 따라 잉여가치율은 점차로 높아져 가는 경향을 보여왔으며, 오늘날 선진자본주의 국가들에서는 250~300%의 잉여가치율이 나타나는 것으로 보고되고 있다(Richter et., 1990: 103).

잉여가치율을 계산하는 것은 사실 간단하지 않다. 이미 자본유통정식에서 드러나듯이 전체적인 자본유통은 $G-W$의 유통영역, $W \cdots W'$의 생산영역, 그리고 다시 $W'-G'$의 유통영역으로 세 번의 단계로 이루어져 있다. 이런 단계의 변화는 유통영역의 가격이 생산영역의 가치로, 그것이 다시 가격으로 바뀌어야 하며 더구나 생산영역에서 늘어난 가치가 가격으로 반영되어야 한다. 이것은 복잡한 전형문제(제9장에서 다루게 될 것이다)를 포함하고 있다. 그래서 단순하게 잉여가치율을 계산해낼 수는 없다. 그러므로 수학적 기준을 어떻게 적용하느냐에 따라 그 값은 사람에 따라 다를 수 있다.

우리나라에서는 이것을 계산해본 사람이 많지 않은데 가장 최근에 계산된 것으로는 성낙선의 연구(1997)를 들 수 있다. 참고로 그가 계산한 잉여노동률을 보면 다음과 같다(잉여노동률은 우리가 여기에서 다루는 잉여가치율과는 약간의 차이가 있다).

(단위: %)

연도	1970	1973	1975	1978	1980	1983	1985	1986	1990
잉여노동율	184.9	232.1	318.2	270.5	238.6	241.5	211.7	255.1	227.2

3) 돈을 버는 여러 방법들

　'돈을 버는 비밀'은 이제 모두 밝혀졌다. 우리는 돈을 벌고자 하는 화폐
인 자본의 관심이 오로지 자신의 가치를 넘는 여분의 가치, 즉 잉여가치의
획득에 있으며, 그러한 잉여가치의 획득은 그것이 생산되는 과정으로부터,
즉 노동과정으로부터 비롯되는 것임을 보았다. 또한 노동과정에서 노동자
가 자신의 노동력을 소비하는 총노동시간, 즉 노동일은 필요노동 부분과 잉
여노동 부분으로 나누어지고 자본가가 목표로 하는 잉여가치는 이 두 부분
가운데 잉여노동 부분으로부터 얻어지는 것임을 우리는 알게 되었다. 이제
잉여가치의 원천이 이처럼 밝혀졌다면 자본가가 자신의 목표인 잉여가치를
더 많이 획득하기 위해서 취하게 될 행동은 분명해진다.

　그의 잉여가치의 원천은 일차적으로는 노동자가 생산하는 총가치(v+m)
이며, 그런 다음 이 총가치를 구성하고 있는 필요노동과 잉여노동간의 관계
로부터, 즉 이 양자간의 비율로부터 얻어진다. 그러한 비율은 잉여가치율이
다. 따라서 자본가의 관심의 표적이 되는 잉여가치를 증가시키는 방법은 우
선 두 가지가 있을 수 있다.

첫째는 v가 일정할 경우 잉여가치의 일차적인 원천인 v+m, 즉 노동자가 생산하는 총가치를 증가시키는 방법이다. v가 일정하므로 v+m의 증가에 따라 m은 자연히 증가하게 될 것이다.

그리고 두 번째는 v+m이 일정할 경우인데, 이 경우 m을 늘리기 위해서는 v를 줄여야 할 것이다. v를 줄인다는 것은 총가치를 구성하는 두 부분인 필요노동과 잉여노동 가운데 필요노동 부분을 줄인다는 것을 의미한다. 전자를 우리는 절대적 잉여가치의 생산, 후자를 상대적 잉여가치의 생산이라고 부른다.

(1) 고전적 수법, 노동량을 늘린다

"시간은 금이다"—이 격언처럼 자본가의 심정을 잘 표현해 주는 말이 있을까? 잉여가치는 바로 시간으로부터 나오는 것이고, 따라서 시간이야말로 돈이 아닌가? 이 귀중한 격언을 실천하기 위하여 시간을 아끼고자 하였던 자본가들의 노력은 참으로 눈물겨운 것이었다. 그리고 그런 노력은 오늘날에도 전혀 줄어들지 않았다.

1850년 영국의 공장법은 노동시간을 다음과 같이 제한하고 있었다. 평일 5일은 아침 6시부터 저녁 6시까지 12시간의 노동, 토요일은 아침 6시부터 오후 2시까지 8시간 노동만을 하도록 규정하고, 여기에서 아침식사 시간으로 30분, 점심식사 시간으로 1시간을 노동자에게 주도록 하였다. 그리고 이것을 감시하기 위해 공장감독관이 수시로 공장을 감시하도록 하였다. 이 법은 어떻게 지켜졌을까? 당시의 공장감독관의 얘기를 직접 들어보기로 하자.

사기꾼 같은 공장주는 아침 6시 15분 전에… 작업을 시작하고 오후 6시 15분에… 작업을 끝마친다. 그는 명목상 아침식사를 위해 지정된 30분에서 앞뒤 5분씩을 떼어내고, 점심식사를 위해 있는 1시간에서 앞뒤 10분씩을 삭감한다. 토요일에는 오후 2시를 지나서 15분씩… 더 작업을 한다. 이리하여 그의 이득은 다음과 같이 된다.

오전 6시 이전 ………… 15분
오후 6시 이후 ………… 15분
아침식사 때 ………… 10분
점심식사 때 ………… 20분
————————————————————
계 ………… 60분 5일 합계 300분

토요일에는
오전 6시 이전 ………… 15분
아침식사 때 ………… 10분
오후 2시 이후 ………… 15분
————————————————————
계 ………… 40분 1주일 합계 340분(*MEW* 23: 255)

어떤 공장주는 공장감독관에게 솔직히 이렇게 말하고 있다.

만일 당신이 나에게 매일 단 10분 동안씩 시간외 노동을 시키도록 허용해준다면 그것만으로도 당신은 1년에 1,000파운드 스털링씩을 내 호주머니에 넣어주는 셈이다. 1분 1초가 이득의 요소인 것이다(*MEW* 23: 257).

자본가에게 잉여노동은 이처럼 그 자체가 바로 돈이었다. 이것을 조금 이론적으로 설명해보기로 하자. 잉여노동은 일차적으로 v+m, 즉 노동자가 하루 동안에 소비하는 총노동시간, 즉 노동일 속에 들어 있다. 노동일로부터 노동자가 받아 가는 임금인 v를 공제하고 나면 잉여노동, 즉 잉여가치가 남게 된다. 그런데 잉여노동의 크기에 중요한 영향을 미치는 이 v란 곧 노동력의 가치이다. 그리고 노동력의 가치는 앞에서 이미 보았듯이 노동자의 생계비에 의해 결정되는 것이었다. 생계비가 한 달 또는 서너 달 등의 단시간 동안 급격히 변하는 일이 있을까? 매일 먹는 밥의 양, 매일 신는 신발의 닳는 정도, 매일 입는 의복의 마모 등이 갑자기 크게 변하는 일이 있을까? 인간이란 상당히 완고한 습관을 가진 존재이며, 이런 것들은 급격하게 변하지 않는다. 따라서 v는 사실상 단기간 동안에는 일정하다(세계적으로 대부분의 나라에서 임금은 1년에 한 번 변동한다. 임금교섭이 1년에 한 번밖에 없기 때문이다. 이것은 1년이라는 단기간 동안에는 노동력의 가치인 생계비가 크게 변동하지 않는다는 것을 보여주는 증거이다).

v가 일정하다면 잉여가치의 크기는 무엇에 의해 결정될까? 총노동시간, 즉 노동일의 크기가 잉여가치를 결정한다. 총노동시간이 늘어날수록 잉여가치도 증가한다. 만일 임금노동자의 수가 한정되어 있고 노동생산성이 일정하다고 가정하면 노동일이 10시간인데 그중 5시간이 필요노동시간이고 5시간이 잉여노동시간이라고 한다면, 이 경우 잉여노동은 노동일을 10시간에서 예를 들어 12시간으로 늘림으로써 증가될 수 있다. 즉 필요노동시간이 여전히 5시간이라면 잉여노동시간은 5시간에서 7시간으로 늘어난다.

따라서 잉여가치를 늘리기 위해 자본가는 무엇보다도 노동일을 늘리려고 노력한다. 노동일의 연장, 이것은 자본가들이 잉여가치를 늘리기 위해 사용하는 가장 고전적인 수법이다. 이것을 절대적 잉여가치의 생산이라고 부른다. 노동일에 대한 법적 제약이 아예 없거나, 있더라도 매우 미약하던 시기에 늘어날 대로 늘어난 노동일의 실상은 오늘날 우리의 상식으로는 기가막히는 것이었다.

<그림 12> 절대적 잉여가치의 생산

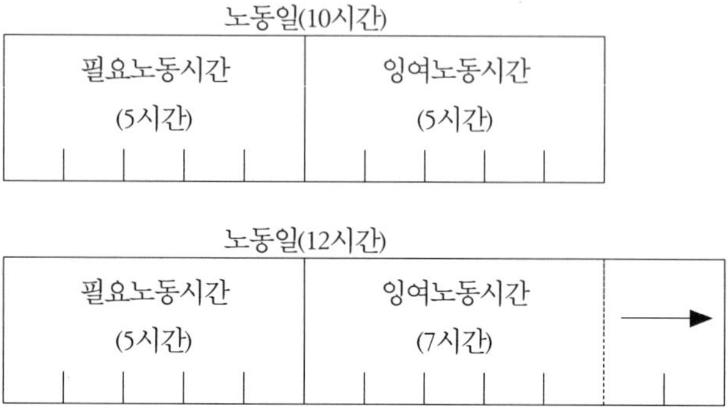

주 치안판사 브루톤 씨는 1860년 1월 14일 노팅엄 시의 공회당에서 열린 한 집회의 의장으로서 이 도시의 주민 가운데 레이스 제조에 종사하는 사람들은 다른 문명사회에서는 예를 찾아볼 수 없는 고통과 궁핍에 시달리고 있다고 밝혔다. … 새벽 2시, 3시, 4시경에 9세에 10세 정도 되는 어린이들이 더러운 침대에서 끌려나와 그저 입에 풀칠만이라도 하기 위해 밤 10시, 11시, 12시까지 노동을 강제 당하고 있는데… 남자의 노동시간을 1일 18시간으로 제한하라고 청원하기 위해 공공집회를 개최하려는 도시가 있다는 것을 도대체 어떻게 생각해야 할까… (*MEW* 23: 258/259).

9세의 윌리엄 우드가 "노동하기 시작한 것은 7세 10개월부터였다." 그는 평일에 매일 아침 6시에 와서 밤 9시쯤 일을 마친다. "나는 평일에는 매일 밤 9시까지 노동을 합니다. 예를 들어 요즈음 7~8주 동안은 그랬습니다." 이리하여 9세짜리 어린이에게 15시간의 노동이 부여된다!(*MEW* 23: 259)

보통의 남자는 하루 18시간 이상을, 그리고 10세 미만의 어린이도 15시간의 노동을 해야만 했다. 이것은 그대로 1860년대의 이야기이다. 1960년대 우리나라의 상황도 이것과 다르지 않았다.

1970년 11월 13일 서울 평화시장 앞 길거리에서 '근로기준법 화형식'을 거행하면서 22세의 한 젊은이가 분신을 하였다. 젊은이는 죽어가면서 "우리는 기계가 아니다"라고 외쳤다. '아름다운 청년' 전태일이었다. 그의 죽음으로 공개된 당시 한국 최고의 의류도매시장 청계천 평화시장 노동자들의 실상이 밝혀졌다. 밝혀진 노동시간은 보통 아침 8시 반 출근에 밤 11시 퇴근으로 하루 14~15시간이었다. 일거리가 밀릴 때는 야간작업도 허다했으며 연거푸 사흘 밤낮을 일하는 경우도 있었다. 한 달에 휴일은 2일이었으나 그나마도 제대로 지켜지지가 않았다(전태일 기념관 건립위원회, 1983: 86).

이처럼 노동일은 그에 대한 제약이 없을 때에는 가능한 한 최대의 수준으로 늘어났다. 그에 따라 잉여가치도 함께 늘어났다. 그러므로 자본가는 만일 가능하기만 하다면 노동일을 하루에 24시간으로까지 연장하고 싶을 것이다. 그러나 그것은 현실적으로 두 가지 한계 때문에 불가능하다.

첫째, 노동자는 생물이기 때문에 생명을 유지하고 노동력을 회복하기 위해서 쉬고 잠자고 밥을 먹는데 일정한 시간을 소비해야만 한다. 이것은 노동자가 살아 있는 생물인데서 오는 생리적인 한계이다. 이것을 **노동일의 육체적 한계**라고 부른다.

둘째, 노동자는 단순히 생물일 뿐만 아니라 사회적인 존재이다. 따라서 노동자는 일정한 문화적·사회적 욕구를 가지고 있으며, 이것이 충족되지 않으면 의욕을 가지고 노동할 수 없다. 그가 노동력을 정상적으로 발휘하기 위해서는 이러한 사회적·문화적 욕구도 함께 충족되어야만 한다. 그래서 예를 들어 노동자는 이런 욕구를 충족시키기 위해 신문이나 영화를 보든가,

명절이면 고향을 찾아가든가, 또는 저녁에 술을 한잔하기도 해야만 한다. 노동자는 이런 욕구를 충족시키기 위해서도 일정한 시간을 필요로 한다. 이 것을 노동일의 도덕적 한계라고 부른다.

그러나 자본가에게 이러한 한계는 자신이 궁극적으로 추구하는 잉여가 치의 획득을 가로막는 장애물 이외의 아무 것도 아니다. 따라서 자본가들은 이러한 한계를 고려하고 싶어하지 않는다. 그러므로 자본주의의 오랜 역사 가운데 노동일의 길이를 둘러싼 자본가와 노동자들간의 대립은 매우 본질 적인 것일 뿐만 아니라 오늘날도 끊임없이 계속되고 있는 주요한 부분을 이룬다. 우리가 예를 들었듯이 자본주의 초기에는 노동일의 길이는 14~16 시간인 경우가 매우 흔한 일이었다. 이런 과도한 노동은 당연히 노동자들의 건강을 해쳤고, 노동자들은 처음에는 전태일처럼 개별적으로 저항하기도 하였으며, 점차로 힘을 합쳐 노동조합을 결성해서 조직적으로 대항하기 시 작하였다. 노동자들의 오랜 싸움을 거치고 나서야 비로소 1920년 워싱턴 회 의에서 주당 노동시간 48시간의 국제협약이 채택되어 노동일의 길이는 8시 간으로 될 수 있는 발판을 만들었다. 그러나 이런 협약도 대부분의 나라에 서 현실적으로는 자본가들의 격렬한 반대로 상당 기간 동안 지켜지지 않았 다. 오늘날 우리나라를 포함한 상당수의 발전된 나라들에서 노동일의 길이 는 하루 8시간으로 법제화되어 있지만, 아직도 경제적으로 발전이 뒤떨어 진 나라들에서는 여전히 노동일에 대한 아무런 법적인 규제가 존재하지 않 고 있다.

한편 절대적 잉여가치의 생산과 관련하여 부가적으로 반드시 언급되어 야 할 것이 있는데, 그것은 **노동강도**의 강화이다. 노동강도는 일정한 단위시 간 동안에 소비하는 노동의 양이다. 따라서 노동강도를 높이면 노동일이 절 대적으로 연장되지 않더라도 노동일의 연장과 동일한 효과가 발생한다. 가 령 노동강도를 50% 높이게 되면 8시간의 노동을 12시간으로 연장하는 것과 동일한 효과를 얻게 된다. 예를 들어 컨베이어 벨트 앞에서 작업하는 방식의 연관작업체계에서 노동자는 벨트를 따라 넘어오는 작업량에 의해 노동력을 소비하게 된다. 자동차산업이나 전자산업 등에서 흔히 볼 수 있는 이러한 작업에서는 예를 들어 1시간에 10대의 텔레비전에 브라운관을 설치하는 노동자는 벨트 위로 6분에 1대씩의 텔레비전을 통과시키게 된다. 그런데 만일 벨트의 속도를 높여서 1시간에 12대의 텔레비전을 넘겨받게 되면 그 노동자는 5분에 1대씩의 텔레비전을 통과시켜야 한다. 외견상 하루 동안의 작업시간이 변함이 없다고 하더라도 이 경우 노동자의 노동력 소모는 작업시간을 20% 연장한 것과 동일할 것이다. 따라서 노동강도의 강화는 노동일의 연장이 어려운 상황에서 자본가들이 고안해내는 매우 보편적인 방법에 속한다. 이러한 노동강도의 강화는 사실상 노동일의 밀도를 높이는 것으로서 노동일의 절대적 연장과 동일한 효과를 갖기 때문에 절대적 잉여가치의 범주에 포함된다.

일을 많이 하면 어떻게 될까? 사망한다. 그것이 바로 과로사이다. 우리나라에는 과로사에 대한 정확한 통계가 없다. 단지 근로복지공단에서 산업재해를 판정하면서 과로사를 원인으로 인정하는 것이 거의 유일한 통계이다. 이 부정확한 통계에 따르더라도 1990년대초 200건 가깝던 과로사가 1998년 239건, 1999년 325건, 2000년 6월 현재 이미 204건을 기록하고 있어서 갈수록 증가하고 있는 추세를 뚜렷하게 보이고 있다. 산업재해 전체건수는 90년대 전체 기간 동안 꾸준히 감소하고 있다는 점을 감안하면 과로사의 증가속도는 무서운 느낌을 준다. 이것은 절대적 잉여가치의 생산이 빚어내는 직접적인 결과이며 우리나라에서 그 경향이 증가하고 있다는 것을 반증하고 있다.

절대적 잉여가치의 생산과 직접적인 관련을 갖는 노동시간의 경우(1998년 기

(2) 차선의 선택, 임금을 줄인다

1993년의 우리나라는 우루과이라운드 협상의 소란 속에 연말을 맞았다. 이 소란은 1994년 신년 벽두부터 우루과이라운드 국회 비준을 둘러싸고 점차로 가열되어 갔다. 그런데 이 소란의 진행상황을 자세히 살펴보면 정확하게 대조적인 두 편으로 나뉘어 있음을 보게 된다. 한쪽은 악을 쓰고 분통을 터뜨리고 있으며, 다른 한쪽은 돌아앉아서 행복한 웃음을 참고 있음을 볼 수 있다. 그래서 사실 소란은 이 분통을 터뜨리는 쪽에서 일방적으로 일으키고 있는 것이고, 다른 쪽은 묵묵히 입을 다물고 있다. 신년 벽두 2월 1일 서울 동숭동 대학로에서는 우루과이라운드 재협상을 요구하는 집회가 열렸는데, 행사의 주체는 거의 농민들뿐이었다. 왜 농민들만이 이 문제에 이렇게 광분하는 것일까? 다른 사람들은 무관하단 말인가? 사실 이 문제의 내막을 들여다보면 분통을 터뜨리는 쪽은 농민뿐이며, 웃음을 참는 쪽은 자본가 특히 산업자본가들이다. 그런데 이런 대조적인 풍경은 사실 우리나라만이 전매특허는 아니다. 이런 풍경은 오랜 역사를 가지고 있다. 일찍이 자본주의가 시작될 때 유럽의 대부분의 나라들은 '곡물법'이라는 소란의 외중을 거쳐갔다. 그리고 그 소란의 양태는 이미 우리나라에서의 그 대조적인 풍경의 원조를 이루고 있다.

자본주의의 역사에서 값싼 농산물의 수입은 항상 이런 풍경으로 나뉘었다. 그것은 언제나 행복과 불행을 가르는 것이었고, 그렇게 갈라지는 대상은 항상 농민과 산업자본가였다. 값싼 농산물의 수입이 농산물의 가격을 떨어뜨림으로써 농민의 불행을 초래하리라는 것은 쉽게 이해가 가능한 부분이다. 그러나 그런 농민의 불행이 왜 다른 누구, 즉 산업자본가의 행복으로 이전되는 것일까? 그 비밀의 열쇠는 잉여가치의 생산과 관련이 있다.

자본주의 초기에 자본가들은 잉여가치를 증가시키기 위해 주로 노동일의 연장에 의존하였다. 즉 절대적 잉여가치의 생산에 주로 의존하였던 것이다. 그러나 이러한 절대적 잉여가치의 생산은 지금 본 바와 같이 노동일의 두 가지 한계로 노동자의 저항을 불러일으켰고 그 결과 그것은 점차 어려워져 갔다. 법이 강화되었고 그에 따른 감시도 엄격해져갔다. 잉여가치의 증가가 어려워지게 된 것이다. 그리하여 v+m은 사실상 증가를 멈추고 고정되었다. v+m이 불변이라면 이제 잉여가치를 증가시키는 것은 불가능하게 된 것일까? 그렇지 않다.

'하늘이 무너져도 솟아날 구멍은 있다.' 자본가들은 이 경구를 상기하였다. v+m이 불변이라면, m을 늘릴 수 있는 방법은 간단하다. v를 줄여야 하는 것이다. 상대적 잉여가치의 생산이 고안된 것이다. 예를 들어 노동일을 10시간에서 더 이상 증가시킬 수 없게 되었을 경우라 하더라도 필요노동시간을 과거의 5시간에서 3시간으로 줄일 수 있다면 잉여노동시간은 5시간에서 7시간으로 늘어나게 된다.

그러면 v, 즉 필요노동시간을 어떻게 줄일 수 있을 것인가? 필요노동시간은 노동력 상품의 재생산에 소요되는 노동력 상품의 가치이다. 노동력 상품의 가치는 노동자와 그 가족이 생활을 유지해나가는 데 필요한 생활물자들의 가치총액에 해당한다. 그러므로 노동력 상품이 시장에서 가치대로 지불될 경우 필요노동시간을 줄이기 위해서는 이러한 생활물자들의 가치가 하

<그림 13> 상대적 잉여가치의 생산

노동일(10시간)

필요노동시간 (5시간)	잉여노동시간 (5시간)

필요노동시간 (3시간) ←	잉여노동시간 (7시간)

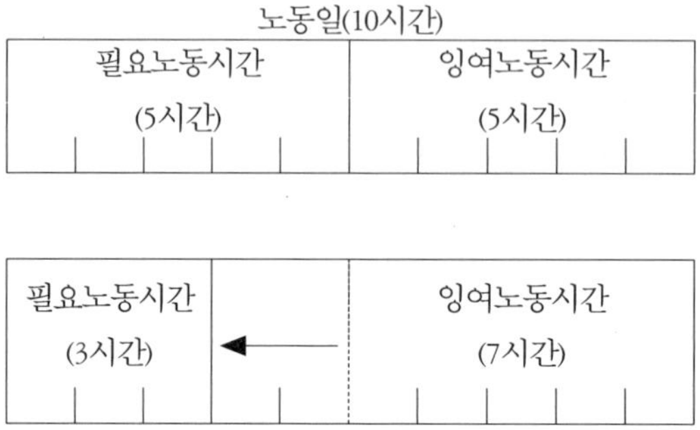

락해야만 한다. 생활물자들의 가치가 하락하기 위해서는 외국으로부터 그러한 생활물자를 값싸게 수입할 수 있거나, 아니면 그러한 생활물자들을 생산하는 분야에서 직접 또는 간접적으로 노동생산성이 향상되어야만 한다. 예를 들어 노동력 상품을 재생산하는 데 필요한 쌀이나 기타 농산물들을 국내가격보다 절반의 가격으로 값싸게 수입하거나, 또는 신발산업의 노동생산성이 향상되어 신발 한 켤레를 생산하는 데 과거에 4시간 소요되던 것이 2시간으로 줄어든다면 그만큼 노동력 상품의 가치는 감소할 것이다. 만일 이처럼 값싼 농산물의 수입이나 생활물자를 생산하는 산업의 노동생산성 향상으로 모든 생활물자의 가치가 절반으로 하락한다면 노동력 상품의 가치도 절반으로 하락하게 될 것이다.

상대적 잉여가치의 생산은 이처럼 외국으로부터의 수입이나 노동생산성의 향상에 의해 달성될 수 있다. 그러나 외국으로부터의 수입은 매우 불확실한 것이며, 그때그때 국제시장에서의 상황에 따라 변할 뿐만 아니라 오래 지속적인 것이 될 수도 없다. 수입되는 상품의 가격이 무한히 하락할 수는 없기 때문이다. 그것은 비교적 우연적이고 일시적인 것이며 일정한 한계를 갖는다. 따라서 자본가는 상대적 잉여가치의 생산을 위해서 주로 노동생산성의 향상에 의존하게 된다. 이리하여 노동생산성을 향상시키는 법칙은 잉여가치의 획득을 목표로 하는 자본가들의 자발적인 노력에 의해 자본주의적 생산에서 자연적인 법칙으로 자리잡게 된다.

그런데 노동생산성의 향상은 상대적 잉여가치의 생산에 그치지 않고 자본가에게 뜻하지 않은 보너스를 안겨주게 된다. 그리고 이것은 막상 자본가에게 보너스 이상의 결정적인 중요성을 띠게 된다. 그것은 특별잉여가치의 생산이다.

(3) 신이 내린 보너스, 불후의 생명력을 얻다

생활용품 메이커 러버메이드 공장에서는 하루에 하나꼴로 신제품이 나온다. 모토롤라 무전기 공장. 여기서는 평균 2.6일 만에 새로운 제품을 쏟아낸다. 공장의 혁신과 변화는 과거 일본 기업들의 전유물처럼 보였다. 상황은 달라졌다.

죽어가던 미국 기업들, 그들은 완전히 부활하고 있다. 세계 어느 나라 기업보다 빨리 그리고 치열하게 시장에 가장 민감한 경영조직으로 바꾸고 있는 것. 미국 자동차산업의 본거지 디트로이트. 지난 80년대 후반부터 시작된 자동차 빅 스리(GM, 포드, 크라이슬러)의 처절한 리스트럭처링(경영재구축)은 미국을 세계에서 가장 생산비가 낮은 자동차생산국 중 하나로 만들었다. 94년 신형 모델은 미국 자동차가 일본보다 한 대당 평균 3,100달러 가량 가격경쟁력이 있다(『조선일보』, 1994년 1월 25일자).

이것은 1990년대의 장기호황을 일군 미국기업들의 성공을 설명해주는 얘기이다. 여기에서 얘기되고 있는 생산성 향상을 위한 처절한 노력과 그것이 거둔 눈부신 성과들은 원래 상대적 잉여가치의 생산이 가져온 부수적인 성과들이었다. 그러나 이런 생산성 향상의 노력은 잉여가치 생산의 성과뿐

만 아니라 그것을 넘어서 자본주의 생산양식의 운명에까지 결정적인 영향
을 미치게 되었다. 그것은 운명적인 보너스를 안겨주었던 것이다. 그래서
그것은 **특별잉여가치의 생산**이라고 따로 불린다.

특별잉여가치의 생산을 가져오는 노동생산성의 향상은 크게 두 가지 측
면에서 이루어진다. 하나는 양적인 측면에서 이루어지는 것이고 다른 하나
는 질적인 측면에서 이루어지는 것이다. 양적인 측면에서의 노동생산성 향
상은 동일한 상품을 생산하는데 소요되는 노동시간이 이전에 비해 감소하
는 것을 의미한다. 질적인 측면에서의 노동생산성의 향상은 상품의 품질을
개선하여 상품의 가치가 혁신되는 것을 의미한다.

먼저 양적인 측면을 살펴보기로 하자. 예를 들어 신발을 생산하는 한 산
업부문을 상정해 보자. 이 산업부문에서는 현재 모든 자본가들에게 보편화
된 생산방법으로 동일한 기계와 동일한 기술조건 아래 신발을 생산하고 있
다고 가정해보자. 그리고 그러한 보편화된 생산방법을 사용하면 하루에 100
켤레의 신발을 생산할 수 있으며, 그때 자본가가 신발 100켤레의 생산을 위
해 하루 동안에 지출해야 하는 자본가치액이 예를 들어 불변자본 2,000원＋
가변자본 1,000원이라고 해보자. 또한 이때 사회적으로 잉여가치율이 평균
100%라고 가정한다면 가변자본 1,000원에 대한 잉여가치는 역시 1,000원이
될 것이므로, 이 산업부문에서 각 자본가가 하루에 생산하는 신발 100켤레
의 총가치는 다음과 같이 될 것이다.

불변자본 2,000원＋가변자본 1,000원＋잉여가치 1,000원＝4,000원

신발 100켤레의 총가치는 4,000원이 되는 것이다. 따라서 신발 한 켤레에
는 40원의 가치가 들어 있게 된다. 대부분의 자본가가 생산하는 신발 한 켤
레 속에 40원의 가치가 들어 있으므로 신발의 사회적 가치, 즉 평균가치는

그대로 40원이 된다. 따라서 시장에서 신발의 가격은 40원이 된다. 그리하여 각 자본가는 100켤레의 신발을 판매하여 모두 4,000원의 자본을 회수하게 될 것이다. 각 자본가가 지출한 자본총액은 불변자본 2,000원＋가변자본 1,000원＝3,000원이므로 그의 잉여가치 총액은 4,000원－3,000원＝1,000원이 될 것이며, 그의 잉여가치는 모두 노동자의 잉여노동으로부터 획득한 것이 될 것이다.

그런데 이제 이 신발산업부문 내의 어떤 한 자본가가 새로운 기계를 도입하여 동일한 시간 동안에 더 많은 신발을 생산할 수 있게 되었다고 해보자. 즉 그는 이제 하루에 200켤레의 신발을 생산할 수 있게 되었다고 하자. 생산량이 2배로 늘어난 것이다. 과거의 기술과 비교하기 위하여 고용되어 있는 노동자의 수가 불변인 경우를 본다면 자본가가 지출하는 자본가치 중에서 가변자본은 여전히 1,000원일 것이지만, 사용되는 기계의 가격과 원료의 양은 생산량이 2배로 늘어남으로써 역시 2배로 증가했다고 하자. 그러면 불변자본은 4,000원으로 증가할 것이다. 잉여가치율은 변함이 없을 것이므로 잉여가치는 여전히 1,000원이 될 것이다. 그러면 이때 신발 200켤레의 총가치는 다음과 같이 될 것이다.

불변자본 4,000원＋가변자본 1,000원＋잉여가치 1,000원＝6,000원

신발 200켤레의 총가치는 6,000원이 되고, 이 자본가가 생산한 신발 한 켤레의 가치는 30원이 될 것이다. 그런데 시장에서는 신발 한 켤레가 40원에 팔리고 있으므로 이 자본가는 자신이 생산한 신발을 가치보다 비싸게 팔 수 있다. 그는 30원에 생산한 신발을 40원에 팔 수 있는 것이다. 그리하여 그는 신발 200켤레를 판매하여, 모두 8,000원을 획득할 수 있다. 그런데 그가 신발 200켤레를 생산하기 위하여 지출한 자본총액은 불변자본 4,000

원+가변자본 1,000원=5,000원이므로 그가 손에 넣게 된 여분의 가치는 8,000원−5,000원=3,000원에 달하게 된다. 이때 이 여분의 가치 3,000원 가운데 1,000원은 노동자가 지출한 잉여노동으로부터 온 것이며, 이것은 다른 자본가들도 그와 똑같은 크기로 얻는 것이다.

그러나 나머지 2,000원은 그가 노동자로부터 빼앗은 것이 아니며 다른 자본가들은 얻지 못한 것으로 오직 그 혼자만이 얻는 것이다. 그것은 그가 사회적인 평균 노동생산성보다 더 높은 노동생산성을 이루었기 때문에 얻게 된 것이다. 즉 그는 사회적으로 평균 30원에 생산되는 신발 한 켤레를 20원에 생산할 수 있었던 것이다. 상품의 가치는 상품을 생산하는 데 소요되는 노동시간이므로 그는 사회적 평균보다 더 적은 시간에 신발을 생산할 수 있었던 것이다. 이 자본가가 추가로 얻게 된 잉여가치 3,000원은 그의 노동생산성과 사회적 노동생산성의 차이로부터 발생한 것이다. 이러한 잉여가치는 노동생산성의 향상으로부터 얻은 것으로서 상대적 잉여가치의 생산과 깊은 관련을 갖지만 직접적으로 노동자의 필요노동부분인 v의 감소로부터 발생한 것이기보다는 노동생산성 그 자체로부터 발생한 것이므로 상대적 잉여가치와는 구별된다. 이것을 우리는 **특별잉여가치**라고 부른다.

이런 특별잉여가치는 자본가에게 각별한 의미를 갖는다. 무엇보다도 이것은 노동자들의 잉여노동에 의존하는 것이 아니다. 그것은 순전히 자본가 자신의 노력에 의해서 이룰 수 있는 잉여가치 생산방법이다. 그래서 그것은 노동자와의 갈등을 유발하지 않는다. 따라서 이것은 잉여가치 생산방법으로서 자본가에게 매우 매력 있는 방법이다. 게다가 기술개발을 지속적으로 하기만 하면, 그것은 한계가 없이 무한히 계속할 수 있는 방법이다. 그것의 매력은 더욱 배가된다. 각 기업체마다 기술개발을 담당하는 R&D 부서가 있고 거기에 자본가들이 각별한 관심을 기울이는 것은 결코 이상한 일이 아닌 것이다.

<표 1> 특별잉여가치

	보편화된 생산방법	새로운 생산방법
생산된 가치총액(c+v+m)	4,000	6,000
생산량	100	200
단위당 가치	40	30
단위당 시장가격	40	40
단위당 특별잉여가치(단위당 시장가격−단위당 가치)	0	10
총특별잉여가치(생산량×단위당 특별잉여가치)	0	2,000

그런데 이러한 특별잉여가치는 모든 자본가가 동시에 누릴 수 있는 것이 아니며, 따라서 개별적인 성격을 갖는다. 그러므로 특별잉여가치를 획득하기 위해서 모든 자본가는 개별적으로 기술개발에 힘쓰게 되는데, 이것은 자본가들간의 경쟁으로 나타난다. 모든 자본가들은 특별잉여가치를 획득하기 위하여 서로 경쟁하며, 그 결과 어떤 특정의 한 자본가가 이러한 특별잉여가치를 오랫동안 독차지하지는 못한다. 왜냐하면 조만간에 다른 자본가들도 저마다 이러한 새로운 기술을 도입할 것이기 때문이다. 그리하여 새로운 기술이 그 산업부문에서 보편화되어 버리면, 즉 그 산업부문의 대부분의 자본가들이 모두 새로운 기술을 도입하게 되면 새롭게 높아진 노동생산성이 사회적 평균 노동생산성으로 되어 버리므로 그 상품을 생산하는 데 소요되는 사회적 평균노동시간이 단축된다. 사회적 평균노동시간의 단축은 그 상품의 사회적 가치의 하락을 의미하고, 그 결과 시장가격은 하락하고 특별잉여가치는 사라지게 된다.

즉 앞의 예에서 이 신발산업부문에서 새로운 기술이 널리 보급되어 대부분의 자본가가 이제 새로운 기술로 신발을 생산하게 되면 신발 한 켤레의 사회적 가치는 40원에서 30원으로 하락하고 시장에서는 30원에 판매된다.

특별잉여가치는 0이 되어버린다. 이처럼 특별잉여가치는 개별 노동생산성과 사회적 평균 노동생산성이 격차를 보이고 있는 동안에만 일시적으로 존재한다. 따라서 특별잉여가치를 획득하기 위한 노력은 자본가들 사이에서 사회적 평균 노동생산성을 추월하고자 하는 개별적인 노력을 낳고 이는 자본가들간에 생산성 향상을 위한 지속적인 경쟁을 유발한다.

한편 자본가들간의 이런 생산성 향상경쟁은 또 다른 측면을 갖는다. 즉 새로운 기술이 보편화되었음에도 불구하고 아직 이 새로운 기술을 도입하지 못한 자본가는 신발 한 켤레를 40원에 생산해서 30원에 판매하게 됨으로써 신발 한 켤레당 10원씩 손해를 보게 된다. 따라서 일단 새로운 기술이 어떤 산업부문에서 도입되었을 때 자본이 모자라서 그 기술을 도입하지 못하는 자본가는 결국 몰락하고 마는 것이다.

따라서 노동생산성 향상을 위한 자본가들의 경쟁은 특별잉여가치를 획득하기 위한 유인뿐만 아니라 자본가로서의 생사가 걸려 있는 절박한 문제이기도 하다. 그래서 일단 새로운 기술을 개발한 자본가는 특별잉여가치를 혼자서 오랫동안 누리기 위하여 자신의 기술을 다른 자본가에게 알리지 않으려고 필사적으로 노력하며, 반면에 다른 자본가들은 그러한 새로운 기술

<표 2> 특별잉여가치의 소멸과 몰락하는 자본가

	보편화된 생산방법	낡은 생산방법
생산된 가치총액	6,000	4,000
생산량	200	100
단위당 가치	30	40
단위당 시장가격	30	30
단위당 특별잉여가치	0	-10
총특별잉여가치	0	-1,000

을 알아내기 위해서 산업스파이 등을 이용한 온갖 방법을 동원하게 된다. 그럼에도 불구하고 새로운 기술이 보편화되면 다시 남보다 먼저 더 새로운 기술을 개발해야만 자본가는 살아남을 수 있다. 휴식이란 있을 수 없으며 지속적인 변화를 향한 노력만이 요구된다. 실로 눈물겨운 투쟁이 요구되는 것이다. 앞에서 인용한 미국기업들의 생산성 향상의 노력은 바로 그런 경쟁의 단면을 잘 보여주고 있다.

그 결과 끊임없는 변화가 요구된다. 자본가들 사이에 칭송이 자자한 휴렛패커드사의 최고경영자(CEO) 칼튼 피오리나 사장은 일본의 닛케이비지니스에 기고한 글 속에서 "나는 휴렛패커드사에 부임한 첫날 사원들에게 '휴렛패커드의 좋은 점만 남기고 나머지는 모두 바꾸자'라고 얘기했다"(『동아일보』, 2000년 10월 12일자)고 밝히고 있다. 끊임없는 변신만이 살아남는 길임을 적시하고 있는 것이다. 그러나 그런 변화가 모두 성공하는 것은 아니다. 공격적인 세계경영으로 알려진 대우그룹의 김우중 회장은 그런 변신의 경쟁에서 패배하고 '꿈과 이상'을 고독으로 묻고 자본가의 세계에서 사라져야 했다. 냉엄한 경쟁의 세계를 보여주는 부분이다(『한겨레신문』, 1999년 11월 24일자).

> 부르주아는 생산도구들, 따라서 생산관계들, 따라서 모든 사회적 관계들을 지속적으로 변혁시키지 않고는 존재할 수 없다. 생산의 지속적인 변혁, 모든 사회적 상태의 부단한 동요, 영원한 불안정과 운동이 부르주아를 다른 모든 계급과 구별짓는 특징이다(Marx/Engels, 1848, 「공산당선언」, *MEW* 4: 465).

이런 생사를 건 생산성 경쟁 때문에 자본주의적 생산양식 아래서는 기술과 생산력이 필연적으로 발전해 나가게 된다. 그리고 이런 생산력 발전은 자본주의의 생성과 발전에 매우 중요한 역할을 수행했으며, 아직도 그러한 역할은 여전히 적극적인 의미를 가지고 있다. 그것은 자본주의적 생산양식의 운명에 중요한 의미를 던진다. 자본주의에 앞서 있던 모든 생산양식들은 생산력의 발전이 정체될 때 새로운 생산양식에게 자리를 양보하고 소멸하였다. 그러므로 만일 자본주의적 생산양식이 언젠가 소멸하고 새로운 생산양식으로 대체된다면 그것은 이 생산양식 내에서 생산력이 정체될 때가 될 것이다. 그러나 자본주의 생산양식에서는 특별잉여가치를 둘러싸고 벌어지는 자본가들간의 경쟁 때문에 생산력이 지속적으로 향상하는 경향이 존재하는 것이다. 그런 점에서 자본주의 생산양식은 특별잉여가치로부터 불후의 생명력을 공급받고 있는 셈이다. 그렇다면 자본주의 생산양식은 과연 소멸하지 않는 불후의 마지막 생산양식이 될 수 있을까? 여기에서 성급하게 결론을 내릴 필요는 없다. 이 문제는 제9장에서 다시 다루기로 하자.

한편 특별잉여가치의 생산에는 아직 하나의 문제가 남아 있다. 생산성 경쟁이 필연적으로 사회적 가치를 하락시킴으로써 상품의 가격을 떨어뜨리는 현상이 곧 그것이다. 상품의 가격이 무한히 떨어질 수는 없는 것이 아닌가? 그리고 상품의 가격이 무한히 떨어질 수 없다면 언젠가 그 한계점에서 생산성 경쟁은 중단되고 특별잉여가치의 생산도 종언을 고하는 것이 아니겠는가?

그러나 그러한 염려는 전혀 할 필요가 없다. 생산성 향상의 질적 측면이 이 문제를 해결해준다. 약 10년 전만 해도 아직 개인용 컴퓨터는 시중에 거의 보급되어 있지 않았다. 컴퓨터는 아직 고가품으로서 다소 사치품 같은 인상을 가지고 있었다. 그래서 당시에는 정부 부처나 회사의 각 사무실에서 글씨를 잘 쓰는 사람의 인기가 높았고 웬만한 사무부서에서는 아예 '필경사'라는 직책을 가진 사람을 고용하고 있었다. 보고용 자료는 전부 사람의 손으로 필사되었고, 따라서 글씨 잘 쓰는 사람의 수요는 절대적이었던 것이다. 그러나 80년대 중반을 넘어서면서 이들 사무실에 '워드프로세서'라는 컴퓨터가 도입되기 시작하였다. 당시 이 기계는 200만 원에 가까운 굉장한 고가품이었다. 이 기계는 등장하자마자 당장 '필경사'의 인기를 빼앗아버렸다. 그런데 그것은 사실 8비트짜리 컴퓨터였다.

생산성 경쟁은 당연히 이 컴퓨터의 가격을 떨어뜨렸다. 그것의 가격은 150만 원 수준으로, 그리고 다시 그 이하로 하락하였다. 여기까지는 우리의 연구에서 얘기된 그대로였다. 그런데 그것만은 아니었다. 그것의 가격이 하락하자마자, 아니 정확하게는 동시에, 새로운 컴퓨터가 나왔다. 16비트 컴퓨터였다. 그런데 이것은 기존의 8비트짜리보다 성능이 우수하였고 따라서 가격도 종래 가격보다 비쌌다. 그것은 250만원대의 제품이었다. 그 이후에는 동일한 과정이 반복되었다. 16비트 컴퓨터의 가격이 하락함과 동시에 32비트 컴퓨터가 등장하였으며, 가격은 이미 250만원대를 넘는 것이었다. 그러나 그 가격이 하락하면서 이제 다시 486컴퓨터가 등장하였으며, 그것은 300만원대의 것이었다(물론 이제 컴퓨터는 더 이상 예외적인 고가품이 아니라 일반적으로 보급된 필수품이 되어서 이런 가격의 급상승은 멈추었다. 이런 가격의 혁신은 다른 분야, 예를 들어 프로젝션 TV로 옮아갔다). 이것을 혁신(innovation)이라고 부른다.

이처럼 생산성 경쟁은 혁신을 통해서 무한히 계속될 수 있다. 기존의 제품 가격은 하락하고, 그 하락은 다시 신제품에 의해 재상승하는 과정이 되풀이되는 것이다. 특별잉여가치의 생산은 이처럼 자본가에게 무한한 잉여가치의 생산을 보장한다. 그리하여 자본주의 생산양식은 여러 어려움들을 극복하면서 오늘도 잉여가치의 생산을 계속하고 있다.

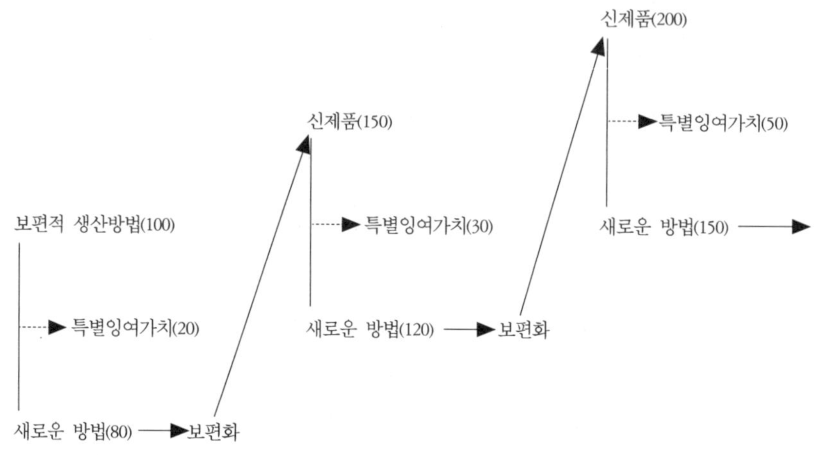

<그림 13> 특별잉여가치의 무한한 전개(수치는 단위당 가치)

노동생산성을 나타내는 지표는 노동자 1사람이 생산하는 가치로 표시된다. 그러나 노동자가 생산한 가치를 어떻게 계산하느냐에 따라서 우리나라에서는 대개 3가지 방식이 통용되고 있다. 국내총생산을 기준으로 하는 것과 부가가치를 기준으로 하는 방법의 두 가지(한국은행)는 모두 증가율로 나타내는 방법인데 이는 통계에 익숙하지 않은 사람들에게는 이해하기 쉽지 않다. 지수로 나타내는 방법(한국생산성본부)은 절대치로 나타나기 때문에 일반적으로 이해하기에 다소 쉬운 면이 있어서 여기에서 한 가지를 소개한다. 지수로 나타내는 방법에도 물적 노동생산성과 불변부가가치를 기준으로 산정하는 방법이 각각 있는데 물적 노동생산성을 보기로 한다.

물적 노동생산성 지수 : 전체 종사원 기준 (단위: 1995=100)

연도	1985	1990	1995	1996	1997	1998
총지수	38.7	60.4	100.0	111.9	127.4	136.7

* 계산식 = 불변GDP지수/노동투입량지수

자료: 한국생산성본부, 『생산성리뷰』

(4) 역사는 말한다

우리는 지금까지 자본주의적 생산의 본질이 가치증식과정으로서의 잉여가치의 생산에 있음을 밝히고, 그러한 잉여가치 생산의 여러 방법들을 살펴보았다. 그런데 자본주의적 생산이란 앞서 얘기한 대로 사회적 생산의 한 역사적 형태이다. 그리고 그것이 사회적 생산의 한 역사적 형태인 것은 두 가지 역사적 전제에 근거하는 것이다. 즉 그것은 무엇보다도 잉여가치의 획득을 가능하게 하는 자본주의적 생산관계의 성립—노동력의 노동력 상품으로의 전화과정—과 그러한 잉여가치의 존재 그 자체, 다시 말해서 필요노동을 초과하는 잉여노동의 존재를 보장하는 생산력 수준이 곧 그것이다. 자본주의적 생산이 일단 이러한 두 가지 역사적 전제에 의해 성립하고 나면 그것은 이제 역사적 발전과정을 밟게 되는데, 그러한 발전과정은 무엇보다도 생산력의 발전에 의해 가장 큰 영향을 받게 된다. 우리는 자본주의적 생산의 본질을 나타내는 잉여가치의 생산이 그러한 생산력의 발전에 의해 어떻게 영향을 받으며 발전해나가는지를 이제 살펴보기로 한다.

자본주의적 생산은 그 초기에 과거로부터 물려받은 생산력 수준에 의거하여 잉여가치의 생산을 수행하였다. 그리하여 이 시기의 잉여가치 생산은 봉건적 생산양식 아래 생산에 종사하던 **소상품생산자**들이 새롭게 자본의 통제 아래 임금노동자로서 이미 과거의 오랜 기간 동안 그들이 익숙하게 사용해오던 작업도구와 방법을 사용하여 노동하고, 주로 노동일의 연장을 통하여 잉여노동시간에 자본가를 위해 절대적 잉여가치를 생산하는 방식으로 이루어졌다. 그러나 우리가 이미 앞에서 본 바와 같이 이러한 절대적 잉여가치의 생산은 일정한 한계를 가지고 있었고, 상대적 잉여가치의 생산이 필연적으로 도입되기 시작하였다. 그리고 이러한 상대적 잉여가치의 생산은 노동생산성의 향상이 그 전제조건이었기 때문에 생산력의 발전과 밀접하게 연결될 수밖에 없었다. 그리하여 잉여가치의 생산은 주로 상대적 잉여가치의 생산과 관련하여 역사적으로 발전해나가게 되었다.

잉여가치 생산과 관련한 역사적 발전과정은 대체로 세 가지 단계를 거쳐 왔다. 그것은 자본주의적 단순협업, 공장제수공업, 자본주의적 기계제대생산의 세 단계들로, 각각 필요노동시간의 단축을 통해 잉여노동시간을 연장하고 또 상대적 잉여가치의 증가방식에서 질적으로 서로 구별된다.

자본주의적 단순협업은 자본주의적 생산방식의 출발점을 이룬다. 그것은 노동수단에서는 아무런 본질적인 변화가 일어나지 않은 채 단지 과거의 수공업자들이 이제 임금노동자들로 변모하여 자신을 고용한 자본가들의 명령 아래로 집합한 것을 의미할 뿐이다. 자본주의적 단순협업은 아직 과거의 수공업적 생산방법과 기술에 그대로 기초하고 있었으나 소상품생산에 비하면 여러 가지 우월성을 가지고 있었다.

첫째로, 한 작업장에서 많은 노동자들이 공동노동을 하게 되므로 생산수단을 절약할 수 있었다. 즉 작업장의 건설 및 유지비가 적게 들며 작업도구나 창고 등도 보다 효율적으로 이용할 수 있었다. 예를 들어 50명을 수용하는 작업은 10명을 수용하는 작업장보다 5배의 규모이지만, 그것의 건설비와 유지비는 실제 5배보다는 훨씬 적게, 예를 들어 3배 정도밖에 소요되지 않았다. 그리고 원료와 제품을 운반하는 데도 한꺼번에 많은 양을 운반하게 됨으로써 운반비도 적게 소요되었다.

둘째로, 개별 수공업자의 노동은 그의 개인적인 능력과 숙련 정도에 상당히 의존하였다. 따라서 각 수공업자별로 생산된 상품의 품질이 매우 상이하였고, 그러한 품질의 차이 때문에 시장은 협소한 한계로 제약되었다. 그러나 많은 노동자들이 한 장소에서 일하게 되면 그들 사이의 개인적인 숙련상의 차이가 서로 상쇄되어 품질이 비교적 균질해졌으며, 이러한 생산의 안정성은 판매에서도 안정성을 가져다주었다. 지속적으로 균질한 다량의 상품을 공급할 수 있게 됨으로써 시장은 안정적으로 확보되고 또한 확대되었던 것이다.

셋째로, 노동을 절약하고 노동생산성을 높이게 되었다. 예를 들어 50명이 동시에 한 작업장에서 하루에 수행하는 노동의 성과는 한 사람이 50일 동안 수행하는 노동의 성과보다는 더 컸으며, 많은 사람이 힘을 합칠 수 있었으므로 소수의 사람만으로는 수행하기 어려웠던 일들을 손쉽게 해치울 수 있게 해주었다. 게다가 이러한 공동노동은 많은 작업량을 짧은 시간에 수행해낼 수 있게 해주었다.

이런 여러 가지 우월성으로 자본가들은 단순협업을 통하여 과거의 소상품생산자들보다 더 낮은 가격으로 상품을 생산할 수 있었으며, 그 결과 소상품생산자들을 경쟁에서 몰아낼 수 있었고, 결국 협업적인 노동을 새로운 사회적 생산력으로 변모시켰다. 그리고 그 결과 더욱 향상된 노동생산성에 의한 필요노동의 감소는 그대로 잉여노동의 증가로 상대적 잉여가치의 증가를 가져왔다. 이리하여 자본주의적 단순협업은 자본주의적 생산의 발전을 위한 토대가 되었다.

자본주의적 단순협업은 16세기 중엽에 이르자 공장제수공업으로 발전해나갔다. 공장제수공업이란 작업장 내부의 분업과 수공업적 기술에 기초하여 한 가지 종류의 상품을 생산해내는 형태의 자본주의적 협업을 가리킨다. 이것을 일명 매뉴팩처(manufacture)라고도 부른다. 공장제수공업도 단순협업과 마찬가지로 수공업적 기술에 기초해 있다. 그러나 여기에서는 작업장 내부에 분업이 도입된다. 즉 한 가지 상품을 생산하는 데 각 노동자는 어떤 한 가지 공정만을 전담하게 된다. 공장제수공업은 이처럼 분업을 도입하고 있다는 점에서 단순협업에 비하여 훨씬 우월성을 갖는다.

종전에는 각 노동자들이 하나의 제품을 만드는데 여러 가지 공정을 혼자서 번갈아 해야만 했다. 그러나 이제 각 노동자는 각기 하나의 단순한 공정만을 계속 반복하게 된다. 예를 들어 신발공장에서 종전에는 각 노동자가 가죽을 오려내고 신발굽과 밑창을 따로 만들고 그 다음에 밑창과 가죽을 깁고 나서 다시 거기에 굽을 붙이는 여러 작업들을 혼자서 모두 수행해야만 했다. 그러나 이제는 어떤 한 노동자는 가죽만 하루 종일 오려내고, 또 다른 어떤 한 노동자는 굽만 만들고, 또 어떤 노동자는 밑창만 만들며, 또 어떤 노동자는 하루 종일 깁는 일만 하게 된 것이다.

종전에는 여러 공정을 한 사람이 순차적으로 혼자 수행해야 했으므로 때로는 작업장소를 이전해야 했으며, 또는 도구를 그때그때 공정에 따라 바꾸어야만 했다. 따라서 그러한 장소이동과 도구변경으로 많은 시간이 소비되었다. 그러나 이제는 동일한 장소에서 동일한 작업도구만으로 쉴새없이 작업을 계속할 수 있게 되었다. 따라서 노동생산성이 높아지는 것은 물론 노동의 밀도도 높아져서 노동강도도 자연히 강화되었다. 노동과정이 단순화되면서 작업도구도 전문적으로 개량되어갔다. 이런 분업은 엄청난 노동생산성의 향상과 그에 따른 잉여가치의 증가를 가져왔다. 애덤 스미스는 1776년 자신의 유명한 저서 『국부론』에서 이러한 분업의 효과에 대해 언급하였는데, 그는 예로서 옷핀 공장에서 하루에 노동자 한 사람이 옷핀 20개도 생산하지 못하던 것이 수공업적 분업을 도입한 후에는 하루에 4,800개를 생산하게 되었다고 지적하고 있다(Smith. 1937: 4/5).

이처럼 상품이 대량으로 생산되고 노동생산성이 향상함에 따라 개별 상품의 가치는 하락하였으며, 그에 따라 이들 상품의 가치에 의존해 있는 노동력 상품의 가치도 하락하였다. 그 결과 필요노동시간의 단축이 이루어졌으며, 이미 최대한으로 연장되어 있던 노동일―앞의 예에서 우리가 이미 보았듯이 대개 18시간 이상으로―의 더 많은 부분이 잉여노동시간으로 전화되었다. 공장제수공업은 이처럼 자본가들에게 많은 잉여가치를 안겨주었다. 그리고 그것은 거기에 그치지 않고 자본주의적 생산을 더욱 발전시킬 수 있는 토대를 제공하였다. 그것은 자본주의적 기계제생산으로의 전화를 준비해주었던 것이다.

첫째로, 공장 내에 분업이 도입되면서 복잡한 작업들이 세분화되고 단순화되었다. 그 결과 손으로 하던 일을 기계로 대신할 수 있게 되었다. 둘째로, 노동도구들이 전문화되고 더욱 개선되었다. 그리하여 손노동에서 사용되던 도구들이 기계로 바뀌게 되었다. 셋째로, 전문화의 발전으로 기계제생산에 적합한 노동자들, 즉 기계에 숙련되고 규율에 익숙한 기능노동자들이 형성되었다.

공장제수공업 체제는 점차 사회적 분업을 발전시키면서 국내시장의 형성과 상품생산관계를 확장시켜나갔다. 그런 외중에서 1770년경을 전후하여 영국에서 산업혁명이 시작되었다. 산업혁명은 공장제수공업을 해체하고 자본주의적 생산을 기계제대생산으로 이행시켰다. 기계제대생산은 산업혁명의 결과로 생겨났고, 자본주의적 생산의 물질적·기술적 기반에서의 근본적인 변혁과 연관되어 있었다. 산업혁명은 생산력의 전체 구조에서 혁명적인 변혁이었으며, 기계체제를 사회적 노동의 기반으로 광범위하게 확산시키는 결과를 초래하였다. 기계체제와 함께 현대적인 산업프롤레타리아가 생겨났다.

이것의 결정적인 출발점은 수공업도구에서 기계로의 이행이었다. 이제까지 손으로 사용되던 도구들이 기계체제의 한 부분으로 변화하고, 공작기계가 생겨났다. 산업혁명 내에서 발전된 기계체제는 그 본래의 형태가 공작기계 외에도 증기기관, 터빈, 모터 등의 동력기계와 톱니바퀴, 피대, 연결선, 전선 등의 전달장치를 포함한 것이었고, 그 당시까지 인간의 신체조직이 갖는 한계 때문에 생산과정에 주어져 있던 여러 제약들을 모두 타파해버렸다. 기계체제는 과학을 직접적인 생산력으로 활용할 수 있게 하였고, 생산에 완전히 새로운 에너지 원천들, 즉 증기, 가스, 전기 등과 같은 것들을 제공하였다.

이러한 기계제대생산을 토대로 자본주의적 생산의 중심으로 자본주의적 공장이 자리잡게 되었다. 개별노동자와 그의 작업도구들이 협업의 기반을 형성했던 공장제수공업과는 달리 자본주의적 공장은 기계들 사이의 협동과 기계에 대한 노동자의 예속을 그 기반으로 한다. 노동자는 기계의 단순한 부속품이 되었다. 그리고 작업이 단순화되면서 부녀자와 아동들까지도 생산에 대량으로 끌어들일 수 있게 되었다. 그리하여 노동자는 이제 노동과정에서 아무런 독립성도 갖지 못하는 단순한 기계의 부속품으로 바뀌고, 단순히 기계체제가 지시하는 군대식 규율에 길들여진 산업프롤레타리아로 되는 것이다.

이러한 기계제대생산은 엄청난 생산성의 진보를 가져왔다. 스미스의 경우를 예로 한다면, 바늘 공장에서 노동자 한 사람의 하루 생산량이 원래 20개에서 공장제수공업을 통하여 4,800개로 늘어났던 것이 이제 노동자 한 사람이 4대의 기계를 사용하는 1800년대 기계제생산 아래서는 하루에 60만 개를 생산할 수 있었다. 이처럼 기계는 어떤 상품을 생산하는 데 소요되는 시간을 감소시키고 상품의 가치크기를 줄임으로써 노동력 상품의 가치에 포함되는 소비재의 가치를 줄인다. 그리하여 그것은 필요노동시간을 줄이고 노동일 가운데 잉여노동시간의 크기를 더욱 증대시킨다. 결과적으로 그것은 상대적 잉여가치의 증대를 가져오는 것이다. 기계제대생산으로의 전화로 잉여가치의 생산은 엄청나게 늘어났다.

이처럼 잉여가치의 생산은 생산력의 발전과 밀접하게 관련하여 이루어졌으며, 그것은 생산력 발전의 역사적인 모든 단계에 조응하여 각기 그 형태를 달리하며 발전해왔다.

제6장
자본은 복제된다, 그래서 그 마법도 복제된다

이언 월머트는 1945년 영국의 햄프턴 루시에서 교사의 아들로 태어났다. 어릴 적 꿈은 선원이었지만 색맹이라는 사실이 밝혀지면서 선원의 꿈을 접었다. 생명의 신비에 심취해 있던 그는 박사학위를 받고 나서 1973년 로슬린 연구소에 들어갔다. 1987년 아일랜드의 한 학회에 참석했던 그는 학회가 끝난 뒤 참석자들과 술집에서 한담을 나누던 중 우연히 덴마크의 한 학자가 소의 배(胚)세포를 이용해서 복제에 성공했다는 얘기를 들었다. 이때 월머트의 머리에 배세포뿐만 아니라 성장을 완전히 마친 체세포도 복제할 수 없을까하는 생각이 번쩍 떠올랐다. 연구소로 돌아온 그는 이후 체세포 복제에 매진하였다. 드디어 1996년 7월 5일 오후 5시, 따뜻한 여름날 저녁 역사상 가장 유명해진 양이 머리와 앞발을 내밀면서 세상으로 태어났다. 277번째의 실패를 디디고 탄생시킨 복제양 '돌리'였다.

신의 영역으로 돌려졌던 생명창조에 대한 금기는 이렇게 깨어졌다. 사실 생명의 복제는 오랜 인간의 소망이었다. 5,000년 전 이집트 파라오의 거대한 피라밋에 얽힌 소망이나 2,200년 전 진시황의 병마용에 묻어 있는 간절한 희망은 모두 생명의 복제에 대한 것이 아닌가? 또한 예수의 부활에 신성을 부여하는 것도 따지고 보면 그런 복제에 대한 이루어질 수 없는 소망의

한 표현이 아니었겠는가? 그러나 이제 과학이 그 이룰 수 없는 소망을 현실로 만들었다.

그러나 복제에 대한 소망이 이런 생명창조의 영역에만 있는 것은 아니다. 개미와 베짱이의 우화가 뒤집어진 자본주의 생산양식에서 '이대로!'족에게는 바로 그런 생산의 구조야말로 복제의 간절한 희망이 담긴 것이 아니겠는가? 자본에게는 마치 아라비안나이트에 나오는 마법의 단지 마냥 '부'를 끊임없이 만들어내는 구조, 즉 노동력상품에 의한 잉여가치의 생산구조야말로 바로 복제의 소망에 담긴 것이 아니겠는가? 이 자본의 소망은 이루어졌다. 그러나 그것은 과학의 힘은 아니었다. 그것은 바로 마법 그 자체에 의해서 만들어졌다. 마법이 마법을 만들어냈던 것이다.

자본주의적 생산양식은 자신을 복제하는 능력을 가지고 있다. 그것은 자본주의적 생산관계를 지속적으로 재생산한다. 자본, 즉 돈은 돈을 번다. 그리고 그 돈의 자식도 다시 돈을 번다. 그리하여 "아브라함이 이삭을 낳고 이삭은 야곱을 낳고 야곱은 유다와 그의 형제를 낳고 유다는… 베레스를…"(『마태복음』 제1장 제1절) 낳는 하나님의 신성한 나라처럼 자본이 이룩하는 마법의 세상은 영원히 지속된다. 아멘!!

그러나 자본에게는 분명히 축복일 수밖에 없을 이 복제능력이 프롤레타리아에게는 어떤 것일까? 자본의 마법에 갇혀 죽도록 일을 해도 지독하게 가난해야 하는 이들에게 이 마법의 세상이 지속적인 복제능력을 가지고 있다면 그것은 분명 축복이 아니라 저주일 것이다. 자, 이 자본의 복제능력은 어떤 구조로 되어 있으며 그것은 해소할 수 없는 것일까? 프롤레타리아에게 뿌려진 저주는 풀릴 수 없는 것일까?

1. 복제는 어떻게 이루어지는가

1) 생산과 재생산

1980년대를 지배했던 우리나라의 통치자는 그 번쩍거리는 머리와 여러 가지 기행으로 폭압정치의 암울함 속에서도 국민들을 참으로 많이 웃기기도 했다. 그 분과 여러 가지 면에서 닮았다는 이유로 연예활동에 제약을 받아서 그 아까운 재능을 죽이고 있어야 했던 코미디언이 있었다. 정권이 바뀌고 '물' 같은 통치자가 새롭게 들어서면서 한동안 방송과 밤무대는 족쇄가 풀린 이 코미디언의 독무대가 되다시피 했다. 이 코미디언은 스스로 '못생긴' 얼굴을 자신의 코미디에 십분 활용하는 것으로 유명했는데 그가 자신의 얼굴과 빗대어 유행시킨 말이 있다. "아! 걸레가 빤다고 행주되냐?"ㅡ외견상의 변화로는 그 본질을 은폐시킬 수 없다는 제법 깊은 풍자를 담고 있는 개그였다.

복제의 기본원리는 사물의 본성이 이처럼 쉽게 변화하지 않는다는 데 기초해 있다. 자본주의 생산양식은 재화(즉 부)를 상품으로, 상품을 가치로, 그리고 다시 가치를 화폐로 변모시켰다. 그리하여 이 생산양식에서는 부에 대한 열망이 화폐를 향한 열망으로 변하였고, '부'를 생산하는 원리가 화폐를 생산하는 원리로 되었다. 그리하여 이 생산양식에서는 돈을 버는 돈, 자본이 생산을 주도한다. 화폐를 위한 생산이 화폐(즉 자본)에 의해 주도된다.

우리는 앞장에서 이 화폐를 위한 생산과정을 자본유통의 일반적 정식($G-W \cdots W'-G'$)으로 파악하였다. 그런데 이 자본유통은 화폐로 끝난다. 아니 화폐로 돌아온다, 왜냐하면 그 유통의 출발점도 화폐이기 때문이다. 따라서 이 돌아오는 화폐는 이미 단순한 화폐가 아니다. 그것은 이미 의식화된 화폐(자본)에 의해 의식적으로 포섭된 화폐이다. 따라서

화폐는 운동의 끝부분에서 다시 운동의 시작으로 나오는 것이다.… 자본으로
서의 화폐의 유통은 그 자체가 목적인데, 이는 가치의 증식은 끊임없이 갱신되는
이 운동 속에서만 존재하기 때문이다. 그러므로 자본의 운동은 무한히 계속된다
(*MEW* 23: 166/167).

자본유통은 화폐를 추구하는 자본의 본성 때문에 본질적으로 반복될 수
밖에 없다. 그래서 자본유통의 내용을 이루는 가치의 생산은 본질적으로 재
생산이다. 복제는 무한히 지속되며 그것은 가치의 생산을 통해서 이루어진
다. 이제 자본주의적 생산은 **자본주의적 재생산**이다. 그렇다면 자본주의적 재
생산은 어떤 모습과 성질을 가지고 있는가?

우리는 앞서 사회적 생산을 이루는 구성요소가 크게 물적 요소(생산수단)
와 인적 요소(노동력)로 이루어지는 생산력과 이들 요소를 결합시키는 방식
인 생산관계로 이루어진다는 것을 보았다. 따라서 사회적 생산의 재생산이
란 이들 생산의 여러 요소들의 재생산을 의미한다. 즉 재생산은 세 가지 측
면에서 이루어진다. 그것은 물적 요소인 생산수단의 재생산과 인적 요소인
노동력의 재생산, 그리고 이들을 결합시키는 생산관계의 재생산을 모두 포
함한다.

이러한 재생산은 그 형태에 있어서 두 가지 종류로 구별된다. 그것은 단
순재생산과 확대재생산이다. 단순재생산이란 생산과정이 동일한 규모로 반
복되는 것이다. 생산의 확대는 일어나지 않으며, 소모된 생산수단과 소비수
단이 단지 없어진 부분만큼만 보충될 뿐이다. 노동능력은 양적으로나 질적
으로나 조금도 변화되지 않은 채 다시 만들어진다.

여분의 생산물은 모두 노동하지 않는 자들에 의해 소비된다. 생산관계도
아무런 변화 없이 동일한 형태로 남아 있게 된다. 그리하여 물질적 생산 전
체는 동일한 규모로 반복된다. 단순재생산이란 결국 생산되는 재화가 양적

으로 아무런 변화도 겪지 않는다는 것으로, 사회가 아무런 본질적인 발전도 하지 못한다는 것을 의미한다. 이러한 단순재생산은 대체로 전(前)자본주의적 생산방식들의 공통된 특징을 이루었다.

확대재생산이란 생산과정이 더 큰 규모로 반복되는 것이다. 여기에서는 소모된 생산수단 및 소비수단과 노동력이 단순히 없어진 부분만 보충되는 것이 아니라, 생산을 확대할 수 있도록 추가적인 생산수단 및 소비수단이 마련된다. 여분의 생산물은 모두 소비되는 것이 아니라 생산의 확대를 위해 새롭게 생산에 투입되며, 그 결과 만들어진 생산물의 양도 늘어난다. 확대재생산은 양적으로 더 많고 질적으로도 더욱 우수한 생산수단과 추가적이고 숙련된 노동력을 필요로 하기 때문에 이 양자를 결합시킬 생산관계도 더욱 확대되고 강화되면서 재생산된다. 가치의 생산, 특히 잉여가치의 생산을 특징으로 하는 자본주의적 재생산은 확대재생산으로서의 특징을 갖는다.

2) 자본주의적 단순재생산

원래 단순재생산은 전자본주의적 생산양식들의 특징이며, 자본주의적 생산은 기본적으로 확대재생산을 주요한 특징으로 하고 있다. 그러나 확대재생산은 단순재생산을 기초로 해서 부가적으로 이루어지며, 단순재생산을 자신의 기본적인 구성요소로 하고 있다. 생산이 확대된다는 것은 전기(前期)의 생산규모가 모두 유지된 위에 전기의 생산규모를 초과하는 여분의 생산이 이루어진다는 의미이기 때문이다. 즉 단순재생산이 이루어지지 않는 확대재생산이란 생각할 수 없다. 따라서 자본주의적 생산의 재생산체계를 분석하기 위해서 우리는 먼저 자본주의적 단순재생산을 살펴보아야 한다.

어떤 사람이 1,000원의 화폐를 가지고 있다. 그는 돈을 벌 생각으로 이 1,000원을 자본으로 투자한다. 그는 그것을 불변자본에 500원, 가변자본에

500원으로 투자한다. 만일 잉여가치율이 100%라면 잉여가치는 가변자본과 동일한 크기인 500원이 만들어질 것이다. 생산된 총가치는 1,500원이 된다. 생산기간을 1년으로 가정한다면 그는 1년 동안에 500원을 번 셈이다. 이 생산과정은 그에게 돈을 벌어 주는 생산과정이다. 즉 그것은 자본주의적 생산이다. 그런데 이 때 그 자본가가 자신이 벌어들인 500원의 잉여가치를 1년 동안에 모두 먹고 사는 데 사용해버린다면 1년 뒤 그의 수중에는 1,500원-500원=1,000원만이 남게 될 것이다.

제2차연도에 그는 이 1,000원을 다시 자본으로 투자한다. 다른 조건이 변하지 않는다면 그는 다시 1,500원의 가치를 생산하여 500원의 잉여가치를 얻을 수 있을 것이다. 그리고 그의 1년 동안의 생활비가 여전히 500원이라면, 연말에 다시 그의 수중에 남는 것은 1,000원일 것이다. 제3차연도와 제4차연도에도 동일한 과정이 반복된다. 이것을 표식으로 나타내면 다음과 같이 나타날 것이다.

제1차연도　　500c＋500v＋500m＝1,500W

제2차연도　　500c＋500v＋500m＝1,500W

제3차연도　　500c＋500v＋500m＝1,500W

......

매년 투자되는 자본규모는 1,000원이며, 생산되는 상품의 총가치도 1,500원으로 변하지 않는다. 즉 생산규모는 불변이다. 그러나 잉여가치가 매년 생산으로부터 발생하므로 이 생산은 명백히 자본주의적 생산이다. 이것이 자본주의적 단순재생산이다.

이 단순재생산의 성격을 분석하기 위해 우리는 이 자본가와 똑같이 1,000원의 화폐를 가진 또 한 사람이 있다고 하자. 그런데 이 사람은 돈을 벌고자 하는 생각을 갖지 않는다고 가정하자. 즉 그는 단순히 돈을 단지 속에만 넣어둔 것이다. 이런 상태에서 1년이 지났다. 그가 1년 뒤에 굶어죽지 않았다면 그는 생활비를 지출했을 것이다. 그가 앞서의 자본가와 동일한 수준의 생활을 하였다면 그의 생활비는 1년 동안에 500원이 들었을 것이다. 따라서 1년 뒤 그의 단지 속에는 이제 1,000원-500원=500원만이 남았을 것이다. 다시 1년이 지났다. 여전히 그가 살아남아 있으려면 그는 다시 500원의 생활비를 지출해야만 할 것이다. 따라서 이제 그의 수중에는 500원-500원=0이 될 것이다. 그는 이제 무일푼이 되었다. 1,000원의 돈을 처음 가졌을 때로부터 2년이 지나 3년째로 들어서면 그의 수중에는 한푼도 남지 않게 된다. 그래서 그의 재정상태는 다음과 같이 시기적으로 변화하게 된다.

제1차연도　1,000원-500원=500원
제2차연도　500원-500원=0원
제3차연도　0원

이제 이 두 사람을 비교해보자. 두 사람은 모두 처음에 똑같은 액수의 화폐 1,000원을 가지고 있었다. 1년이 지났다. 그 1년 동안 두 사람은 똑같은 액수의 생활비를 지출하였다. 그런데 한 사람은 여전히 1,000원을 가지고 있고, 한 사람은 500원만을 가지고 있다. 똑같은 상태로 다시 1년이 지났다. 한 사람은 여전히 1,000원을 가지고 있는데, 다른 사람은 이제 무일푼이 되었다. 두 사람은 똑같은 액수의 화폐를 가지고 출발하였으며, 똑같은 액수의 생활비를 지출하였다. 두 사람간에 무슨 차이가 있는가? 단 한 가지 차이만이 존재한다. 한 사람은 화폐를 자본으로 변신시켰고, 한 사람은 화폐를 그냥 화폐로만 가지고 있었던 것이다. 이 두 사람의 비교를 통해서 우리는 자본주의적 재생산의 성격을 몇 가지 알아낼 수 있다. 첫째, 2년이 지나고 나서 한 사람은 여전히 1,000원을 가지고 있는 데 반해서, 다른 사람은 무일푼이 된 사실은 무엇을 의미하는가? 그것은 두 사람이 동일한 생활비를 지출했고, 따라서 원래 그들이 가지고 있던 1,000원은 2년의 생활비로 모두 사라진다는 것을 의미한다. 그렇다면 여전히 1,000원을 가진 사람의 그 1,000원은 원래 그가 가지고 있던 최초의 돈은 아니라는 것이 분명하다. 2년 뒤에도 그의 수중에 여전히 남아 있는 돈 1,000원은 도대체 어디에서 생겨난 것인가? 그 돈이 하늘에서 떨어지거나 땅에서 솟아난 것은 분명 아니다. 가치는 인간의 노동에 의해서만 만들어지는 것이기 때문이다.

결국 그 돈이 올 수 있는 원천은 단 한 군데밖에 없다. 제1차연도와 제2차연도에 노동자가 만들어 준 잉여가치 이외에는 어디에도 그 돈의 원천은 있을 수 없다.

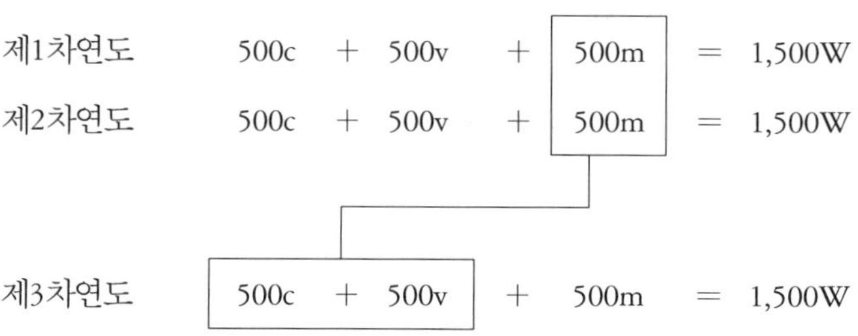

이때 제3차연도의 1,000원, 즉 500c+500v를 우리는 통상 자본이라고 부른다. 그것이 바로 잉여가치 생산을 목표로 노동력이라는 상품을 구매하는 화폐이기 때문이다. 여기에서 우리는 자본의 성격을 한 가지 새롭게 알 수 있게 된다. 즉 제1차연도에 최초로 투자되는 자본은 자본가의 호주머니에서 나왔다. 그는 원래 화폐소유자였고 자신이 가진 화폐(그 화폐의 최초의 원천이 무엇이든 그것은 여기에서 상관이 없다)를 자본으로 투자한 것이었다. 그런데 세월이 흘러 그가 자신의 생활비를 계속 지출해야 하는 상황이 일정 정도 경과하고 나면, 즉 우리의 예에서는 2년 이상이 지나고 나면 그가 투자하는 자본은 이미 원래의 그의 돈이 아니다. 원래의 그의 돈은 이미 자신의 생활비로 모두 소진되었다. 그의 수중에 남아 있는 자본은 이제 과거의 생산과정에서 노동자가 만들어 준 잉여가치로 이루어져 있다. 복제의 비밀은 잉여가치 속에 숨겨져 있었던 것이다.

자본주의적 생산은 모두 재생산이며 재생산에서는 이처럼 결국 모든 자본이 과거에 만들어진 잉여가치로만 이루어진다. 즉 모든 자본은 잉여가치를 통해서 복제되는 것이다. 노동자가 창출한 잉여가치야말로 복제를 가능하게 만드는 어머니이다. 재생산을 통해서 우리는 자본의 원천이 잉여가치라는 것을 알 수 있다. '기업이 자본가 개인의 것이 아니라 종업원의 것'이라는 마쯔시다의 얘기는 은연중 자본의 이런 성격을 알아챈 자본가의 직관의 놀라운 성과라고 할 수 있을 것이다(고사카 지로, 1996). 자본주의적 재생산에서 모든 자본의 원천은 과거에 만들어진 잉여가치이다.

둘째, 위와 동일한 이유로 노동자가 받는 임금도 재생산에서는 그 원천이 노동자 자신에 의해 생산된 잉여가치로 된다. 우리가 일상적으로 주변에서 마주치는 노동력의 판매과정은 대개 하나하나를 떼어서 보면 마치 자본가가 노동자에게 미리 임금을 주는 것처럼 보이며, 따라서 노동자에게 지급되는 임금은 자본가 자신의 호주머니로부터 나오는 것처럼 보인다. 그래서 자본가는 마치 노동자에게 일자리를 제공해줌으로써 그를 먹여 살려주는 사람인 것처럼 보인다. 제1차연도만 놓고 본다면 그것은 확실히 그러하다. 그러나 제2차연도와 제3차연도가 경과하면서 자본가의 호주머니에서 처음 나왔던 돈은 자본가 자신의 생활비로 모두 소진되었으며, 노동자에게 지불되는 임금은 사실상 노동자가 이전의 생산과정에서 생산한 가치의 일부분에 지나지 않는다. 즉 사회 전체로 보면 노동자들은 사회의 모든 물질적 부를 생산해내고, 자본가들은 노동자들이 노동력을 유지할 수 있도록 그러한 부 가운데 일부만을 임금으로 넘겨준다. 자본가들은 노동자들이 생산한 생산물로써 노동자에게 지불하는 것이다. 임금은 자본가의 호주머니로부터 나오는 것이 아니라 노동자 자신의 생산물로부터 나오는 것이다. 자본주의적 재생산에서 모든 임금의 원천도 과거에 만들어진 잉여가치인 것이다.

셋째, 생산과정을 하나하나 떼어서 보면 노동자가 생산과정을 통해서 생산수단을 소비하고 자신의 노동력을 소비하는 것은 모두 생산과정에 포함되어 있지만, 노동자가 자신의 임금으로 생활수단을 구매하여 자신과 자신의 가족을 위하여 소비하는 것은 생산과정에 포함되어 있지 않다. 그래서 노동자가 행하는 소비에는 두 가지 종류가 있는 것으로 보이며, 생산과정과의 직접적 관련 유무에 따라 대개 전자를 생산적 소비(produktive Konsumtion), 후자를 개인적 소비(individuelle Konsumtion)라고 말한다. 개인적 소비는 자본가의 통제 아래 있는 생산적 소비와는 구별되며, 노동자가 자본가의 예속으로부터 벗어나 있는 독립된 과정으로 간주된다. 그러나 재생산과정의 관점에서 보면, 이러한 노동자의 개인적 소비는 노동자가 다음의 생산과정에서 생산에 계속 종사할 수 있기 위해 필요한 과정에 지나지 않는다. 즉 개인적 소비는 노동력의 회복과정으로서 자본가에게 가장 중요한 생산요소인 노동자 자신의 생산과 재생산과정에 해당하는 것이며, 그럼으로써 다음의 생산적 소비를 준비하는 과정에 지나지 않는 것이다. 그러므로 개인적 소비는 생산적 소비와 분리된 것이 아니라 그것의 전제이자 일부이며, 따라서 노동자는 노동과정 내에서는 물론 노동과정 외부에서도 자본에 예속된 관계에 있다(*MEW* 23: 596/597).

자본가에게는 노동자의 개인적 소비가 생산적 소비와 관련된 것일 때만 의미가 있다. 그래서 그는 노동자가 노동력의 재생산과 무관한 곳에, 즉 예를 들어 스스로의 쾌락을 위해서 소비하는 부분을 비생산적 소비로서 비난한다.

1990년경 우리나라의 TV에 이런 광고가 난 적이 있었다. 공익방송광고 협의회에서 캠페인으로 벌였던 이 광고에는 먼저 어떤 요란하게 치장한 엄마가 등장한다. 엄마는 풍선을 불고 있는데, 그 풍선 속에는 보석, 자동차, 고급가구, 고급의류 등이 담겨 있다. 엄마의 풍선이 점점 커지자 곁에서 어린아이의 목소리가 들리면서 그 목소리도 점차로 따라 커진다. "엄마!" "엄마!!" "엄마!!!" 드디어 풍선이 터진다. 이 광고는 "과소비를 하지 맙시다"라는 캠페인의 광고였다. 이 광고를 통해서 생겨나는 의문은 이런 것이다. 과소비 추방 캠페인이 왜 그 값비싼 TV 광고를 통해서 행해졌을까?

과소비의 주범은 누구일까? 당시 신문에 나던 기사를 보면 기상천외한 것이 많았다. 타일랜드에서는 우리나라 관광객들이 정력에 좋다는 이유만으로 그곳 독사의 씨를 말리고 있었고, 알래스카에서는 웅담을 노린 한국 관광객들 때문에 북극곰들이 때아닌 수난시대를 맞았으며, 무공해 생수를 갈망하는 강남의 부자 나으리들 때문에 자칫 북극해의 빙산이 사라질 뻔하기도 했다. 덩달아 강남에는 오렌지, 탱자, 낑깡족이라는 신품종 족속이 등장하기도 하였다. 만일 이 사람들이 과소비의 주범들이라면 TV 광고를 한 사람은 그 아까운 공공예산을 축낸 혐의로 법정에 서야 마땅할 것이다. 이 사람들의 수는 우리나라 전체 인구의 1/100도 안될 것이기 때문이다.

당시 언론에서 얘기하던 과소비의 주범은 이들이 아니라 우리나라 인구의 대다수를 차지하는 노동하는 사람들이었다. 수입외제 자동차를 타는 사람이 즐비한데 노동자들이 자가용을 타면 왜 그것이 과소비일까? 골프를 치는 사람으로 골프장이 미어터지고 골프장 예약에 웬만한 '빽' 없이는 명함도 못 내미는 판국에 농민 부부가 몇 년 별러 결행한 온천여행이 왜 과소비일까? 그것은 바로 재생산을 통해서 노동자들의 모든 개인적 소비가 생산적 소비에만 국한되어야 한다는 생각 때문인 것이다. 자본주의적 재생산에서 보면 노동자의 개인적 소비는 생산적 소비의 일부분이다.

넷째, 재생산과정 전체를 한번 살펴보자. 제1차연도에 노동자는 자본가에게 고용되어 1,000원의 가치를 생산하였다. 500v+500m이 곧 그가 만들어낸 총가치이다. 이 가운데 그가 임금을 받는 것은 그의 노동력의 가치인 500원뿐이다. 이것은 그의 1년간의 생계비이다. 따라서 1년이 지나고 나면 그의 수중에는 한푼도 남지 않는다. 생계를 유지하기 위해서 그는 다시 자본가에게 고용되어야 한다. 제2차연도에 그는 다시 고용되어 앞서와 동일하게 1,000원의 가치를 생산한다. 그러나 다시 그의 수중에 임금으로 들어오는 것은 생계비 수준인 500원뿐이다. 따라서 1년이 지나고 나면 그는 다시 무일푼이 되고 그는 고용되지 않을 수 없다. 이런 과정은 재생산기간이 아무리 오래 지속되어도 변할 가능성이 없다.

한편 자본가의 경우는 이와 반대이다. 그는 계속 생활비를 지출하면서도 1년이 지나도 1,000원의 자본, 2년이 지나도 역시 1,000원의 자본을 가지고 있다. 자본은 끊임없이 복제되기 때문에 자본가로서의 그의 지위는 시간이 지나도 변함이 없다. 그는 가만히 앉아만 있어도 계속 자본가이다.

이처럼 재생산과정 전체를 통해서 노동자는 끊임없이 노동하면서도 계속 노동자로만 남으며, 반면 자본가는 전혀 노동에 종사하지 않으면서도 계속 자본가로 남아 있다. 자본주의적 생산 아래서는 노동자는 아무런 생산수단도 소유하고 있지 않기 때문에 살기 위해서는 노동력을 자본가에게 팔아야만 한다. 그리고 그 대가로 그가 받는 임금은 자신의 노동력을 재생산할 수 있는 정도를 거의 넘지 않기 때문에 그가 생존을 계속하기 위해서는 노동력의 판매를 지속적으로 반복해야만 한다. 그가 자신의 노동력을 자본가에게 판매할 수 있는 조건은 노동을 통해 자본가를 위한 잉여가치를 만들어내는 것은 물론, 동시에 자본으로 투입된 화폐액도 함께 재생산해내는 것이다. 자본가는 직접 가치를 생산하지 않고도 이렇게 재생산된 가치로 계속 새롭게 자본을 투하할 수 있게 된다. 노동자는 계속 노동자로 남으며, 자본가는 계속 자본가로 남는다. 따라서 자본주의적 재생산은 상품이나 잉여가치만 재생산하는 것이 아니라 자본주의적 생산관계 그 자체를, 즉 한편으로는 자본가를, 다른 한편으로는 노동자를 재생산한다.

자본주의적 재생산은 자본주의적 관계를 재생산한다. 그리하여 한번 노동자는 영원한 노동자이며, 한번 자본가도 영원한 자본가이다.

그래서 자본주의적 재생산은 '한 번 해병은 영원한 해병이다'는 말을 연상시킨다.

2000년 12월 14일 개최된 '제2회 한국 노동패널 학술대회'에서 발표된 한국노동연구원의 연구에 의하면 부모의 사회적 지위가 자녀의 사회적 지위에 대해 40% 이상의 결정력을 가지고 있다고 한다. 연구에서는 또한 부모가 생산직인 경우 자녀가 최초에 생산직으로 취업할 가능성도 높은 것으로 나타났다(『동아일보』, 2000. 12. 15).

이런 계급 세습에 대한 연구는 1994년에도 발표된 바 있다. 신광영 교수의 연구결과 노동계급의 세습률은 나이든 세대에서는 15.6%, 중년에서 47.8%, 청년에서 63.1%로 점차 증가하는 추세를 보이고 있어서 노동계급에서 다른 계급으로의 이동이 점점 어려워지고 있음을 나타내고 있다(『경제와 사회』, 1994년 가을호).

이밖에도 계급세습에 대한 고전적인 연구로는 미국 라이트 밀즈의 『파워 엘리트』를 들 수 있다(Mills, 1956). 그의 연구결과에 따르면 미국의 상류계급에 소속된 사람들은 일종의 특권학교에 해당하는 예비학교→기숙사학교→동부 명문대학의 교육순서를 따르며 배타적으로 자신들만의 사회를 구성하고 있다고 한다. 뿐만 아니라 상위 275명의 미국의 대부호들을 대상으로 분석한 결과 그는 이들의 93%가 상속에 의해서 대부호가 되었다는 사실을 밝힘으로써 계급이 세습된다는 사실을 입증하였다. 미국사회에서 '열심히 일하면 누구에게나 성공의 기회가 주어진다는' 아메리칸 드림이 허구의 신화라는 것을 밝힌 셈이었다.

3) 자본주의적 확대재생산

자본주의적 단순재생산은 현실에서는 확대재생산으로 될 수밖에 없다.
거기에는 대체로 두 가지 이유가 있다.

우선 단순재생산이 계속되기 위해서는 생산 시기마다 만들어지는 잉여
가치를 자본가가 모두 소비해야만 한다. 이것이 과연 가능할까? 1999년을
기준으로 우리나라 비농업부문 노동자들의 월 평균임금은 약 160만원이다
(노동부, 『매월 노동통계 조사보고서』). 앞에서 이미 배운 바 있는 잉여가치
율은 우리나라의 경우 80년대 이후 300~400% 수준으로 추계되고 있다(정
성진, 1990; 한국사회연구소, 1991: 188). 따라서 우리나라 노동자들이 한
달 동안에 자본가들에게 벌어다주는 잉여가치의 액수는 평균 450~650만원
으로 추산된다. 그런데 우리나라의 소위 10대 재벌 등 상위 재벌회사의 경
우 이런 노동자가 얼마나 고용되어 있는가? 그 중 상당수는 노동자 수가 10
만명을 상회한다. 그러면 한 달 동안에 이들 재벌회사에는 무려 4,500억원
에서 6,500억원의 잉여가치가 쌓이게 된다. 이런 엄청난 액수를 어떻게 한
사람 또는 한 가족이 모두 소비할 수 있겠는가? 그것은 현실적으로 불가능
하다. 따라서 생산된 잉여가치는 결코 전부 소비될 수 없다. 따라서 단순재
생산은 현실적으로 불가능한 것이다.

두 번째, 자본가의 본질은 무엇인가? 그는 잉여가치를 목표로 하는 사람
이다. 그래서 그는 잉여가치를 획득하고자 생산에 자본을 투입하며, 여기에
서 가능한 한 많은 잉여가치를 얻고자 노력한다. 그런데 다른 조건이 일정
하다면 잉여가치는 생산규모가 클수록 더 많이 생산된다. 예를 들어 앞의
예에서 1,000원의 화폐를 가지고

$$500c + 500v + 500m = 1,500W$$

의 생산을 수행했을 때에는 그에게 500원의 잉여가치가 손에 들어왔다. 만일 그가 2배의 자본, 즉 2,000원을 투자했다고 한다면 그의 투자는

$$1,000c + 1,000v + 1,000m = 3,000W$$

이 되어 그는 1,000원의 잉여가치를 얻게 될 것이다. 그는 생산규모를 두 배로 늘림으로써 잉여가치도 두 배를 얻을 수 있었다. 잉여가치를 보다 많이 얻는 것이 그의 목표라면 그는 생산규모를 늘리기 위해 노력해야 한다. 그렇다면 생산규모를 어떻게 하면 늘릴 수 있는가?

생산규모는 자본가가 생산을 위하여 투입하는 자본의 규모에 의존한다. 그런 자본은 생산을 위해 생산수단과 노동력을 구매하는 데 사용되며, 생산에 '앞서' 지출되기 때문에 통상 선대자본(vorgeschossene Kapital, advanced capital)이라고 부른다. 우리가 이미 배운 바에 따른다면 바로 $c+v$가 곧 그것이다.

선대자본을 어떻게 하면 늘릴 수 있을까? 재생산에서 이미 우리가 배운 바와 같이 모든 자본($c+v$)의 원천은 과거에 생산된 잉여가치뿐이다. 즉 선대자본을 늘릴 수 있는 원천은 전기(前期)에 생산된 잉여가치뿐이다. 따라서 자본가는 자신의 본래적 목표에 따라 생산된 잉여가치를 전부 소비할 수 없으며, 반드시 그것을 일부 남겨서 다음 기의 선대자본으로 이전시켜야만 한다. 그래서 자본주의 초기에는 자본가의 덕목이 잉여가치를 모두 소비하지 않는 점에 있었고 검약과 절약을 자본주의 정신이라 말하기도 한다(Weber, 1920). 물론 우리가 이미 보듯이 오늘날에는 이런 검약과 절약만이 더 이상 자본가의 덕목이 아니다.

고전적인 자본가는 개인적 소비를 자본가의 직분에 반하는 죄악이며 축적의

'절제'라는 낙인을 찍지만 현대화된 자본가는 축적을 자신의 향락충동의 '금욕'으로서 이해할 수 있게 된다. "아아! 그의 가슴에는 두 개의 영혼이 살고 있지만, 그들은 서로 떨어지고 싶어한다"(*MEW* 23: 620).

향락과 사치가 자본가의 또 하나의 덕목이 된 지는 오래 되었다. 그러나 어쨌든 원죄처럼 돈을 벌고자 하는 자본가의 본능은 자본주의적 단순재생산을 불가능하게 만드는 또 하나의 이유를 이룬다.

자본주의적 재생산은 필연적으로 확대재생산이다. 이를 위해서 각 생산연도에 만들어진 잉여가치는 자본가에 의해 모두 소비되는 것이 아니라, 일부는 남겨져서 다음 기의 선대자본으로 전화한다.

> 잉여가치가 자본으로 전화하는 것, 그것을 자본축적(Akkumulation des Kapitals, accumulation of capital)이라고 부른다(*MEW* 23: 605).

따라서 자본주의적 생산에서 자본축적은 필연적이며, 그 결과 모든 재생산은 확대재생산으로 된다. 위의 예에서 자본가의 소비가 300으로 줄어든다면 확대재생산은 다음과 같은 방식으로 이루어진다.

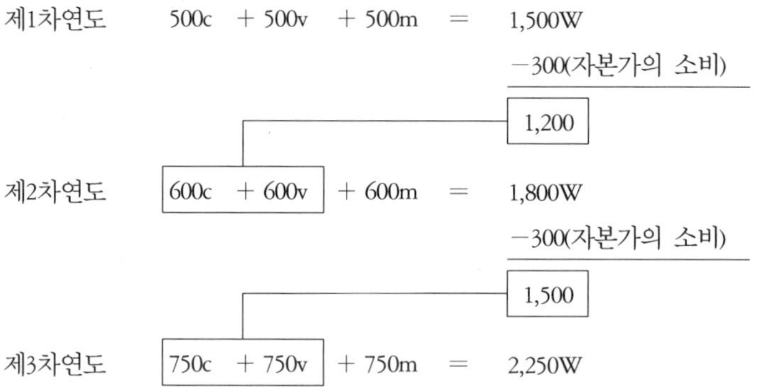

매 생산시기 생산규모는 확대되고 잉여가치도 늘어난다. 그리고 늘어난 잉여가치는 끊임없이 남아서 다음 기의 선대자본으로 이전된다. 자본축적을 통해서 확대재생산이 연속적으로 이루어지는 것이다.

한편 확대재생산을 위한 생산규모의 확대가 이루어지는 방식에는 잉여가치의 자본으로의 전화라는 방식만 있는 것은 아니다. 우리가 방금 본 바와 같이 노동자가 창출한 잉여가치를 직접 자본으로 전화함으로써, 즉 자본의 축적을 통해서 이루어지는 방식은 **자본의 집적**(Konzentration des Kapitals, concentration of capital)이라고 부른다. 자본의 집적을 통해서 사회 전체의 자본규모는 증가하게 된다. 그 밖에 생산규모를 확대시키는 또 하나의 방식이 존재하는데, 그것은 여러 개의 개별 자본들이 하나의 더 큰 자본으로 통합하거나 소자본들이 대자본에게 **흡수**되는 방식이다. 이것을 우리는 **자본의 집중**(Zentralisation des Kapitals, centralization of capital)이라고 부른다. 자본의 집중은 자본들간의 경쟁의 직접적인 결과이며, 개별 자본의 규모는 증가시키지만 사회적 총자본의 규모에는 아무런 영향도 미치지 않는다. 우리는 최근 매수합병(M&A)을 통해서 자본의 집중을 흔하게 접하게 되었다. 자본의 집적이 장기간에 걸쳐 잉여가치가 점차 누적된 후에야 대규모의 자본액에 도달하는 반면에, 자본의 집중은 단기간에 대규모의 자본을 만들어낸다.

자본의 집적과 집중은 서로 밀접히 관련되어 있으며, 점차로 보다 적은 수의 자본가들 수중에 보다 많은 사회적 부가 모이는 결과를 낳으며, 그럼으로써 더 많은 노동자들이 더 적은 수의 자본가들에게 예속되는 결과를 초래한다.

2. 복제의 부산물, 상대적 과잉인구

대토지 소유자의 농장에 의탁해서 농사를 짓는 예농과 수공업에 종사하는 직공에 대해서 로마황제가 내린 칙령은 다음과 같이 규정하고 있다.

노동이라는 치욕으로 더럽혀진 이들 인간은 비록 인간으로서의 가치가 있다고 할지라도 인간이라는 것을 요구할 권리는 없다. 그들은 영구히 지금과 같은 상태에 두어야 한다(일린. 1993: 398).

고대 로마시절, 즉 노예제적 생산양식이 지배하던 사회에서는 노동은 치욕이었다. 사회구성원으로서의 권리를 가지고 있던 시민, 즉 자유인은 노동을 하지 않았다. 노동은 노예가 하는 것이었다. 그래서 노동을 한다는 것은 욕이고 저주였다.

자본주의적 생산양식이 지배하는 오늘날 그것은 반대로 되었다. 노동은 신성하다! 오늘날 대다수의 사람들은 노동을 치욕이 아니라 신성이자 축복으로 생각한다. 노동하지 않는다는(보다 정확하게 표현해서, 못한다는) 것, 즉 실업은 오늘날 대다수의 사람들에게 '공포'로 다가서 있다(Forrester, 1997; Rifkin, 1996). 무엇이 이처럼 사태를 뒤집어 놓았을까? 왜 노동은 치욕에서 축복으로 바뀌었을까? 자본주의적 재생산, 자본의 복제가 가져온 결과이다. 자본의 복제는 단순히 자신을 복제하는 것에 그치지 않는다. 왜냐하면 그것은 스스로의 힘으로 자신을 복제하는 것이 아니라 잉여가치를 통해서만 그렇게 할 수 있기 때문이다. 즉 잉여가치는 오로지 노동력에 의해서만 만들어지며 따라서 자본의 복제는 필연적으로 노동력에 영향을 미치게 되는 것이다. 자본의 복제가 노동력에게 가져다준 결과는 바로 실업이다. 자본은 실업을 복제한다. 그래서 자본주의적 생산양식에서는 실업이 필연적이다. 뿐만 아니라 자본주의적 확대재생산은 실업을 확대재생산한다. 도대체 자본의 복제는 어떻게 실업을 만들어내며 그것을 확대해나가는가?

1) 자본의 유기적 구성

실업은 자본주의적 확대재생산이 야기하는 자본축적으로부터 만들어진다. 자본이 축적되면 자본가들이 소유하는 자본은 외형상 양적으로도 늘어나지만 질적으로 그 내부구성에서도 변화가 일어난다. 내부구성이란 무엇인가? 자본가는 자본주의적 생산을 위해서 선대자본(c+v)을 투하하게 되는데 그는 이런 선대자본으로 기계와 원료 등의 생산수단과 노동력을 구매한다. 따라서 그의 선대자본은 생산수단의 구매 부분(c)과 노동력의 구매 부분(v) 두 부분으로 나누어지게 되는데, 이 두 부분간의 비율을 **자본의 구성**(Zusammensetzung des Kapitals, composition of capital)이라고 부른다.

자본의 구성은 우선 사용된 생산수단의 크기와 그것을 사용하는 데 필요한 노동력의 크기 사이의 관계(양적 크기간의 비율)로 나타낼 수 있는데, 이것을 **자본의 기술적 구성**(technische Zusammensetzung des Kapitals, technical composition of capital)이라고 부른다.

$$\text{자본의 기술적 구성} = \frac{\text{생산수단의 크기}}{\text{노동력의 크기}}$$

생산력이 발전하면 한 사람의 노동자가 하루에 생산하는 재화의 양이 늘어날 것이므로 재화의 원료가 되는 생산수단의 양도 증가할 것이고, 따라서 자본의 기술적 구성은 높아질 것이다. 그런데 선대자본 가운데서 생산수단을 구입하는 데 지출되는 자본은 불변자본이며, 노동력을 구매하는 데 지출되는 자본은 가변자본이다. 그러므로 생산수단의 양과 노동력의 양으로 이루어지는 자본의 기술적 구성은 불변자본의 크기과 가변자본의 크기간의 관계로도 나타낼 수 있다. 이처럼 불변자본과 가변자본간의 관계(가치크기간의 비율)로 표현되는 자본구성을 자본의 가치구성(Wertzusammensetzung des Kapitals, value composition of capital)이라고 부른다.

$$\text{자본의 가치구성} = \frac{\text{불변자본}}{\text{가변자본}}$$

그런데 이러한 자본의 가치구성이 자본의 기술적 구성을 정확하게 반영하고 있을 때, 그것을 따로 자본의 유기적 구성(organische Zusammesetzung des Kapitals, organic composition of capital)이라고 부른다(*MEW* 23: 640).

$$\text{자본의 유기적 구성} = \frac{\text{생산수단의 양}}{\text{노동력의 양}} = \frac{\text{불변자본}}{\text{가변자본}}$$

그리하여 예를 들어 1,000원의 선대자본 가운데 600원이 불변자본으로 지출되고 400원이 가변자본으로 지출되었다면, 이 경우의 자본의 유기적 구성은 c:v=600:400=3:2가 된다. 이러한 자본의 유기적 구성은 각 자본가마다 그리고 각 산업마다 생산기술이나 기계설비 등이 서로 상이할 것이므로 각기 차이가 있게 될 것이다. 철강산업이나 기계산업 등에서는 노동력에 비해 생산수단이 차지하는 비중이 비교적 높을 것이므로 유기적 구성이 높을 것이며, 농업이나 섬유산업 등에서는 반대로 노동력이 생산수단에 비해 비중이 높을 것이므로 상대적으로 유기적 구성이 낮을 것이다. 그런데 이런 자본의 유기적 구성이 자본축적이 진행됨에 따라 어떻게 변화한다는 말인가?

2) 자본축적과 자본의 유기적 구성의 고도화

자본주의적 생산의 발전은 직접적으로 자본의 유기적 구성에 영향을 미친다. 자본가는 본질적으로 자본주의적 생산을 통하여 잉여가치를 가능한한 많이 획득하는 것이 목적이다. 따라서 자본주의적 생산은 잉여가치의 생산이며, 자본가는 더 많은 잉여가치를 생산하기 위하여 노력한다. 그런데 우리가 앞서 잉여가치의 생산에서 살펴본 바와 같이 절대적 잉여가치의 생산에는 일정한 한계가 있었고, 상대적 잉여가치의 생산은 주로 노동생산성 향상에 의존할 수밖에 없었다. 그리고 이러한 노동생산성의 향상은 상대적 잉여가치의 생산은 물론 특별잉여가치까지도 자본가에게 가져다주었다. 따라서 잉여가치의 생산을 목표로 하는 자본주의적 생산에서는 노동생산성의 향상이 자연적인 법칙으로 자리를 잡게 되는 것이었다.

자본주의적 생산의 발전이 가져오는 이러한 노동생산성의 향상은 필연적으로 자본의 유기적 구성을 고도화하게 된다. 우리는 앞서 특별잉여가치의 생산에서 들었던 예로써 이를 살펴보기로 하자. 앞의 예에서는 다음의 두 가지 생산방법이 제시되었다.

(A) 불변자본 2,000원＋가변자본 1,000원＋잉여가치 1,000원＝4,000원
(B) 불변자본 4,000원＋가변자본 1,000원＋잉여가치 1,000원＝6,000원

(A)의 생산방법은 기존의 생산방법으로서 사회적으로 일반적인 생산방법이며, (B)의 생산방법은 노동생산성의 향상을 이룩한 새로운 생산방법이다. 이 예에서 (A)의 생산방법을 통하여 하루 100켤레의 신발이 생산되었으며, (B)의 생산방법을 통해서는 하루에 200켤레의 신발이 생산되었다. 그 결과 (A)의 생산방법으로는 신발 한 켤레의 가치가 40원인데 반해, (B)의 생산방

법으로는 신발 한 켤레의 가치가 30원에 불과하여 이러한 개별가치의 차이로부터 (B)의 생산방법을 도입한 자본가는 특별잉여가치를 신발 한 켤레당 10원씩 획득할 수 있었던 것이다.

그런데 이러한 특별잉여가치의 획득은 동일한 노동량으로 더 많은 불변자본을 사용함으로써 이루어진 것이었다. 즉 양자는 모두 가변자본 1,000원으로 동일한 노동력을 사용하였지만 불변자본으로는 (B)가 4,000원으로 사용함으로써 2,000원을 사용한 (A)보다 두 배를 사용하였던 것이다. 즉 자본의 유기적 구성에서

(A) 2,000c : 1,000v = 2 : 1

(B) 4,000c : 1,000v = 4 : 1

로 (B)의 유기적 구성이 (A)의 유기적 구성보다 두 배로 높았던 것이다.

잉여가치를 증대시키기 위한 노동생산성 향상은 이처럼 자본의 유기적 구성을 고도화시키게 된다. 그리고 이 때 자본가에게 더 많은 잉여가치를 가져다주는 새로운 생산방법은 구매되는 노동량을 변화시키지 않은 채(가변자본은 두 생산방법 모두에 있어서 불변이다) 단지 불변자본 부분만을 증가시키는 방식으로 이루어졌다. 따라서 자본축적이 진행되면서 자본가들은 자본으로 전화시키는 잉여가치 가운데 가능한 한 많은 부분을 가변자본보다는 불변자본으로 지출하고자 노력한다.

따라서 자본축적이 진행될수록 불변자본 부분은 가변자본에 비해 보다 더 급속하게 증대된다. 총선대자본 가운데 불변자본 부분이 차지하는 비중이 점차로 더 커지는 것이다. 즉 자본축적이 진행되면서 유기적 구성은 점차로 고도화되는 것이다.

노동생산성의 향상을 통한 특별잉여가치의 획득은 항상 경쟁상태에 있는 다른 자본의 추격 때문에 일시적으로만 존재한다. 즉 특별잉여가치의 획

득을 가져다준 새로운 생산방법은 언제나 일정 시간이 지나면 사회 전체에 보급되어 일반화되고 그에 따라 특별잉여가치는 소멸해버린다. 그 결과 새롭게 사회 전반에 보급된 생산방법으로 사회 전체의 노동생산성은 향상되고 자본의 유기적 구성도 개별자본에서뿐만 아니라 사회적 총자본에서까지 고도화된다. 자본축적이 진행되면 사회적 총자본의 유기적 구성도 고도화되는 것이다.

3) 상대적 과잉인구의 발생

사회적 총자본의 유기적 구성이 고도화되면 노동시장에는 중대한 변화가 일어나게 된다. 무엇보다도 사회적 총자본 가운데 불변자본 부분이 증가하게 되면, 노동시장에서 노동력에 대한 수요가 상대적으로 감소하게 된다. 축적이 이루어지면서 추가적인 자본이 유기적 구성을 높이는 형태로 지출됨과 동시에 기존의 불변자본들도 그것이 노후화된 후에는 이전보다 유기적 구성이 높은 형태로 대체된다. 노동력에 대한 수요는 축적된 자본이 새롭게 투자될 때 상대적으로 감소할 뿐만 아니라 기존의 기계설비가 교체될 때도 역시 감소한다.

자본축적이 진행되면서 노동력에 대한 수요가 이처럼 감소해가는 반면에, 일자리를 구하는 노동자의 수는 거꾸로 늘어난다. 그러나 노동자의 수가 늘어나는 것은 맬서스의 악담처럼 노동자들이 출산을 많이 해서가 아니다. 노동자는 새롭게 만들어지는 것이 아니라 기존의 인구로부터 변신되는 것이다. 무엇보다도 유기적 구성이 높은 산업부문에 의해 유기적 구성이 낮은 산업부문이 몰락해감으로써 이러한 산업부문에서 소생산자로 남아 있던 사람들이 노동자로 변하며, 동일한 산업부문 내에서도 소자본가들이 대자본가들과의 경쟁에서 몰락하여 노동자로 변한다. 유기적 구성이 낮은 농업부문에서 소생산자들인 농민들이 유기적 구성이 높은 공업부문에 밀려 노동자로 변하며, 양복이나 구두를 생산하던 많은 소규모 생산자들이 대규모 메이커들에 밀려 노동자로 변한다. 우리나라에서는 1960년대만 해도 전체 인구의 70%를 넘던 농민이 1980년대에 이르면서 이미 전체인구의 25% 이하로 줄어들고 말았으며, 1960년대에는 동네마다 흔히 한두 곳 있던 양복점이나 양장점, 그리고 구둣방이 1980년대에는 거의 자취를 감추어버린 것이 바로 그런 것을 말해주고 있다. 그 결과 한편에서는 더 큰 자본가, 그리고 수적으로는 더 적은 자본가가 만들어지고, 또 다른 한편에서는 더 많은 노동자들이 만들어진다.

이처럼 자본의 유기적 구성이 고도화되면 노동력에 대한 수요는 감소해가는 데 비해 일자리를 구해야 할 노동자들의 수는 상대적으로 늘어나므로 노동자계급의 일부는 자본의 축적 속도에 비해 상대적으로 불필요하거나 남아돌게 된다. 이것을 우리는 상대적 과잉인구(relative Übervölkerung)라고 부른다(*MEW* 23: 660). 상대적 과잉인구는 절대적 과잉인구와는 구별될 필요가 있다. 절대적 과잉인구란 인구증가율이 자본의 축적 속도보다 높아서 인구가 절대적으로 과잉이라는 의미이며, 따라서 인구증가율이 자본축적 속도보다 낮아지면 과소인구로 바뀌고, 그에 따라 노동력의 수요가 공급을 초과하게 됨으로써 임금은 상승하고 실업도 사라지게 된다는 것을 의미한다. 그러나 250년이 가까운 자본주의 역사에서 임금의 변동은 인구증가율과는 거의 무관하게 이루어져왔으며, 특히 인구증가율이 자본축적 속도를 밑도는 많은 경우에도—오늘날 프랑스나 서독 등 서유럽의 여러 나라들과 우리나라도 포함하여—실업은 없어지기는커녕 항상 존재할 뿐만 아니라 오히려 최근에는 급격히 증가하고 있다.

절대적 과잉인구와 구별되는 상대적 과잉인구는 인구의 절대적 증가와 상관없이 자본축적과정 그 자체의 경향으로부터 과잉인구가 발생한다는 것을 가리킨다. 즉 우리가 이미 본 바와 같이 자본축적은 자본의 유기적 구성을 높이는 방향으로 진행되며, 그러한 경향으로부터 노동력의 수요는 상대적으로 감소하는 경향을 갖는 반면, 일자리를 필요로 하는 노동자의 수는 증가하게 된다는 것이다. 이 두 경향으로부터 노동력은 자본축적이 진행될수록 항상 자본의 증가 속도에 비해 상대적으로 과잉상태에 있게 되는 것이다. 그리하여 자본축적의 진행에서 과잉인구의 발생은 필연적인 것으로 나타나게 될 것이다. 상대적 과잉인구란 무엇보다도 자본축적이 진행되면 필연적으로 축적의 결과로 항상 과잉인구가 창출된다는 것을 의미하며, 그것은 자본축적의 속도에 비해 과잉이라는 점에서 상대적 과잉인구인 것이다.

따라서 상대적 과잉인구의 관점에서 보면 자본주의적 생산이 진행되고 있는 한, 즉 자본축적이 계속되는 한 노동력은 항상 과잉상태에 있으며 실업은 사라지지 않는다. 일찍이 『자본론』 이전의 경제학자들은 자본주의라는 생산양식에서 필연적으로 발생하고 존재하는 실업이라는 현상에 주목하고 없앨 수 없는 실업을 자연실업율이라는 개념으로 정립하였다(Smith, 1937: 55 이하; Malthus. 1836: 319/320). 그들에게 그것은 마치 하늘에서 구름을 없앨 수 없는 것처럼 자연의 현상(인구법칙)으로 간주되었다. 맑스는 그것이 자연현상이 아니라 자본주의적 생산양식이 만들어내는 인위적인 현상이라는 것을 과학적으로 해명하였다. 그것은 자본축적으로부터 만들어지는 상대적 과잉인구였던 것이다.

근대산업의 전체 운동형태는 노동자 인구의 일부분이 끊임없이 실업자 혹은 반실업자로 전환하는 데에서부터 생겨난다(*MEW* 23: 662).

4) 상대적 과잉인구의 별명, 산업예비군

상대적 과잉인구는 자본축적이 진행되면서 발생되는 과정적 산물이자 동시에 그러한 자본축적을 순조롭게 만들어주는 조건이 되기도 한다. 상대적 과잉인구는 자본이 필요로 하는 양의 노동력을 그때그때 적절하게 공급해 주는 일종의 노동력의 저수지 역할을 수행한다. 그것은 자본이 필요로 할 때는 언제든지 공급될 수 있도록 항상 대기하는 예비군 형태로 존재한다. 그래서 상대적 과잉인구를 산업예비군(industrielle Reservearmee, industrial reserve army)이라고도 말한다(*MEW* 23: 661). 상대적 과잉인구가 산업예비군으로서 노동력의 수요와 공급을 조절해주는 메커니즘은 <그림 15>와 같다.

<그림 15> 상대적 과잉인구에 의한 노동력의 수급조절 메커니즘

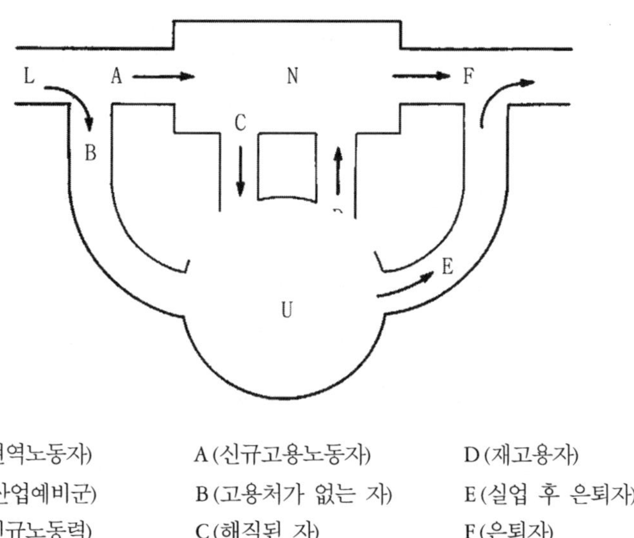

N(현역노동자)	A(신규고용노동자)	D(재고용자)
U(산업예비군)	B(고용처가 없는 자)	E(실업 후 은퇴자)
L(신규노동력)	C(해직된 자)	F(은퇴자)

취업노동자는 신규노동력에 의해 보충되며 동시에 산업예비군으로부터
도 보충된다. 그리고 신규노동력의 임금은 항상 산업예비군의 압력 때문에
억제된다. 산업예비군은 인구의 자연증가와 여러 가지 사정으로 취업시장
으로부터 밀려 들어와 실직하는 노동자들에 의해 팽창하는 과정과 자연적
인 사망이나 새로이 취업해서 나가는 노동자들에 의해서 수축하는 과정을
반복하면서 노동력의 수요 및 공급과 임금수준을 조절한다. 새로운 시장의
개척이나 새로운 산업분야의 발전에 의해 자본축적이 순조롭고, 그에 따라
노동력의 수요가 급증하여 산업예비군이 일정한 한도를 넘어서 수축하게
되면 임금이 상승하게 된다. 임금이 상승하면 상대적 잉여가치의 생산이 제
약되고, 그에 따라 자본가는 자본의 유기적 구성을 고도화하게 된다. 자본
의 유기적 구성이 고도화되면 대량의 산업예비군이 배출되면서 동시에 노
동력의 수요가 감퇴함으로써 저수지는 다시 팽창하고 임금은 하락하게 된
다. 그리하여 산업예비군은 자본축적을 지속적이고 용이하게 만들어주는
노동력의 저수지 역할을 수행하게 되는 것이다.

한편 자본축적에 이런 역할을 수행하는 상대적 과잉인구는 대체로 세 가
지 형태로 존재한다. 유동적 과잉인구, 잠재적 과잉인구, 정체적 과잉인구
가 곧 그것이다.

"내가 내 방식대로 일을 처리할 때가 되었군."

어느 날 갑자기 회장실로 불려간 내(아이아코카—필자) 앞에서 그(헨리 포드.
포드자동차회사 회장—필자)가 마침내 입을 열었다.

"난 회사 기구를 재편성하기로 했네. 자네가 싫어하는 일 중의 하나이겠지만
말일세. 하지만 자네로서는 어쩔 수 없는 일이지. 회사 기구 개편작업은 멋진 생
각이니까."

나는 반신반의하면서 그를 쳐다보았다.

"내 생각으로는 자네는 우리 회사를 떠나주어야겠어. 회사를 위해서 최선을 선택한 걸세"(리 아이아코카/ 윌리엄 노바크. 1985: 198/199).

1978년 7월 13일의 일이었다. 리 아이아코카는 그렇게 어리둥절한 채로 8년간의 사장직에서 해임되었다. 무려 32년간 포드자동차회사에서 일해오던 그의 경력은 이렇게 마감하였다. 모든 노동자는 (설사 최고경영자라고 할지라도) 이처럼 누구나 언젠가는 회사를 떠나야 한다. 그러나 그것이 당장 끝은 아니다. 아이아코카는 새롭게 크라이슬러사로 자리를 옮겨 재기에 성공하였다. 회사를 떠난 노동자들 중 상당수는 다시 새로운 회사를 찾을 수 있다.

일시적으로 일자리를 잃고 장기간이나 단기간 실직상태에 있다가 다시 일자리를 찾게 되는 이런 사람들을 유동적 과잉인구라고 부른다. 우리 사회에서 실업과 해고는 아침마다 사람들이 밥을 먹는 것만큼이나 일상적으로 벌어지는 일이다. 그래서 노동인구 가운데 일정 부분은 항상 이런 유동적 과잉인구에 속한다. 이들은 회사가 망하거나 경영이 어려워져서 축소될 때 실직했다가 다른 팽창하는 회사나 새로 설립되는 회사에 다시 취업하는 형태를 띤다. 이들 유동적 과잉인구의 규모는 경제상태의 변동에 따라 달라진다. 이들은 경기가 불황일 때는 증가하고 호황일 때는 감소한다.

영화 「시티 오브 조이」(City of Joy)는 가뭄으로 파산한 농부의 가족들이 도시로 이주하는 장면으로부터 시작한다. 그는 그야말로 무슨 일이든 그리고 어떤 조건에서든 무조건 일을 할 각오가 되어 있다. 바로 이런 계층이 잠재적 과잉인구를 이룬다. 그것은 주로 몰락한 농민들로 구성된다. 이들은 빈농이나 농업노동자들로서 도시에 편입될 수 없어서 부득이 농촌에 남아 있는 인구로 매우 작은 땅뙈기를 소작하거나 그나마도 불가능할 경우 품팔이로 생계를 영위하는 극빈계층에 속한다. 대개 이들은 자본주의 사회에서 생산력이 발전하면서 농업에서의 노동력 수요가 감소함으로써 발생하는데, 공업분야나 다른 산업분야에서 일자리를 얻을 수 없기 때문에 농업부문으로부터 자신과 그의 가족들의 생계가 보장되지 않는다는 사실을 알고서도 농업부문에 영세한 형태로 그대로 남아 있는 계층이다. 이들은 농촌에서 생계가 유지되지 않기 때문에 언제든지 도시에 일자리가 생기면 떠날 준비가 되어 있으며, 어떤 때는 「시티 오브 조이」에서처럼 스스로 일자리를 찾아 떠나기도 한다. 이들은 농촌에 머물러 있는 동안 외견상으로는 마치 취업해 있는 것처럼 보이지만 실질적으로는 과잉인구에 속한다. 이 형태의 과잉인구는 선진자본주의 국가들에서는 그 중요성이 줄어들고 있는 반면, 개발도상국들에서는 매우 중요한 역할을 한다. 우리나라에는 1960년대, 1970년대에 이 잠재적 과잉인구가 매우 많았다.

1993년 11월 11일 서울 영등포 한강성심병원 영안실. 한국에서 1년여 동안 벌어 모은 2백만원의 돈을 거의 전부 '불법체류' 벌금으로 물게 되자 "무슨 낯으로 가족들을 보느냐"며 10일 자살해 버린 중국교포 임모씨의 빈소였다. 그는 작년 5월 누나와 동생과 함께 '부자'가 되기 위해 가족들을 뒤로 하고 인천항으로 입국하여 공사장을 찾아다니며 새벽 5시 반부터 열심히 일을 하였다. 일당은 4만원. 교포라는 이유로 1만원이 싼 값이었다. 1992년 10월 2백만원을 집으로 송금한 그는 다시 2백만원을 더 모은 뒤 출국신고를 하였다. 그러나 11월 23일까지의 출국명령과 함께 그에게 떨어진 것은 벌금 180만원. 그는 자살하고 말았다(『조선일보』, 1993년 11월 12일자).

대개 이민노동자의 이야기에는 이처럼 비극이 많다. 한국영화의 새로운 기원을 이룩했던 그 유명한 「깊고 푸른 밤」이란 영화도 바로 이런 비극을 주제로 하고 있다. 단지 그것은 주인공이 한국사람이고 무대가 미국일 뿐이다.

또한 영화 「대부」도 바로 이런 이민노동자의 비극의 하나가 아니겠는가?

비극의 원인은 간단하다. 그들의 지위가 불법이거나 또는 매우 불안정한 때문이다. 이런 사람들이 상대적 과잉인구의 제일 밑바닥에 침전된 정체적 과잉인구를 형성한다. 정체적 과잉인구는 앞의 중국교포처럼 대개 고정된 일자리를 갖지 못하고 공사장 등의 매우 부정기적인 일자리에 종사한다. 도시 외곽 빈민지역의 노동자들도 정체적 과잉인구에 포함되는데, 대개 이들은 절박한 생계에 쫓기고 있을 뿐만 아니라 보증을 세울 수 없는 등의 불안정한 사회적 지위 때문에 자본가들에 의해 불법적인 장시간노동과 과도한 중노동, 그리고 형편없는 저임금 등의 악조건을 감수한다.

이처럼 상대적 과잉인구는 노동력의 저수지역할을 수행하면서 자본축적을 위한 예비군으로서 기능한다. 그것은 보다 낮은 임금, 보다 강화된 노동조건을 노동자들로 하여금 감수하게 함으로써 자본축적을 더욱 용이하게 만들어준다. 그것은 자본축적과정으로부터 만들어져서 자본축적을 더욱 가속화시키는 촉매 역할을 하는 것이다. 자본복제의 마법은 이처럼 신비로운 것이다.

주요 선진국들의 실업률 통계를 보면 1970년대가 주요한 전환점이 되면서 지속적으로 실업이 증가해왔다는 사실을 알 수 있다.

1970년대초 미국의 실업률은 4%, 독일과 일본은 1% 수준, 영국·프랑스·이탈리아는 2~3% 수준이었다. 1990년대말 미국과 영국은 현재 4% 수준을 유지하고 있지만 일본은 5%에 육박하고 있으며 독일과 프랑스·이탈리아는 모두 10% 이상의 수준에 허덕이고 있다. 주의해야 할 것은 유일하게 별다른 증가세를 보이지 않고 있는 미국의 경우에도 1980년대에는 7% 수준에 허덕이다가 1990년대의 장기호황의 결과 대폭 감소한 실업률이 겨우 1970년대초의 수준이라는 점

이며 다른 나라들은 모두 1970년대초의 수준에서 완전히 멀어졌다는 것이 확인
된다. 1970년대는 전후 호황을 이끌던 포드주의적 자본축적이 한계에 도달한 시
기이며 이제 다시는 돌아갈 수 없는 황금기에 해당한다. 우리나라의 경우 경제발
전이 낮은 수준이었던 1960년대초 6% 수준이던 실업률은 1980년대 2% 수준으
로 감소하였지만 IMF 경제위기 이후 다시 4% 이상의 수준에 머물러 있다.

　　이런 실업의 일반적 경향 외에 최근 우리나라에서 많이 나타나고 있는 하향
취업은 상대적 과잉인구의 기능을 생각하게 만든다. 2000년 12월 15일 노동부
중앙고용정보관리소가 발간하는 『한국고용동향』에 따르면 대졸 취업자의 31%
가 가사보조원, 건물경비, 물품운반원 등 단순노무직에 취업하고 있는 것으로
나타났다. 상대적 과잉인구가 풍부해지면서 노동력의 가치이하로 판매되는 노
동력이 증가하는 현상을 보이고 있는 것이다.

3. 복제가 만들어가는 세상

　　복제를 통해서 자본은 무한히 몸무게를 불려나간다. 재생산은 지속적으
로 확대되고 자본축적은 유기적 구성의 고도화를 통해서 상대적 과잉인구
를 끊임없이 만들어낸다. 그리고 상대적 과잉인구는 다시 자본축적을 가속
화시키는 동력으로 작동한다. 자본은 이처럼 무한히 늘어만 간다. 자본의
돈을 향한 열망에는 아무런 장애요인이 없으며 오로지 순탄한 평지만이 열
려 있는 것처럼 보인다. 오로지 축복만이 쏟아진다. 이렇게 넘치는 축복으
로 만들어지는 세상은 어떤 것일까?

　　복제를 통해서 축복에 파묻힌 바로 그 자본은 원래 그 탄생에서부터 노
동력 상품과 함께 등장했다. 그들은 비록 좋은 사이는 아니지만 숙명적인
쌍둥이였다. 따라서 자본의 이러한 증식이 노동력과 무관한 것일 수 없는
것은 당연한 일이다. 그래서 일찍이 1696년 존 벨러스(John Bellers)는 이렇

게 말했다.

> 어떤 사람이 10만 에이커 토지와 10만 파운드 스털링의 화폐, 그리고 10만 마리의 가축을 갖고 있더라도 만약 노동자가 한 명도 없다면 이 부자는 스스로 노동자가 되는 수밖에 더 있겠는가? 노동자가 사람들을 부유하게 만들어 주는 까닭에 노동자가 많으면 많을수록 그만큼 부자도 많아진다.… 가난한 자의 노동은 부자의 보고(寶庫)이다(*MEW* 23: 642).

자본의 몸매가 불어나는 그 원천은 자본의 숙명적인 쌍둥이인 노동력으로부터 비롯되는 것이다. 그러나 그처럼 자본의 몸매가 불어나는 결과는 노동력에게 어떤 영향을 미치는 것일까? 먼저 자본축적은 노동력에 대한 수요를 증가시킨다. 축적의 원천이 노동력이기 때문이다. 그러나 그러한 증가는 동시에 상대적 감소를 수반한다. 그것은 자본구성의 변화를 수반하면서 유기적 구성의 고도화를 가져온다. 그 결과 가변자본 부분은 상대적으로 점차 감소한다. 축적에 의해 새롭게 추가되는 자본 가운데 가변자본 부분에 추가되는 자본은 점차로 감소한다. 노동력에 대한 수요는 절대적으로는 증가하지만 상대적으로는 감소한다. 신규로 고용되는 노동자의 수가 상대적으로 감소하는 것이다.

이런 가변자본의 상대적 감소는 자본축적 속도에 비해 남아도는 과잉인구, 즉 상대적 과잉인구를 만들어낸다. 상대적 과잉인구는 자본축적을 통해서 연속적으로 만들어지며, 산업예비군은 점차로 두텁게 쌓여 간다. 자본가는 상대적 과잉인구에 대해 이렇게 말한다.

> 우리 공장주들은 여러분이 살아가는 데 필요한 자본을 늘림으로써 여러분을 위해 할 수 있는 일은 다 하고 있다. 따라서 남은 일은 여러분이 자신들의 수를

생계수단에 맞추어야 한다는 것이다(*MEW* 23: 664).

그래서 인구의 균형을 적절히 맞추지 못한 노동자들은 그 대가를 감수해야 한다. 노동에 대한 공급이 수요를 초과하였으므로 임금은 하락하고 노동조건은 악화된다. 그것은 무분별한 결혼과 출산을 감행한 노동자의 책임이고, 따라서 그 결과는 감수되어야 한다. 상대적 과잉인구로 인한 임금의 감소와 노동조건의 악화는 어떤 결과를 가져오는가?

맨체스터의 위생관리 리(Lee) 박사가 단언한 바에 의하면 그 도시에서는 유산계급의 평균수명이 38세이지만 노동자계급의 평균수명은 겨우 17세에 불과하다. 리버풀에서는 전자의 수명이 35세, 후자의 수명이 15세이다. 따라서 특권계급은 그들보다도 혜택받지 못하는 시민에 비해 2배 이상의 생명증서를 갖고 있는 셈이다(*MEW* 23: 671).

이리하여 자본축적은 한편으로 자본의 누적적 증가를 낳는 반면, 다른 한편으로 노동자들에게는 그러한 자본증가의 원천이 되는 잉여가치의 보다 많은 수탈과 동시에 그로 인한 빈곤의 증가를 의미하게 된다. 자본가들에게 부의 축적인 것은 노동자들에게는 빈곤의 축적으로 나타나며, 자본주의적 생산은 자본축적을 통하여 사회의 한편에서는 부를 쌓아가면서 동시에 사회의 다른 편에서는 빈곤을 쌓아가는 것이다. 이러한 양자의 모순적이고 적대적인 성격이 바로 자본주의적 축적의 본질적 특성을 이룬다. 이것이 곧 자본주의적 축적의 일반법칙이며, 노동자계급의 상태를 결정짓는 영향을 이룬다. 그것은 결국 자본축적이 적대적인 성격을 띠면서 발전해간다는 것을 말해준다.

쏟아지는 축복 속에서 자본의 복제가 만들어가는 세상은 그 쌍둥이인 노동력의 빈곤을 복제해나가는 세상이다. 그곳에서는 적대적 관계가 복제되어가는 것이다. 부르주아 이론가 데스튜트 드 트라시(Destutt de Tracy)는 그런 세상의 모습을 냉혹하게 이렇게 표현하였다.

> 가난한 나라란 인민이 잘 사는 나라이고 부유한 나라란 인민이 대체로 가난한 나라이다(*MEW* 23: 677).

제7장
자본에 피가 흐르다—유통의 연결

2000년 10월 31일 증권거래소는 오전 8시 48분부터 우리나라 최대 재벌회사인 현대그룹의 모기업인 현대건설에 대해 부도설을 이유로 매매거래를 정지했다. 전날 외환은행 서울 계동지점이 현대건설 어음 224억원을 연장해주지 않고 1차 부도 처리한 결과였다. 현대건설의 정몽헌 회장이 해외출장 중 급히 귀국하였다. 자구안을 마련했으나 채권은행단과의 협상은 순조롭지 않았다. 할 수 없이 그룹총수 자리를 놓고 다투었던 형님 정몽구 현대자동차 회장에게까지 화해를 구하고 도움을 요청하였다. 현대그룹의 각 계열사를 분할통치하는 형제들 모두에게 체면 불구하고 도움을 요청하면서 그야말로 피를 말리는 회생작전을 이어 갔다. 그렇게 3주일이 지났다. 드디어 11월 20일 자구안이 발표되었고 채권단은 이를 긍정적으로 평가하였다. 고비는 넘어갔다(『인터넷 한겨레』).

자본주의적 생산양식에서 돈을 버는 원리는 자본유통정식($G-W \cdots W'-G'$)으로 정리된다. 우리는 이 정식에서 돈을 버는 과정의 비밀이 가치의 생산과정, 즉 노동과정($W \cdots W'$)에 있다는 것을 해명하였고 그러한 생산과정은 지속적으로 복제되면서 한편으로는 자본주의적 관계를 재생산하고 다른 한편으로는 그 내부에서 적대적 성격을 키워나간다는 사실을 파악하였다. 그리하여 우리는 자본유통정식 전체 가운데에서 가장 핵심이 되는 노동과정 부분을 모두 해명하였다. 맑스는 그것을 『자본론』 제1권에서 전부 다루고 있다.

그러나 이미 자본유통정식이 보여주고 있듯이 돈을 버는 원리는 노동과 정 W…W'만으로 이루어진 것이 아니다. 그것은 자본주의라는 마법의 세상 에서 자본에게 생명을 부여하는 심장을 이루고 있을 뿐이다. 거기에서는 단 지 자본의 생명력을 이루는 가치, 특히 잉여가치가 만들어질 뿐이다. 마법 의 세상에서 자본이 살아 움직이려면 그 생명의 피가 혈관을 타고 돌아 다 녀야만 한다. 가치(특히 잉여가치)는 만들어진 다음 유통되어야 하는 것이 다. 그래서 노동과정 W…W'는 그것의 전제를 이루는 G−W와 그것의 결 과를 완성하는 W'−G'의 두 번의 교환과정과 결합해야만 한다. 이 두 과정 과 결합함으로써 자본유통은 비로소 완성된다.

현대건설의 숨가쁜 부도일지는 자본유통이 노동과정만으로 이루어지는 것이 아니며 유통과 결합해야만 온전하게 작동한다는 것을 잘 보여주고 있 다. 이제 이 두 과정이 어떻게 노동과정과 결합하게 되는지 그리고 그 구조 는 어떻게 이루어져 있는지 살펴보기로 하자. 그것은 자본이 일으키는 마법 의 심장에 혈관을 연결하는 것과 같다. 맑스는 이것을 『자본론』 제2권에서 다루고 있다.

1. 자본순환의 구조

1) 자본의 세 번의 변신

우리는 앞에서 돈을 버는 과정인 자본유통을 다음과 같이 정리하였다.

$$G-W \left[\begin{array}{l} Pm \cdots W'-G' \\ A \end{array}\right.$$

이 자본유통은 세 가지 단계로 이루어져 있으며, 그러한 세 단계마다에서 자본은 세 가지의 상이한 기능형태들을 취한다.

첫 번째 단계에서 자본가는 돈을 벌어주는 비밀의 상품, 즉 노동력 상품을 구매하고 동시에 그것을 도와주는 생산수단도 함께 구매한다. 그래서 그것은 다음과 같이 표현된다.

$$G-W \left[\begin{array}{l} Pm \\ A \end{array}\right.$$

이것만 따로 떼어놓고 본다면 그것은 단순히 하나의 등가교환이며 상품의 구매행위에 불과하다. 그러나 그것이 구매하는 상품에는 노동력이라는 상품이 포함되어 있으며, 그 구매의 목적은 잉여가치이다. 따라서 상품을 구매하는 화폐는 단순히 교환을 수행하는 화폐가 아니라 돈을 벌고자 하는 화폐, 즉 의식화된 화폐이다. 말하자면 그 화폐는 자본인 것이다. 자본은 화폐자본으로 기능한다.

이 교환을 통해서 화폐의 형태를 띤 자본은 생산의 두 요소, 생산수단과 노동력으로 변화한다. 화폐자본은 생산자본으로 변신하는 것이다. 돈을 벌기 위해서 이 변신은 반드시 필요한 변신이다. 이것이 최초의 변신이다.

두 번째 단계에서는 생산이 이루어진다. 이 단계는 단순한 등가교환과 구별하여 …P…라는 형태로 별도로 표현된다. 구매된 노동력과 생산수단은 자본가의 명령하에 결합한다. 기계가 돌아가고 노동자들이 공장 안에서 바쁘게 움직인다. 자본가는 수시로 공장을 돌아보며 작업이 순조롭게 이루어지고 있는지 살펴본다. 생산수단과 노동력의 결합은 전적으로 자본가가 지시하는 방식에 따라 결합되는데, 이때 자본가가 의도하는 것은 단 하나, 잉여가치의 생산이다. 따라서 자본가의 지휘를 받는 이 생산수단과 노동력은 단순한 생산요소가 아니라 잉여가치의 생산을 목표로 하는 생산요소이다. 그것은 자본인 것이다. 자본은 **생산자본**으로 기능하는 것이다. 그리하여 생산자본은 이 과정에서 잉여가치를 포함한 상품을 생산한다. 생산자본은 이제 상품자본으로 변신한다. 이것이 두 번째 변신이다. 한편 잉여가치가 만들어지는 것은 바로 여기이므로 이 과정이 돈을 버는 과정에서 가장 결정적인 단계를 이룬다.

세 번째 단계에서 자본은 다시 상품시장에 출현하는데, 이번에는 생산과정에서 생산된 상품을 판매하기 위해 나타나게 된다. 이 과정은 $W'-G'$의 형태를 띠는데, 그것은 상품의 판매라는 등가교환의 형태이다. 그러나 그것은 단순한 등가교환이 아니다. 그 교환에 등장하는 상품은 방금 전 생산과정에서 만들어진 잉여가치를 포함하고 있다.

그래서 그 상품은 **상품자본**이다. 상품을 판매함으로써 자본가는 비로소 처음 지출된 화폐액뿐만 아니라 생산과정에서 만들어진 잉여가치도 화폐형태로 회수하게 된다. 그는 돈을 번 것이다. 그러므로 상품자본은 이제 화폐자본으로 변신해야만 한다. 이것이 마지막 변신이다. 상품자본은 그 현물형태에서는 물론 가치크기에서도 처음의 화폐자본이나 생산자본과는 구별된다.

이 세 단계를 모두 경유하고 거기에서 연속적으로 각 단계에 상응하는 기능형태들을 취하는 자본을 우리는 **산업자본**이라고 부른다. 산업자본은 잉여가치를 직접 만들어내고 그것을 스스로 취하는 기능을 갖는다. 따라서 산업자본은 잉여가치를 목표로 생산을 수행하는 가장 전형적인 자본의 형태이다. 사실 현실에서는 돈을 벌고자 하는 화폐, 즉 자본이 모두 노동력 상품을 구매하면서 생산을 수행하지 않는다. 노동력을 전혀 구매하지 않고 따라서 생산을 수행하지 않는 상업이나 금융부문에 투자되는 자본도 많이 존재한다. 이들 자본은 직접으로 잉여가치를 생산하지 않고 산업자본이 생산한 잉여가치를 나누어 갖게 되는데, 이것은 나중에 뒤에서 자세히 다루게 될 것이다. 그래서 잉여가치를 직접 생산하는 가장 전형적인 자본을 따로 산업자본이라고 부르는 것이다.

산업자본의 이 세 단계는 서로 연결되어 하나의 통일체를 이루고 있다. 하나의 단계는 모두 앞선 단계를 전제로 하고 있으며, 그 자신은 뒤에 이어지는 단계의 전제를 이룬다. 잉여가치가 생산되고 실현되는 자본운동 내에서 세 개의 운동단계들은 산업자본의 통일적인 전체 순환 내의 부분과정으로만 존재한다. 그리하여 산업자본의 순환은 이들 세 단계 모두의 연속관계를 통하여 비로소 실현된다. 'G-W…P…W'-G'', 'G-W…P…W'-G'' 등등.

마찬가지로 화폐자본, 생산자본, 상품자본 등의 산업자본의 세 가지 기능형태들도 또한 동일한 하나의 자본이 자신이 거쳐가는 각 단계마다 형태만 다르게 드러내는 것들에 불과하다. 이들 세 자본의 본색은 사실상 동일한 것이다. 그들은 모두 잉여가치를 목표로 활동하고 있다.

산업자본은 이처럼 세 개의 운동단계와 세 개의 기능형태들을 모두 갖추어야만 비로소 산업자본이 될 수 있다. 이들 세 개의 운동단계 및 기능형태들이 산업자본으로 통일되는 것은 자본이 세 번의 변신―이것을 **형태변환**(Metamorphose)이라고 부른다―을 수행함으로써이다. 유통부문에서 이루어지는 첫 번째 변신은 화폐자본이 생산자본으로, 생산부문에서 이루어지는 두 번째 변신에서는 생산자본이 상품자본으로, 그리고 다시 유통부문에서 이루어지는 세 번째 변신에서는 상품자본이 화폐자본으로 전화한다. 이들 세 변신 가운데 생산부문에서 이루어지는 생산자본의 상품자본으로의 전화를 특히 자본의 실질적 **형태변환**(*MEW* 24: 56)이라고 부르는데, 그것은 이 형태변환이 유통부문에서 이루어지는 두 형태변환과는 달리 처음 투입된 가치보다 더 큰 가치로의 변환을 이루기 때문이다. 그래서 이 형태변환이야말로 자본의 순환과정에서 가장 본질적인 중요성을 갖게 되는데, 유통과정에

속하는 나머지 두 형태변환은 궁극적으로 생산과정에 속하는 이 형태변환을 원활하게 하기 위한 전제들을 만드는 데 기여하는 역할을 수행하게 된다. 이는 생산과정과 유통과정의 통일로 이루어지는 산업자본의 전체 순환에서 생산과정의 우위를 규정짓는 중요한 의미를 갖는다.

2) 자본순환의 세 형태

자본의 생산은 본질적으로 연속적인 재생산이므로 산업자본의 전체 순환은 위에서 얘기한 세 운동과 기능형태들의 연속적인 순환으로 이루어진다. 따라서 전체 순환과정은 이들 세 자본의 원주순환형태로 이루어져서 전체로 볼 때 화폐자본과 생산자본, 그리고 상품자본은 각기 독자적인 순환을 이루게 된다. 자본순환의 이러한 분화는 자본이 바로 그런 형태로 분화될 수 있다는 것을 말해준다. 실제로 자본은 그렇게 각 형태별로 분화되는데 우리는 이들 분화된 자본들의 기능과 운동원리를 나중에 제9장과 제10장에서 다루게 될 것이다.

<그림 16> 자본의 순환

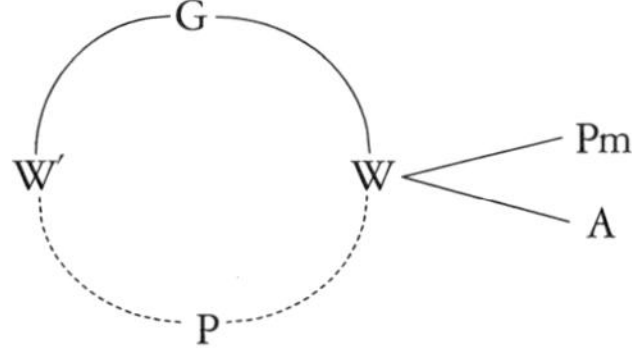

화폐자본의 순환은 화폐자본의 형태에서 출발하여 증대된 화폐자본의
형태로 끝난다($G-G'$). 산업자본의 순환도 화폐자본으로부터 시작하기 때
문에 화폐자본의 순환형태는 산업자본의 전체 순환형태와 동일하다.

$$G-W \left[\begin{array}{l} Pm\cdots P\cdots W'-G' \\ A \end{array}\right.$$

화폐자본의 순환은 가치증식, 돈벌이, 축적 등 자본운동의 목표가 가장
선명하게 눈에 들어오는 자본순환형태를 보여준다. 즉 그것은 G의 목표가
G'로 분명하게 설정되어 있다. 그것은 더 큰 가치액으로 판매하기 위해서
구매가 이루어지는 것을 잘 보여주고 있다. 그러나 다른 한편 화폐자본의
순환은 잉여가치가 어디로부터 발생하는지에 대해서는 혼동을 일으킬 여지
를 가지고 있다. 즉 화폐자본의 순환에서는 순환의 결과로서 화폐형태(G')
가 강조되고 있어서 투입된 것보다 많은 화폐액이 결국 유통으로부터 얻어
지는 것처럼 보이고 있는 것이다.
　생산자본의 순환은 생산에서 시작되고 생산에서 끝나며 다음과 같이 표
현된다.

$$P\cdots W'-G' \cdot G-W \left[\begin{array}{l} Pm\cdots P \\ A \end{array}\right.$$

이 순환은 생산자본이 주기적으로 갱신된다는 것을 내용으로 하고 있으
며, 생산을 끝마친 P는 언제나 그러한 갱신을 요구하게 된다. 그래서 생산
자본의 순환은 그 자체가 자본의 재생산에서 가장 중요한 조건을 이룬다.
그리고 그러한 재생산에서는 잉여가치의 사용방식이 그 다음에 이루어질

재생산의 성격을, 즉 그것이 단순재생산인가 또는 확대재생산인가를 결정 짓는다. 생산자본의 순환은 생산의 목적이 생산인 것처럼 나타냄으로써 자본주의적 생산의 본래 목표인 잉여가치의 생산을 은폐시킨다. 여기에서는 운동의 일반적인 형태, 즉 P…P가 재생산의 형태에 불과하며, 가치증식이 이 과정의 목적임을 보여 주지 않는다.

상품자본에 의해 시작되고 종결되는 상품자본의 순환은 다음의 형태를 띤다.

$$W' - G' \cdot G - W \quad \begin{cases} Pm \cdots P \cdots W' \\ A \end{cases}$$

앞의 두 순환형태들이 투입된 자본가치에서 시작되는 반면, 상품자본의 순환은 노동자가 만들어낸 잉여가치를 이미 포함하고 있는 증식된 가치로부터 시작하며, 그런 의미에서 이 순환은 **산업자본의 총체적 운동**(MEW 24: 101)이라고도 불린다. 그것이 총체적이라고 불리는 이유는 W'…W'가 상품자본으로 변화한 모든 상품들의 완전한 실현을 필요로 하고 생산적 소비와 개인적 소비를 조건짓기 때문이다.

화폐자본과 생산자본 및 상품자본의 순환들은 산업자본의 전체 순환에서 서로 전제이자 결과물로서 맞물려 있으며, 각각이 전체의 일부분을 이루고 있다. 동시에 산업자본의 순환도 이들 세 가지 순환형태를 벗어나서는 따로 존재하지 않으며 그들 속에서만 존재한다. 산업자본의 이러한 세 가지 순환형태들은 자본주의적 생산의 목표를 각기 다른 방식으로 표현하고 있긴 하지만 궁극적으로 한 가지 점에서는 공통적인데, 즉 가치증식을 목적으로 하고 있다는 사실이 곧 그것이다.

한편 산업자본의 순환은 이들 세 순환이 서로 맞물림으로써 이루어지고 그럼으로써 연속성을 유지한다. 그러나 자본주의적 생산에서는 이러한 연속성이 매우 우연적으로만 유지된다. 그러한 연속성은 각각의 세 순환 가운데 어느 한 단계에서만 중단이 되어도 장애를 받게 된다. 그리하여 자본이 첫째 국면인 G—W에서 정체되면 화폐자본은 축장화폐로 응고되어버리고, 두 번째 국면 …P…에서 정체가 일어나면 공장이 놀게 되는 사태가 나타나서 기계는 정지해버리고 노동자들은 일자리를 잃게 되는 결과를 낳는다. 마지막 국면인 W'—G'에서 정체가 일어나면 상품들은 팔리지 않고 시장이나 창고에 가득 쌓여 있게 된다. 현대의 숨가쁜 드라마를 연출한 부도사태는 바로 이런 순환의 중단이 초래하는 현상이다. 공장이 돌아가고 상품이 창고에 쌓여 있어도 그것이 화폐로 변신하지 못하면 부도는 발생하는 것이다.

이런 순환의 장애는 가치의 생산에서 아무런 장애도 받지 않던 자본의 마법이 유통과 결합하면서 장애가 발생할 가능성이 있다는 것을 보여준다. 축복만으로 가득한 것 같던 마법의 세상이 약점을 가지고 있다는 것을 보여주는 것이다. 그리고 그런 약점은 이 마법을 풀 수 있는 단서를 암시하고 있다.

2. 자본의 회전

1) 생산기간과 유통기간

1980년대말 사업을 시작할 때 델은 PC를 주문생산해서 통신판매하는 중소지역사업자에 불과하였다. 그러나 델은 인터넷을 이용하면서 급격히 성장해 90년대 후반에는 미국 최대의 PC 메이커가 되었다. 델의 제조판매는 다른 회사와 정반대이다. 물건을 만들어놓고 손님의 주문을 받는 대신 델은 먼저 손님의 주문을 받는다. 소비자가 사양, 기종, 규격, 가격 등을 정하면 그 다음에 제조에 들어가는 것이다. 소비자가 생산과정에 참여하는 것이다. 이른바 '프로슈머'(prosumer: 소비자의 consumer와 생산자의 producer를 합성한 단어) 개념이다. 이런 방식을 통해서 델은 재고수준을 최소한으로 낮출 수 있었고 그것은 델의 경쟁력을 획기적으로 높였다(『동아일보』, 2000년 12월 5일자).

델 컴퓨터사의 성공은 바로 자본의 순환으로부터 비롯된 회전기간의 단축을 통해서 달성된 것이다. 그것은 자본회전의 개념으로부터 비롯된다.

자본의 운동은 1회의 순환으로 그치지 않는다. 왜냐하면 자본은 끊임없이 운동함으로써만 자신이 목표로 하는 잉여가치를 얻을 수 있기 때문이다. 이리하여 자본은 순환을 계속 반복한다. 이러한 순환의 반복을 **자본의 회전**이라고 부른다. 따라서 자본의 회전은 순환과 구별된다. 자본의 순환에서는 자본의 운동을 자본이 거쳐가는 각 단계들을 중심으로 살펴보았다. 그러나 이제 자본의 회전에서는 한 번의 순환과정을 단위로, 순환의 반복이라는 측면에서 살펴보게 된다.

자본이 한 번 회전하는 데는 일정한 기간이 필요하다. 자본의 회전기간은 생산기간과 유통기간을 합한 것이다. 다시 말해서 자본의 한 회전기간은 자본가가 자본을 투자하여 기업을 시작한 때로부터 상품을 생산하고 그것을 판매하여 처음에 투자한 것보다 더 많은 화폐를 회수할 때까지의 기간을 말한다. 말하자면 그것은 자본의 순환이 한 번 이루어지는 데 걸리는 기간을 말한다.

생산기간이란 자본이 생산부문에 머물러 있는 전체 시간을 말한다. 자본의 순환 가운데에서 …P…에 해당하는 기간이 바로 이것이다. 생산기간은 노동기간에다 노동대상이 일정한 자연적 과정을 거치는 기간을 합한 것이다. 이 생산기간 중에서 가장 중요한 부분은 노동기간이다. 왜냐하면 노동기간에서만 잉여가치가 창출되기 때문이다. 노동기간은 생산물을 생산하기 위하여 노동대상에 노동을 가하는 기간을 말한다. 예를 들어 방직공장에서 직조공이 베를 짜는 기간이며, 포도주공장에서 포도를 짜넣는 가공기간이다. 생산기간에는 그밖에도 노동자들의 노동이 직접적으로 가해짐이 없이 노동대상이 일정한 기간 동안 자연적 과정을 거치는 데 필요한 기간이 포함된다. 그것은 예를 들어 농업부문에서 벼의 생육기간이나 과일이 여무는 기간, 그리고 포도주공장에서 포도가 발효하는 기간이나 가구공장에서 목재가 건조되는 기간 등을 가리킨다. 이 기간에는 잉여가치가 창출되지 않는다. 대개 이런 기간 때문에 생산기간과 노동기간은 시간적으로 일치하지 않으며, 생산기간은 노동기간보다 길게 된다.

유통기간이란 자본이 유통부문에 머물러 있는 기간이다. 자본의 순환 가운데에서 $G-W$와 $W'-G'$가 이 기간에 해당된다. 즉 자본이 화폐자본으로부터 생산자본으로 형태를 전화하여 상품자본으로부터 다시 화폐자본으로 형태를 전화하는 기간이다. 다시 말해서 유통기간은 노동력과 생산수단을 구매하는 기간과 생산된 상품을 판매하는 기간을 합한 것이다. 이러한 자본의 유통기간은 짧을수록 자본가에게 유리하다. 왜냐하면 유통기간이 짧을수록 자본이 그만큼 더 자주 생산과정에 들어가게 되며, 따라서 동일한 크기의 자본으로 여러 번 생산하게 됨으로써 보다 많은 잉여가치를 얻게 될 것이기 때문이다. 유통기간에는 생산이 중단되며, 따라서 잉여가치의 생산도 중단된다. 유통기간의 길이는 생산수단의 구매조건과 제품의 판매조건, 시장과의 거리, 교통과 통신의 발전 정도, 대중의 구매력 상태 등에 따라서 좌우된다.

2) 고정자본과 유동자본

생산자본은 생산수단과 노동력으로 이루어져 있다. 그런데 생산수단 중에서 공장건물, 기계, 설비, 도구 등은 그 전체가 생산에 참여하지만 자신의 가치를 생산되는 생산물에 한꺼번에 모두 이전시키는 것이 아니라 여러 번의 생산과정에 걸쳐 일부분씩 이전시킨다. 가령 기계가 10년 동안 사용될 수 있다고 할 경우에 10년의 수명을 가진 기계는 해마다 자기 가치의 10분의 1을 노동자의 노동에 의해 생산물에 이전시키게 된다. 이와 같이 생산수단에 투하된 자본 가운데 여러 생산기간에 걸쳐 일부분씩 점차로 자신의 가치를 생산물에 이전시키는 자본을 고정자본이라고 부른다.

생산수단 가운데서도 원료나 연료 등을 구입하는 데 지출된 자본 부분은 한 번의 생산기간 동안에 자신의 가치를 한꺼번에 생산되는 생산물에 이전시킨다. 이런 자본 부분을 유동자본이라고 부른다. 또한 노동력의 구매를 위해 지출된 자본도 한 번의 생산기간 동안에 그 가치가(지출된 가치액뿐만 아니라 잉여가치도 포함하여) 모두 생산물에 이전되기 때문에 유동자본으로 간주된다. 이리하여 생산자본은 고정자본과 유동자본으로 구분된다. 그런데 우리는 앞서 생산자본을 이미 불변자본과 가변자본으로 나눈 바 있다. 거기에서 불변자본은 생산수단을 구입하는 데 지출된 자본이었으며, 가변자본은 노동력을 구입하는 데 지출된 자본이었다. 여기에서는 불변자본이 고정자본과 유동자본으로 나누어지고, 가변자본은 불변자본의 일부와 함께 유동자본에 포함된다. 이처럼 생산자본을 구분하는 방법이 달라지는 것은 무엇을 의미하는 것일까?

자본을 불변자본과 가변자본으로 구분하는 것은 자본가가 가치를 증식시키는 과정에서 생산자본이 행하는 역할이 기준으로 되었다. 그리하여 거기에서는 생산과정을 통하여 가치가 생산물에 이전되는 데 있어서 본래의 가치액이 변하는지 변하지 않는지가 문제가 되었다. 자본의 이러한 구분은 잉여가치가 총자본에 의해서가 아니라 가변자본, 즉 노동자들의 노동력에 의해서만 창출된다는 것을 드러내어 보여준다. 즉 그것은 잉여가치의 원천을 보여줌으로써 자본주의적 생산의 본질을 밝혀준다. 그런데 자본을 고정자본과 유동자본으로 구분하는 것은 생산자본의 각 부분을 회전의 성격에 따라 살펴보는 것이다. 그것은 자본주의적 생산의 본질과는 무관하며, 단순히 회전과정에서의 기능만을 문제로 삼는다. 그러나 이 양자는 서로 밀접한 관련을 갖는데, 그러한 관련은 <그림 17>과 같다.

고정자본은 일정한 시간이 지남에 따라 점차로 가치가 소멸해가는데, 이것을 마모(Verschleiß)라고 부른다. 고정자본의 마모에는 두 가지 종류가 있는데, 물리적 마모와 도덕적 마모가 곧 그것이다.

<그림 17> 가치증식과정과 회전과정에 따른 자본의 구별

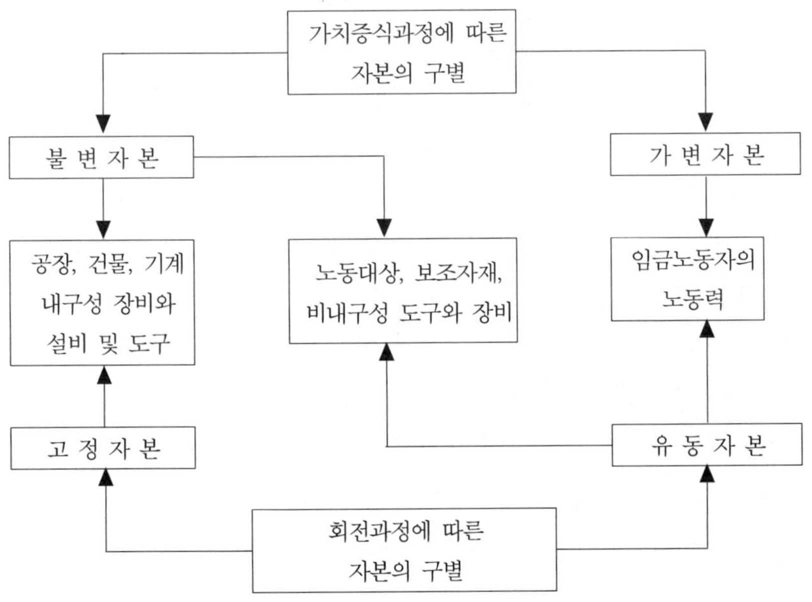

  고정자본의 물리적 마모란 기계와 설비 등 고정자본이 생산과정에서 사용되면서 점차 마모되거나 또는 자연력의 작용을 받아 기계에 녹이 슬고공장건물이 눈비나 바람을 맞아 노후화해가는 방식으로 마모되는 것을 가리킨다. 철로 같은 것이 가장 대표적인 것으로 초기에 철로의 수명은 대개 20년 정도였다. 침목의 수명은 12~15년이었으며, 기관차의 수명은 1867년을 기준으로 할 때 10~12년으로 측정되었다(MEW 24: 170).

  그리고 도덕적 마모란 예를 들어 수명이 10년인 기계가 5년 동안 사용되고 아직 앞으로 5년 동안 더 사용될 수 있음에도 불구하고 성능이 높게 개량된 새로운 기계가 생산에 도입됨으로써 더 사용될 수 있는 기계가 본래의 제 가치를 유지하지 못하고 가치가 소멸해버리거나 또는 감소하는 현상을 말한다. 자본가가 아직 사용할 수 있는 기계를 가지고 있으면서도 새로운 기계를 도입하지 않을 수 없는 것은 자본가들 사이에 항상 경쟁이 진행되고 있기 때문이다. 자본가는 다른 자본가들과의 경쟁에서 승리하고 더 많은 잉여가치를 얻기 위해서 자기 상품의 생산비를 다른 자본가들보다 낮추어야 하는데, 이를 위해서는 새로운 기계를 도입하지 않을 수 없는 것이다. 중고 자동차의 경우도 그러한데, 우리나라의 경우 자동차는 새 차로 출고된 직후부터 중고 자동차로서 이미 20% 가량 가격이 하락한다. 맑스가 살던 시기에 기관차와 차량은 일단 중고가 되면 정상적인 물리적 마모액수에 다시 25% 더 낮은 가격에 거래되었다(*MEW* 24: 170/171).

  기계의 도덕적 마모로 인한 손실을 줄이기 위해 자본가들은 기계와 설비 등을 가능한 한 짧은 기간 내에 완전히 이용하려고 노력하며, 따라서 작업시간의 연장이나 교대작업 등을 통해서 기계 등의 가동률을 최대한 높이고자 노력한다. 또한 자본가들은 마모된 고정자본을 보수하거나 새로운 것으로 갱신하기 위하여 제품이 판매되어 자본이 매번 회수될 때마다 고정자본의 마모된 부분에 해당하는 가치액만큼을 계속 공제하여 적립한다. 이것을

사용 연한	고정자본 가치		감가상각기금
0년	20,000		0
1년	18,000		2,000
2년	16,000		4,000
3년	14,000		6,000
4년	12,000		8,000
5년	10,000		10,000
6년	8,000		12,000
7년	6,000		14,000
8년	4,000		16,000
9년	2,000		18,000
10년	0		20,000

고정자본에 대한 감가상각이라고 부른다. 고정자본의 감가상각을 통하여 고정자본의 가치액 가운데 마모되어 생산물에 이전되는 부분은 점차로 화폐형태로 보전된다. 그러한 보전과정은 <그림 18>과 같다.

3) 자본의 회전속도와 연간 잉여가치율

자본의 회전속도는 자본의 회전기간으로부터 도출된다. 자본의 회전속도의 단위는 1년이며, 이 1년(U)을 어떤 자본의 회전기간(u)으로 나누면 자본의 회전속도(n)가 산출된다.

$$n = U/u$$

예를 들어 어떤 자본이 한번 회전하는 데 소요되는 기간이 3개월이라고 한다면, 이 자본의 1년 동안의 회전속도는 12개월÷3개월=4회가 되며, 회전기간이 6개월인 자본의 회전속도는 12개월÷6개월=2회가 된다.

자본의 회전속도는 가변자본의 크기와 잉여가치율이 불변일 경우 생산되는 잉여가치량에 영향을 미친다. 즉 동일한 크기의 여러 가변자본들이 서로 다른 회전속도로 인하여 각기 다른 양의 잉여가치를 창출하게 되는 것이다. 회전속도가 높은 자본은 1년 동안에 더 많은 횟수로 생산에 투입되며, 따라서 보다 많은 잉여가치를 얻게 되는 것이다. 예를 들어 두 자본가가 있고, 이들이 생산에 투하하는 가변자본의 크기가 똑같이 10만원이고, 잉여가치율도 두 자본가 모두에게 100%라고 하자. 이때 만일 첫번째 자본가의 가변자본의 회전속도는 연간 1회이며, 두 번째 자본가의 가변자본의 회전속도는 연간 2회라고 한다면 첫 번째 자본가는 1년 동안에 10만 원의 잉여가치를 획득하게 될 것이고, 두 번째 자본가는 1년 동안에 20만 원의 잉여가치를 획득하게 될 것이다. 두 자본가간에 이처럼 잉여가치량이 차이가 나게 되는 것은 두 번째 자본가가 첫 번째 자본가보다 2배의 노동자들을 고용하여 잉여가치를 두 배로 생산할 수 있기 때문이다.

이처럼 자본의 회전속도는 자본가가 1년 동안에 얻는 잉여가치의 양에 영향을 미친다. 따라서 자본의 회전속도는 자본의 연간 잉여가치율에도 영향을 주게 된다. 즉 회전속도가 높은 자본은 더 많은 잉여가치량에 의해서 더 높은 잉여가치율을 실현하게 된다. 이처럼 회전속도에 영향을 받는 연간 잉여가치율은 다음과 같이 표시된다.

$$M'=[(m \times n)/v] \times 100 = m' \times n \times 100$$

(M': 연간 잉여가치율, m: 잉여가치, n: 자본의 회전속도, v: 투하된 가변자본, m': 잉여가치율)

앞의 예에서 본다면, 첫 번째 자본가의 연간 잉여가치율은 M'_1=(10만원

×1회)/10만원×100＝100%이며, 두 번째 자본가의 연간 잉여가치율은 M'_2 ＝(10만원×2회)/10만원×100＝200%가 된다.

지금까지의 예에서 본 바와 같이 다른 조건들이 동일한 경우에는 자본의 회전속도가 빠르면 빠를수록 1년 동안에 잉여가치가 더 많이 생산되며 연간 잉여가치율도 훨씬 높아진다. 따라서 자본가들은 자본의 회전속도를 높이려고 항상 노력한다. 자본의 회전속도를 높이려면 회전속도의 공식 n＝U/u에서 보는 바와 같이 회전기간(u)을 줄여야만 한다. 자본의 회전기간은 생산기간과 유통기간으로 이루어져 있기 때문에 회전기간을 줄이는 것은 바로 이 두 기간을 줄이는 것이 된다.

생산기간은 노동기간과 노동대상이 일정한 자연적 과정을 거치는 기간으로 구성되어 있다. 따라서 생산기간을 단축시키려면 이 두 기간을 단축시켜야 한다. 이 두 기간은 기술이 발전해감에 따라 단축된다. 예를 들어 노동기간의 경우 새로운 기계나 공법의 개발에 의해 철도나 다리의 건설, 그리고 농작물의 수확에 소요되는 기간은 과거에 비해 갈수록 비약적으로 단축되고 있으며, 자연적 과정을 거치는 기간의 경우도 새로운 화학적 처리방법의 개발에 의해 목재의 건조나 가죽의 가공시간 등이 상당히 단축되고 있다. 그밖에 자본가는 노동일의 연장과 노동강도의 강화를 통해서도 자본의 회전속도를 높이고자 노력한다. 예를 들어 1일 노동시간(이것을 노동일이라고 부른다)이 8시간이고 어떤 상품의 노동기간이 20일인 경우, 만일 이때 1일 노동시간을 2시간 연장한다면 노동기간은 20일에서 16일로 단축될 것이다. 노동기간은 전자의 경우 8×20＝160시간, 후자의 경우는 10×16＝160시간으로 동일해질 것이기 때문이다.

한편 자본가는 또 유통기간을 단축시켜 자본의 회전속도를 높이고자 노력한다. 유통기간을 단축시키는 방법에는 상업조직의 개선, 교통 및 통신수단의 개발 등이 있으며, 이들은 상품을 생산지로부터 소비지로 운반하는 시간을 단축시키며 상품의 실현을 촉진하는 결과를 가져다준다. 최근 통신판매라든가 전자상거래는 거래에 따른 시간을 대폭 단축시킴으로써 유통기간을 단축시키는 데 결정적인 기여를 하고 있다.

일반적으로 자본주의적 생산이 발전해감에 따라 자본의 유기적 구성이 고도화되면 고정자본의 규모가 커지고, 그에 따라 자본의 회전속도는 감소하는 결과가 나타나며, 이러한 자본의 유기적 구성의 고도화는 또한 기계설비의 교체를 촉진시킴으로써 고정자본의 도덕적 마모도 촉진하는 작용을 하고 있다. 그러나 다른 한편으로 유기적 구성의 고도화에 따른 노동생산성의 향상은 생산기간을 단축시키는 효과를 가져옴으로써 자본의 회전기간을 단축시키는 작용을 하기도 한다. 따라서 자본축적이 진행되면서 동시에 유발되는 이러한 서로 상반되는 작용들간의 상대적인 크기에 따라 자본의 회전속도는 그때그때 다르게 영향을 받는다.

우리나라 기업들의 자본금회전율(매출액/자본금)은 한국은행에서 매년 발표하는 『기업경영분석』에 수록되어 있으며 1990년대 기간 동안 8～10회 정도를 기록하고 있다. 전체적인 추이를 보면 자본활동이 왕성하던 1990년대 전반기에는 회전율이 점차로 증가하는 경향을 보이다가 1997년 IMF 경제위기를 겪고 나서는 급격히 회전율이 하락하는 경향을 보이고 있다.

연도	1990	1991	1992	1993	1994	1995	1996	1997	1998	1999
자금회전율	8.19	8.73	8.90	8.56	9.19	10.52	10.79	11.03	10.02	8.01

자료: 한국은행, 『경제통계 DB』(인터넷)

제8장
가치의 배분-첫 번째 요소, 임금

유통과정이 결합함으로써 자본유통의 전체과정은 완결된 형태로 설명되었다. 여기에서는 가치가 어떻게 생산되어 되돌아오는지 밝혀졌다. 그러나 이렇게 설명된 자본유통은 아직 개별자본의 운동일 뿐이다. 왜냐하면 이 자본유통은 이렇게 생산되고 유통되는 가치가 어떻게 배분되는지에 대해서는 아직 설명하고 있지 않기 때문이다. 자본주의적 상품생산은 본질적으로 타인을 위한 생산이며 바로 그런 의미에서 그것은 가치의 생산이었다. 그런데 우리는 이 타인을 아직 설명하지 않은 것이다.

자본유통은 두 번의 교환을 포함하고 있는데 이는 모두 교환상대를 전제로 한 것이다. 교환상대가 없는 교환이란 있을 수 없기 때문이다. 유통의 첫 단계인 G-W(A. Pm)은 시장에서 생산요소(A. Pm)를 판매하는 사람을 전제로 하고 있으며 유통의 두 번째 단계인 W'-G'는 생산된 상품에 대한 구매자를 전제로 하고 있다. 첫 번째 단계에서는 이 자본유통의 외부로 가치가 흘러나가는 것을 보여주고 있으며 두 번째 단계에서는 외부로부터 가치가 흘러 들어온다는 것을 보여준다. 자본유통의 외부에 가치가 이미 존재하는 것이 전제되어 있는 것이다. 자본유통은 이 외부의 가치와 결합되어야만 비로소 완결된 설명이 되는 것이다. 그것은 가치의 배분으로 설명된다.

가치의 배분은 상품생산이 토대를 이루고 있는 사회에서 모든 구성원들이
어떻게 먹고 살게 되는지를 설명해준다. 상품생산사회에서는 먹고 살기 위
해서 상품을 손에 넣어야 하며 그것은 가치를 통해서만 가능하기 때문이다.
맑스는 이것을 『자본론』 제3권에서 다루고 있다. 가치의 배분이 밝혀짐으
로써 마법의 세상, 자본주의적 생산의 구조는 모두 해명되고 그 마법을 풀
수 있는 열쇠도 모두 드러난다.

1. 가치 배분의 구조와 임금의 본질

자본주의적 생산양식에서 만들어지는 총가치는 노동력상품에 의해 만들
어지는 v+m이다. 자본유통의 첫 단계에서 자본은 c+v를 투자하여 c+v+m
의 가치를 가진 상품을 생산한다. 그러나 우리가 이미 제5장에서 보았듯이
잉여가치 생산의 비밀은 v가 처음부터 만들어져 있는 것이 아니라 이 과정
에서 새롭게 만들어지는 가치라는 데 있다. 자본유통의 전체 과정에서 c는
처음부터 외부에서 만들어져 과정에 투입되는 가치이며 v+m은 과정에서
새롭게 만들어지는 가치인 것이다, 그래서 한 사회가 생산하는 총가치는
v+m으로 표시된다.

이 총가치는 일차적으로 v와 m으로 배분된다. 이 배분을 통해서 노동력
상품의 가치인 v, 즉 임금이 결정된다. 임금은 어떻게 결정되는가?

네가 주니까 나도 준다. 네가 하니까 나도 준다. 네가 주니까 나도 한다. 네가
하니까 나도 한다(*MEW* 23: 563).

임금은 이러한 교환과정을 통해서 결정된다. 그런데 그 교환은 이중적 구

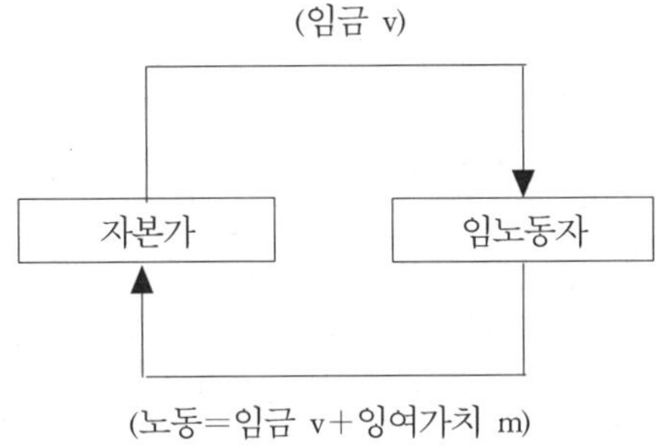

조로 이루어져 있다. 임금은 먼저 자본유통의 첫번째 단계, 즉 생산요소의 구매과정에서 결정된다. 임금은 여기에서 노동력상품이라는 생산요소의 교환가치로서 다른 생산요소들의 교환가치와 함께 결정된다. 교환가치가 결정되지 않으면 상품은 구매될 수 없으며 생산요소가 모두 구매되지 않으면 자본유통은 시작될 수 없다. 그런데 다른 생산요소와는 달리 노동력은 구매되면서 교환이 완료되지 않는다. 그것은 구매된 이후 다시 노동과정을 통해서 비로소 교환을 완성한다.

이 특수한 상품인 노동력의 독특한 성질에는 구매자와 판매자가 계약을 맺고 나서도 이 상품의 사용가치가 현실적으로 구매자의 손으로 옮겨지지 않는다는 성질도 포함된다. 노동력의 가치가 다른 어떤 상품과 마찬가지로 노동력의 유통에 들어가기 전부터 결정되어 있는 것은 노동력의 생산에 일정한 사회적 노동이 지출되었기 때문인데, 그러나 그 사용가치는 그 뒤에 이루어지는 힘의 발현(바로 노동의 수행을 의미—필자)에서 비로소 성립한다. 그러므로 힘의 양도(임금의 결정—필자)와 힘의 발현(노동의 수행—필자) 곧 사용가치로서의 현존재가 시간적으로 서로 분리된다(*MEW* 23: 188)

임금이 결정되는 이 교환은 다른 상품들의 교환과 완전히 구별되는 두 가지 특징을 갖는다.

첫째 그것은 분리된 두 과정(시간적으로는 물론 공간적으로도)으로 이루어져 있다. 즉 하나는 노동력상품이 거래되는 시장에서 이루어진다. 여기에서는 그 상품의 교환가치가 결정된다. 다른 하나는 교환가치가 결정된 이후 그 대가로 노동이 행해지는 장소, 즉 "'관계자 외 출입금지'라는 팻말이 출입구에 붙어 있는 그 장소"(*MEW* 23: 181)에서 이루어진다. 이처럼 임금은 하나가 아니라 두 과정의 결과물이다. 이로 인해 이 두 과정 가운데 어떤 것이 임금을 결정하는지 혼란이 발생한다.

둘째 이 교환은 부등가교환이다. 분리된 두 과정을 통해서 교환되는 가치의 크기가 서로 다른 것이다. 즉 전자의 과정에서는 노동자에게 v만큼의 가치가 주어지지만 후자의 과정에서 자본은 $v+m$의 가치를 받는다. 그리고 이런 부등가교환이야말로 이 교환의 본질이기도 하다. 부등가교환의 차액인 잉여가치를 얻는 것이 자본이 이 교환에 참여하는 목적이기 때문이다. 이런 부등가교환의 구조는 교환의 이중적 구조와 결합하여 임금에 대한 갖가지 혼란을 빚어낸다.

이런 두 가지 특징으로부터 임금의 두 가지 성격이 드러난다. 하나는 그것이 시장에서 결정되는 교환가치라는 점이며 다른 하나는 교환가치가 결정되는 이 시장이 나중에 이루어지는 노동과정과는 서로 무관하게 분리되어 있다는 점이다. 다시 말해서 임금은 교환가치이며 노동과정과 분리되어 결정된다는 것이다. 이것은 임금이 교환에서의 당사자들간의 합의에 따라 얼마든지 변동할 수 있다는 것을 의미한다. 따라서 임금을 결정하는 요인이란 것은 존재하지 않는다. 임금이 생계비에 의해서 결정된다는 임금철칙(고전파)이나 임금이 생산성에 의해서 결정된다는 주장(한계생산력이론)은 모두 방금 우리가 밝힌 임금의 성격에서 벗어나는 잘못된 개념이다. 이런 생각은 모두 임금의 성격에 대한 혼란으로부터 비롯된 것이다.

한편 이 두 과정은 임금을 둘러싼 두 교환당사들의 상이한 이해관계를 반영한다. 노동력의 판매자인 노동자의 이해는 임금(v)에 있는 반면 구매자인 자본의 이해는 노동자의 노동수행(v+m)에 있다. 노동자의 이해가 달린 임금은 노동자에게는 생계를 위한 수입이며 자본가에게는 노동수행을 위해서 지출하는 비용이다. 수입은 많을수록 좋은 것이며 비용은 적을수록 좋은 것이다. 노동자는 가능한 한 많은 임금을 원하며 자본가는 가능한 한 적은 임금을 원한다. 따라서 교환가치인 임금의 결정에서 두 당사자는 서로 대립된 이해관계를 갖는다.

한편 자본가의 이해가 달린 노동수행은 노동자에게는 육체적·정신적 에너지의 지출이며 자본가에는 수입을 이룬다. 따라서 과도한 노동지출은 노동자에게 육체적 정신적 피로를 유발해서 바람직하지 않지만 자본가에게는 바로 그것이 수입의 증가를 가져온다. 그러므로 여기에서도 양자의 이해관계는 대립된다. 이렇게 대립된 이해는 교환과정에서 양자간의 힘의 균형에 따라서 조정되어 임금에 반영된다.

그러나 임금의 이런 성격들, 즉 교환상대로부터 승인을 받아야 하는 교환가치라는 점, 그러나 바로 그 교환이 부등가교환이며 동시에 이해가 대립된다는 점 등이 모두 투명하게 드러나 있다면 잉여가치의 무한하고 지속적인 생산이라는 자본가의 목적은 쉽게 달성되기 어려울 것이다. 교환은 일방의 이해만 관철될 수 없는 상호승인에 의해서 이루어지는 것이기 때문이다. 그래서 자본주의의 역사에서 자본가들은 임금의 본질을 가능한 한 은폐하고 혼란을 유발함으로써 자신의 이해를 관철하려고 노력해 왔다. 이제부터 그 혼란의 신기루들을 살펴보기로 하자.

우리 사회가 한 해 동안 이룩한 경제활동을 가장 단적으로 나타내는 지표는 국민총소득(Gross National Income, 줄여서 GNI로 나타낸다. 1999년 이전까지는 국민총생산 Gross National Product, 줄여서 GNP로 표기)이다. 이것이 바로 한 해 동안 우리 사회가 만들어낸 총가치, 즉 'v+m'이다. 1999년 우리나라 국민총소득은 4,021억 달러였으며 1인당으로 환산하면 8,581달러였다. 그러나 이런 국민총소득이 곧바로 노동자들의 생활수준을 반영하는 것은 아니다. 왜냐하면 그런 총가치로부터 노동자의 몫이 결정되는 것은 비례적인 것이 아기 때문이다. 이런 총가치에서 노동자들의 몫을 결정하는 것은 노동소득분배율이다. 거시경제의 지표가 좋아지는 것과 노동자들의 상태가 좋아지는 것은 관련이 없으며 노동자들의 상태가 개선되기 위해서는 노동소득분배율이 보다 결정적인 영향을 미친다.

임금과 생계비간의 관계에 대한 오해에 대하여

임금이 생계비에 의해 결정된다는 것은 경제학의 초기에 고전파 경제학자들이 주로 주장하던 것이었다(Torrence, R., 1815: 62; Smith, A., 1937: 68; Ricardo, D., 1951: 68). 그것은 주로 인구법칙에 의해 임금이 자연가격 수준에 머문다는 것을 내용으로 한다. 그런데 우리나라에서는 노동자들 사이에, 심지어는 맑스를 공부한 연구자들 사이에도 고전파의 이 개념에 매달린 사람들이 적지 않다. 맑스의 개념에 따르면 임금은 노동력 상품의 가치로서 그 가치의 내용을 이루는 생계비를 반영하는 것이다. 생계비는 교환의 결과 합의된 교환가치를 반영하는 것이지, 생계비가 임금을 결정하는 것은 아니다. 우리나라 노동조합들에서 임금인상의 근거로 생계비를 제시하는 것은 현행 임금이 생계비를 반영하지 못한다는 주장에 근거해 있는데 이는 원인과 결과가 혼돈된 개념이다. 교환과정에서 결정된 임금이 생계비를 반영하고 있는 것이지 임금을 결정하는 객관적 생계비란 존재하지 않는다. 따라서 임금은 생계비와 비교될 수 있는 것이 아니다. 맑스는 임금이 어떤 일정한 수준이 되어야 한다고 주장한 적은 없으며 그것이 가변적인 크기라는 것을 강조하였다. 우리는 여기에서 맑스가 이해한 임금의 개념을 정확하게 파악해둘 필요가 있다.

노동력의 가치는 두 요소로 이루어져 있다. 하나는 순전히 육체적인 것이며 다른 하나는 역사적 또는 사회적인 것이다. 노동력가치의 최저한도는 육체적 요소에 의해서 결정된다. 이것은 노동자계급이 자신의 유지 및 재생산을 위해 또 자기의 육체적 존재를 영속화시키기 위해서는 생활과 종족번식에 반드시 필요한 생활수단을 공급받지 않으면 안된다는 것을 의미한다.… 이런 육체적인 요소 외에도 노동력의 가치는 각 나라의 전통적인 생활수준에 의해 결정된다. 이 수준에는 단순한 육체적 생활의 욕망충족뿐만 아니라 사람들이 생존하고 또 양육되는 그 사회의 조건으로 말미암아 발생하는 그런 욕망의 충족도 포함된다.… 노동력의 가치에 들어가는 이 역사적 사회적 요소는 확대되거나 축소될 수도 있고 나아가서는 육체적 한계 이외에는 아무 것도 남지 않을 만큼 완전히 소멸될 수도 있다.… 만일 여러분이 여러 나라에서의 임금수준 또는 노동력의 가치의 수준을 비교하거나 또는 같은 나라에서도 서로 다른 역사적 시기에서 그것을 비교한다면 여러분은 노동력의 가치 자체는 불변의 크기가 아니라 가변의 크기(강조－필자)이며, 다른 모든 상품의 가치가 변하지 않는 조건하에서도 가변의 크기라는 것을 발견할 수 있을 것이다(Marx, 1865, 「임금, 가격 및 이윤」, *MEW* 16: 147/148).

2. 임금을 둘러싼 환상과 오해

1996년 미국 서점가를 강타하고 있는 최고의 베스트셀러는 39세의 만화가 스코트 애덤스(Scott Adams)의 처녀작 『딜버트 원칙』(*The Dilbert Principle*)이다. 이 만화의 주인공은 입이 없는 얼굴, 둥근 검은테 안경에 짧게 친 옆머리, 끝이 말려 올라간 넥타이를 맨 평범한 샐러리맨 딜버트이다. 이 딜버트가 일상적으로 겪는 사무실의 갖가지 풍속도가 이 만화의 내용을 이루고 있다. 그 해학과 풍자가 담고 있는 진실성으로 샐러리맨들의 심금을 울리고 있는 이 책의 백미는 단연 '칸막이 방'이라고 불리는 직장인들의 분할된 사무공간에 대한 묘사이다.

애덤스에 따르면 최근 사무공간으로 유행하고 있는 칸막이 방은 1960년대 쥐를 대상으로 한 심리실험의 산물이라고 한다. 실험이란 별다른 게 아니다. 치즈를 좋아하는 쥐들을 물건이 가득 찬 칸막이 방에 풀어놓는 것이다. 그러면 쥐들은 정신없이 움직이며 정체를 알 수 없는 물체들을 풀어헤치며 치즈를 찾아내려 애쓴다. 이리 뛰고 저리 뛰며 많은 쥐들은 그 과정에서 다치거나(직업병), 죽거나(과로사), 구멍을 내고 도망가 버린다(자진사표). 물론 치즈(노동자가 꿈꾸는 풍요로운 삶)은 없다.

금세기 자본주의의 심장부인 미국에서 만들어진 이 해학은 자본주의 생산양식의 마법의 우리인 돈버는 원리를 정확하게 꿰뚫고 있다. 제5장에서 이미 살펴본 대로 돈버는 원리의 핵심은 노동자의 잉여노동을 획득하는 데 있다. 그리고 그것은 딜버트의 얘기에서 실제로는 없는 치즈를 미끼로 쥐들을 움직이는 바로 그 원리이다. 치즈(잉여노동. 그것은 현실에서 출세한 자본가의 삶으로 비친다)는 실제로는 쥐들(노동자들)에게 결코 주어지지 않는다. 그러나 쥐들은 치즈를 찾아 온갖 희생을 감내하며 일하는 것이다. 그런데 여기에는 중대한 의문이 하나 설명되지 않은 채로 남는다. 어째서 이런 어리석은(?) 일이 반복될 수 있느냐는 것이다. 이 실험은 자본주의가 작동한 이래 무려 230여 년 동안이나 반복되어왔으며 지금도 별다른 문제없이 잘만 작동하고 있는 것이다.

그 의문의 열쇠는 임금에 있다. 임금은 '치즈가 없다'는 사실을 은폐할 뿐만 아니라 더 나아가 '치즈가 있을 것'이라는 추정을 노동자들에게 불러일으킴으로써 바로 이 기묘한 실험이 반복될 수 있도록 조장하는 것이다. 그런 점에서 임금은 사실상 돈버는 원리의 비밀을 감싸면서 그것이 지속적으로 이루어질 수 있도록 만드는 환상의 신기루라고 할 수 있을 것이다. 임금은 어떻게 해서 이런 환상의 신기루로 될 수 있을까?

앞에서 이미 얘기한 바와 같이 돈버는 원리의 핵심인 잉여가치는 노동력이라는 상품의 소비를 통해서 만들어진다. 노동력상품의 소비과정은 곧 노동과정이며, 노동과정은 대개 하루를 단위로 이루어진다. 그래서 하루에 소비되는 노동량을 우리는 노동일이라고 불렀다. 잉여가치는 이 노동일을 총노동으로 했을 때 그 속에 들어 있었다. 즉 총노동은 필요노동과 잉여노동으로 나누어졌고 이 가운데 잉여노동이 바로 돈벌이의 핵심인 잉여가치를 이루며 필요노동이 바로 임금을 이루는 부분이었다. 그런데 총노동이 처음부터 필요노동과 잉여노동으로 분리되어 있는가? 만일 그것이 분리되어 있다면 '치즈는 없다'는 사실은 처음부터 투명하게 드러난다. 노동자들에게 잉여노동은 무의미한 노동이며 따라서 돈버는 원리는 반복적으로 작동하기 어렵다.

그런데 문제는 총노동이 이처럼 두 부분으로 분리되지 않는다는 데 있다. 한때 이것이 분리된다고 주장한 사람도 있었다. 그 사람의 이야기를 한번 들어둘 필요도 있다.

1836년 어느 아름다운 아침, 경제학으로 유명할 뿐만 아니라 아름다운 문체로도 이름 높은 영국의 경제학자 시니어(Nassau W. Senior)는 옥스퍼드에서 경제학을 가르치는 대신에 맨체스터에서 경제학을 배우도록 옥스퍼드에서 맨체스터로 호출되었다. 공장주들은 최근에 제정된 '10시간노동'운동에 대항하여 현상금을 받고 싸워줄 투사로 그를 선정했던 것이다. 공장주들은 언제나 그렇듯이 실무적인 면에서 잘 돌아가는 그들의 머리로, 이 교수가 아직도 '상당한 정도의 마무리 훈련을 필요로 하고 있음'을 알고 있었다. 그래서 그들은 교수를 맨체스터로 호출했던 것이다. 교수는 맨체스터에서 공장주들로부터 배운 것을 글로 옮겨『공장법에 대한 편지―그것이 면업에 미치는 영향에 관하여』(런던, 1837년)라는 소책자를 펴냈다. 이 책자 속에 다음과 같은 유익한 말이 들어 있다.

현행법 아래에서 18세 미만의 사람을 사용하는 공장은 하루에 11시간 반, 즉 평일 5일 동안에는 12시간, 토요일은 9시간 이상 작업을 할 수 없다. 그런데 다음의 분석(!)은 이와 같은 공장에서는 순이익이 전부 마지막 한 시간으로부터 나온다는 것을 보여준다. 어떤 공장주가 10만 파운드 스털링―8만 파운드 스털링은 공장건물과 기계에, 2만 파운드 스털링은 원료와 임금에―을 투자한다고 하자. 이 공장의 연간 매상고는 자본이 연간 1회전하고 총수익이 15%라고 전제한다면 11만 5천 파운드 스털링이 되지 않으면 안된다.… 반시간의 노동은 11만 5천 파운드 스털링의 23분의 1인 5천 파운드 스털링을 생산한다. 11만 5천 파운드 스털링(따라서 11시간 반의 노동시간―필자) 가운데…10만 파운드 스털링(10시간의 노동―필자)은 그저 자본을 보전할 뿐이다.… 총수익 1만 5천 파운드 스털링 가운데 5천 파운드 스털링(반 시간의 노동―필자)은 공장과 기계류의 소모를 보전한다. 남은 마지막 한 시간은 10%의 순이익을 생산한다. 따라서… 만일 노동시간이 매일 1시간 단축된다면 순이익은 소멸할 것이고, 만약 1시간 반이 단축된다면 총수익까지도 감소할 것이다(*MEW* 23: 237/238).

이것이 그 유명한 시니어의 '마지막 한 시간'이다. 그는 필요노동과 잉여노동이 분리된다고 보았고 잉여노동은 마지막 한 시간에 있다고 분석(!)하였던 것이다. 만일 그의 말대로 총노동이 이처럼 분리되어 있다면 어떻게 될까? 이제 오전 9시에 출근해서 오후 6시에 퇴근하는 사람이 있다. 그리고 그의 노동일은 오전 9시부터 정오까지의 3시간은 필요노동, 오후 1시부터 오후 6시까지의 5시간은 잉여노동으로 분리되어 있다고 하자. 오전의 노동은 그의 생계와 관련이 있고, 따라서 그는 열심히 일할 것이다. 그러나 오후의 노동은 그가 자본가에게 무상으로 제공하는 부분이다. 그가 무엇 때문에 열심히 일하겠는가?

총노동은 사실 필요노동과 잉여노동으로 분리할 수 없다. 오전 9시에 출근해서 오후 6시까지의 노동 가운데 어디까지가 필요노동이며 어디까지가 잉여노동이겠는가? 자본가는 잉여노동만을 얻을 수는 없다. 그는 언제나 총노동을 얻고 그로부터 잉여노동을 얻을 수 있을 뿐이다. 잉여노동을 얻기 위해서는 언제나 자본가는 총노동을 일단 목표로 하여야 한다. 그런 다음 그는 총노동으로부터 필요노동 부분을 공제하고 나서 비로소 남는 부분으로서 잉여노동을 얻게 되는 것이다. 총노동으로부터 공제되는 필요노동 부분, 그것이 바로 임금이다. 따라서 임금은 잉여노동과 결합되어 있는 것이며 바로 그런 형태로만 만들어진다. 임금 없는 잉여노동은 생각할 수 없다. 바로 그런 점에서 임금에서는 치즈의 향기가 (그것도 가짜 향기가) 나야만 한다. 임금을 통해서만 총노동이 만들어지며 이 총노동 속에만 잉여노동이 존재하기 때문이다. 그런데 이 임금에 치즈의 향기가 없고 따라서 잉여노동이 자신의 것이 아니라는 사실이 분명하게 드러난다면 총노동 자체가 발생하기 어렵게 된다. 사실 임금은 노동자가 소비한 총노동 가운데 정확하게 필요노동 부분만을 반영하고 있고 따라서 그가 자신의 노동의 일부분을 무상으로 자본가에게 빼앗긴다는 것을 드러내는 가장 분명한 지표이기 때문이다.

그러면 임금은 어떻게 이런 치즈의 신기루를 피워내는 것일까? 임금의 신기루는 무엇보다도 임금이 총노동의 일부로 나타난다는 사실을 이용해서 만들어진다. 자본가는 잉여노동을 얻기 위해 먼저 총노동을 만들고 이를 위해 임금에 총노동의 냄새를 발라놓는 것이다. 그래서 현실에서 임금은 필요노동이 아니라 총노동에 대해서 지불되는 것처럼 보인다.

임금을 총노동에 대한 지불인 것처럼 보이게 하는 형태에는 크게 두 가지가 존재한다.

첫째, 자본가는 항상 임금노동자에게 그의 노동력을 하루 또는 일주일이나 한 달 동안 구매하고, 그 대신에 하루 임금(일당) 또는 일주일 임금(주급)이나 한 달 임금(월급)을 지급한다. 그의 하루 임금은 그가 하루 종일 (필요노동시간 동안만이 아니라) 노동하는 대가로 지불되는 것이기 때문에 하루 임금, 즉 노동력의 하루 동안의 가치를 의미하게 된다. 그리하여 하루 임금은 하루 동안의 노동의 가격인 것처럼 나타난다. 특히 이런 현상은 우리가 정해진 노동시간보다 초과해서 노동했을 때 받게 되는 초과수당이나 노동의 성과에 따라 임금이 지불되는 성과급 또는 업적급이라는 임금형태에서는 더욱 그러한 것처럼 보이게 된다.

그러나 만일 임금이 정말로 이처럼 노동일 전체에 대한 가격이라면 예를 들어 노동자가 하루에 10시간을 노동하고 그 대가로 10,000원을 받을 경우 10,000원은 10시간의 노동의 가격으로 될 것이다. 노동자의 총노동의 가치 또는 가격은 임금과 동일한 것으로 되고, 따라서 이 경우 잉여노동은 존재하지 않는다. 노동자는 자신의 노동 전부를 임금으로 회수한 것이며 그의 노동으로부터 그가 회수하지 못한 것은 없게 된다. 그러나 자본가는 잉여노동을 구체적인 목표로 하고 있는 '의식화된 화폐'이다. 따라서 노동자로부터 아무런 여분의 노동 또는 가치도 얻을 수 없다면 자본가가 노동자를 고용할 이유는 어디에도 존재하지 않을 것이다. 따라서 임금을 총노동에 대한 것으로 간주하는 것은 임금의 정체에 대한 오해이다.

둘째, 노동자는 항상 노동을 모두 수행하고 나서야 비로소 임금을 받게 된다. 임금에 대한 이런 지불형태도 그가 받는 임금이 마치 그가 수행한 전체 노동에 대한 보수인 것처럼 보이게 된다. 그러면 임금은 왜 이처럼 나중에 지불되는가? 왜 그것은 외상인가?

원래 상품교환에서는 한쪽이 일정한 가치의 상품을 제공하면, 다른 한쪽도 반드시 등가의 어떤 것을 제공해야만 한다. 한쪽만이 상품을 제공하는 경우란 결코 있을 수 없다. 그것은 이미 교환이 아니다. 물론 외상이 있을 수 있다. 그러나 외상에는 반드시 일정한 신용이 전제되고 이는 대개 담보물에 의해 성립된다. 노동력이라는 상품의 경우에도 이것이 달라져야 할 이유는 없다. 노동력도 상품이기 때문이다. 그런데 노동력의 경우에는 이런 교환이 이루어지지 않는다. 여기에서는 한쪽이 먼저 자신의 상품을 제공하고, 다른 한쪽은 아무 것도 지불하지 않는다. 물론 담보가 제공되는 것도 아니기 때문에 이것은 외상이 아니다. 그냥 일반적인 부당한 교환일 뿐이다.

왜 이런 부당한 교환이 이루어지는가? 그리고 왜 이런 일은 공정거래 위반으로 고발당하지 않는 것일까? 왜 이런 일이 상식처럼 일반화되어 있는가? 그것은 자본가가 목표로 하는 잉여가치가 반드시 총노동을 통해서만 손에 넣을 수 있으며 그 총노동은 임금의 결정과정과 분리되어 나중에 이루어지기 때문이다. 즉 시장에서 구매된 노동력이 '관계자 외 출입금지'라고 적힌 장소로 이동하고 나서야 비로소 총노동이 만들어지기 때문이다. 그래서 자본가는 당연히 노동일 전체가 이루어지기 전에는 임금을 지불하지 않는 것이다. 이것이 임금이 나중에 지불되는 이유이다. 그래서 다음과 같은 일이 발생한다.

부산시 북구 감전동에 소재하고 있는 금호상사 근로자 2백여명은 5일 오전 10시 30분 1천 2백여 근로자의 9월분 임금과 퇴직금(10억여 원) 지불 보장과 사후 생계대책 마련 등을 요구하며 인근 간선도로로 진출했다가 출동한 경찰과 마찰을 빚은 후 회사로 되돌아가 농성을 하고 있다(『조선일보』, 1993년 10월 6일자).

대구와 경북지역의 노동자 3천여명은 밀린 임금과 퇴직금 45억여원을 받지 못한 채 설을 지내게 되었다.… 대구시 북구 노원 3가 우진산업은 노동자 347명의 임금, 퇴직금 등 6억 1천 6백만원을 10개월째 주지 못하고 있으며… 달성공단의 협신산업은 7억원, 구미공단의 효성산업과 제일세라믹이 각각 3억원과 2억 4천만원, 달성공단의 스프레이 시스템에서 1억원의 체임이 발생하였다(『한겨레신문』, 1994년 2월 3일자).

우리나라에서 2000년 한 해 동안 발생한 임금체불은 4,222개 업체에서 161,079명의 노동자에 대하여 6,118억원이었다. 임금체불이란 것이 무엇인가? 그것은 노동력을 제공하고도 그 대가로 임금을 받지 못한 것을 말한다. 왜 이런 일이 발생하는가? 임금은 항상 노동력이 판매되고 나서야 지불되는 것이기 때문이다. 임금이 이처럼 노동이 모두 끝난 후에 지급되기 때문에 임금은 노동일 전체에 대해 지불되는 것처럼 보인다.

임금은 이처럼 총노동에 대한 가격인 것처럼 혼란을 불러일으킨다. 그러나 우리가 이미 알고 있듯이 임금은 **노동**에 대한 가격이 아니다. 그것이 노동의 가격이라면 노동은 상품이어야 하지만 노동은 상품이 아니다. 그것은 교환가치로서 가치 그 자체일 뿐 아무런 사용가치도 갖지 않는다. 그것은 눈에 보이는 것도 아니며 손으로 만질 수 있는 것도 아니다. 현실적으로 시장에서 구매할 수 있는 것은 노동이 아니라 노동력이다. 노동력은 상품으로서 사용가치와 교환가치를 모두 가지며 임금은 바로 **노동력 상품의 가치**인 것이다.

3. 오해가 빚어낸 현실, 무노동 무임금

1988년 4월 대우조선 노동쟁의: 회사측에서 '무노동 무임금'을 주장했으나 결국 파업기간 임금의 50%를 지급.

1992년 3월 27일자 대법원 판례: 노동조합의 쟁의기간 중에 임금을 삭감하여 지급하는 문제에 대해, 임금 중 근로제공에 대한 교환적 부분은 삭감할 수 있지만 생활보장적 부분은 삭감할 수 없다.

1993년 봄 노동부장관의 기자회견: 위의 대법원 판례를 노동행정에 반영하겠다.

1993년 한 해 내내 노동부장관에 대한 집중포화가 진행.

1993년말 결국 노동부장관 교체, 그의 기자회견은 '없었던 일'로 되었음.

1995년 12월 21일자 대법원 판례: 파업기간 중에는 그 근로자가 근로를 제공하지 않은 만큼 그에 대한 대가로 받는 임금은 청구할 수 없다(1992년 판례의 번복).

1998년 2월 14일 개정노동법 국회 통과, 무노동 무임금 조항이 포함됨.

우리나라에서 진행되어온 '무노동 무임금' 문제의 간단한 이력서이다. 여기에서 볼 수 있듯이 '무노동 무임금' 문제는 1980년대말 갑자기 제기되기 시작하여 노동부장관의 경질을 가져왔을 뿐만 아니라 대법원까지도 유례없이 망신살을 무릅쓰고 자신의 판례를 뒤엎게 할 정도의 막강한 비중을 가지고 있다. 그리고 얼핏 이 문제는 대법원까지도 헷갈릴 정도로 애매하고 복잡한 문제라는 인상을 준다.

그러나 그렇지 않다. 이 문제의 복잡성은 사실 임금의 신기루 때문이며 그 신기루를 걷어내면 이 문제의 진상은 매우 단순하다. '무노동 무임금'은 임금의 신기루 속에서 피어난 그림자뿐인 꽃이다. 그 신기루를 하나씩 벗겨 보기로 하자.

'무노동 무임금' 원칙이란 무엇인가? 그것은 파업기간에 대해서는 임금을 지급해서는 안된다는 것을 의미한다. 사실 더 정확하게 얘기하자면 파업이 있을 경우에는 그 기간에 대해 일정 비율만큼 임금을 삭감하자는 것을 의미한다. 이런 주장의 근거는 임금이 노동에 대해 지불되는 것이므로 노동이 이루어지지 않으면 임금도 없다는 점에 있다. 지금까지 우리의 논의에 따르면 임금은 필요노동 부분이고, 그것은 총노동 속에 포함되어 있다. 따라서 노동이 이루어지지 않으면 임금이 없어지는 것은 너무도 당연한 일이다. 그러나 바로 여기에 중대한 오해가 있다. 그리고 그 오해는 자칫 치명적인 것이기도 하다.

총노동이 없을 때 임금이 없는 것은 당연한 일이다. 그런데 '총노동=0'인 사람, 즉 총노동이 없는 사람은 누구인가? 일하지 않는 사람, 우리는 그런 사람을 '실업자'라고 부른다. 그러면 '무노동 무임금'이 실업자들에 대해 하는 얘기인가? 그렇다면 그것은 오해의 여지가 없는 지당한 말이다. 그러나 '무노동 무임금'은 실업자들에게 하는 얘기가 아니다. 그것은 정확히 일하고 있는 노동자, 즉 취업자들을 대상으로 하는 얘기이다. 따라서 사실상 무임금이 적용되는 것은 총노동이 아니라 그 가운데 일부인 파업기간이며, 무임금이란 것도 아예 임금을 주지 않겠다는 것이 아니라 임금을 일정 정도 삭감하겠다는 얘기이다. 따라서 이 용어는 우선 잘못된 용어이다. 그것은 내용을 정확하게 설명하고 있지 못하는 비과학적이며 모호한 용어이다. 그것은 '노동감소 임금감소'라고 표현되어야 한다(이런 정확한 용어가 있지만 우리는 의사전달의 간편성을 위해 '무노동 무임금'이라는 비과학적 용어를 잠정적으로 계속 쓰기로 한다).

그러나 용어 사용에서 이런 미숙함은 아직 신기루의 한 꺼풀에 불과하다. 신기루의 꺼풀은 아직 더 남아 있다. 그 내용에 있어서 '무노동 무임금'은 총노동일 가운데 파업으로 노동을 하지 않은 노동일 부분에 대해서는

$$무임금비율 = \frac{파업으로\ 노동하지\ 않은\ 노동일}{총노동일}$$

만큼 임금을 삭감해야 하는 것으로 되어 있다. 예를 들어 만일 한 달 동안에 총노동일수가 25일이고, 그 가운데 파업으로 작업이 이루어지지 않은 일수가 5일이라면

$$무임금비율 = \frac{5일}{25일} \times 100 = 20\%$$

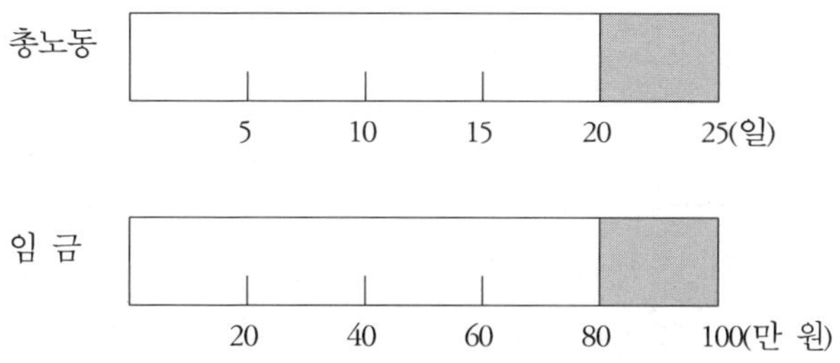

<그림 20> 무노동 무임금의 함정: 총노동＝임금(잉여가치는 어디에?)

로 된다. 이때 노동자의 임금이 월 100만원이라면, 무임금비율에 따른 그의 무임금은 100만원×20%＝20만원이다. 따라서 파업이 있었던 달의 그의 임금은 100만원이 아니라 거기에서 20만원이 삭감된 80만원이 되어야 한다. 그러므로 이런 원칙이 지켜질 경우 자본가에 대항할 수 있는 노동자의 유일한 무기인 파업은 실행되는 순간 노동자 자신에게 부메랑처럼 되돌아오는 비수로 변한다.

그런데 여기에는 치명적인 오해가 숨겨져 있다. 그리고 그 오해는 이런 주장을 하는 자본가 자신들에게 치명적인 비수로 되돌아올 수 있는 가능성을 안고 있다. 그런 비수는 이 '무노동 무임금' 원칙을 확정짓고 그것을 연장시켜 보면 금방 그 서릿발같은 모습을 드러낸다.

즉 만일 파업으로 노동일이 줄어드는 것이 아니라 거꾸로 노동자들의 분발에 의해 노동일이 늘어나는 경우에는 어떻게 될까? 노동일이 늘어나면 임금은 증가하는가? 만일 노동자들이 휴일 5일을 전부 반납하고 무휴일로 작업한다면 노동자들의 임금은 20% 늘어나서 이제 월 120만원으로 되는 것일까? 초과작업수당이나 휴일근무수당이 바로 그런 것이라고 주장할 수 있을 것이다.

그런 주장을 자신 있게 한다면 이제 신기루의 정체는 완전히 드러난다.

임금에 대한 오해는 이윽고 파국으로 치닫게 되는 것이다. '무노동 무임금'이 노동일이 늘어날 경우에도 똑같이 지켜지는 것이라면, 이때 임금을 결정짓는 것은 무엇인가? 그것은 노동일이다. 즉 임금은 총노동에 대해 지불되는 것이다. 총노동일수가 25일이고, 그것이 20% 감소 또는 증가할 때 임금이 함께 20% 감소 또는 증가한다는 얘기는 총노동에 대해서 임금이 지불된다는 바로 그 얘기가 아니고 무엇인가? 즉 바로 그 감소 또는 증가하는 노동일 부분에도 임금이 지급되고 있다는 증거가 아니고 무엇이겠는가? 따라서 이제

임금＝총노동

이 된다.

그렇다면 노동자를 고용하는 사람이 가져갈 수 있는 부분은 어디에 있는가? 그런 여분의 노동은 여기에 더 이상 존재하지 않는다. 잉여노동이 없는 곳에 자본가가 있겠는가? 자본가가 더 이상 존재하지 않는 사회, 바로 그런 생산양식을 이 주장은 요구하고 있는 것이다. 이 주장은 자본가에게 비수로 되돌아왔다. 도대체 어쩌다가 이런 결론에 도달하게 되었는가? 비로소 후회의 반환점에서 우리는 그것이 임금에 대한 오해로부터 비롯된 것임을 확인하게 된다.

그러나 아직 그 오해를 미처 깨닫기 전에 다시 하나의 미련스런 주장이 있을 수 있다. 총노동은 필요노동과 잉여노동으로 이루어져 있고, 총노동 전체는 이 양자의 일정 비율로 나누어질 수 있다는 주장이다. 즉 총노동이 20% 감소하면 임금 부분인 필요노동만 20% 감소하는 것이 아니라 잉여노동 부분도 20% 함께 감소한다는 것이 그것이다. 그럼으로써 이 주장은 임금이 총노동(보다 정확하게는 총노동의 일정 비율)에 대해서 지불된다고 하

는 앞의 주장을 굽히지 않는다. 그것만이 파업기간에 대해 임금을 삭감할 수 있는 근거이기 때문이다.

임금이 총노동(보다 정확하게는 총노동의 일정 비율)에 대해서 지불된다고 하는 이 주장은 어떤 근거를 가지고 있는가? 노동일과 임금은 (그리고 잉여노동도) 함께 증가하고 함께 감소하는가? 즉 그것들은 서로 정비례 관계에 있는가?

평화시장 노동자 전태일의 조사에 의하면 1970년도 평화시장의 시다(미숙련 보조공)는 하루 14시간의 노동에 일당 70원을 받았다. 하루 하숙비가 120원일 때였으며 시장에서 가장 헐값으로 사먹을 수 있는 수제비가 한 그릇에 20원, 커피 한 잔에 50원일 때였다. 수제비 세 그릇을 사먹으면 없어지는 돈이 14시간 노동의 임금이었다. 시다로 2년 정도 근무하면 미싱보조공으로 승격하고, 거기서 다시 3~4년이 지나면 비로소 미싱공이 될 수 있었다. 동일한 14~15시간의 노동에 미싱보조의 일당은 200~300원, 미싱공의 일당은 500원 가량 되었다(전태일 기념관 건립위원회 엮음,1983: 88 이하).

그로부터 30년 뒤인 1999년 우리나라 제조업 노동자의 평균 노동시간은 주당 약 48시간으로 줄어들었다(노동부, 『매월 노동통계 조사보고서』). 주당 70~80시간에서 무려 40~50%가 감소하였다. 총노동의 이러한 감소는 그대로 임금의 감소로 나타났는가? 노동부의 통계에 따르면 1999년 연령을 기준으로 20세 미만 여성노동자의 월 평균임금은 637,500원이었으며 직종을 기준으로 기능직에 근무하는 생산직 여성노동자의 월 평균임금은 726,500원이었으며 학력별로 중졸 이하 여성노동자의 월 평균임금은 684,400원이었다. 여기에서 가장 낮은 임금수준인 약 60만원의 임금을 월 근로일수 25일로 나누어 일당으로 계산하면 24,000원이 된다(노동부, 『임금구조기본통계

조사보고서』). 괜찮은 라면 한 개가 500원을 넘지 않고 커피 한 잔에는 2,000원인 시절이다. 1970년대와 비교해보면 임금은 40~50% 감소한 것이 아니라 거꾸로 몇 배나 오른 셈이다. 시간적인 격차 때문일까?

1999년 우리나라 생산직 노동자의 시간당 보수비용은 6.71달러였는데 독일은 26.13달러로 우리의 4배에 달하였다(U.S.A. BLS, 2000). 동일한 노동시간에 대해 왜 이런 임금의 격차가 발생하는 것일까? 이것은 또 지리적인 격차 때문일까(총노동의 경우 우리나라가 제조업에서 50시간인 데 반해 독일은 39시간에 머물고 있다). 이 차이를 노동생산성의 차이 때문이라고 주장할 수도 있을 것이다. 그러나 그것은 무노동 무임금에서 얘기되는 것과는 무관한 논리이므로 여기에서 다룰 문제는 아니다.

이들의 예에서는 위의 주장과는 반대되는 증거들만이 나타나고 있다. 노동일의 길이는 임금과 정비례 관계에 있는 것이 아니라 오히려 반비례 관계에 있는 것처럼 보인다. 그러나 물론 그것은 아니다. 임금과 노동일 간에는 아무런 관련이 없다. 우리가 이미 보았듯이 임금은 총노동과 무관하게 총노동이 수행되기 전에 이미 결정되기 때문이다.

사실 임금의 차이는 교환가치의 차이를 반영하며 교환가치의 크기는 노동력의 가치에 대한 사회적 승인을 반영한다. 노동력의 가치는 바로 생계비이며 이 생계비에 대한 사회적 승인, 즉 문화나 관습의 차이에 따라 달라진다. 지리적인 임금의 격차나 시간적인 임금의 격차는 바로 이 문화와 관습의 차이 때문에 발생하는 것이다. 1970년대 우리나라 노동자들의 생계비는 하루 세 끼 배를 채우는 것도 과분한 정도였지만, 1990년대 노동자들의 생계비에는 영화비도, 외식비도, 옷값도 포함되어 있는 것이다. 독일 노동자들의 생계비에는 꽃을 키울 수 있는 좋은 주거환경, 6주에 달하는 장기간의 휴가비 등이 포함되어 있지만, 우리나라에서는 아직 그런 것까지 생계비에 포함되어 있지는 않은 것이다. '무노동 무임금'의 주장은 이처럼 임금에 대한 오해를 단순히 현실에 연장시켜 만들어낸 허구적인 논리로 이루어져 있다. 그럼에도 불구하고 우리나라에서 그것은 이제 현실이 되었다.

4. 임금의 다양한 모습들

1996년 서울대학교에 최연소합격의 영예를 차지한 학생은 15세의 강모 군이었다. 강군은 장래희망으로 "스리엠이나 소니 같은 다국적 거대기업의 최고경영자가 되는 것"(『동아일보』, 1996년 1월 31일자)이라고 밝혔다. 강 군이 희망하는 그런 길은 어떤 것일까?

강군이 희망하는 길을 먼저 걸어간 선배가 있었다. 안모씨. 그는 1987년 역시 미국계 다국적기업인 씨티은행에 입사하였다. 성격이 활달했던 그는 특유의 업무추진력과 책임감으로 열심히 일했다고 한다. 그 결과 입사 9년 만인 1996년 씨티은행 방배동지점장에 임명되었다. 그의 나이 겨우 32세였 다. 그로부터 3년 뒤 1999년 10월 9일 오후 1시 30분 그는 서울 동작대교 남단 밑 한강에서 숨진 채 발견되었다. 그가 남긴 유서에는 다음과 같이 쓰 여 있었다.

"나는 은행을 위해서 일한 결과로 너무 많은 것을 잃었습니다.… 아빠는 최선 을 다했다. 바보 같은 아빠의 삶은 살지 마라." 승진을 하면 할수록 더 많이 요구 되는 실적에 시달리다 마지막으로 택한 길의 종점이었다(『한겨레신문』, 1999년 10월 15일자).

이것은 총노동을 최대화하려는 자본의 노력이 낳은 결과의 한 단면이다. 그것은 사실 자본주의적 생산에서 노동자들의 일상을 이룬다. 그러나 죽음으로 몰 정도로까지 이렇게 노동지출을 최대화하는 것이 그렇게 간단하게 이루어지지는 않는다. 여기에 임금을 둘러싼 혼란이 최대한 이용된다. 자본주의의 역사는 우리에게 그것을 잘 보여주고 있다.

역사적으로 임금은 다양한 형태를 보여 왔으며 그것들은 모두 한 가지 목표를 분명히 지향해왔다. 임금을 둘러싼 교환에서 자본의 이해는 단순하다. 그가 지불하는 것은 임금이며 그가 대가로 되돌려 받는 것은 총노동이다. 따라서 그의 목표는 주는 것은 적게, 받는 것은 많게 하는 것이다. 즉 동일한 총노동에 대해서는 가능한 한 임금을 줄이고 동일한 임금에 대해서는 총노동을 최대화하는 것이다. 임금의 다양성은 바로 이런 목표를 달성하기 위한 것이다. 어떤 다양한 임금의 형태들이 있는가?

임금은 전통적으로 그 지불단위를 기준으로 시간급과 성과급으로 나뉘어진다. 시간급은 작업시간을 기준으로 지급되며 성과급은 작업량을 기준으로 한다. 그러나 이들간에 본질적인 차이점은 없다. 두 임금은 모두 가능한한 최대한 자본의 이해를 달성하고자 한다. 이들 임금이 어떻게 목적으로 달성하는지 살펴보기로 하자.

먼저 시간급의 경우를 보자. 예를 들어 노동력의 가치, 즉 사회적 생계비가 하루 10,000원인 상태에서 시간급이 시간당 1,000원이라면 노동자는 총 10시간의 노동으로 자신의 생계비를 벌어들일 수 있을 것이다. 이 상태에서 시간급을 시간당 830원으로 떨어뜨리면 노동자는 생계비를 벌기 위해서 12시간을 노동해야만 할 것이다. 하루동안 지불하는 임금의 크기는 변하지 않지만 노동자의 노동시간을 증가하였다.

바로 이 원리가 일찍이 공장감독관 레드그레이브 씨가 발견한 그 법칙을 증명해준다. 어떤 산업부문에서든지 노동일이 길어지면 길어질수록 임금은 낮아진다는 법칙이 바로 그것이다. 레드그레이브 씨는 1839~1859년의 20년 동안 임금의 실태를 조사한 결과 10시간 노동법의 적용을 받고 있는 공장에서는 임금이 인상되었지만, 하루에 14~15시간 작업하는 공장에서는 오히려 떨어졌음을 발견하였던 것이다. 임금이 낮아지면 낮아질수록 노동자는 최저한도의 노동력 가치, 즉 생계비라도 확보하기 위해서 노동량을 늘릴 수밖에 없기 때문이다(*MEW* 23: 570).

노동일을 변화시키지 않은 채로 노동강도를 강화하는 방법도 있다. 이것은 통상 초과상여금제도라고 하는 방법을 통해서 이루어지는데, 그러한 선구적인 예로는 1898년 영국 글래스고 지역에서 데이비드 로윈(David Rowan)이 도입한 제도를 들 수 있다.

여기에서는 예를 들어 신발 10켤레 등의 일정 작업량에 대해서 '규정시간'이 주어지고 이 시간보다 더 빨리 작업이 끝났을 때 노동자는 단축된 시간의 비율과 동일한 비율의 상여금을 지급 받았다. 그런데 이때 주의해야 할 점은, 임금은 실제로 소비된 시간에 대하여 시간당 급여율의 적용을 받아서 계산되었고 초과상여금은 규정시간보다 절약된 나머지 시간에 대하여 지불되었던 것이다. 따라서 만일 규정시간이 10시간이고 작업이 8시간 만에 끝났을 경우 8시간은 정상 임금률에 의해 지불되고 절약된 시간이 2시간, 즉 규정시간의 20%이므로 상여금은 8시간의 임금에 대해 20%가 지불

<표 3> 초과상여금제도의 정체

	규정시간 동안 작업한 경우	규정시간보다 단축 작업한 경우
작업시간(시간)	10	8
시간당 임금(원)	1,000	1,000
작업임금(A)(원)	10,000	8,000
작업단축시간(시간)	0	2
상여금(B)	0	1,600(=8,000×2/10)
총임금(A+B)	10,000	9,600

되는 것이다. 그러므로 위의 예에서 하루 10시간의 노동에 대해서 10,000원이 지불되는 경우 시간당 노동력의 가격은 1,000원으로 되는데, 이 10시간을 규정시간으로 할 경우 만일 작업시간이 8시간으로 줄었다면 임금은 먼저 8시간에 대해 시간당 1,000원씩(1,000×8)에 8,000원에 대한 20%의 상여금(8,000원×0.2=1,600원)을 합하여 합계 9,600원이 된다. 자본가는 동일한 노동량에 대해 과거에는 10,000원을 지불하다가 이제는 9,600원만을 지불하게 된 것이다(Dobb, 1983: 69/70).

한편 성과급의 경우 그 계산단위가 되는 작업량은 시간급과 시간급의 기준시간 동안에 만들어진 생산물의 수량을 나눔으로써 얻어진다. 예를 들어 노동력의 하루 가치가 10,000원이고, 하루 노동시간이 10시간이며, 그 10시간 동안에 노동자는 모두 20개의 상품을 만든다고 하자. 시간급일 경우 임금은 10,000원÷10시간=1,000원이므로 시간당 1,000원이 될 것이며, 성과급일 경우에는 10,000원÷20개=500원으로 상품 한 개당 500원이 될 것이다. 즉 성과급은 시간급의 변형형태에 지나지 않는다.

> 런던의 마구 제조공장에서는 똑같은 작업을 함에도 불구하고 같은 공장 내의 영국인에게는 시간급 임금으로 지급하고 프랑스인에게는 성과급 임금으로 지급한다(*MEW* 23: 575).

말하자면 성과급이 특별히 적용되어야 하는 산업부문 또는 작업부문이라는 것은 존재하지 않는다. 그럼에도 불구하고 성과급이 존재하는 이유는 그것이 총노동을 유인해내는 성능에서 더 우수하기 때문이다. 즉 성과급은 시간급보다 노동자들에게 훨씬 불리한 임금형태인 것이다.

자본가들에게 성과급은 무엇보다도 일정한 수준의 노동강도를 보장해준다. 노동자들은 일정 수준의 노동강도로 일을 해야 노동력의 가치에 근접

하는 임금액수에 도달할 수 있게 된다. 자본가들은 대개 상당히 숙련된 노동자들의 실적을 계산의 기준으로 책정함으로써 일반 노동자들에게 압박을 가해서 높은 실적을 내도록 강요할 수 있게 된다. 따라서 자본가들은 잉여가치의 일정 수준을 안전하게 보장받을 수 있게 된다. 또한 성과급 하에서 임금총액은 다른 조건이 동일하다면 만들어내는 생산물의 양이나 작업량에 달려 있기 때문에 노동자들에게서 더 열심히 일하고 오래 일하려는 관심을 자발적으로 불러일으킨다. 실적급은 노동자들을 극한적으로 몰아대고 자신들의 건강과 생명을 돌보지 않은 채 최대한의 실적을 올리게 만들어내며 그 결과 이런 높은 노동강도가 성과급의 기준으로 변화하게 된다.

가령 위의 예에서 노동력 가치가 하루 10,000원이고 10시간 동안에 한 사람의 노동자가 20개를 생산하여 1개당 500원씩의 성과급이 도입된 공장에서 노동자들이 보다 많은 임금을 받기 위하여 10시간 동안에 25개를 생산하여 하루 1,250원의 임금을 받게 되고 이것이 계속 지속된다면 자본가들은 성과급을 1개당 400원으로 낮추어버린다. 그리하여 종종 성과급이 널리 도입된 사회에서는 노동자들이 동일한 임금을 받기 위해서 과거보다 점점 더 높은 노동강도로 작업을 수행해야 하는 경우가 많게 된다. 그 결과 '실적은 살인'이라는 얘기가 나오게 되는 것이다. 씨티은행 지점장의 비극은 바로 여기에 해당한다.

실적급은 이처럼 노동자들에게 매우 불리한 제도이기 때문에 널리 보급되면서 노동자들의 지탄의 대상이 되어갔다. 그러나 그것은 자본가들에게는 매우 유리한 제도였기 때문에 일정 작업량에 대한 도급임금을 받는 도급상여금제도, 총수입 가운데 일정한 부분을 할당받을 수 있는 수입배분제도, 생산물의 일정 비율을 현물로 지급받는 현물도급제, 기타 각종 수당제도 등의 여러 가지 변형된 형태로 오늘날까지 여전히 임금의 가장 일반적인 형태로 남아 있다. 그것은 '자본주의적 생산양식에 가장 적합한 임금형태'(*MEW* 23: 580)이다. 최근 우리나라에서 널리 확산되고 있는 연봉제도 바로 이 성과급의 한 변형이다.

미국의 메이저리그에서 뛰고 있는 '코리아 특급' 박찬호 선수는 2001년 연봉협상에서 다저스구단으로부터 990만 달러(127억원)를 받기로 했다. 2000년 한 해 동안 박찬호 선수는 모두 34경기에 출장하여 226이닝 동안 삼진 317개를 잡아내며 3,696개의 공을 던졌다. 결국 박,선수는 1경기당 3억 7,352만원, 1이닝당 5,629만원, 삼진 1개당 4,006만원을 번 셈이며 공 하나를 던질 때마다 343만원을 받은 셈이다. 박찬호 선수의 이런 임금이 곧 성과급에 해당한다.

최근 우리나라 정부에서 공무원들에게 도입하려고 하는 성과급이나 경총 측에서 적극적으로 도입하고 있는 성과급적 연봉제는 바로 이런 박찬호 선수의 임금을 본뜬 것이다. 그러나 여기에서 오해해서는 안되는 함정이 있다. 투수 중에는 세계 최고의 메이저리그에서 선발투수로 자리를 굳힌 박찬호 선수만 있는 것이 아니라 1년 내내 벤치에서 죽치고 있거나 혹은 이미 패전이 결정된 이후에야 마무리를 위해서 바둑판의 내버리는 돌처럼 사용되는 2진급의 투수가 훨씬 많으며 사실 대부분의 투수는 그런 부류에 속한다는 점이다. 박찬호 선수도 원래는 그런 부류에서 기회를 잡아서 '뜬' 경우에 속할 뿐이다. 공을 제대로 던질 기회조차 거의 갖지 못하는 선수에게 이런 성과급이 적용된다면 그 결과는 무엇일까?

제9장
잉여가치의 배분―잉여가치의 생산자들, 산업자본과 상업자본

한 사회에서 생산된 총가치 v+m으로부터 v가 어떻게 배분되는지를 우리는 보았다. v는 교환가치로서 노동력상품의 시장에서 이해관계가 대립되는 두 교환당사자들간에 그때그때의 시장조건에 따라 교환 결정된다. 이 과정에서 자본은 임금에 대한 환상과 오해를 불러 일으켜서 가능한 한 v의 크기를 줄이고 총노동인 v + m을 늘리기 위해 지속적으로 노력해 왔다는 것도 우리는 보았다.

이렇게 하여 일단 노동력상품을 제공하고 그 대가로 직접 노동을 제공하는 노동자에게는 총가치 가운데 v가 배분된다는 것이 확인된다. 이처럼 자신의 노동을 제공하고 그 대가로 v를 배분 받는 사람은 우리나라에서 1999년에 1,252만명이었다. 15세 이상의 총경제활동인구 2,163만 명의 약 58%에 해당한다(노동부, 홈페이지). 이들 1,252만명을 제외한 나머지 911만명이 가치를 배분 받을 수 있는 원천은 이제 단 한 군데 잉여가치(m)뿐이다. 그래서 가치배분의 두 번째 순서는 잉여가치의 배분이다. 잉여가치는 어떻게 배분되는가?

잉여가치를 배분 받는 사람들의 공통된 특징은 이들이 노동력을 제공한 대가로 가치를 배분 받지 않는다는 점이다. 이들은 노동력 이외의 다른 활동을 통해서 가치를 배분 받는다. 그런데 이들 모두가 배분 받아야 할 원천인 잉여가치는 노동력을 구매하여 생산을 수행해야만 만들어진다. 따라서 찬물에도 순서가 있듯이 잉여가치의 배분은 일차적으로 잉여가치를 만들어내는 활동으로부터 결정된다.

노동력을 구매하여 생산활동을 수행하는 자본, 그것을 우리는 산업자본이라고 부른다. 산업자본은 우리가 자본주의적 생산의 기본원리라고 불렀던 자본유통을 수행하는 자본을 가리킨다. 그런데 자본유통은 순환을 통해서 유통활동과 생산활동을 번갈아가면서 수행해야 했다. 이 두 활동은 자본주의가 발전하면서 기능적으로 분화하여 유통기능만을 전담하는 상업자본과 생산활동만을 전담하는 (보다 좁은 의미의) 산업자본을 낳는다. 이 두 자본은 원래 하나의 산업자본에서 기능적으로 분화한 것으로서 동일한 운동법칙을 갖는다. 그것들은 잉여가치를 직접적으로 만들어내는 생산적인 기능을 수행한다.

이들 두 기능을 제외한 나머지 사람들은 잉여가치를 직접적으로 만들어내는 활동을 하지 않으면서 가치를 배분 받는다. 따라서 이들은 위의 두 자본이 만들어내는 잉여가치에 기생할 수밖에 없다. 이런 기생적 지위에 있는 사람들로는 화폐를 대부하는 대부자본가와 토지를 제공하는 토지소유자가 있다.

이처럼 잉여가치의 배분은 크게 보아 **생산적 기능**을 수행하는 부분과 기생적 성격을 띠는 부분의 두 부분으로 나뉘어진다. 잉여가치는 생산적 기능을 수행하는 부분에서 먼저 배분이 이루어지고 그 다음에 기생적 부분에서 배분이 이루어진다. 우리는 먼저 생산적 부분에서 잉여가치가 어떻게 배분되는지를 살펴보기로 한다.

1. 배분되는 것은 이윤이다

1) 잉여가치를 이윤으로 바꾸다

(1) 비용가격과 이윤

산업자본에 의해서 생산된 잉여가치는 그대로 배분되지 않는다. 잉여가치는 배분을 위해서 가공된다. 왜냐하면 그것은 이제 그것이 만들어진 원천인 노동자와 결별하고 자본가의 수중으로 옮겨지고 이 자본가의 수중에서 새롭게 배분되기 때문이다. 그래서 그것은 이제 노동력으로부터 수탈되었다는 자신의 출생증명서를 이마에서 떼고 새로운 증명서를 가슴에 단다. 잉여가치는 더 이상 노동력의 소산이 아니고 새로운 주인을 만났다.

새로운 증명서는 새 주인에 대한 찬양으로 그 정당성을 주장한다. 예일 대학 교수였던 윌리엄 그레이엄 섬너(William Graham Sumner)는 그 찬양의 기도를 맡았다. 그는 이렇게 찬양하였다.

> 백만장자는 적자생존의 산물이다.… 그들이 이와 같이 해서 선택되기 때문에 비로소 부-그들 자신의 것, 그들에게 위탁된 것 등 모두-가 그들의 지배하에 쌓여가는 것이다.… 그들은 공평하게 말해서 어떤 역할을 해내기 위해서 저절로 선출된 사회의 대행인으로 보아도 무방할 것이다. 그들은 많은 월급을 받고 사치스런 생활을 하고 있는데, 이것은 일종의 거래이고 사회적으로도 보탬이 되고 있다(Hofstadter. 1945: 44).

잉여가치는 이제 착취의 흔적을 지운다. 그렇다면 그 새로운 증명서는 어떤 내용으로 되어 있는가? 잉여가치는 노동자로부터 수탈된 것이 아니다.

그렇다면 그것은 어디에서 비롯되었단 말인가? 그것은 자본으로부터 비롯된 것이다. 그것의 출생이력서는 노동력으로부터 자본으로 변경된다. 잉여가치는 노동력으로부터 수탈된 것이 아니라 자본이 나가서 벌어온 자본의 몫이다. 그래서 새로운 증명서에는 잉여가치의 이름이 바뀌어 있다. 그것은 이제 더 이상 잉여가치가 아니고, 이윤(Profit)이라고 부른다.

그러면 잉여가치와 이윤은 무엇이 다른가? 양자의 차이는 계산방식의 차이에 근거해 있다. 자본주의적으로 생산되는 모든 상품의 가치는 우리가 이미 앞에서 본 바와 같이 세 가지 구성요소로 이루어져 있다. 즉 상품가치는

$$W = c + v + m$$

이다. 여기에서 잉여가치 m은 이 상품을 생산하기 위해 노동자들이 지출한 총노동량(v+m) 가운데 노동자가 자신의 임금으로 자본가로부터 받은 부분(v)을 공제한 나머지 부분이다.

따라서 이러한 상품가치의 표현형태에서는 자본주의적 생산하에서의 노동자들의 손익계산이 분명하게 드러난다. 즉 노동자들의 총지출은 v+m으로 나타나고, 반면에 그들이 손에 넣는 임금의 크기는 가변자본의 크기인 v로 나타남으로써, 노동자들은 자본주의적 생산을 통하여 수입과 지출의 차이인 m만큼의 손실을 보게 되는 것이 분명히 드러난다.

그러나 자본가들의 입장에서는 자본주의적 생산의 손익계산이 그와는 다른 형태로 나타난다. 자본가들은 더욱 큰 가치를 얻기 위해, 다시 말해서 돈을 벌기 위해 공장을 차리고 노동자들을 고용하여 상품을 생산하고 그렇게 생산된 상품을 시장에서 판매한다. 이때 자본가들은 상품을 생산하기 위해 먼저 일정한 액수의 자본을 지출해야 하고 그런 다음 생산된 상품을 시장에서 판매한 후에야 지출된 자본과 증식된 가치를 모두 손에 넣게 된다.

따라서 자본가들에게 손익계산은 생산을 위해 먼저 지출되는 자본 부분과 나중에 상품을 판매하고 나서 손에 넣게 되는 부분간의 차이에 의해 이루어진다. 자본가의 지출 부분을 이루는 자본은 앞에서 우리가 선대자본이라고 불렀던 부분으로 불변자본과 가변자본으로 구성되는데, 이제 자본가의 손익계산과 관련해서는 이것을 특히 비용가격(Kostpreis, costprice; 기호로는 k로 표기한다)이라고 부른다.

따라서 자본가의 입장에서 상품가치는

$$W = k + m$$

으로 나타난다. 그리하여 상품이 가치대로 판매된다면 자본가는 지출분 k와 수입분 k+m의 차이로 m을 이익으로 얻게 된다.

예를 들어 어떤 자본가가 1억원의 자본으로 신발공장을 경영하는데, 그 중 6,000만원으로 생산수단을 구입하고 나머지 4,000만원으로 노동력을 구매하여 신발을 생산했을 경우, 이때 잉여가치율이 100%라고 한다면 잉여가치는 4,000만원이 될 것이다. 따라서 생산된 상품의 총가치는 6,000만 원+4,000만원+4,000만원=1억 4,000만원이 될 것이다. 생산된 신발이 시장에서 가치대로 판매된다면 자본가는 모두 1억 4,000만원의 화폐를 손에 넣게 될 것이다. 결국 이 자본가는 1억원의 비용을 지출하여 1억 4,000만원을 얻게 되었다. 만일 이때 이 자본가에게 손익을 묻는다면 그는 1억원의 자본을 들여서 4,000만원의 이익을 남겼다고 대답할 것이다. 자본가에게 이 4,000만원은 그가 1억원을 지출했기 때문에 발생한 것이며, 그 1억원에 대한 이익으로 나타난다. 즉 그것은 자신이 지출한 1억원이 벌어다준 것이다. 그래서 이것은 자본가에게 있어서 노동자가 자신이 받은 것보다 더 많이 생산한 여분의 가치, 즉 잉여가치로 나타나지 않으며 따라서 잉여가치로 불리지

않고 비용가격으로부터 발생한 이익, 즉 이윤으로 불린다. 이것을 맬서스는
다음과 같이 표현하고 있다.

> 자본가는 그가 지출한 자본의 모든 부분(선대자본, 즉 비용가격－필자)으로부
> 터 동등한 수익을 기대한다(Malthus, 1836: 268).

노동자의 계산에서는 잉여가치인 것이 자본가의 계산에서는 이윤으로
화하는 것이다. 양자는 그 실체에 있어서 동일한 것이지만, 잉여가치는 노
동자가 받는 가변자본에 대한 개념이며, 이윤은 자본가가 지출한 비용가격
에 대한 개념이다. 잉여가치의 새로운 증명서는 이렇게 만들어진다.

잉여가치가 이처럼 이윤으로 화하게 되면 잉여가치의 원천을 밝혀주는
불변자본과 가변자본간의 구별은 무의미한 것이 된다. 그리하여 이제는 지
출되는 총자본, 즉 비용가격만이 문제가 된다. 그 결과 잉여가치가 노동자
로부터 창출된다는 사실도 무시된다. 이윤은 비용가격으로부터 생겨난 것
이 된다. 바로 그렇기 때문에 자본가는 노동자로부터 돈을 버는 것이 아니
라, 자신의 자본으로부터 돈을 버는 것이 된다.

잉여가치는 이런 새로운 증명서로 자본가들 사이에서 배분된다. 그러므로
배분의 기준은 그 증명서에서 밝히고 있는 이윤의 원천, 비용가격이 된다.

<표 4> 노동자와 자본가의 결산 비교

	노동자	자본가
지출	$v+m$	$c+v$
수입	v	$c+v+m$
손익	$-m$	$+m$

(2) 이윤율

잉여가치가 배분을 위해 이윤으로 변모하고 나면 이제 자본가들 사이에
서는 이윤이 배분된다. 이윤은 어떤 기준에 따라 배분되는가? 이윤의 배분
에서는 비용가격이 문제로 된다. 비용가격이야말로 이윤을 가져온 원천이
기 때문이다. 따라서 이윤의 배분에서는 얼마나 많은 비용가격으로 얼마의
이윤을 획득하였는지가 중요하게 된다.

예를 들어 100만원의 이윤을 1,000만원의 선대자본을 들여 획득하였는
가, 또는 3,000만원의 선대자본을 들여 획득하였는가가 중요하게 되는 것이
다. 이처럼 이윤과 지출된 자본간의 관계는 이윤율(Profitrate)로 나타낸다. 이
윤율은 선대자본에 대한 잉여가치의 비율로 다음과 같이 표시된다.

$$p'=m/(c+v)\times100=p/k\times100$$

(p': 이윤율, p: 이윤)

예를 들어 1억원의 자본을 들여 4,000만원의 이윤을 획득하였다면 이윤
율은 4,000만원/1억원×100=40%가 될 것이다. 이윤율은 지출된 선대자본
의 가치증식 정도를 나타내며 자본이 이윤을 배분 받는 정도를 보여준다.

이윤율은 물론 잉여가치율과는 구별된다. 잉여가치율은 가변자본에 대한
가치증식 정도를 나타내기 때문에 $m'=m/v\times100$으로 표시되며 이윤율과
비교하여 항상 높게 나타난다. 앞의 예에서 1억 원의 자본으로 4,000만원의
이윤을 획득한 이윤율은 계산된 바와 같이 40%로 나타났지만 잉여가치율
은 100%였다. 잉여가치율이 노동자가 지불 받는 노동과 지불 받지 못하는
노동간의 비율을 나타냄으로써 노동자들의 착취도를 표시하고 있는 반면,
이윤율은 자본의 증식 정도를 나타낼 뿐 착취도에 대해서는 말해주지 않는

다. 자본가는 동일한 자본을 가지고도 이윤율이 높을수록 더욱 많은 이윤을 획득하게 되므로 이윤율은 자본가의 직접적인 관심의 대상이 된다.

그러면 이윤율을 움직이는 요인들은 어떤 것일까? 그런 요인들을 찾아보기 위해서 우리는 이윤율의 공식을 잠깐 변화시켜보기로 하자. 즉 이윤율의 산출식에서 분모, 분자 모두를 v로 나누어보기로 하자. 그러면 이윤율은 다음과 같이 변형된 형태로 표시된다.

$$p' = \frac{m/v}{c/v \ + \ v/v} \times 100 = \frac{m'}{c/v \ + \ 1} \times 100$$

변형된 식에서 보면 이윤율에 영향을 미치는 요인으로는 먼저 잉여가치율($m/v = m'$)을 들 수 있으며, 그 다음으로는 자본의 유기적 구성(c/v)을 들 수 있다.

다른 조건이 불변이라면 잉여가치율이 높을수록 이윤율은 높아진다. 앞의 예에서 잉여가치율이 100%인 경우, 잉여가치는 4,000만원이었고, 이윤율은 그에 따라 40%였다. 그런데 여기서 만일 잉여가치율이 200%로 상승한다면 잉여가치는 8,000만원이 될 것이고, 그에 따라 이윤율도 80%로 높아질 것이다. 그 다음 만일 다른 조건과 함께 잉여가치율이 불변이라면 자본의 유기적 구성이 낮을수록 이윤율은 높아진다. 반대로 자본의 유기적 구성이 높아지면 이윤율은 낮아진다. 역시 앞의 예에서 본다면 자본의 유기적 구성은 6,000만원/4,000만원=3/2이었다. 그런데 만일 여기서 자본의 유기적 구성이 높아져서 8,000만원/2,000만원=4/1로 된다면 잉여가치율이 100%로 불변일 경우 새로운 유기적 구성하에서 잉여가치는 원래의 4,000만원에서 2,000만원으로 줄어들 것이고, 그에 따라 이윤율도 원래의 40%에서 20%로 하락하게 될 것이다.

이들 두 요인 외에 자본의 회전속도도 이윤율에 영향을 미치는데, 즉 자본의 회전속도가 빠를수록 이윤율은 높아지게 된다. 위의 예에서 자본의 회전이 연간 1회일 경우 잉여가치는 4,000만 원으로 이윤율이 40%였지만, 만일 자본의 회전속도가 2회로 증가하게 되면 선대자본액수가 변하지 않더라도 잉여가치는 4,000만원×2=8,000만원으로 되어 이윤율이 80%로 높아질 것이다.

자본의 회전속도를 높이기 위해서는 회전기간을 단축시켜야 한다. 회전기간은 생산기간과 유통기간으로 이루어지므로 자본가들은 이 두 기간을 단축시키기 위해서 노력한다. 생산기간의 단축은 대개 노동생산성의 향상을 통해서 공정을 단축시킴으로써 이루어진다. 예를 들어 19세기 중반 꼭두서니 염료는 콜타르 염료공장에서 몇 주일 만에 추출했는데, 그 이전에는 원래 몇 년이 소요되었다. 꼭두서니를 키우는 데만 1년이 걸렸으며, 이 뿌리에서 다시 염료를 추출하려면 몇 년 동안 그 뿌리를 후숙시켜야만 했던 것이다. 유통기간의 단축에는 주로 교통수단의 발전이 기여하였다. 선박은 범선에서 증기선으로 대체되었고, 수에즈운하의 개통으로 동아시아까지 12개월이 걸리던 수송기간이 12주로 단축되었다. 이것은 모두 이윤율의 증가에 영향을 미쳤다(*MEW* 25: 81).

마지막으로 이윤율에 영향을 미치는 요인으로는 불변자본의 절약을 들 수 있는데, 이는 자본의 유기적 구성을 낮추는 효과를 낳음으로써 이윤율을 높이는 방향으로 작용하게 된다. 가장 고전적인 예는 설비를 최대한 놀리지 않고 가동하는 것이다.

> 10시간 작업하는 어떤 공장의 운영비용은 12시간 작업하는 경우나 거의 비슷하다(*MEW* 25: 88).

왜 대부분의 공장에서 3교대로 24시간 작업이 이루어지기를 자본가가 갈망하는지 그 의문이 여기에서 풀린다. 불변자본의 절약에는 또 하나의 예가 있다. 위의 예에서 공해방지시설을 포함하여 불변자본에 6,000만원이 소요되는데, 이러한 시설을 적당히 눈가림으로 기피해 버림으로써 불변자본에 4,000만원만을 지출했다고 한다면, 선대자본 총액은 원래의 1억원에서 8,000만원으로 감소하고, 가변자본이 불변이라면 이윤율은 원래의 40%(4,000만원/1억원×100=40%)에서 50%(4,000만원/8,000만원×100=50%)로 높아질 것이다. 그리하여 우리는 왜 원진레이온에서 죽음의 가스실이 계속 가동되고, 왜 두산그룹이 낙동강에 페놀을 유출시켰는지, 그리고 삼성그룹이 왜 용인에서 축산물 폐수를 한강으로 내보냈는지 그 이유를 선명하게 알 수 있다. 그것은 이윤율을 높여주었던 것이다.

자본주의적 생산의 목표는 돈을 버는 데 있다. 그것은 자본의 눈으로 보면 이윤의 증대에 있다. 자본주의적 체제에서는 이윤을 얻는 경우에 한해서만 사회적 생산이 이루어지고, 또한 이윤을 만드는 것들만이 생산된다. 이윤율은 자본주의적 생산에 활기를 불어넣는 가장 본원적인 추동력인 것이다. 그래서 『쿼터리 리뷰』라는 신문에서는 이윤을 다음과 같이 표현하고 있다.

… 자본은 이윤이 없는 것 또는 이윤이 너무 적은 것을 두려워한다. 상당한 이윤이 있으면 자본은 용감해진다. 10%의 이윤만 확실하면 자본은 어디에든 찾아가며, 20%가 확실하면 자본은 활기를 띠게 되며, 50%라면 적극적으로 되며 모험도 감행한다. 100%라면 사람이 정한 모든 법률을 짓밟으며, 300%쯤 되면 어떠한 범죄도—설령 그로 인해 단두대에 설 위험이 있다 하더라도—자본은 피하려 하지 않을 것이다. 소란과 투쟁이 이윤을 가져오는 것이라면 자본은 소란과 투쟁을 부추길 것이다. 밀무역과 노예무역이 그 증거이다(*MEW* 23: 788).

2) 이윤은 어떻게 배분되는가

기업의 수명은 얼마나 될까? 무한할까? 아니다. 비록 생명체는 아니지만 기업의 생명은 그다지 오래 가지 않는다. 각 나라의 통계를 보면 대체로 기업은 창업한 뒤 10년 안에 70%가 퇴진하고 20년간 생존하는 기업은 10%에 불과하다. 『포천』(*Fortune*)의 조사에 따르면 1956년부터 1992년까지 미국 100대기업의 생존율은 21%였다. 세계적 규모로 사업망과 정보망을 구축하면서 기민하게 외부환경의 변화에 대응하고 있는 세계 100대기업도 1960년부터 1991년까지 생존율이 38%에 불과하다(『한겨레 21』, 1999년 12월 30일자). 우리나라의 경우에도 삼성경제연구소의 분석에 따르면 1965년부터 1995년까지 100대 기업의 생존율은 16%에 불과하였다(『한겨레신문』, 1997년 5월 29일자).

이처럼 변동하는 것은 기업만이 아니다. 산업도 마찬가지의 운명을 가지고 있다. 1980년대 이전까지만 해도 우리나라에서는 섬유산업이 줄곧 산업계 1위를 차지하였다. 그러나 그 뒤로는 전기전자산업이 1위를 차지해왔다. IMF 외환위기 이후 2000년까지의 3년 동안 반도체, 컴퓨터, 자동차의 3개 산업은 평균 116.5%의 급성장을 기록했으나 섬유, 신발, 금속기계, 화학 등의 19개 전통산업은 16.7%의 저성장에 그쳐서 대조를 이루었다(『한겨레신문』, 2001년 1월 22일자). 산업간 격차가 심화되면서 기업과 마찬가지로 산업의 수명도 오락가락하고 있는 것이다. 최근 삼성경제연구소는 앞으로 한국을 먹여 살릴 10대 산업으로 반도체, 정보통신, 디지털가전, 전자상거래, 콘텐츠, 자동차, 조선, 정밀부품, 섬유, 바이오 등을 꼽아서 세간의 이목을 끌기도 하였다(『한겨레신문』, 2001년 1월 17일자).

기업은 이윤을 먹고 산다. 그런데 기업의 부침과 산업의 흥망은 우리에게 무엇을 말해주는가? 그것은 자본들간에 이윤의 배분이 단순하게 이루어지지 않는다는 것을 암시한다. 그것은 순조롭고 평화롭게 이루어지지 않는다. 이윤을 향한 자본의 열망이 이윤의 배분을 둘러싼 자본들간의 격렬한 경쟁을 유발하기 때문이다. 결국 경쟁이 이윤의 배분을 결정한다. 그렇다면 이제 이윤은 어떻게 배분되는가?

이윤을 둘러싸고 경쟁이 발생하는 이유는 각 자본들간에 이윤율이 동일하게 형성되지 않기 때문이다. 이제 그 내막을 살펴보기로 하자. 이윤율에 영향을 미치는 요인들은 앞에서 본 바와 같이 네 가지로 정리된다. 즉 잉여가치율과 자본의 유기적 구성, 자본의 회전속도, 불변자본의 절약 등이 곧 그것이다.

우선 이들 요인 가운데 잉여가치율은 사회적으로 특정 기업이나 산업부문이 다른 기업이나 산업부문에 비하여 현저하게 높거나 낮을 수 없다. 잉여가치율은 $m'=m/v$이고 그것을 결정짓는 것은 총노동, 즉 $v+m$과 임금 v이다. $v+m$을 결정짓는 것은 노동일, 즉 하루 동안의 총노동시간과 노동강도이다. 그런데 노동일은 대개 한 사회 내에서 비슷하다. 어떤 기업이나 산업부문에 근무하든 대부분의 노동자는 출근시간과 퇴근시간이 비슷하다. '러시 아워'라는 게 무엇인가? 모든 산업의 노동자들이 비슷한 시간에 출근하고 비슷한 시간에 퇴근하기 때문에 발생하는 현상이 아닌가?

노동강도도 마찬가지이다. 자본주의적 생산이 어느 정도 발전하고 나면 사회 전체적으로 노동강도는 평준화된다. 특별히 노동강도가 높은 직종이나 산업은 기피되고 노동자들을 구할 수 없게 된다. 최근 IMF 경제위기 이후 실업이 급증했음에도 불구하고 고용촉진훈련의 신청자들은 일자리를 구하기 어려운 정보검색, 웹디자인 등 사무직에만 대거 몰리고 일손이 부족해서 쉽게 취업이 되는 용접, 배관, 판금 등에는 발길을 끊어서 업종간 인력수급의 불균형이 심화되고 있는 현상은 바로 이런 상황을 반영하는 것이다(『부산일보』, 2001년 1월 29일자). 그 결과 이들 소위 3D업종은 아예 소멸하거나 살아 남는다 하더라도 과거와 같은 높은 노동강도가 유지될 수 없게 되었다. 임금도 마찬가지이다. 대개 노동자들은 자신의 직종과 숙련수준에 해당하는 임금을 상정하고 있으며 이것이 충족되지 않으면 차라리 실업 상태로 남고자 한다. 임금은 사회적 가치를 반영하는 것이기 때문이다. 따라서 동일한 수준의 노동력이 사회 내에서 현저하게 차이가 나는 임금을 받는 경우는 매우 드물다. 결국 잉여가치율은 사회 전체적으로 평준화된다는 것을 우리는 알 수 있다.

그런데 잉여가치율을 제외한 나머지 요인들, 즉 자본의 유기적 구성과 자본의 회전속도, 그리고 불변자본의 절약 등은 전부 각 기업이나 산업부문들에서의 기술적 조건과 관련된다. 따라서 이들 요인은 각 기업이나 산업부문의 기술적 특성에 따라 각각 달라질 수밖에 없다. 예를 들어 철강산업과 신발산업 간의 자본의 유기적 구성은 서로의 원료와 기계설비의 차이 때문에 전부 다를 수밖에 없다. 철강산업에서의 원료는 철광석이며, 기계설비는 용광로이다. 그러나 신발산업에서의 원료는 고무나 가죽, 접착제 등이며, 기계설비는 재봉틀, 압착기 등이다. 이들 불변자본의 가치는 두 산업에서 완전히 다르다. 그리고 그런 차이는 이들 산업내의 기업별로도 각 기업이 갖추고 있는 기술적 특성에 따라 모두 다를 것이다. 반면 위에서 이미 얘기한 바와 같이 노동자들의 임금을 이루는 가변자본의 크기는 두 산업부문의 각 기업들에서 거의 비슷하다. 따라서 자본의 유기적 구성, 즉 c/v는 각 기업과 산업부문에서 완전히 다를 수밖에 없다. 자본의 회전기간도 모든 기업이나 산업에 있어서 서로 다르다. 우선 농업부문과 공업부문처럼 생산기간 자체가 아예 다른 경우가 있으며, 같은 공업부문 내에서도 포도주산업 같은 오랜 원료의 숙성기간이 필요한 산업이 있는가 하면 전자산업이나 자동차 산업처럼 가공조립시간만 소요되는 산업도 존재한다. 각 산업부문에서 불변자본이 전부 상이하므로 불변자본의 절약도 각기 다를 수밖에 없다. 이처럼 이들 요인은 기업이나 산업부문별로 모두 차이가 난다.

결국 잉여가치율의 평준화에도 불구하고 나머지 요인들의 차이 때문에 이윤율은 모든 산업부문에서 전부 다를 수밖에 없다. 그리고 이윤율이 이처럼 다르다면 보다 높은 이윤율을 좇는 자본들간에는 경쟁이 달아오를 것이다. 그러므로 이 경쟁을 통해서 이윤은 최종적으로 배분될 것이다.

이윤의 배분을 둘러싼 자본가들간의 이런 경쟁에는 두 가지 종류가 있다. 하나는 같은 종류의 상품을 생산하는 자본가들 사이에서 벌어지는 경쟁, 즉 한 산업부문 내에서의 경쟁이며, 또 하나는 서로 다른 종류의 상품을 생산하는 자본가들 사이에서 벌어지는 경쟁으로 곧 여러 산업 부문간의 경쟁이다.

한 산업부문 내에서의 경쟁은 예를 들어 똑같이 신발산업에 종사하는 자본가들 사이에서 저마다 상품을 값싸게 생산하여 남보다 더 많은 이윤을 얻으려는 경쟁이다. 그런데 같은 종류의 상품을 생산한다고 하더라도 생산조건과 자본의 유기적 구성은 각 기업들마다 서로 제각기 다를 것이다. 따라서 생산되는 상품의 개별적 가치도 서로 다르게 될 것이다. 그런데 상품의 사회적 가치의 크기는 그 산업부문의 평균적인 생산조건에 의해 결정된다. 즉 그 산업부문에서의 평균노동시간에 의해 결정된다. 예를 들어 신발 한 켤레의 사회적 가치가 5시간이라고 한다면, 이는 신발 한 켤레를 생산하는 데 신발산업에서 평균적으로 5시간의 노동을 소비한다는 것을 의미한다.

그러므로 그 산업부문의 평균 수준보다 좋은 생산조건을 가진 기업에서 생산되는 상품의 개별 가치는 그 상품의 사회적 가치보다 낮을 것이다. 말하자면 그런 기업에서는 예를 들어 3시간 만에 신발 한 켤레를 생산하여 평균노동시간보다 더 적은 노동시간만으로도 상품을 생산할 수 있는 것이다. 그 결과 그런 좋은 조건을 가진 기업의 자본가는 그렇지 못한 자본가들보다 더 많은 이윤, 즉 초과이윤을 얻게 된다. 만일 1시간의 노동을 사회적으로 1,000원의 가격으로 표시한다면 신발 한 켤레는 사회적으로 시장에서 평균노동시간인 5시간의 가치로, 다시 말해서 5,000원의 가격에 판매된다는 것을 의미하고, 좋은 조건을 가진 기업의 자본가는 3시간의 가치인 3,000원의 가치만을 지닌 자신의 신발 한 켤레를 5,000원에 판매함으로써 여분의 가치 2,000원을 얻게 되는 것이다. 이 여분의 가치는 앞서 얘기했듯이 특별잉여가치로서 초과이윤에 해당한다.

이러한 초과이윤을 얻기 위해서 한 산업부문 내의 자본가들은 서로 경쟁하게 된다. 즉 기술을 개선하고 노동생산성을 높여 상품의 개별 가치를 사회적 가치보다 낮추려고 노력한다. 이러한 경쟁에서 새로운 기술을 도입할 능력이 없는 기업들은 이윤이 감소하거나 손실을 보게 되어 결국 파산하게 된다. 따라서 자본가들은 경쟁에서 살아남기 위하여 끊임없이 생산을 확장하고 기술개선을 위해 노력하는 것은 물론 새 기술도 도입한다. 그리하여 그 상품을 생산하는 데 소요되는 노동시간은 그 산업부문 내에서 전반적으로 감소하고, 따라서 사회적 가치도 하락하게 된다. 그럼으로써 다른 자본가들보다 먼저 새 기술을 도입하여 초과이윤을 얻던 자본가도 초과이윤을 더 이상 얻지 못하게 된다. 그러면 다시 자본가들 간에 초과이윤을 얻기 위한 노동생산성 경쟁이 새롭게 시작되고, 이 경쟁은 초과이윤의 발생과 소멸 과정을 반복하면서 노동생산성을 계속 향상시킨다.

이처럼 동일한 산업부문에 종사하는 자본가들 사이에 벌어지는 경쟁은 끊임없이 각 자본가들의 개별 상품가치를 균등하게 만든다. 즉 노동생산성의 향상으로부터 야기되는 상품의 사회적 가치와 개별 가치의 차이를 계속 소멸시킴으로써 사회적 가치(이것은 평균가치이면서 시장가격을 이룬다)를 형성시킨다. 따라서 이 부문에서는 모든 자본가가 계속해서 평균적인 이윤만을 누리게 되고, 초과이윤은 극히 일시적으로만 존재하게 된다. 경쟁을 통해서 이 부문에는 하나의 균등한 이윤율이 형성되는 것이다. 이것이 산업 내 경쟁이 가져오는 이윤의 배분법칙이다.

한편 산업간 경쟁은 여러 산업부문들 사이에서 이루어진다. 한 산업의 내부에서는 이윤율의 균등화가 이루어지지만 이들 이윤율은 다시 산업별 특성에 따라서 각 산업별로 차이가 나게 된다. 그리하여 이제 자본가들은 이윤율이 다른 산업부문에 종사하는 자본가들끼리 서로 경쟁하게 된다. 즉 산업부문간에 경쟁이 벌어지게 되는 것이다. 산업부문 간의 경쟁은 서로 다른 생산부문의 자본가들 사이에서 이윤이 더 많이 나는 부문에 자기 자본을 투자하기 위하여 벌이는 경쟁이다.

여러 생산부문들, 예를 들어 전자산업, 신발산업, 섬유산업, 석탄산업, 기계산업 등의 생산부문들은 그 생산의 기술적 특성이 다르기 때문에 자본의 유기적 구성이 서로 다르다. 그런데 잉여가치는 오직 노동자의 노동에 의해서만 생산되므로 투하되는 자본의 크기가 동일하고 잉여가치율이 같다고 하더라도 자본의 유기적 구성에 따라 각 부문의 이윤율은 서로 다르게 된다. 따라서 자본가들은 이윤율이 높은 부문에 자기 자본을 투자하여 더 많은 이윤을 얻기 위해 맹렬한 경쟁을 하게 된다. 산업의 발흥과 쇠망은 바로 이런 자본가들의 이동 때문이다. 이처럼 더 많은 이윤을 얻기 위한 자본가들 간의 경쟁에 의해 생산부문별로 각기 다른 이윤율은 균등하게 되어 산업 전체에 평균적인 이윤율이 형성된다. 이것은 한 산업부문 내에서의 이윤율이 개별 자본가들 간에 균등해지는 것과 꼭 마찬가지이다. 우리는 산업부문 간의 이윤율이 균등화되는 과정을 <표 4>의 예를 통해서 살펴보기로 하자.

자본의 유기적 구성이 서로 다른 전자산업, 신발산업, 석탄산업에 세 사람의 자본가가 각기 100원씩의 자본을 투자한다고 가정해 보자. 불변자본과 가변자본의 구성은 전자산업에서는 90원(c)＋10원(v), 신발산업에서는 80원(c)＋20원(v), 석탄산업에서는 70원(c)＋30원(v)이고 잉여가치율은 세 부문 모두 100%라고 하자. 그러면 잉여가치는 전자산업에서 10원, 신발산업에서

<표 5> 평균이윤율의 형성

비용가격 c+v	잉여 가치율 m'	잉여 가치량 m	이윤율 p'	가치 c+v+m	평균 이윤율 p'	평균 이윤 p	생산가격 c+v+p	생산가격 −가치
(a) 90c+10v	100	10	10	110	20	20	120	+10
(b) 80c+20c	100	20	20	120	20	20	120	0
(c) 70c+30c	100	30	30	130	20	20	120	−10
240c+60v		60		360		60	360	0

20원, 석탄산업에서 30원이 생산될 것이다. 따라서 생산된 상품의 총가치는 전자산업에서 110원, 신발산업에서 120원, 석탄산업에서 130원이 될 것이다. 상품이 시장에서 가치대로 판매된다면 이윤율은

전자산업에서 $10/(90+10)\times100 = 10\%$

신발산업에서 $20/(80+20)\times100 = 20\%$

석탄산업에서 $30/(70+30)\times100 = 30\%$

가 될 것이다.

이윤율은 자본의 유기적 구성이 가장 낮은 석탄산업에서 제일 높고, 반대로 유기적 구성이 가장 높은 전자산업에서 제일 낮게 된다. 자본가들은 보다 높은 이윤율을 실현하는 것이 목표이므로 이윤율이 낮은 전자산업의 자본가들은 이윤율이 높은 석탄산업으로 자본을 이동시킬 것이다. 자본이 석탄산업으로 옮아가게 되면 석탄산업부문의 자본이 증가하고 생산이 확대될 것이고, 석탄의 공급이 늘어나서 수요를 훨씬 초과하게 될 것이다. 말하자면 공급과잉현상이 발생하는 것이다. 그러면 석탄생산자들끼리 판매를 위한 경쟁이 치열해져서 석탄의 가격은 하락하게 되고, 그 결과 석탄산업의 이윤율도 하락하게 될 것이다. 즉 석탄은 자신의 가치인 130원보다 낮은 가격으로, 예를 들어 125원이나 120원 등으로 판매되고, 따라서 석탄산업의

이윤율도 30%에서 25%, 20% 등으로 하락하게 될 것이다. 반면에 자본이 석탄산업으로 옮겨가버린 전자산업부문에서는 자본의 감소로 생산이 축소되고 상품생산량이 감소하게 됨으로써 상품의 수요에 비해서 공급이 부족하게 될 것이다. 따라서 전자제품의 가격은 상승하게 되어 자신의 가치보다 높게, 즉 예를 들어 자신의 가치인 110원보다 높은 115원이나 120원에 판매될 것이고, 그에 따라 전자산업의 이윤율도 10%에서 15%나 20%로 증대될 것이다.

이처럼 산업부문간의 경쟁을 통해서 자본은 이윤율이 낮은 부문에서 높은 부문으로 끊임없이 이동한다. 그리고 이렇게 자본이 이동함에 따라서 이윤율이 높던 부문에서는 상품의 가격이 하락하여 이윤율이 낮아지고 반대로 이윤율이 낮던 부문에서는 상품의 가격이 상승함으로써 이윤율이 높아진다. 이러한 자본의 이동은 각 산업부문에서 서로 차이가 나던 이윤율이 모두 균등하게 될 때까지 계속된다. 그리하여 전자산업, 신발산업, 석탄산업에서 각각 10%, 20%, 30%였던 이윤율은 점차로 균등해져서 세 부문이 모두 똑같이 20%가 된다. 이처럼 산업부문간 자본의 이동에 의해 각 산업부문마다 서로 다르던 이윤율은 균등하게 되는데, 이렇게 형성되는 균등한 이윤율을 평균이윤율이라고 부른다. 평균이윤율은 사회의 총자본에 대한 잉여가치총액의 백분율(%)로 표시된다. 우리의 예에서 각 생산부문의 평균이윤율은

$$(10+20+30)/(100+100+100) \times 100 = 20\%$$

[평균이윤율＝(총잉여가치/총자본)×100]

가 된다.

이리하여 자본주의적 생산에서는 각 생산부문들마다 생산의 기술적 특

성의 차이 때문에 각기 달리 형성되던 이윤율이 자본가들간의 경쟁에 의해 균등화함으로써 필연적으로 평균이윤율이 형성된다. 그럼으로써 이런 평균이윤율의 형성은 자본주의적 생산의 기본법칙이 된다. 평균이윤율의 형성을 통하여 각 생산부문의 자본가들은 동일한 크기의 자본을 지출했을 경우, 그가 어떤 산업부문에 종사하든 상관없이 비교적 동일한 크기의 이윤을 획득하게 된다. 즉 평균이윤을 획득하게 되는 것이다. 이것이 산업간 경쟁이 낳는 결과이다. 경쟁은 사회의 각 부문에서 생산된 잉여가치를 모두 한 곳에 모아서 그것을 자본가들에게 각자의 자본 크기에 따라 공평하게 나누어준다. 이윤은 각 자본들의 비용가격의 크기에 비례하여 배분되는 것이다.

평균이윤이란 각 생산부문에 투하된 일정한 크기의 자본에게 그 유기적 구성과는 상관없이 평균이윤율에 따라서 돌아가는 이윤을 가리킨다. 그런데 그러한 평균이윤이 형성되는 것은 위의 예에서 보는 바와 같이 어떤 부문의 상품은 그 가치 이상으로 판매되고 어떤 상품은 그 가치 이하로 판매되기 때문이다. 각 부문의 상품은 모두 자신의 가치와는 상관없이 단순히 비용가격(100원)에 평균이윤(20원)을 더한 가격으로 판매된다. 이처럼

> 비용가격에 평균이윤을 더한 가격을 상품의 생산가격(Produktionspreis, price of production)이라고 부른다(*MEW* 25: 167).

위의 예에서 보는 바와 같이 상품의 가치는 전자산업에서는 110원, 신발산업에서는 120원, 석탄산업에서는 130원이지만, 이들 상품은 모두 똑같이 120원에 판매된다.

이 경우 석탄산업의 자본가들은 그들이 고용한 노동자들이 생산한 잉여가치의 일부(10원)를 유실하게 되며, 반면 전자산업의 자본가들은 다른 부문에서 생산된 잉여가치의 일부(10원)를 얻게 된다. 즉 석탄산업부문의 노

동자들이 생산한 10원 어치의 잉여가치가 전자산업부문의 자본가들에게 이전되는 것이다. 이리하여 자본주의적 생산에서는 경쟁에 의해 자본이 이동하고 그를 통해서 각 부문마다 상이한 이윤율이 균등화함으로써 상품은 그 가치대로 판매되는 것이 아니라 생산가격에 따라 판매된다.

상품이 이처럼 그 가치대로가 아니라 생산가격에 따라 판매되면 상품의 개별 가치와 생산가격 사이에는 괴리가 발생하며 가치와 가격은 일치하지 않는 것처럼 보인다. 따라서 상품이 그 가치대로 교환된다고 얘기했던 앞서의 상품가치의 논의는 잘못된 것처럼 보인다. 실제로 우리의 예에서도 개별 상품의 가치와 가격은 일치하지 않고 있다. 즉 각 상품은 반드시 그 가치대로 교환되지 않는다. 그러나 사회 전체를 놓고 보면 우리의 예에서도 어떤 상품은 가치 이상으로 판매되는 반면, 또 어떤 상품은 가치 이하로도 판매됨으로써 가치와 가격간의 차이는 상쇄된다. 그리하여 사회 전체를 통틀어 볼 때 생산가격의 총액(360원)은 상품가치의 총액(360원)과 동일하며, 또한 전체 자본가들이 차지하는 이윤의 총액(60원)도 전체 노동자들이 생산한 잉여가치의 총액(60원)과 동일하다. 그러므로 개별 상품들의 가격과 가치가 부분적으로 일치하지 않는다 해도 사회 전체로는 여전히 교환되는 상품들의 가격―생산가격으로 나타난다―은 그것들의 가치를 반영하고 있는 것이다. 생산가격은 앞서의 상품가치 논의와 모순되는 것이 아닌 것이다.

사회 전체의 규모에서 가치와 가격이 일치하는 것을 가치법칙(Wertgesetz, law of value)이라고 부른다(*MEW* 25: 164 이하).

이처럼 자본가들간의 이윤의 배분은 사회적 평균이윤율에 의해서 동일한 비율로 이루어진다. 평등! 바로 그것이야말로 자본이 만든 마법의 세상을 "지배하는 천부의 인권"(*MEW* 23: 190)이다. 자본가들은 자신의 이념을 이윤의 배분에서 이처럼 실현한다. 자본가들은 정확하게 자신이 투자한 선대자본의 크기에 따라 공평한 비율로 이윤을 나누어 갖는다.

3) 배신의 이름, 말린체―이윤율 저하의 경향

아즈텍제국의 정복에 나선 에르난 코르테스가 멕시코 땅에 발을 디뎠을 때 그의 나이는 34살이었다. 바닷가 마을을 차례로 공략하면서 아즈텍계곡의 심장부로 향하던 코르테스에게 하루는 특별한 선물이 들어왔다. 원주민들이 평화를 제의하면서 바친 여인들이었다. 두려움에 떠는 여인들 가운데 유독 한 여인이 코르테스의 눈에 띄었다. 꽤 아름다운 용모에 무서운 기색 없이 주변을 두리번거리는 여인이었다. 이름은 말린친.

말린친은 무척 총명한 여자였다. 코르테스는 에스파냐어를 금방 익힌 말린친을 통역 겸 애인으로 데리고 다녔다. 그녀는 코르테스의 자문역도 겸해서 아즈텍제국에 대한 중요한 정보들을 제공함으로써 아즈텍 정복에 중요한 공헌을 하였다. 1521년 결국 아즈텍은 에스파냐군의 깃발 아래 함락되었다. 그녀의 도움이 없었으면 훨씬 힘들었을 일이었다.

말린친의 출생은 잘 알려져 있지 않다. 귀족의 딸이었다고도 하고 공주였다고도 하는데 어려서 부모와 헤어져 노예로 이곳 저곳으로 팔려 다녔다고 한다. 코르테스가 만났을 때 말린친은 이미 오랜 노예생활을 통해 삶의 어두움과 인간의 악덕을 실컷 맛본 여인이었을 것이다. 그녀의 동족에 대한 배신은 이런 그녀의 과거 때문일지도 모를 일이다.

말린친은 코르테스의 아들을 낳았다. 마르틴이라고 불린 이 아이는 인디오와 에스파냐 사람의 피가 섞인 최초의 혼혈아, 최초의 메스티조였다. 아즈텍 정복이 끝나고 나서 말린친의 운명은 어떻게 되었을까? 코르테스에게 버림받고 그의 부하에게 넘겨졌다고 한다. 배신의 결과로는 슬픈 말로였다.

말린친의 배신으로 정복당한 아즈텍의 원주민들이 그녀를 부른 이름은 말린친이 아니라 '말린체'였다. 그 말은 정복자의 여자, 배신자란 뜻이었다. 오늘날도 멕시코에서는 '말린체' 하면 배신자를 떠올린다고 한다. 그녀에게 말린친은 이제 돌아오지 않는 이름이 되고 말았다(『한겨레 21』, 1998년 1월 1일자).

이윤의 배분에서 자본가의 이념을 실현한 평균이윤율은 자본이 이룩한 마법의 세상에서 바로 그 말린친이다. 평균이윤율은 자본주의 생산의 결과물인 잉여가치로부터 착취의 흔적을 없애고 자본가들간의 공평한 분배를 달성시키는 중요한 역할을 수행한다. 그러나 이 평균이윤율이야말로 자본주의적 생산에게는 배신의 대명사이다.

배신은 어떻게 이루어지는가?

(1) 평균이윤율의 저하

배신은 자본주의적 생산의 심장부인 잉여가치의 생산으로부터 시작된다. 자본주의적 생산이 진행되면 자본가들은 더욱 많은 이윤을 획득하기 위하여 자본가들끼리 경쟁을 하게 되고, 이러한 경쟁은 필연적으로 초과이윤을 획득하기 위한 노동생산성의 향상을 수반한다. 그러나 자본가들간의 경쟁은 이러한 노동생산성의 향상을 일반화시키고 일시적으로 발생한 초과이윤을 끊임없이 소멸시킴으로써 사회적 평균이윤율을 형성시킨다. 그 결과 사회적으로는 항상 초과이윤을 획득하기 위해 평균이윤율로부터 이탈하고자 하는 개별 자본가들의 노동생산성 향상을 위한 노력과 이렇게 이탈되는 초과이윤을 평균이윤율을 통해 끊임없이 소멸시키는 과정이 반복된다. 그리하여 노동생산성의 향상과 그에 따른 평균이윤율의 형성은 나란히 손을 잡고 끝없이 나아간다. 그러나 이 두 사람의 여행은 처음부터 배신의 씨앗을 안고 있다. 노동생산성과 평균이윤율 양자간의 관계는 그다지 조화로운 관계가 아니다. 이른바 '성격차이'가 처음부터 존재하고 있는 것이다. 그리고 그 차이가 바로 배신의 씨앗이 된다.

노동생산성 향상과 평균이윤율간의 관계는 이윤율의 공식으로부터 간단히 알 수 있다. 즉 평균이윤율의 공식

$$p'=m/(c+v)\times100$$

에서 분모분자를 모두 v로 나누면

$$p'=\frac{(m/v)}{(c/v+v/v)}\times100=\frac{m'}{(c/v+1)}\times100$$

이 된다. 평균이윤율은 잉여가치율(m')과 자본의 유기적 구성(c/v)에 의해 영향을 받으며 잉여가치율의 변화와 같은 방향으로, 자본의 유기적 구성의 변화와 반대방향으로 변화한다. 그런데 노동생산성의 향상에 따른 자본의 유기적 구성의 고도화는 이윤율을 낮추는 방향으로 영향을 미친다. 노동생산성과 이윤율은 처음부터 '궁합이 맞지 않는' 사이인 것이다. 자본의 유기적 구성의 고도화에 따른 이윤율의 하락과정은 다음의 예에서 보면 간단히 드러난다.

<표 5>에서 보면 자본이 축적되어 가면서 사회적 총자본(c+v)은 절대적으로 증가한다. 즉 150(50c+100v)에서 540(400c+140v)으로 증가한다. 이 과정에서 불변자본은 생산설비의 현대화로 50에서 400으로 현저하게 증가했으며, 반면에 가변자본은 100에서 140으로 약간만 증가했다. 그 결과 자본의 유기적 구성은 0.5:1에서 2.8:1로 고도화되었다. 잉여가치율이 100%로

<표 6> 자본의 유기적 구성의 고도화와 이윤율의 하락

불변자본 c	가변자본 v	자본의 유기적 구성 c : v	잉여가치율 (%) m'	잉여가치량 또는 이윤량 m	이윤율(%) p'=m/(c+v) ×100
50	100	0.5:1	100	100	66.6
100	110	0.9:1	100	110	52.4
200	120	1.7:1	100	120	37.5
300	130	2.3:1	100	130	30.2
400	140	2.8:1	100	140	26.0

불변이라면 잉여가치량 또는 이윤량은 가변자본의 증가분만큼 함께 증가하여 100에서 140으로 증가한다. 그리고 자본의 유기적 구성이 고도화함에 따라 이윤율은 66.6%에서 26.0%로 하락한다.

자본의 유기적 구성의 고도화에 따른 이윤율의 저하현상을 이윤율의 경향적 저하 법칙(Gesetz des tendenziellen Falls der Profitrate)이라고 부른다(*MEW* 25: 221)

한편 위의 예에서 드러나고 있는 바와 같이 이윤율이 하락한다고 해서 자본가들이 얻게 되는 이윤의 총액, 즉 이윤양은 감소하지 않는다. 그것은 자본주의적 생산이 진행되고 축적이 지속적으로 이루어지면 자본의 총액이 늘어나고 그에 따라 고용되는 노동자들의 수가-자본축적 속도에 비해서는 낮은 속도이긴 하지만-늘어나기 때문이며, 또한 노동생산성의 향상은 항상 잉여가치의 증가, 특히 상대적 잉여가치의 증가를 동반하기 때문이다. 예에서도 이윤율은 66%에서 26%로 하락하였지만, 이윤양은 100에서 140으로 증가하였다. 그래서 이윤율의 하락에도 불구하고 자본주의적 생산은 즉시 멈추는 것이 아니라 상당 기간 지속될 수 있다.

결국 잉여가치를 목표로 하였던 노동생산성 향상은 이윤율을 하락시키고, 그 결과 원래 처음의 목표였던 잉여가치, 즉 이윤을 도로 감소시킨다. 그야말로 도로아미타불인 셈이다. 그러나 더욱 중요한 문제는 그런 기막힌 결과에도 불구하고 자본주의적 생산이 잉여가치 생산을, 그리고 그 결과 반드시 나타나는 생산성 진보를 멈출 수는 없다는 점이다. 원래 그것의 타고난 운명이 바로 그것이기 때문이다. 이것이 배신의 진정한 내막이다.

> 일반이윤율의 점진적인 하락경향은 끊임없는 사회적 노동생산력의 발전에 대한 자본주의적 생산양식의 한 고유한 표현일 뿐이다(*MEW* 25: 223).

잉여가치를 목표로 하는 자본주의적 생산은 그래서 사실상 도달할 수 없는 언덕을 끝없이 오르는 시지푸스와 같은 운명을 가지고 있다. 스스로 자신의 목표를 궤멸시키는 운명, 그것이 자본주의적 생산의 운명이며 이윤율 저하경향은 바로 그 운명이 가장 잘 표현된 곳이다. 배신자의 이름 말린체는 그렇게 평균이윤율에 붙여졌다.

(2) 이윤율 저하를 억제하는 요인들

'배신에는 복수가 뒤따른다.' 말린친은 영원히 자신의 이름을 찾지 못하는 역사의 복수를 받았다. 말린친만이 아니다. 배신의 역사에는 언제나 복수가 뒤따랐다. 폼페이우스의 석상 밑에서 암살 당한 카이사르에게는 배신자 브루투스를 처단한 안토니우스가 있었으며 궁정동 밀실에서 김재규로부터 총격을 당하였던 박정희에게도 전두환이 있었다. 브루투스와 김재규는 모두 배신의 대가를 돌려 받아야만 하였다. 그래서 배신은 그것으로 끝나지 않는다.

이윤율의 배신에도 복수가 뒤따른다. 이윤율의 저하경향만 존재하는 것이 아니라 그것에 저항하여 이윤율을 다시 높이는 경향이 자본주의적 생산에는 존재한다. 자본주의적 생산의 안토니우스는 과연 누구인가? 이윤율 저하경향을 상쇄시키는 요인에는 어떤 것들이 존재하는가?

첫째 잉여가치율을 높이는 것이다. 위의 이윤율 공식을 변형시킨 식에서 보았듯이 잉여가치율은 이윤율에 같은 방향으로 영향을 미친다. 즉 잉여가치율이 높아지면 이윤율도 높아지며, 잉여가치율이 하락하면 이윤율도 하락한다. 따라서 잉여가치율의 증가가 자본의 유기적 구성의 고도화보다 더 급속하게 이루어지면 이윤율은 하락하는 것이 아니라 오히려 상승할 수도 있다. 잉여가치율을 높이는 방법은 노동일의 연장과 노동강도의 강화가 가장 효과적인데, 이에 대해서는 앞에서 잉여가치의 생산의 방법을 통해서 이미 살펴본 바가 있다. 1991년에 우리나라에서 있었던 '30분 더 일하기 운동' 같은 것은, 이런 잉여가치율의 증가가 자본가에게 얼마나 중요한 문제인지를 잘 보여주고 있다.

둘째로 임금을 노동력 상품의 가치 이하로 떨어뜨림으로써 노동자의 총노동 v+m에서 필요노동인 v를 강제로 줄여서 m을 늘리는 것이다. 이것은 노동자들의 희생을 통해서 잉여가치율을 높이는 방법에 속한다. 최근 우리나라에서 문제가 되고 있는 이른바 정규직 노동자의 비정규직으로의 전환이나 외국인 노동자 수입 문제 등은 바로 이 방법에 대한 좋은 예이다. 이 두 가지는 모두 비정상적으로 싼 가격에 노동자를 고용할 수 있는 방법이기 때문이다. 그것은 임금을 노동력의 가치 이하로 떨어뜨리며, 따라서 이윤율을 높이는 데 기여한다.

셋째로는 불변자본 요소들의 가치를 떨어뜨리는 것이다. 노동생산성의 증가는 생산수단의 가치와 가격을 인하시키는 결과를 낳으며 동일한 자본의 투입으로 더 많은 기계나 설비, 원료 등을 구입할 수 있게 해준다. 오늘날 기계나 전자기술 등에 의한 새로운 노동생산성의 진보는 원료나 에너지를 절약시키고 기계나 설비의 가격을 엄청나게 인하시키는 효과들을 가져오고 있다. 특히 컴퓨터부문 등에서는 기계의 가격이 매년 절반 이하로 하락하는 현상을 쉽게 찾아볼 수 있다. 이러한 불변자본 요소들의 가치하락은 자본의 기술적 구성은 증가시키면서도 가치구성은 증가시키지 않거나 심지어 하락시키는 작용을 함으로써 이윤율의 하락을 억제하거나 때로는 이윤율을 상승시키기까지 한다.

넷째로는 상대적 과잉인구의 창출이다. 우리가 앞에서 이미 배운 바와 같이 노동생산성의 향상은 곧 자본의 유기적 구성을 고도화시키는 형태로 나타나고, 그것은 노동자의 고용을 상대적으로 감소시키기 때문에 상대적 과잉인구를 지속적으로 만들어낸다. 그리고 이런 상대적 과잉인구는 자본가에게 잉여가치율을 높일 수 있는 유리한 조건을 만들어 주기 때문에, 그것은 이윤율을 상승시키는 작용을 하게 된다.

다섯째로는 대외무역을 들 수 있다. 자본가들은 다른 나라와의 무역을 통해서 원료나 생산수단을 값싸게 구입함으로써 불변자본의 지출을 절약하거나 농산물이나 의류 등 노동자들의 노동력 재생산에 소요되는 제반 생활물자들을 외국에서 값싸게 수입하여 노동자들의 임금하락을 유도함으로써 v+m에서 v의 축소를 통해 m을 높일 수 있게 된다. 즉 잉여가치율을 높일 수 있게 되는 것이다. 이것은 당연히 이윤율을 상승시키는 작용을 한다.

이러한 모든 요인들이 이윤율의 저하경향을 억제하는 방향으로 작용한다. 따라서 자본주의적 축적이 진행되면 한편으로는 이윤율이 저하하는 경향이, 또 다른 한편으로는 이윤율을 상승시키는 경향이 함께 작용하게 된다. 그러므로 현실적으로 이윤율은 이들 두 요인간의 상호작용에 의해 전자의 경향이 후자의 경향보다 우세할 때는 하락하는 것으로 나타나며, 반대로 후자의 경향이 전자의 경향을 충분히 상쇄할 만큼 압도적일 때는 상승하는 형태를 띠기도 한다.

(3) 이윤율 저하경향과 자본주의적 축적의 모순관계

이제까지 본 바와 같이 자본주의적 생산은 그 내부에 배신의 씨앗은 물론 다시 그 복수의 대리인까지를 모두 거느리고 있다. 따라서 이윤율 저하경향은 실제로 현실에서 이윤율이 반드시 저하하는 것으로 나타나는 것은 아니다. 현실적으로 나타나는 이윤율은 그것을 저하시키는 경향과 그것을 억제하고 상승시키는 경향들 간의 상호작용의 결과로 나타난다. 따라서 그것은 때로는 하락하는 형태를, 때로는 상승하는 형태를 띠기도 한다. 바로 그렇기 때문에 이윤율 저하경향은 법칙(Gesetz)이 아니라 하나의 경향(Tendenz)으로 불린다. 그렇다면 이 배신과 복수의 드라마를 통해서 우리가 알 수 있는 것은 무엇인가?

여기에서 중요한 것은 배신의 결과로서 나타나는 현실의 이윤율의 움직임이 아니다. 정말 중요한 것은 배신의 씨앗이다. 왜냐하면 상쇄요인에 의해 이윤율이 일시적으로 저하를 멈춘다거나 심지어 상승하는 경우에도 이 배신의 뿌리는 결코 뽑히는 것이 아니라 오히려 점점 더 크게 자라나기 때문이다. 그래서 이윤율 저하경향은 그 자체로는 상쇄요인에 의해 해결될 수 있지만 궁극적으로는 자본주의적 생산의 해결할 수 없는 모순, 즉 그것의 파산선고를 속에 담고 있는 것이다. 그것이 숨기고 있는 자본주의적 생산의 치명적인 모순이란 어떤 것인가?

이윤율 저하경향이 우리에게 보여 주는 첫 번째 비밀은 무엇보다도 자본주의적 생산의 확장과 자본증식의 가능성 사이에 심각한 모순이 존재한다는 사실이다. 그리고 자본은 축적을 가속화함으로써 이러한 갈등으로부터 벗어나고자 노력한다. 자본축적이 가속적으로 이루어져 생산에 투입되는 총자본의 규모가 늘어남으로써 고용되는 임노동자들의 수가 늘어나고 잉여가치율이 증가함으로써 사실상 이윤양은 증가하고 자본의 활동범위도 확대된다. 그러나 점점 더 큰 규모로 축적하는 것은 한층 우수하고 현대적인 생산수단을 사용하는 것과 결부되는데, 이는 개별자본의 입장에서는 이윤을 늘리기 위한 노력의 일환이지만 이러한 자본의 유기적 구성의 고도화는 이윤율과 반비례하는 관계에 서 있다. 그리하여 결국 자본의 증식을 위한 노력이 자본증식의 조건을 악화시키는 결과를 낳게 되는 것이다. 자본의 증식과 증식의 가능성은 서로 모순되어 있는 것이다.

한편 그것을 해결하고자 하는 노력으로부터 두 번째 비밀이 등장한다. 원래 생산의 확장은 자본의 증식이 장애에 부딪히면서 그것을 해결하고자 하는 것이 그 목표였다. 그러나 그러한 목표를 달성하기 위해서는 확장된 생산을 통해 증가한 생산물을 모두 실현해야만 한다. 즉 생산된 생산물이 모두 시장에서 팔려야만 한다. 말하자면 자본증식은 생산의 확장과 동시에 그것과 균형을 이룰 소비능력의 확대를 필요로 하고 있는 것이다. 그런데 이윤율 저하를 상쇄시키기 위한 잉여가치율의 증가는 노동자들의 임금수입을 제약함으로써 소비능력을 제약하게 된다. 생산의 확장과 잉여가치의 실현은 서로 분리되고 일치하지 않게 된다. 생산과정에서 만들어진 잉여가치가 실현되지 못하면 자본주의적 생산의 목표인 가치증식은 이루어지지 못하고 잉여가치의 생산에도 불구하고 이윤을 얻지 못하는 자본이 나타나게 된다. 이런 현상을 자본의 과잉축적이라고 부른다. 자본의 과잉축적은 자본주의적 생산에서의 생산과 시장간의 모순을 보여주며, 자본주의적 생산이 가치증식을 위해서 확대되면 확대될수록 그것은 생산과 시장간의 불일치를 확대시킴으로써 오히려 더욱더 가치증식을 억제하는 작용을 하게 된다는 사실을 보여준다. 여기에서도 자본의 증식과 증식의 가능성은 서로 모순되어 있는 것이다.

그리하여 자본주의적 생산의 진정한 장애물은 자본이라는 말이 나오게 된다(*MEW* 25: 260). 그것은 자본 그 자체가 자기증식의 출발점이자 종점이며, 생산의 동기이자 목적으로 나타나며, 생산이 오로지 자본을 위한 생산이기 때문이다. 결국 이윤율 저하경향은 자본주의적 생산의 궁극적인 장애

요인을 설명해준다. 그것은 자본주의적 생산의 이 비극적인 운명에 대한 가
장 최종적인 예언인 셈이다.

우리가 여기에서 얘기하는 이윤율과 그대로 일치하지는 않지만 비슷
한 개념으로서 자본이윤율을 들 수 있다. 자본이윤율은 생산된 총가치(부가가
치)에서 자본과 노동의 비용(즉 불변자본과 가변자본)을 공제한 나머지 이윤
을 자본으로 나눈 개념으로서 최근 한국은행에서 발표된 자료가 있다. 이 자
료에서는 우리나라 자본이윤율의 변동이 이윤율의 저하경향을 어느 정도 보
여주는 것으로 나타나고 있다.

<그림 21> 우리나라의 자본이윤율 추이

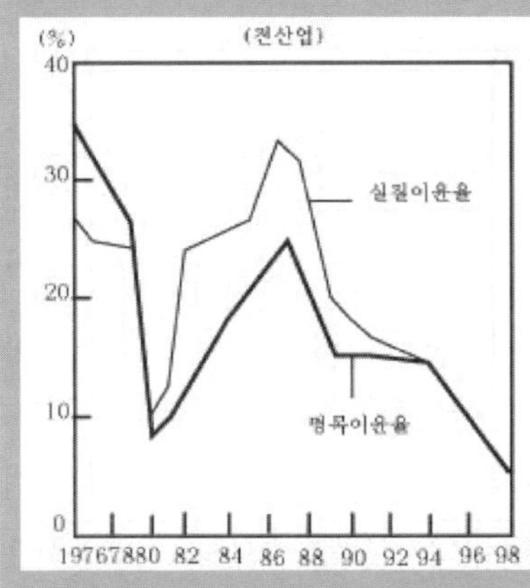

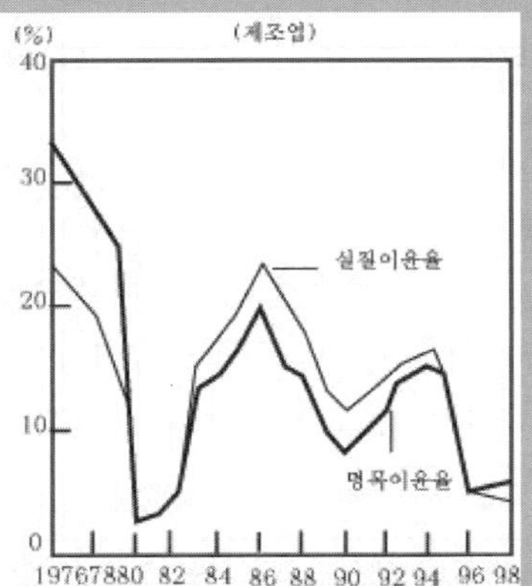

<표 7> 우리나라의 자본이윤율 추이 (단위: 연평균 %)

	기간	1976~80	1981~85	1986~90	1991~95	1996~98
명목 이윤율	전산업	23.5	16.3	19.8	14.1	8.2
	제조업	19.9	10.3	14.0	13.1	8.4
실질 이윤율	전산업	21.3	21.1	26.1	15.2	8.2
	제조업	15.2	11.6	17.5	14.0	7.9

2. 산업자본의 이복형제, 상업자본

자본유통을 통해서 잉여가치를 직접 생산하는 자본이 잉여가치를 배분 받는 원리를 지금까지 살펴보았다. 이들은 잉여가치를 이윤으로 변신시킨 다음 평균이윤율에 의해 각자의 선대자본의 크기에 동일한 비율로 이윤을 배분 받았다. 이처럼 자본유통활동을 수행하면서 이윤을 배분 받는 자본을 산업자본이라고 부른다. 그런데 자본주의가 발전하면서 이 산업자본은 자신의 기능 가운데 일부를 분화시키게 된다. 소위 자본의 분업을 이룩하는 것이다. 그렇게 분화된 자본을 상업자본이라고 부른다.

1) 상업자본의 성립

1497년 7월 4척의 선대(船隊)를 인솔하고 바스코 다 가마는 리스본을 출범하였다. 11월에 희망봉을 돌아서 아프리카 대륙의 동해안을 따라 북상하였다. 모잠비크·몸바사를 통과하여 1498년 4월 마린디에 도착하였다. 마린디에서는 다시 이븐 마지드의 도움으로 인도양을 횡단하였다. 드디어 5월 22일 그는 인도의 캘리컷에 닻을 내릴 수 있었다. 그것은 70년에 걸친 인도항로 발견의 대사업이 성취되는 순간이었다. 그는 도대체 무엇을 하러 그 미답의 항로를 개척해 갔을까? 당연한 대답이 기다리고 있었다. 그는 장사를 하기 위해 갔던 것이다. 그는 이 최초의 항해로부터 60배의 이익을 남길 수 있었다.

장사로부터 돈을 벌 수 있다는 사실을 알게 된 순간 화폐는 눈을 뜨고 자본으로 살아났다. 그것은 자본의 탄생이었다. 사실 자본의 조상은 이처럼 장사에 뛰어든 자본이었다. 이것이 상업자본의 원형이었다. 그러나 우리가 이미 본 바와 같이 자본은 상업자본으로 완성되는 것이 아니라 산업자본으로 완성되는 것이었다. 자본의 목적, 즉 돈을 지속적으로 벌기 위해서는 상업으로는 불가능하고 노동력이라는 상품을 통해 생산을 수행해야만 가능한 것이었다. 그러면 상업자본은 없어졌는가? 아니다. 산업자본이 등장하고 나서도 상업자본은 남았다. 그것은 어떻게 남았을까?

아침 식탁을 한번 둘러보자. 밥이 있다. 그것은 충남의 당진쌀이다. 그리고 김치가 있다. 김치의 배추는 봄에는 전남 해남에서, 여름에는 강원도 진부에서 주로 생산이 된다. 그처럼 고향이 전부 다른 농산물들이 식탁 위에 올라와 있다. 그것이 어떻게 해서 그 먼 거리를 거쳐 우리 집 아침 식탁에까지 올라왔을까? 또 있다. 내가 입고 있는 순모양복은, 그리고 신발은? 그런 모든 것들을 내게로 운반해오는 일을 하는 것이 곧 상업자본이다.

그래서 상업자본은 상품의 매매, 즉 상품유통에 종사하는 자본이다. 그것은 직접 상품을 거래하는 상품거래자본과 상품거래를 위해 필요한 화폐를 거래하는 화폐거래자본의 두 가지를 모두 포괄한다. 상품유통은 자본주의적 생산이 이루어지기 전에도 존재하였고, 따라서 이 시기에도 상업자본의 역할을 수행하는 자본은 존재하였다. 그러나 이 시기의 상업자본은 주로 소생산자들의 생산물들이 교환되도록 도와주는 역할만을 수행하였다. 상업자본은 소생산자들과 독립적으로 존재하였고, 생산물들을 부등가로 교환함으로써 그 차액을 상업이윤으로 차지하였다. 즉 100원에 구매한 물건을 500원에 판매함으로써 차액 400원을 남겨먹는 방식이었다. 사실 바스코 다 가마의 엄청난 이윤은 바로 이런 부등가교환에 의한 것이었다. 그러다가 자본주의적 생산이 시작되면서 상업자본은 그 역할을 달리하게 되었고, 그들이 획득하던 상업이윤의 성격도 변화하게 되었다.

자본주의적 생산하에서의 상업자본은 산업자본의 기능과 긴밀한 관련을 맺고 있다. 앞서 자본의 순환에서 이미 본 바와 같이 산업자본은 자본유통을 완성하기 위하여 세 가지 기능을 수행해야만 한다. 즉 산업자본의 순환

G—W…P…W'—G'에서 산업자본은 화폐자본, 상품자본, 생산자본의 기능을 모두 수행해야만 가치증식을 완성할 수 있었다. 이 세 가지 기능 가운데 상품자본의 기능이 따로 독립하게 되면서 자본주의적 생산에서의 상업자본이 성립하게 된다.

그러면 상업자본은 어떻게 산업자본으로부터 독립하게 되는가? 자본주의적 생산의 초기에는 상품생산의 규모가 그리 크지 않았기 때문에 산업자본가는 상품을 생산하는 일뿐만 아니라 생산한 상품을 판매하는 일까지도 모두 스스로 수행하였다. 그러나 자본주의적 생산이 발전함에 따라 생산의 규모가 커지고 그에 따라 상품을 판매해야 할 시장이 확대되었으며, 또한 상품의 수송거리도 점차로 멀어졌다. 예를 들어 영국에서 생산된 면직제품이 아메리카대륙이나 아시아지역으로 판매되기 위해서는 적어도 6개월 이상 수송한 후에나 비로소 현지에서 판매될 수 있었다. 그리하여 상품이 유통과정에서 오랫동안 머무르게 되고, 상품매매를 위한 자본도 많이 소요되었다. 게다가 장사를 하기 위해서는 상점을 짓고 점원을 고용하고 판매를 위한 각종 설비는 물론 광고도 해야 하는 등 많은 비용이 필요하다.

따라서 생산이 이처럼 확대된 시기에 산업자본가가 상품의 생산과 판매를 모두 수행하려면 자본을 늘리거나 생산에 투하된 자본 가운데 일부를 떼어내서 상품유통에 돌려야만 할 것이다. 그러면 당연히 생산은 축소되어야 할 것이고, 그만큼 이윤도 감소하게 될 것이다. 그런데 만일 산업자본가가 상품생산만을 전담하고 상품판매는 다른 사람, 즉 상업자본가에게 넘겨준다면 산업자본가는 일도 줄어들고 생산규모도 축소시킬 필요가 없으며, 자본도 더 빨리 회전시킬 수 있을 것이다. 그러면 산업자본가의 이윤은 증가하게 될 것이다.

한편 상업자본가는 상품의 유통만을 전문적으로 수행하기 때문에 상품판매를 위한 시장상황에 정통해 있으므로 상품매매에 소요되는 여러 가지

비용을 줄일 수 있을 것이다. 따라서 산업자본가가 직접 수행하는 경우에 비해 더 적은 비용으로 더 많은 상품을 판매할 수 있을 것이다. 그러므로 산업자본가는 자신이 직접 소비자들에게 판매하기보다는 상업자본가에게 판매하는 것을 택하게 된다. 이리하여 산업자본은 상품의 생산만을 담당하고, 상업자본은 상품의 매매만을 담당하게 된다. 상업자본가는 상품을 구매하였다가 판매함으로써 이윤을 얻기 위하여 일정한 자본을 투자한다. 따라서 그도 자본가로서 상업이윤을 얻게 된다. 만일 일정한 이윤을 얻지 못한다면 그는 결코 자신의 자본을 상업부문에 투자하지 않을 것이다.

2) 상업이윤

상업자본가는 산업자본가를 대신하여 상품유통을 수행함으로써 일정한 이윤을 얻는데, 이것이 상업이윤이다. 상업자본은 산업자본이 수행해야 할 기능 가운데 일부를 수행하는 것이므로 사실상 산업자본의 일부나 다름없다. 따라서 상업자본이 얻는 이윤은 산업자본이 획득한 이윤으로부터 나오는 것이다. 산업자본은 자신의 이윤 가운데 일부를 자신을 대신해서 자신의 기능 일부를 수행하는 상업자본에게 나누어주게 되는 것이다. 그런데 현실에서는 마치 상업자본가가 상품을 싸게 사서 비싸게 판매함으로써 상업이윤이 발생하는 것처럼 보인다. 그러나 사실은 상업이윤은 상업자본이 창출하는 것이 아니라 산업자본으로부터 만들어진 잉여가치의 일부분에 지나지 않는다. 유통과정에서는 가치가 생산되지 않으며, 따라서 잉여가치도 생산되지 않기 때문이다(*MEW* 25: 291).

그러면 이런 상업이윤의 크기는 어떻게 결정되는가? 상업자본가의 목적은 모든 자본가가 그러하듯이 가능한 한 많은 이윤을 얻는 데 있다. 만일 산업자본가와 상업자본가가 동일한 액수의 자본을 투자했을 때 상업자본가가 얻는 이윤이 산업자본가가 얻는 이윤보다 크다면 산업자본가는 자신의 자본을 생산부문에 투자하지 않고 유통부문에 투자할 것이다. 최근 우리나라에서 유통업에 자본가들의 투자가 급격히 늘어난 것은 바로 그런 예이다. 반대로 산업자본의 이윤이 상업자본의 이윤보다 크다면 상업자본가는 유통부문으로부터 빠져나와 생산부문에 투자할 것이다. 산업자본가와 상업자본가 간의 이런 경쟁으로 인하여 상업자본가들도 산업자본가들과 똑같이 평균이윤만을 얻게 될 것이다. 상업이윤의 크기는 평균이윤에 의해 결정되는 것이다.

상업이윤의 크기를 결정하는 평균이윤은 다음과 같이 결정된다. 예를 들어 산업자본가가 100억원의 자본을 가지고 불변자본에 70억원, 가변자본에 30억원을 투자하고 잉여가치율이 100%라고 한다면 잉여가치는 30억원으로 되어 이윤율은

$$p' = 30억원/(70억원 + 30억원) \times 100 = 30\%$$

가 될 것이다. 그런데 이제 상업자본가가 나타나서 상품유통부문에 50억원을 투자한다고 한다면, 사회의 총자본액은 산업자본 100억원 + 상업자본 50억원 = 150억원이 될 것이다. 즉 상업자본의 참여로 사회적 총자본액은 100억원에서 150억원으로 증대된다. 그러나 잉여가치는 상업자본의 참여와 상관없이 여전히 30억원으로 머물러 있을 것이다. 왜냐하면 잉여가치는 생산부문의 노동자들에 의해서만 창출되기 때문이다. 그러나 이제 이 30억원의 잉여가치의 배분에는 상업자본 50억원도 산업자본과 똑같이 참여하게 되므로 사회적 총자본의 평균이윤율은 20%가 된다. 즉 평균이윤율

$$p' = 30억원/(100억원 + 50억원) \times 100 = 20\%$$

가 된다. 산업자본과 상업자본은 모두 각자가 투하한 자본에 대하여 20%의 평균이윤을 얻게 된다. 따라서 산업자본가는 100억원×0.2=20억원의 이윤을, 상업자본가는 50억원×0.2=10억원의 이윤을 얻게 된다.

그러면 산업자본가와 상업자본가간의 거래는 어떻게 이루어지는가? 산업자본가가 생산한 상품의 총가치는 $70c+30v+30m=130W$로서 130억원에 해당한다. 산업자본가는 이것을 상업자본가에게 그 가치보다 낮은 가격으로, 즉 자신의 비용가격 100억원에다 평균이윤 20억원을 더한 가격으로, 말하자면 120억원에 판매한다. 이 120억원은 바로 산업자본가의 생산가격에 해당한다. 산업자본가의 생산가격은 상업자본가의 참여로 형성된 평균이윤에 따라 120억원이 된 것이다. 상업자본가는 산업자본가로부터 상품을 120억원에 구매하여 여기에 자신의 비용가격 50억 원과 그것에 대한 평균이윤 10억원을 더한 자신의 생산가격 60억원을 합하여 최종소비자에게는 모두 180억원에 판매한다. 상업자본가는 그 결과 180억원(판매가격)−120억원(구매가격)−50억원(상업자본가의 비용가격)=10억원의 상업이윤을 얻게 된다. 결국 산업자본가가 생산한 잉여가치 30억원은 산업자본가에게 20억원, 상업자본가에게 10억원으로 분배된 것이다.

이처럼 상업자본가가 차지하게 되는 상업이윤도 역시 산업자본가의 이윤과 마찬가지로 노동자가 창출해낸 잉여가치로부터 나오는 것이다. 따라서 산업자본가와 상업자본가의 이해관계는 본질적으로 자본가로서 일치한다. 그리고 노동자들의 이해관계는 직접적으로 자신을 고용하고 있는 산업자본가만 관련되어 있지 않고 상업자본가도 관련되어 있다는 사실이 드러난다.

한편 상업자본가도 상품유통을 위해 노동자들을 고용한다. 롯데백화점이나 이마트에 얼마나 많은 노동자들이 고용되어 있는가? 이들 상업부문에 종사하는 노동자들도 본질적으로 자본가에 의해 고용된 임노동자이다. 따라서 상업자본의 영역에서도 노동자들에 대한 착취가 문제로 된다. 이들도 역시 생산부문의 노동자들과 마찬가지로 어떠한 생산수단도 소유하고 있지 않으며, 오로지 노동력의 판매만을 통하여 생계를 유지한다. 단지 산업노동 자들이 잉여가치를 생산하는 것과는 달리 상업노동자들은 잉여가치를 직접 적으로 창출하는 것이 아니라 단지 잉여가치의 실현을 돕기만 한다. 상업노 동자들의 임금도 노동력가치에 의해 결정되며, 그들의 노동시간도 필요노 동부분과 잉여노동부분으로 나누어져 있다. 그리하여 상업자본가들은 상업 노동자들을 필요노동시간 이상으로 상품유통에 종사하게 함으로써 자신들 의 상업이윤을 실현하게 된다. 즉 상업노동자들이 필요노동시간 동안 상품 판매를 통해서 실현시키는 상품가치 부분은 상업자본가의 비용가격 속에 포함되는 부분이다. 즉 위의 예에서 본다면 총 180억원의 판매액 가운데 170억원을 판매하는 시간까지는 상업노동자들의 필요노동시간에 해당하며, 상업이윤에 해당하는 10억원을 판매하는 시간은 상업노동자들의 잉여노동 시간에 해당하는 것이다. 따라서 상업영역에서도 보다 많은 상업이윤의 실 현을 위해 상업노동자들의 잉여노동시간을 가능한 한 늘리려는 상업자본가 들의 노력이 따르며, 사실상 상업영역의 노동자들은 대개 사회적으로 매우 낮은 임금과 장시간노동 등에 시달리고 있다.

제10장
잉여가치의 기생꾼들

노동자로부터 착취된 잉여가치는 생산된 직후 바로 그 착취의 현장에 있던 산업자본과 상업자본의 수중으로 옮겨진다. 이들은 잉여가치에서 착취의 흔적을 없애고 그것을 이윤으로 변모시켜 자신들끼리 배분한다. 이윤을 배분 받는 자들은 착취의 현장에 있었다는 알리바이로 비용가격(선대자본)을 제시하고 평균이윤율에 따라 공평하게 이윤을 배분 받는다.

그런데 이제 이 이윤을 착취하는 자들이 있다. 이들은 노동력의 착취 현장에 있지 않았으며 따라서 비용가격이라는 알리바이도 가지고 있지 않다. 그러므로 이들은 평균이윤율에 따라서 이윤을 배분 받지 않는다. 그들은 곧바로 이윤을 배분 받는 것이 아니라 이윤으로부터 착취의 현장에 있었다는 알리바이를 지워서 배분 받는다. 이윤은 알리바이를 지운 모습으로 다시 변모되어 이들에게 배분된다. 그리하여 이윤은 이자와 지대라는 새로운 모습으로 바뀐 다음 이들 착취자의 착취자들에게 배분된다. 이들은 대부자본가와 토지소유자들이다. 이들은 직접 잉여가치를 만들어내는 산업자본과 상업자본에 기생하는 계급을 이룬다.

1. 이자를 낳는 대부자본

1) 대부자본의 성립

"귀하는 자본이라는 상품을 가지고 매우 큰 장사를 하고 있습니까?" 이 말은 1857년 영국 하원에서 증인심문 도중 한 은행이사에게 던져진 물음이었다(*MEW* 25: 351).

자본을 상품으로 하는 장사, 그것이 바로 은행업이다. 그리고 이 은행업을 수행하는 것이 대부자본이다.

대부자본도 상업자본과 마찬가지로 원래 조상을 가지고 있다. 그리고 그 조상은 아직도 향수 어린 모습으로 시내 중심가 지하도 주변에 어슬렁거리고 있다. 지하도 주변에는 어김없이 대부자본의 모습이 있다. 부지런히 발을 옮기는 사람들에게 아줌마들이 열심히 조그만 쪽지를 나누어준다. 쪽지를 받아보면 하나같이 비슷한 내용의 글이 쓰여 있다.

싼 이자, 5분 즉시 대출, 직장인 무담보 대출, 각종 신용카드 할인 등등.

『베니스의 상인』에 나오는 샤일록은 이들의 대선배이다. 그러나 사실 대부자본의 조상인 이 고리대자본은 자본주의 이전에 대부자본이 취할 수밖에 없던 모습이었다. 당시에는 아직 이자율이라는 것이 존재하지 않았다. 당시 모든 세속의 권위를 한꺼번에 가지고 있던 교회가 이자를 금지하고 있었기 때문이다. 따라서 실제로 돈을 빌려주는 거래에서 이자는 높을 수밖에 없었다. 위험이 뒤따랐기 때문이다.

아름다운 보덴제(Bodensee) 호수를 끼고 있는 린다우(Lindau)에서는 1344년경

이자율이 216.67%였으며, 취리히(Zürich)에서는 시의회가 43.33%를 법정이자율로 정하였다. 그러나 이탈리아에서는 12~14세기에 이자율이 일반적으로 20%를 넘지 않았으며, 베로나(Verona)는 12.5%를 법정이자율로 정하였다. 라인 연안의 독일에서도 대개 13세기경 10%의 이자율이 보통이었다(*MEW* 25: 611).

사실 대부자본과 고리대자본 간에는 본질적인 차이가 존재하지 않는다. 오늘날 은행가들이 세계 곳곳으로부터 컴퓨터를 통해서 정보를 수집하는 것과 마찬가지로 베니스의 샤일록도 당시로서는 최첨단의 정보만을 가지고 있었다. 샤일록은 안토니오의 경영상태를 이렇게 평가하고 있다.

> 그 사람의 재산은 충분하오. 그러나 그 재산은 확실성이 없단 말이오. 그의 배는 트리폴리로 한 척, 인도제국으로 한 척, 각각 항해중이니까 말이오. 그뿐만 아니라 상업거래소에서 들은 얘기에 의하면 세 번째 배는 멕시코에, 네 번째 배는 영국에, 그밖에 다른 짐들도 각처에 흩어져 있다지 않소…(셰익스피어, 『베니스의 상인』 중).

사실 고리대자본과 대부자본 간의 차이는 이들이 어떤 조건하에서 움직이느냐의 차이일 뿐이다. 즉 그에게 돈을 빌리는 사람의 성격이 다르다는 차이뿐이다(*MEW* 25: 614). 양자는 모두 똑같이 돈을 빌려주고 그 대가로 이자를 얻는다. 양자간에는 어떤 차이가 있는가?

양자의 차이점은 무엇보다도 산업자본과의 관련에 있다. 고리대자본은 산업자본이 발생하기 전에 존재하여 산업자본과는 아무런 관련 없이 독립적인 기능을 수행하였다. 그러나 대부자본은 앞서 상업자본과 마찬가지로 산업자본의 세 가지 기능 가운데 화폐자본의 기능이 독립되면서 성립한 것으로 산업자본과 관련해서만 존재하는 자본이다. 또한 고리대자본이 생산과 무관하게 주로 소비에 충당되기 위해 이용된 반면, 대부자본은 주로 생산에 이용하여 이윤을 획득할 목적으로 빌린다. 그래서 고리대자본은 생산활동과 무관한 봉건영주나 생계에 쪼들리는 농노나 수공업자들에게 대부된 반면, 대부자본은 생산활동을 목적으로 하는 자본가들에게 주로 대부된다.

그러면 이러한 대부자본은 어떻게 발생하였는가? 자본순환과정에서 산업자본가에게는 생산에 곧 쓰이지 않고 일시적으로 놀게 되는 화폐자본이 발생하게 된다. 예를 들면 건물, 기계설비 등에 대한 감가상각 기금이다. 감가상각 기금은 자본이 매회전 때마다 일정비율로 계속 적립되었다가 낡은 기계를 새 기계로 교체하거나 또는 공장건물로 새로 짓거나 고치는 데 사용된다. 따라서 이 돈은 일정한 금액에 이를 때까지는 자본가의 수중에서 묶여 있게 된다. 또한 원료나 연료 등도 매번 생산이 이루어질 때마다 조금씩 구매되는 것이 아니라 일 년에 몇 번씩 한꺼번에 구매하게 되므로, 이것들을 구매할 화폐의 일부분도 항상 일정 기간 동안 묶여 있게 된다. 그리고 노동자들에게 임금으로 지불할 화폐도 매일매일 생산이 이루어질 때마다 지불하는 것이 아니므로 일정 기간 동안 묶여 있게 된다. 그 밖에 자본가가 획득한 잉여가치의 일부분도 대개 일정 기간 동안 묶여 있게 된다. 자본가의 잉여가치는 일부는 자본가 자신의 소비에 충당되고, 나머지 일부는 생산의 확대를 위하여 자본으로 지출되는데, 이러한 지출들은 일시에 이루어지는 것이 아니라 조금씩 이루어지기 때문에 일부는 지출될 때를 기다리며 자본가의 수중에 머무르게 되는 것이다.

이처럼 생산에 곧바로 쓰이지 않고 묶여 있는 화폐들은 잉여가치를 만들 수 없으며 따라서 증식되지 않는다. 그래서 이런 화폐들은 증식될 수 있는 기회를 찾게 되는데, 이것이 곧 대부자본의 원천을 이룬다. 그리고 이런 자본들은 개별적으로는 규모가 별로 크지 않고, 또한 묶여 있는 기간도 일정하지 않고 불확실한 경우가 많을 뿐만 아니라 대부를 필요로 하는 수요자들을 찾기도 어려워서 독자적으로 대부자본으로 나서기는 곤란한 경우가 많다. 따라서 이런 자본들은 은행에 모이게 되며, 은행이 대부를 대행하게 되는 것이다.

한편 어떤 자본가들에게는 대부를 받아야 할 필요가 발생한다. 즉 상품이 판매되기 전에 생산을 계속하기 위하여 원료나 연료를 구입해야 할 필요가 발생하거나 또는 임금을 지불해야 할 필요가 발생하는 것이다. 또한 경쟁에서 살아남기 위해서 긴급하게 새로운 기계를 도입하거나 생산을 확장해야 할 필요도 발생한다. 그리하여 대부를 하고자 하는 화폐가 발생함과 동시에 대부를 받고자 하는 자본가들이 존재함으로써 자본가들 사이에 화폐를 빌려쓰고 빌려주는 관계가 성립한다. 대부를 받는 자본가들은 대개 대부 받은 화폐를 가지고 산업부문이나 상업부문에서 사용함으로써 가치를 증식시키기 위한 활동을 수행하고, 따라서 이들을 가치증식활동과는 무관한 대부자본가들과 구별하여 기능자본가라고 부르기도 한다. 이처럼 대부자본은 산업자본으로부터 떨어져 나온 화폐자본이며, 그것은 그 자본의 소유자가 아닌 다른 자본가, 즉 기능자본가들에 의해 실질적인 자본으로 사용된다.

2) 대부이자와 기업가수익

너희들 중에 누가 염려함으로써 그 키를 한 자라도 더할 수 있겠느냐(『마태복음』 제6장 제27절).

이 성서의 말씀을 배반하는 것이 바로 대부자본의 목표이다. 대부자본은 화폐로 화폐의 키를 높이고자 한다. 화폐자본의 소유자가 대부를 하는 목적은 일정한 보수를 받기 위해서이며, 기능자본가가 화폐자본을 얻어 쓰는 것은 그것을 이용하여 잉여가치를 획득하고자 하는 데 있다. 돈을 빌린 자본가는 그것을 이용하여 잉여가치를 만들어내고 그 중 일부를 돈을 빌려준 자본가에게 보수로서 지불하는데, 이것을 이자(Zinsfuß, interest)라고 부른다. 따라서 이자란 대부자본가가 화폐를 빌려준 데 대한 대가로 기능자본가가 넘겨주는 잉여가치의 일부분을 가리킨다.

예를 들어 대부자본가가 100만 원을 빌려주었다가 일년 뒤에 110만원을 돌려받았다면 100만 원은 원래 대부해 준 자본을 회수한 것이고, 10만원은 이자로 받은 것이다. 그러므로 대부자본의 운동은

$$G-G'(G+\varDelta G)$$

로 표시된다. 즉 대부자본가가 대부한 화폐자본은 일정한 기간이 지난 후에는 이자가 붙어서 대부자본가에게 되돌아온다. 그래서 대부자본의 운동에서는 마치 돈이 돈을 낳는 듯한 현상이 일어난다. 즉 화폐를 낳는 화폐가 등장한다(*MEW* 25: 357).

그러나 물론 화폐 그 자체는 아무런 가치도 늘릴 수 없다. 화폐는 자본으로서 노동자를 고용하는데 사용되어야만 가치를 늘릴 수 있다. 따라서 이자는 산업자본가의 생산활동을 통해서만 만들어진다. 즉 대부자본의 운동을 나타내는 $G-G'$에는 화폐를 가지고 노동력과 생산수단을 구입하여 상품을 생산하면서 잉여가치를 창출하는 과정과 그렇게 생산된 상품이 판매되어 원래 투입된 가치보다 많은 가치가 되돌아오는 과정이 은폐되어 있다. 그러므로 대부이자가 형성되는 과정은 이들 은폐된 과정을 포함하는 전체 과정을 살펴야만 비로소 밝혀진다. 이제 대부이자의 형성과정을 예를 들어 살펴보기로 한다.

이제 어떤 산업자본가가 2,000만원의 자본을 가지고 신발공장을 경영하고 있는 경우를 상정해보자. 그는 이 자본으로 불변자본에 1,600만원, 가변

자본에 400만원을 지출하였는데, 이때 잉여가치율이 100%라면 그는 400만원의 잉여가치를 얻게 될 것이다. 만일 생산에 투하된 자본 2,000만원이 모두 공장주 자신의 자본이라면 잉여가치 400만원은 모두 이 신발공장을 운영하는 자본가의 이윤이 될 것이다. 그런데 만일 그가 소요되는 자본총액 2,000만원 가운데 1,500만원만 자기 자본이고 나머지 부족한 500만원을 대부자본가로부터 빌려서 투자한 경우 잉여가치 400만원은 모두 그의 이윤이 될 수 없을 것이다. 그는 자신이 손에 넣는 잉여가치 가운데 일부를 대부자본가에게 이자로 지불해야 할 것이기 때문이다. 이때 예를 들어 이자율이 위의 예에서처럼 연 10%이고 그가 돈을 빌린 기간도 1년이라고 한다면 그는 500만원의 대부자본에 대해

500만원×0.1=50만 원

의 이자를 지불해야 할 것이다. 그 결과 그는 400만원의 총 잉여가치 가운데 50만원을 대부자본가에게 지불하고 350만원의 이윤만을 얻게 될 것이다. 이때 총 잉여가치 가운데 기능자본가로서 그가 얻게 되는 잉여가치 부분을 대부자본가가 얻는 이자와 구별하여 기업가수익(Unternehmergewinn)이라고 부른다(*MEW* 25: 386).

이처럼 이자의 원천은 잉여가치에 있다. 그러나 그것은 잉여가치로부터 곧바로 배분되는 것이 아니고 기능자본가가 이윤을 배분 받고 난 다음 그 이윤으로부터 다시 배분되는 것이다. 대부자본가는 화폐자본의 소유자이고 공장주인 산업자본가는 그 화폐자본을 가치증식활동에 사용함으로써 자본을 기능하게 만든다. 그리하여 기능하는 자본이 노동자로부터 잉여가치를 획득하면 양자는 그것을 나누어 갖는다. 즉 대부자본가는 이자의 형태로, 기능자본가는 기업가수익의 형태로 갖게 되는 것이다.

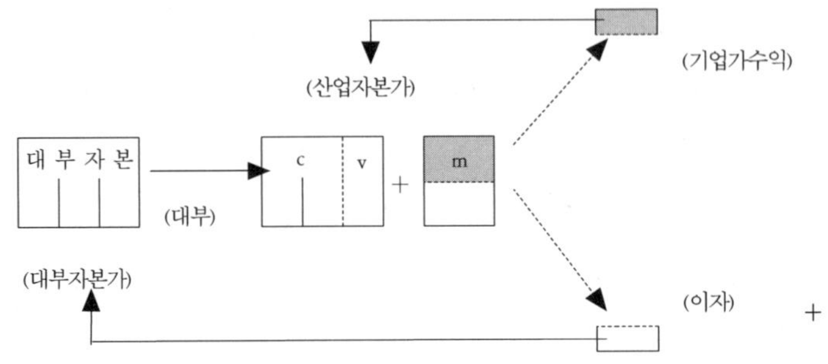

맷시(Massie, Joseph)에 의하면 '사람들이 차용한 것의 사용에 대해 이자로 지불하는 것은 그것이 생산할 수 있는 이윤의 일부이다'(*MEW* 25: 365).

그러면 이런 이자의 크기는 어떻게 결정되는가? 즉 이자와 기업가 수익이 나누어지는 비율은 어떻게 결정되는가? 그러한 비율을 나타내는 것은 이자율이다. 이자율이란 대부되는 화폐총액에 대한 이자액의 백분율을 가리킨다. 예를 들어 500만원을 대부하고 일 년 뒤에 50만원을 이자로 받는다면 이자율은 '(50만원/500만원)×100＝연 10%'에 해당한다. 따라서 우리의 물음은 이자율이 어떻게 결정되는가로 귀착된다.

이자율은 대부자본의 수요와 공급에 의해 결정된다. 자본을 빌려주려는 자본가들에 비해 빌려쓰려는 자본가가 많으면 이자율은 높아지며, 반대로 빌려주려는 자본가들에 비해 빌려쓰려는 자본가들이 적어지면 이자율은 떨어진다(*MEW* 25: 379). 그러나 이자율의 이런 움직임은 일정한 범위내에서만 이루어진다. 즉 이자율의 움직임은 한계를 가지고 있다.

먼저 대부자본에 대한 수요가 공급에 비해 아무리 크다고 하더라도 이자율은 평균이윤율을 초과할 수 없다. 생산부문에서 잉여가치를 생산하는 기능자본가들은 사회내에서 기능자본가들끼리 경쟁을 하며, 그러한 경쟁에서 기능자본가들은 평균이윤 이상을 얻을 수 없다. 따라서 이자율이 평균이윤 율과 동일하다면 기능자본가는 생산활동에서 획득한 잉여가치를 모두 대부 자본가에게 빼앗기고 기업가수익을 전혀 얻지 못하게 될 것이다. 그러므로 기능자본가는 화폐를 대부 받을 필요를 전혀 느끼지 못할 것이다. 따라서 이자율은 평균이윤율을 초과할 수 없다. 한편 대부자본에 대한 공급이 아무 리 수요보다 많은 경우에도 이자율이 영(零)으로 되는 경우도 없을 것이다. 아무리 돈이 남아돌더라도 돈을 거저 빌려주는 자본가는 결코 없을 것이기 때문이다. 결국 대부이자는 대부자본시장의 수요와 공급 상황에 따라 움직 이지만 그 상한선을 기능자본가들의 평균이윤으로 그 하한선을 영으로 하 여 움직이게 된다. 이는 대부자본이 갖는 기생적 성격을 잘 반영한다.

 일반적으로 이자율은 자본주의적 생산이 발전함에 따라 점점 낮아지는 경향을 가지고 있다. 그것은 노동생산성의 부단한 증가에도 불구하고 경쟁 의 정도가 날로 심해짐으로써 자본가들이 초과이윤을 획득할 수 있는 가능 성이 점차로 줄어들고 그에 따라 평균이윤율의 상승이 억제되는 경향이 강 화되는 반면, 자본축적의 가속화로 자본규모가 대규모화되면서 생산에 참 여하지 못하고 놀게 되는 자본이 갈수록 증가하여 대부자본의 수요에 비해 공급이 더 빨리 증가하는 경향이 존재하기 때문이다. 실제로 오늘날 자본주 의가 발전된 나라들에서는 이자율이 대개 연 10%를 넘지 않는 데 반해, 아 직 자본주의가 덜 발전된 나라들에서는 예사로 연 30~40%의 이자율이 존 재하며, 때로는 그보다 훨씬 높은 이자율까지도 존재하고 있다. 우리나라의 경우도 자본주의적 생산이 덜 발전된 1960년대에는 연 30~40%의 고율의 이자율이 존재한 반면, 자본주의적 생산이 상당히 진전된 오늘날에는 연 10%를 넘는 이자율을 거의 찾아보기 어렵게 되고 있다.

3) 자본주의적 신용과 은행

대부자본이 대부이자를 획득하는 방법은 자본주의적 신용을 통해서 이루어진다. 그것은 타인의 자본에 대한 일시적 사용을 의미하며 크게 두 가지 형태가 있다. 상업신용과 은행신용이 곧 그것이다.

상업신용이란 자본가들 사이에서 상품을 외상으로 매매하는 경우를 가리킨다. 산업자본가는 자기가 생산한 상품이 모두 판매되어 자신에게 판매대금이 회수되기 전에는 더 이상 생산을 계속할 수 없다. 그런데 만일 그가 자신의 상품이 판매되기 전에 원료 등의 생산수단을 외상으로 구매할 수 있다면 그는 생산활동을 쉬지 않고 계속할 수 있을 것이고, 따라서 잉여가치를 더욱 많이 생산할 수 있을 것이다. 또한 상품을 판매하는 상업자본가의 입장에서도 만일 그가 판매할 상품 모두를 현금으로 구매해야 한다면 그는 자본의 제약으로 상품유통에 효율은 떨어질 것이다. 그러나 만일 그가 산업자본가로부터 상품을 외상으로 구입할 수 있다면 그는 적은 자본으로도 많은 상품을 취급할 수 있을 것이며, 상품유통의 효율을 높일 수 있음으로써 결과적으로 자본의 회전을 촉진시킬 수 있을 것이다. 이런 여러 가지 유리한 점 때문에 자본주의적 생산에서는 상업신용이 확대된다. 상업신용은 대개 외상기간이 몇 개월 이내의 단기간이며, 신용이 제공된 상품액수와 기간에 대해서는 이자가 계산된다(*MEW* 25: 415).

상업신용에서 중요한 역할을 하는 것은 어음(Wechsel)이다. 상품을 외상으로 구매한 자본가는 상품을 판매한 자본가에게 어음을 발행한다. 어음이란 상품을 외상으로 구매한 자가 약속한 기한 내에 그 대금을 지불하겠다는 약속으로 그 판매자에게 내주는 채무증서이다. 예를 들어 갑이 을에게 50만원 어치의 상품을 외상으로 판매한다면 을은 갑에게 현금 대신에 일정 기간 후에 이자를 가산하여—예를 들어 55만원을—지불하겠다는 어음을 준다. 약속한 기일이 돌아오면 갑은 을에게 어음을 돌려주고 55만원의 현금을 받는다. 이 경우 갑은 을에게 50만원이라는 돈을 대부하고 5만원의 이자를 받는 것이나 같게 된다.

어음은 자본가들 사이에서 화폐 대신으로도 사용된다. 가령 갑이 을에게서 받은 어음을 이번에는 갑이 병에게서 상품을 외상으로 구매하는데 화폐 대신에 사용할 수 있다. 그리고 병은 다시 정에게 그 어음으로 상품을 외상으로 구매할 수 있다. 지불기일이 되면 정은 을에게서 돈을 받게 된다. 이처럼 어음을 이용하는 상업신용은 자본가들간의 상품거래와 자본회전을 촉진시킨다. 그러나 동시에 이것은 자본주의적 생산에 큰 위험을 가져다줄 수도 있다. 즉 앞의 예에서 을이 어떤 이유로 어음을 지불하지 못하는 경우가 발생하면 그 어음으로 연쇄적으로 거래를 수행한 갑과 병과 정은 모두 연쇄적인 타격을 받게 되기 때문이다. 또한 그것은 가수요를 유발하기 때문에 상품과 자본의 과잉생산을 초래할 수도 있다. 한편 상업신용은 상품형태에만 묶여 있기 때문에 상품거래에만 출현할 수 있으며, 임금지불이나 장기적인 투자에는 사용될 수가 없는 제약점이 있다. 이런 상업신용의 제약을 뛰어넘는 것이 은행신용이다.

은행신용이란 은행가가 화폐자본가를 대신하여 산업자본가나 상업자본가에게 이자를 받을 목적으로 화폐를 대부하는 것을 가리킨다. 은행신용은 상품형태로만 묶여 있지 않기 때문에 상업신용의 제약을 뛰어넘어 중장기적으로 사용될 수 있으며, 특히 자기자본의 규모를 넘어서 생산을 확장하는 경우에 매우 유용하게 사용된다. 은행신용은 은행을 통해서 이루어진다. 은행은 놀고 있는 화폐자본들을 예금의 형태로 수집하여 화폐를 필요로 하는 자본가들에게 대부해주는 역할을 한다. 은행은 자기가 받아들이는 예금에 대해서는 이자를 지불하고 대부하는 돈에 대해서는 이자를 거두어들인다. 대부에 대한 이자는 예금에 대한 이자보다 높은데, 이 양자간의 차액이 은

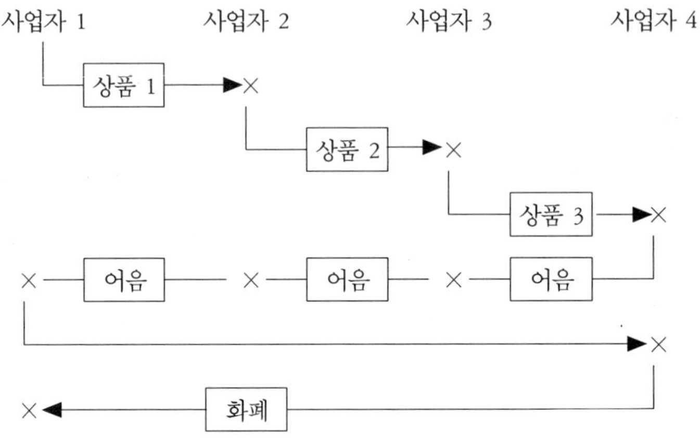

행의 이윤이 된다. 더욱 정확히 얘기한다면 예금이자와 대부이자의 차액 가운데 은행이 자기 업무를 수행하는 데 소요되는 비용을 공제한 나머지가 은행 이윤이 되는 것이다. 은행신용은 대개 은행 자신이 발행하는 은행권을 통하여 이루어지든가 아니면 상업신용에서 발행된 어음을 은행이 할인해 주는 방식과 담보권 설정을 통한 대부 등을 통하여 이루어진다(*MEW* 25: 416 이하).

4) 주식회사와 주식자본

1842년말이 되면서 영국에서는 1837년 이후 계속 짓눌러 오던 불황의 끝이 조금씩 보이기 시작하였다. 그리고는 연이은 호황의 황금기가 이어졌다. 1845~46년은 최고의 호황기였다. 1843년 아편전쟁으로 중국은 영국에 문호를 개방하였으며, 해외시장에서 영국 공산품에 대한 수요는 지칠 줄 모르고 증가하기만 하였다. 면직공업을 필두로 모든 산업에서 시설확장 붐이 일었다. "우리가 어떻게 해서 그렇게 많은 양을 생산할 수 있겠는가? 우리는 3억명의 옷을 입혀야 하는 것이다." 이것은 당시 맨체스터의 한 공장주의 이야기였다.

그러나 아무리 시설을 확대해도 밀려드는 잉여가치를 모두 흡수하기에는 역부족이었다. 그리하여 자본가들은 남아도는 여력으로 다른 곳으로 눈을 돌렸다. 철도건설이 거기 있었다. 이 분야에서 몇몇 제조업자와 상인들이 투기로 재미를 보자, 1844년 여름 이후에는 걷잡을 수 없는 불이 붙어 버렸다. 사람들은 1차 납입만 할 수 있는 돈만 있으면 모든 주식을 청약하였다. 그리고 머지않아 그 다음 납입일이 닥치자 그들은 신용에 호소할 수밖에 없었다.

그들은 자신들의 사업을 희생시켰다. 그들의 원료와 제품을 담보로 하는 어음이 발행되었고, 그렇게 발행된 어음들은 은행에서 할인되었다. 그리고 그렇게 들어온 돈은 남김없이 주식납입금으로 소진되었다. 1844년 은행의 어음할인율은 1.75~2.75%로 만족할 만큼 낮은 수준에 머물러 있었다. 그러나 그것은 1845년 10월에 3%를 돌파하였고, 1846년 2월에는 5%까지 상승하였다. 그럼에도 불구하고 주식투기 열기는 조금도 수그러들지 않았다. 그야말로 광란의 사태였다. 그러나 이런 광란에는 언제나 그렇듯이 끝이 있었다.

1846년의 흉작이 파국을 불러왔다. 영국과 아일랜드는 엄청난 생활물자의 부족에 빠져들었는데, 그 중에서도 곡물과 감자가 특히 심각하였다. 그런데 이들 농산물을 수입해야 할 나라들은 영국과의 교역이 미미한 나라들이었다. 별 수 없이 곡물의 수입에는 귀금속이 직접 지불되어야 했다. 그 결과 적어도 9백만 파운드에 해당하는 금이 국외로 유출되었다. 모든 은행은 금준비를 확보하기 위한 비상사태에 돌입하였고, 따라서 현찰이 아닌 어음의 할인거래는 거의 중지되었다. 이미 발행된 어음의 결제를 위한 자본가들의 자금확보 경쟁이 불붙었다. 할인율은 더욱 상승하였다. 1847년 할인율은 7%로 상승하였고, 11월에는 10%를 넘어섰다. 결과는 뻔한 것이었다. 무수히 많은 기업들이 자신의 어음을 결제하지 못하면서 파산하였다. 허무한 한 여름 밤의 꿈이었다(*MEW* 25: 421 이하).

주식투기로 비롯된 이 드라마는 오늘날에도 계속되고 있다. 우리나라는 그것을 1989년에 크게 겪었으며 IMF 경제위기 이후 1999년과 2000년에 열병처럼 경험하였다. '대박과 쪽박', 주식시장의 열병이 낳은 유행어였다. 이런 광란의 주역인 주식, 그리고 그것의 원천인 주식회사란 무엇인가? 그것은 대부자본의 운동형태인 자본주의적 신용의 발전된 한 형태이다. 그것은 어떻게 발생하는가?

자본주의적 생산의 발전에 따라 자본축적이 진행되면 생산규모는 누진적으로 확대된다. 그 결과 생산자본으로 기능하기 위해 필요한 최소 자본규모가 확대되어 산업자본들은 갈수록 더 많은 자본을 필요로 하게 된다. 그리하여 은행신용을 통한 지속적인 자본의 확대에도 불구하고 산업자본의 확대는 항상 불충분한 상태로 남게 된다. 따라서 자본가들은 생산의 확대를 위한 돌파구를 열고자 노력하게 되는데, 이러한 노력의 결과 주식회사라는 기업형태가 나타나게 된다.

주식회사란 주주라고 하는 다수의 구성원들이 투자한 자본으로 이루어진 기업체를 가리킨다. 주식회사라는 형태를 통해서 자본은 과거에 비해 상상할 수 없을 정도로 대규모화할 수 있게 되며, 개별 자본은 사회적 자본으로 전화하게 된다. 막대한 자본이 소요되는 현대적인 대규모 설비가 생산에 도입되며, 많은 수의 노동자들이 한꺼번에 고용된다. 주식회사의 설립은 통상 발기인 모임에 의해 이루어진다. 어떤 은행의 도움으로 주식이 발행되고 주식을 통해 모아진 화폐로 기업이 설립되고 생산수단과 노동력이 구매된다. 주식을 통해서 모아지는 화폐는 생산에 투입되지 못하고 놀고 있는 대부자본의 일부분으로 대부자본의 경우와 마찬가지로 주식시장을 통해서 기능자본으로 활용된다. 주식을 사는 대부자본가들은 **주주**로 불리며 자기가 소유한 주식 수에 따라 매년 일정한 **이익배당금**을 받게 된다. 이러한 배당금은 주식을 통해 기능자본으로 활동한 자본이 일 년 동안 생산한 총 잉여가치 가운데 일부분이며, 대부자본가가 기능자본가로부터 대부금에 대해서 받는 이자와 마찬가지의 성격을 갖는다.

주식은 주식시장에서 형성되는 주식시세에 따라 일정한 가격으로 매매된다. 주식시세는 첫째로 배당금의 크기에 의존한다. 배당금이 많으면 많을수록 주가는 상승하며, 배당금이 적으면 적을수록 주가는 낮아진다. 둘째로 이자율에 의존한다. 이자율이 낮을수록 주가는 상승하며, 이자율이 높을수록 주가는 하락한다. 가령 주식의 액면가가 5,000원이고, 일 년에 연이익 배당금이 1,000원이라고 하자. 이때 은행의 이자율이 연 10%라고 한다면 주주는 이익배당금에 해당하는 1,000원을 이자로 얻기 위해서 은행에 얼마만한 금액을 예금해야 할 것인가를 고려하여 주식을 팔게 된다. 연 10%의 이자율 하에서 1,000원을 이자로 얻기 위해서는 은행에 10,000원을 예금해야 하므로 주주는 자신의 주식을 액면가인 5,000원이 아니라 이자소득을 기준으로 10,000원에 판매하고자 할 것이다. 만일 이자율이 8%로 떨어지면 주식시세는 12,500원으로 상승할 것이고, 이자율이 12%로 상승하면 주식시세는 8,300원으로 떨어질 것이다. 곧

$$\text{주식가격} = \frac{\text{이익배당금}}{\text{은행이자율}}$$

이 될 것이다. 즉 주식시세는 이익배당금의 크기에 비례하고 이자율에 반비례한다. 이익배당금과 이자율은 그때 그때의 상황에 따라 끊임없이 변하기

때문에 주식시세도 항상 변하게 된다. 그래서 주식을 둘러싸고 이런 주식시세의 변동을 통한 시세차익을 노리는 주식투기가 광범위하게 성행하게 된다.

주식회사의 설립을 통해서는 통상 창업자이득이라고 불리는 특수한 형태의 이득이 실현된다. 이는 예를 들어 주식회사를 설립할 때 발행한 주식의 가격이 한 주당 5,000원이었는데, 주식시세가 뛰어서 그것이 한 주당 10,000원으로 되는 경우에 발생한다. 이 경우 창업자는 설립 당시에 실제로 투입한 금액이 한 주당 5,000원이었지만 그것을 지금 주식시장에서 10,000원에 팔 수 있기 때문에 한 주당 5000원씩의 이득을 공짜로 얻게 되는 것이다. 이러한 창업자이득은 발행은행과 대주주를 부자로 만드는 중요한 수단으로 이용되고 있는데, 이를 위해 주식시장에 주식을 공개하기 전에 주로 창업자들로 이루어진 기존의 주주들이 주식을 대폭 늘리는 이른바 물타기 증자 방식은 주식의 액면가와 실제 주식시세 간의 차이가 큰 우리나라에서는 신문에서 흔히 보게 되는 예에 속한다.

1999년 11월 15일 증권거래소가 발표한 '10대그룹 회장과 명예회장 주식보유 현황'에 따르면 올 한 해 동안 우리나라 10대 그룹 회장 및 명예회장 12명이 보유하고 있는 주식의 총 평가금액은 올초 1조 6,177억원에서 11월 12일 현재 2조 6,472억으로 64%가 늘어난 것으로 집계되었다. 이들은 또 증자참여로 주식수가 1억 3,943만주에서 1억 7,308만주로 늘어남에 따라 1,990억원의 신주인수이익도 보았다(『한겨레신문』, 1999년 11월 16일자).

어떻게 이렇게 많은 주식이 이들 소수의 사람들에게 집중되었을까? 창업자이득은 바로 그것을 상당 부분 설명해주고 있는 것이다.

주식회사가 설립되고 주식이 매매됨에 따라 자본은 실제자본과 의제자본이라는 두 가지 형태로 존재하게 된다. 예를 들어 어떤 주식회사의 불입자본금(이것은 창업 당시에 창업자들이 최초로 투자하는 자본금을 말하며, 주식의 액면가 총액으로 구성된다)이 1,000만 원인 경우 이 자본 가운데 일부는 공장건물, 기계, 창고, 원료 등 불변자본으로 되어 있고, 일부는 노동자에게 임금으로 지불하기 위한 가변자본으로 되어 있다. 이 자본금 1,000만 원은 실제자본으로 잉여가치를 생산하는 데 사용되고 있다. 즉 그것은 기능자본의 역할을 한다. 그런데 주식시장에서는 주식이 독립적으로 존재하면서 실제자본과는 관계없이 일정한 가격으로 매매된다. 여기에서 거래되는 자본은 실제자본과는 별개의 자본인 것처럼 보인다. 그러나 그것은 사실상 실제자본을 토대로 움직이고 실제자본이 없이는 존재할 수 없는 자본으로 마치 그것의 그림자처럼 존재하는 자본이다. 그러나 그것은 현장에서 잉여가치를 생산하는 활동을 수행하지 않고 있기 때문에, 즉 자본으로서 기능하지 않고 있기 때문에 실제 자본과는 구별되는 가짜자본이다. 그런 의미에서 그것을 의제자본이라고 부른다.

주식회사와 주식시장은 대부자본이 만들어낸 신용의 발전된 형태로서 오늘날 자본주의에서는 널리 일반화되어 있다.

IMF 구제금융의 대가는 금융시장 개방이었다. 그 개방의 물결을 타고 들어온 외국인 투자자들은 1999년 한 해동안 약 36조원의 평가차익을 보았다. 2000년 1월 19일 증권업계에 따르면 외국인들이 보유한 주식시가 총액은 연초의 25조 6천억원에서 76조 6천억원으로 51조원이 늘어났다. 이 가운데 주식시장에 신규로 유입된 15조 1천억원을 빼면 외국인들은 보유주식으로부터 약 35조 9천억원의 평가차익을 올린 것으로 집계되었다(『한겨레신문』, 2000년 1월 20일자).

5) 신용화폐

　　17세기초 독일 북부 뤼벡의 무역업자들은 기가 막힌 하나의 묘안을 떠올렸다. 그들은 일정한 상품의 공급이나 현금의 지불 등을 실제로 이행하는 것이 아니라 단지 약속할 뿐인 어음이 마치 현금처럼 사용될 수 있다는 사실에 착안하였다. 어음을 할인하거나 다른 사람에게 어음으로 지불하는 경우가 바로 그런 예에 속한다. 즉 그들은 어음이 현금을 대신해서 유통수단으로도 사용될 수 있다는 점에 착안하였던 것이다. 그래서 그들은 단순히 유통수단으로만 사용될 수 있는 어음을 유통시키기로 합의하였다. 이런 어음을 융통어음이라고 하는데, 그것은 물론 만기가 되어도 아무 현금도 지불되지 않는다. 사업이 활기를 띨 것이라는 그들의 예상은 정반대로 나타났다. 은행은 파산하였고 모든 거래는 마비되었다. 뤼벡 시장 브로케스는 1603년에서 1620년까지 계속된 자신의 일기에서 이렇게 적고 있다. '그때 그들은 서로를 보증서고 있었다. 결과적으로 그들은 모두 결딴이 나고 거지가 되기로 약속했던 것이다'(Müller, 1988: 79).

　　이것은 신용화폐가 벌인 하나의 장난에 지나지 않는다. 사람들은 신용이 발달하면 신용의 마술에 빠져든다. 신용이 만들어낸 세계는 현실과 구별되지 않으며, 사람들은 이 신비의 세계가 바로 현실인 것처럼 생각하게 된다. 그러나 신용은 자신의 현실인 화폐를 벗어나서는 결코 존립할 수 없다는 것을(*MEW* 25: 620) 이 예는 잘 보여주고 있다. 신용화폐는 그 자체로는 화폐가 아니며 화폐를 어머니로 했을 때에만 화폐인 것이다. 그래서 신용화폐는 오로지 화폐라는 토대 위에서만 만들어진다. 그것은 어떻게 만들어졌는가?

　　자본주의적 화폐제도는 19세기 중엽까지는 주로 유통과정에서 주화형태로 기능했던 금과 은 두 가지의 귀금속에 기반을 두고 있었다. 즉 예를 들어 1815년에 미국, 프랑스, 영국의 화폐시장을 조사한 결과를 보면 금화가 전체의 33%, 은화가 34%, 동전과 지폐가 26%, 당좌수표가 6% 등으로 이루어져 있었다. 그러다가 자본주의의 발전, 특히 상업의 확대에 따른 신용제도의 발전과 함께 화폐유통도 근본적으로 달라졌다.

신용제도의 발생은 화폐의 유통수단으로서의 기능, 상품의 판매와 그 대금지불의 시간적 분리, 그리고 거기에 입각한 채권-채무관계의 성립에 기초해 있었다. 그리하여 판매된 상품에 대한 채무증서 그 자체가 연쇄적으로 채권-채무관계를 확대해 감으로써 신용화폐(Kreditgeld)가 발생하게 되었다. 신용화폐는 한편으로는 화폐상품에 대한 요구이자, 다른 한편으로는 지불약속이다.

역사적으로 첫 번째 형태의 신용화폐는 상품의 구매자가 판매자에게 지불해야 하는 화폐액수를 지정된 날짜에 지불하겠다는 것을 약속하는 어음이었다. 따라서 이런 어음은 우리가 이미 위에서 본 바와 같이 상업신용으로부터 발생하였다. 이런 어음은 그것을 소지한 사람이 지불기일이 되기 전에 다른 사람에게 양도할 수 있고, 상품구입이나 부채에 대한 대금지불로 현금 대신 사용할 수도 있으며, 관련되는 은행에서 할인을 통해 직접 현금으로 바꿀 수도 있다. 어음은 이처럼 거래화폐로서 유통되며, 동시에 은행권의 기반이 된다. 은행 등은 자신들이 할인을 통해 사들인 상업어음을 기반으로 하여 독자적인 어음, 즉 화폐로 사용되고 한정된 지역 내에서 지불에 사용되는 은행권을 발행하였다.

은행권은 자본주의적 상품생산과 유통을 촉진시키는 데 큰 도움을 주었고, 화폐유통에도 중요한 역할을 수행하였지만 그 효과는 한정된 것이기도 하였다. 그것은 첫째 민간은행권이 특정한 지역범위 내에서만 화폐로 기능했고, 둘째 저축성 예금액수의 제약을 받았기 때문이다. 예금은 일반적으로 일정기간 동안 예치해 두어야 하는 저축성 예금과 언제든지 현금으로 찾아쓸 수 있는 요구불 예금으로 나누어지는데, 은행들은 전자의 예금액수에 대해서만 직접적으로 은행권을 발행할 수 있었던 것이다. 그리하여 은행들은 점차로 후자의 예금에 대해서도 은행에서 지불을 보증하는 수표의 발행을 통하여 신용화폐를 확대시켜나갔다. 오늘날 주요 자본주의 국가들에서는 대금지불의 70~80% 이상이 수표로 이루어지며, 특히 미국의 경우에는 90%를 넘고 있다. 이리하여 신용화폐는 어음, 은행권, 수표의 형태로 자본주의적 생산의 발전과 더불어 주요 화폐형태로 발전해 나갔다. 반면 귀금속들은 화폐유통에서 점차로 밀려났다.

대부자본이 만들어내는 환상의 마술에 결코 빠질 수 없는 사람이 있다. 스코트랜드 출신의 존 로우(John Law)이다. 그는 신용화폐가 만들어낸 신기루를 가장 멋지게 보여주었고 동시에 그 신기루의 홀연한 소멸을 역사의 대중 앞에서 화려하게 보여주었던 사람이다.

1715년 루이 14세가 죽으면서 프랑스에 남겨놓은 가장 위대한 유산은 프랑스 재정의 기막힌 파탄이었다. 파탄에 이른 재정을 이어받은 섭정 오를레앙 공의 고민을 꿰뚫은 존 로우는 1716년 파리에서 방크 르와얄(Banque Royale) 은행의 설립허가를 섭정으로부터 받아냈다. 조건은 섭정과 왕국의 부채를 은행이 인수하는 것이었다. 부채는 방크 르와얄의 은행권으로 변제되었다. 물론 이 은행권에 대해서는 그 표시금액을 은행이 금이나 은으로 태환해준다고 약속되었다.

그런 다음 로우는 1717년 서부회사를 설립하였다. 그 회사의 자산은 멕시코만으로부터 북쪽의 미네소타까지, 그리고 로키 산맥의 동편에서 알레게니산맥에 이르는 토지 전체에 대한 권리를 포함하고 있었다. 그리고 이 지역에는 금과 은이 무제한으로 매장되어 있다고 알려졌다. 지도에도 몇 군데 표시되기까지 한 이 지역의 금은 광산은 그러나 확인되지 않은 풍문의 것일 뿐이었다.

그렇지만 파리시민들은 이 풍문을 맹신하였다. 이 지역에 대한 개발계획이 알려지고 서부회사의 주식이 모집되자 주식구입이 쇄도하였다. 신용화폐를 통한 가공의 신용이 팽창하였고 1719년에 이르자 주식구입은 투기로 화하였다. 방돔광장에 있던 로우의 사무실에는 군중이 쇄도하였고 이들은 로우에게 주식을 사게 해달라고 애원하였다. 정부의 채권을 가지고 있다가 방크 르와얄의 은행권으로 채권을 변제 받은 사람들은 이 은행권으로 서부회사의 주식을 구입하였고 방크 르와얄은 이 회수된 은행권만큼 더 많은 대부를 정부에 해주었고 따라서 더 많은 은행권이 발행되어서 더 많은 주식이 매각되었다. 아무런 가치도 보장되지 않은 종이쪽지인 은행권이 저 혼자 돌고 도는 순환이 반복되었던 것이다. 신용이 만들어낸 신기루를 타고 1720년 존 로우는 프랑스 재무대신이 되었다.

그러나 결국 신기루는 신기루일 뿐이다. 사람들이 드디어 은행권을 현실의 화폐인 금과 은으로 바꾸려고 하자마자 일시에 신기루는 걷히고 말았다. 콩티(Conti) 황태자는 세 대의 마차에 그가 소유하고 있던 은행권을 실어 금과 은으로 바꾸려고 은행을 찾아왔다. 원래부터 없던 금과 은이 갑자기 나타날 리가 없었다. 태환은 정지되고 신기루는 사라졌다. 존 로우는 간신히 목숨만을 건져 파리를 탈출하였다. 화려한 개막에 비해 그 종막은 너무도 갑자기 서둘러 왔다(Galbraith, 1992: 230 이하).

1980년대부터 본격화되어 21세기의 모두를 현란하게 장식하고 있는 신자유주의적 금융축적체계는 300년 전에 존 로우가 주연했던 신용화폐의 신기루, 그것의 21세기 버전이다. 우리는 그 신기루의 화려한 파국을 이제 목을 빼고 기다리고 있다(보다 자세한 내막은 제12장에서 보기로 한다).

대부자본은 자본유통의 바깥에 서 있는 자본이다. 그러므로 그것은 잉여가치의 증식과 직접적으로는 관련이 없다. 자연히 그것이 획득하는 대부이자도 자본유통 내에서 이루어지는 잉여가치의 배분, 즉 평균이윤율의 적용을 받지 않는다. 그것은 자본유통의 외부에 형성되는 대부시장에서 대부의 수요와 공급에 의해 결정된다. 그러나 그 대부시장은 다시 자본유통 내부의 평균이윤율에 의해서 제약을 받는다. 따라서 대부자본은 자본유통의 외부에서 스스로 존립하기보다는 자본유통에 기생하는 존재이다.

그런 점에서 대부이자는 잉여가치의 배분에 있어서 일차적인 배분인 평균이윤율이 형성되고 난 다음에 이차적인 배분에서 자신의 몫을 찾는다. 말하자면 대부이자는 잉여가치의 직접적 혈통보다는 그 변형인 이윤의 혈통에 서 있다. 이윤이 이자의 어머니인 셈이다.

그러나 기생적 성격을 갖는다는 점에서는 대부자본보다는 역시 토지가 한 수 위이다. 왜냐하면 대부자본의 기생적 성격은 기능자본의 가치증식활동을 촉진시키고 돕는다는 면이 있어서 양자의 관계는 악어와 악어새간의 관계처럼 공생적 관계이다. 특히 대부이자는 자신의 원천인 이윤을 넘어서지 않음으로써 기생동물이 숙주를 죽이지 않는 미덕을 가지고 있다. 그러나 토지는 기능자본의 자본유통 활동에 아무런 기여도 하지 않으면서 평균이윤율의 제약도 받지 않는다. 뿐만 아니라 토지는 오히려 평균이윤율을 이용하여 그보다 훨씬 많은 이윤의 수탈을 행하며 그것도 자본유통을 위협할 정도로까지 수탈함으로써 기생동물의 미덕조차 가지고 있지 않다. 전혀 공생적이지 않은 순수한 기생적 성격을 가진 것이다. 그런 점에서 그것은 잉여가치에 대한 무차별적인 식욕을 보이는 하이에나이다. 이제부터 그것을 살펴보기로 하자.

2. 잉여가치의 하이에나, 토지소유자

1857년 영국의회에 설치된 은행법위원회에서 에드워드 캡스(Edward Capps)는 다음과 같이 진술하였다.

나는 출세를 하고자 하는 어떤 사람이 건실한 사업만을 고수하면서 그런 출세를 기대하기는 거의 불가능하다고 생각한다.… 그는 반드시 그외에 투기로 건축을 행해야 하고, 그것도 대규모로 행해야 한다. 왜냐하면 건축업자는 건물 그 자체로부터는 매우 적은 이윤밖에 얻지 못하며, 그의 주된 이윤은 지대의 상승으로부터 얻어지기 때문이다. 그는 어떤 한 토지를 빌려서 그에 대해 연간 300파운드를 지불하기로 한다. 그런 다음 그가 면밀한 건축계획에 의해 적당한 등급의 건물들을 세운다면, 그는 거기에서 연간 400~450파운드를 얻을 수 있고 그의 이윤은 100~150파운드가 증가된 지대의 형태를 띰으로써, 많은 경우 거의 무시할 정도로 미미한 건물로부터의 이윤보다 훨씬 더 클 것이다(*MEW* 25: 782/783).

1993년 우리나라에서 공직자 재산공개가 있었을 때 당시 현직 국회의장이 자기 아들의 명의로 무려 57채의 집을 소유하고 있는 일이 드러난 적이 있었다. 아마도 그는 에드워드 캡스의 수제자가 아니었을까? 출세는 부동산 투기와 직결된다는 캡스의 교훈을 그는 몸소 실천한 사람이었기 때문이다.

반드시 그 국회의장이 아니더라도 내가 확신하건대 캡스의 교훈을 가장 실감했던 사람들은 우리나라 사람들일 것이다. 1988년 10월 현재 우리나라의 거래대상 토지는 모두 9만 2천제곱킬로미터였는데, 그것을 당시 시가로 따져 계산해 보았더니 총액이 모두 약 937조원에 달하였다. 그런데 그 당시 미국의 전체 토지면적은 937만 3천제곱킬로미터였고, 그것을 역시 시가로 환산해 보았더니 놀랍게도 그 액수는 약 550조원에 불과하였다고 한다. 우리나라 토지를 1평 팔면 미국에서 무려 160평 이상의 토지를 살 수 있었던 것이다.

한 가지만 더 알아보자. 1988년 우리나라에서 토지로부터 발생한 연간 총수익은 약 68조원에 달하였다. 그런데 바로 그 해에 노동자들의 임금인상액은 연간으로 환산하여 모두 8조원에 불과하였다.

그야말로 부동산의 위력을 알 수 있는 사례들이다. 부동산투기는 어떻게 해서 이런 엄청난 돈을 벌어들이는 것일까? 그리고 그것은 언제부터 그렇게 되었는가? 사실 그것은 그다지 오래 되지 않았다. 그것은 자본주의적 생산이 등장하면서부터였던 것이다. 돈이 돈을 버는 자본주의적 생산하에서 돈도 아닌 땅이 어떻게 돈을 버는 것일까? 땅이 돈 버는 비밀—그것을 알아보도록 하자.

1) 땅이 뭐길래

땅이 돈을 벌 수 있다는 것은 그것이 돈을 버는 원천, 즉 잉여가치와 관계한다는 것을 의미한다. 따라서 땅이 돈을 버는 비밀은 일차적으로 그것이 잉여가치가 만들어지는 과정, 즉 돈을 버는 과정인 생산과 관련을 맺음으로써 시작된다. 생산은 앞에서 배운 바와 같이 자연과 인간의 노동력과의 결합에 의해서 이루어진다. 자연은 생산의 물적 요소를 이루고 노동력은 인적 요소를 이룸으로써 양자는 생산의 기본 요소를 구성한다. 자연은 모든 생산과 물자의 원천을 이루며, 노동의 근본조건이기도 하다. 인간은 자연의 잠재력을 섭취하고 생산을 통해 자신의 욕구에 적합하게 자연을 변형시킨다. 그래서 자연은 '공짜로 제공되는 생산력'이며, 노동 이외의 부의 원천이라고 말한다.

이런 자연자원에는 자연적 부의 중요한 부분들인 토지, 수자원, 산림, 지하자원 등이 모두 포함된다. 그런데 이들 자연자원 가운데서는 토지가 특히 생산에서 중요한 역할을 수행한다. 즉 인간의 생산활동은 상당한 범위에 걸쳐서 토지에 속박되어 있다. 토지는 농업에서 가장 중요한 생산수단이며, 동시에 주택과 생산설비 및 사회간접자본 시설들을 위한 입지조건을 이루며, 지하자원의 집산지로서 광업의 기반이 되기도 한다. 그런데 이렇게 중요한 토지는 다른 생산수단들에 비하여 몇 가지 특수성을 가지고 있다.

우선 그것은 크기가 한정되어 있어서 마음대로 늘릴 수가 없다. 토지는 어떤 경우에도 고무줄처럼 늘어나는 것이 아니다. 기계나 원료는 생산을 증가시키고 싶을 때 비교적 손쉽게 즉각 증가시킬 수 있다. 그러나 토지는 필요하다고 해서 갑자기 증가시킬 수 없다. 게다가 토지는 한번 주어진 위치에서 장소를 절대 옮길 수 없다. 충청도 괴산에 있는 토지를 떼어서 명동으로 옮겨놓을 수는 결코 없는 일이다. 그리고 그것은 오래 사용되어 원래의 효력을 잃었을 경우에도 다른 어떤 생산수단으로 대체할 수가 없다. 기계는 오래 사용하여 낡으면 새로운 기계로 대체할 수 있다. 그러나 농사를 오래 지어먹어 땅의 비옥도가 떨어졌다고 해서 그 토지를 다른 것으로 대체할 수 있는 것은 아니다. 토지 대신 토지의 사용가치를 가진 것을 어디서 구할 수 있을 것인가?

그러나 다른 한편으로 토지는 인위적으로 그 생산력을 변화시킬 수 있기도 하다. 즉 비료나 객토작업 등을 통하여 토지의 비옥도는 상승될 수 있다. 그리고 농토에 비닐하우스를 설치하거나 도심의 상업지역에 고층건물을 지음으로써 그것의 사용을 몇 배로 늘릴 수도 있다. 또한 이런 토지의 생산력은 자연의 작용에 의하여 끊임없이 재생산되어 지속적으로 생산에 활용될 수 있다. 즉 농토의 비옥도가 떨어지면 그것을 일정 기간 놀림으로써 비옥도를 다시 높일 수 있다. 이른바 휴경이 그것이다.

이런 토지의 여러 속성들은 사실 모든 토지가 그 자체로는 단 하나밖에 없다는 사실로부터 유래한다. 땅은 유일무이하다는 속성을 가지고 있는 것이다. 따라서 어떤 토지를 누군가가 소유한다는 것은 다른 어떤 사람도 그 토지를 소유할 수 없다는 것을 의미한다. 말하자면 토지의 소유는 독점권이라는 형태를 띠는 것이다. 그런데 이처럼 유일무이한 것이 생산에서 반드시 필요한 요소라는 데 문제가 있다. 결국 그것에 대한 수요와 무관하게 그것의 공급은 전적으로 고정되어 있으며, 이런 불일치가 결국 땅으로 하여금 돈을 벌 수 있는 힘을 가져다준다. 잉여가치가 땅으로 흘러 들어오면 그것은 이제 지대라는 옷을 입는다. 땅은 지대라는 형태로 잉여가치를 획득하는 것이다.

2) 땅이 버는 돈, 자본주의적 지대

잉여가치는 어떻게 지대로 변신하는가? 자본주의적 생산에서 발생하는 지대는 농업부문에서 가장 전형적으로 발생한다. 농업이 자본주의적으로 되면 거기에서는 토지소유자, 토지경영자, 토지경작자의 세 계급이 등장한다 (*MEW* 25: 631/632). 이러한 세 계급의 등장은 자본의 본원적 축적이라는 과정을 통해서 이루어진다. 토지소유자는 토지를 직접 경영하지 않으며, 자신의 토지를 토지경영자에게 빌려준다. 토지경영자는 토지소유자로부터 토지를 빌려 자신이 직접 토지를 경작하는 것이 아니라 다시 농업노동자들을 고용하여 토지를 경작한다. 즉 그는 자본가로서 농업을 경영한다. 그리고 직접적 생산자인 농업노동자들은 토지경작자로서 토지경영자에게 일정한 임금을 받고 경작노동에 종사하는데, 그것은 산업노동자들이 산업자본가들에게 고용되어 산업노동에 종사하는 것과 완전히 동일하다. 즉 그는 임노동자인 것이다.

토지소유자는 토지경영자에게 토지를 공짜로 빌려주지 않고 빌려주는 대가로 일정한 화폐액을 요구하는데, 이것이 곧 지대(Rent)이다. 토지소유자가 지대를 요구할 수 있는 것은 그가 토지의 소유자로서 토지를 소유하지 않은 사람들에게 독점적인 지위, 즉 토지소유의 독점권을 가지고 있기 때문이다. 이 점은 농지의 소유자에게만 해당하는 것이 아니라 주택과 공장, 도로로 사용될 토지의 소유자, 광산이나 석유의 생산지, 수자원 등의 소유자에게도 모두 똑같이 해당된다. 이 모든 소유자들은 자신들의 독점적 지위를 근거로 지대를 받는다.

그런데 토지소유자들이 토지경영자들로부터 받는 지대는 어디로부터 오는 것일까? 지대는 일차적으로 토지경영자들로부터 나오는데, 토지경영자들은 이것을 어디로부터 얻어내는 것일까? 토지경영자들은 바로 자본가들이며, 따라서 그들이 토지소유자들에게 지불하는 지대는 그들에게 잉여가치의 일부분이어야 할 것이다. 그들이 생산에 투입한 선대자본으로부터 지대가 나갈 리는 없기 때문이다. 따라서 지대는 그들이 고용한 노동자들로부터 나올 수밖에 없다. 지대는 임노동자가 생산한 잉여가치 가운데 일부가 전화된 형태이다. 모든 지대는 잉여가치, 곧 잉여노동의 생산물이다(*MEW* 25: 647).

박애주의자 귀족 가운데 한 사람이었던 샤프츠베리(Shaftesbury) 공작－당시에 애슐리 경(Lord Ashley)으로 불렸던－이 영국 공장노동자들의 상태에 크게 마음이 움직여서 열 시간 노동운동의 의회 내 대변자로 나섰을 때 산업자본가들의 대변자들이 그 보복으로 그의 영지내에 있던 농업 일용노동자들의 임금통계를 공표하였는데(*MEW* 23: 704/705), 이 통계에서는 이 박애주의자의 지대 가운데 일부가 그의 차지농들이 그를 위해 농업노동자들의 임금으로부터 훔쳐낸 것이라는 사실이 뚜렷하게 드러나고 있다(*MEW* 25: 641).

3) 자본주의적 지대의 여러 형태들

자본주의적 지대는 차액지대와 절대지대의 두 형태로 구분된다. 이러한 자본주의적 지대의 형태를 알기 위해서는 우선 자본주의 사회에서의 토지의 독점에 대해서 알 필요가 있다. 자본주의적 생산하에서 토지에 대한 독점에는 두 가지 종류가 있다. 그 하나는 토지를 사용하는 데서 발생하는 독점이고, 다른 하나는 그것의 소유로부터 발생하는 독점이다. 토지는 하나밖에 없는 것이기 때문에 그것을 누군가가 사용할 때는 어느 누구도 그것을 사용할 수 없다. 그것이 전자의 독점이다. 또한 누군가가 토지를 소유하고 있다면 어느 누구도 그것을 소유할 수 없으며, 이것이 후자의 독점이다. 전자의 독점으로부터는 차액지대가 발생하며, 후자의 독점으로부터는 절대지대가 발생한다. 현실적으로 자본주의적 지대는 여러 가지 형태가 있으나 대체로 이 두 가지 형태가 기본을 이루고 있다. 우리는 이 두 가지 형태의 지대를 중점적으로 살펴보기로 한다.

(1) 차액지대

리카도는 이렇게 말하였다.

> 지대란 항상 동일한 양의 자본 및 노동을 고용하여 얻어지는 두 생산물간의 차이이다(Ricardo, 1970: 70).

여기에 '동일한 크기의 토지에서'라는 구절이 추가된다면 그의 이야기는 전적으로 옳다. 그리고 그것이 곧 차액지대이다(*MEW* 25: 662).

차액지대는 **토지사용의 독점**으로부터 발생한다. 구체적으로 그러한 독점은 한 자본가가 이윤을 얻을 목적으로 토지소유자로부터 임대차 계약에 의해 토지를 일단 빌려 받기만 하면 그 계약기간내에 다른 자본가는 그 토지를 빌릴 수 없는 것을 말한다. 다시 말해서 토지를 먼저 빌린 자본가가 계약기간 내에는 그 토지를 경작할 권리를 독차지하게 되는 것을 말한다. 이렇게 되는 이유는 토지는 다른 물건들처럼 마음대로 만들어낼 수 없고 일정하게 제한되어 있기 때문이다. 어느 나라나 할 것 없이 토지 가운데 경작이 가능한 토지는 제한되어 있고, 특히 비옥한 토지는 극히 제한되어 있다.

이제 토지를 크게 세 가지 종류로, 즉 농업생산에 가장 나쁜 토지(3등지), 보통의 토지(2등지), 그리고 가장 좋은 토지(1등지)로 구분하여 보면 1등지는 매우 제한되어 있다. 만약 1등지가 제한되어 있지 않고 한없이 많아서 어느 자본가나 자기 마음대로 1등지를 차지할 수 있다면, 토지경영 대상으로서의 토지의 독점이란 있을 수 없을 것이다. 그러나 1등지는 제한되어 있기 때문에 어떤 농업자본가가 토지소유자로부터 그 토지를 일단 빌리면 이 자본가는 그 토지의 경작을 독점하게 되는 것이다. 그러므로 1등지를 경작하는 자본가는 2등지나 3등지를 경작하는 자본가보다 유리하게 되며, 2등지를 경작하는 자본가도 3등지를 경작하는 자본가에 비해 유리하게 되는 것이다. 그러나 그렇다고 해서 3등지를 경영하는 자본가는 이윤을 얻지 못하게 되는 것이 아니다. 3등지를 경작하는 자본가도 평균이윤을 얻는다. 만일 3등지를 경작하는 자본가가 평균이윤을 얻지 못한다면, 그는 이 토지를 경작하지 않을 것이다.

그러므로 3등지를 경작하는 자본가가 평균이윤을 얻자면 농업생산물의 생산가격이 최열등지인 3등지의 생산조건에 의해 결정되어야 할 것이다. 실제로 농업생산물의 생산가격은 3등지의 생산조건에 의해 결정된다. 여기에 바로 공업과 구별되는 농업의 특수성이 존재한다. 공업에서는 앞서 우리가 생산가격 및 평균이윤의 형성과정에서 살펴본 바와 같이 자본만 있으면 더욱 현대적인 기술장비를 갖춘 공장을 얼마든지 건설할 수 있기 때문에 생산가격이 평균적인 생산조건에 의하여 결정된다. 그러나 농업에서는 가장 기본적인 생산조건인 토지를 1등지는 고사하고 3등지마저도 결코 만들어낼 수가 없다. 그런데 1등지나 2등지에서 생산되는 농산물만 가지고는 인구의 자연적인 증가로 갈수록 늘어나는 사회적 수요를 충족시킬 수 없기 때문에 3등지도 경작하지 않을 수 없게 되는 것이다. 따라서 농산물의 생산 가격은 3등지의 생산조건에 의해 결정되며, 그 결과 이러한 토지를 경작하는 자본가도 평균이윤을 얻게 되는 것이다.

농산물의 생산가격이 3등지의 생산조건에 의해서 결정되기 때문에 1등지나 2등지를 경작하는 자본가는 3등지를 경작하는 자본가보다 더 많은 이윤을 얻게 된다. 다시 말하면 그들 자본가는 초과이윤을 얻게 되는 것이다. 1등지나 2등지에서는 토지의 비옥도 등의 생산조건이 좋아서 같은 면적에 동일한 자본을 투자해도 3등지에 비해서 농업생산물이 훨씬 많이 생산된다. 그러나 생산된 농산물은 3등지의 생산조건에 의해서 결정되는 사회적 생산 가격에 따라 판매되므로 그만큼 많은 이윤을 얻을 수 있게 되는 것이다. 그런데 이런 초과이윤은 농업자본가가 차지하지 못하고 지대로서 토지소유자의 수중에 들어가게 되는데, 이것이 차액지대이다. 이리하여 차액지대란 더 좋은 토지를 경영하는 자본가가 얻는 초과이윤으로서 토지소유자에게 돌아가는 부분을 가리킨다.

차액지대에는 두 가지 형태가 존재한다. 차액지대의 첫 번째 형태는 토지의 비옥도와 토지의 위치상의 차이로부터 발생하는 지대를 말하며, 통상 차액지대 I로 부른다(*MEW* 25: 663). 모든 토지는 각기 그 비옥도가 다르므로 같은 면적의 토지에 동일한 액수의 자본을 투하하여도 각각의 토지에서 생산되는 생산물의 양은 다르게 된다. 즉 비옥도가 높은 토지에 투하된 자본은 더 많은 농산물을 생산하게 되며, 비옥도가 낮은 토지에 투하된 자본은 더 적은 양의 농산물밖에 생산하지 못한다. 이로부터 차액지대 I이 형성된다. 이제 차액지대가 발생하는 과정을 비옥도가 각기 다른 동일한 면적의 세 토지로부터 쌀이 생산되는 <표 7>의 예를 통해 살펴보기로 하자.

비옥도가 각기 다른 세 토지에 농업자본가들이 똑같이 100원씩의 자본을 투자하고 사회적 평균이윤율이 20%라고 한다면, 모든 자본가들은 토지비

<표 8> 차액지대 I의 발생

토지 종류	소모된 자본	평균이윤	생산량	개별적 생산가격		사회적 생산가격		초과 이윤	차액 지대
				총생산물	kg당	kg당	총생산물		
A	100원	20원	6kg	120원	20원	30원	180원	60원	60원
B	100원	20원	5kg	120원	24원	30원	150원	30원	30원
C	100원	20원	4kg	120원	30원	30원	120원	0원	0원

옥도의 차이와 상관없이 100원의 투하자본에 대해 20원씩의 평균이윤을 얻을 수 있어야만 경작을 수행할 것이다. 따라서 농업자본가들의 생산가격은 모두 똑같이 '비용가격+평균이윤'에 해당하는 120원(100원+20원)이 될 것이다. 한편 비옥도의 차이로 인해 각 토지에서 생산되는 쌀의 양은 최우등지인 A에서 6kg, B에서는 5kg, 최열등지인 C에서는 4kg이 각기 생산될 것이다. 그리하여 각 토지에서 총생산물에 대한 생산가격은 모두 120원으로 동일하지만 단위생산량별로는 생산가격이 각기 달라지게 된다. 즉 A에서는 20원으로 가장 낮을 것이며, B에서는 24원, C에서는 30원으로 가장 높을 것이다. 그런데 쌀의 사회적 생산가격, 즉 시장가격은 최열등지인 C의 생산가격을 기준으로 결정되기 때문에 생산된 쌀들은 모두 시장에서 킬로그램 당 30원에 판매된다. 그리하여 각자 자신이 생산한 쌀을 모두 팔고 나면 A의 자본가는 180원, B의 자본가는 150원, C의 자본가는 120원을 손에 넣게 된다. 세 자본가의 생산가격은 모두 120원으로 동일하므로 A의 자본가는 60원, B의 자본가는 30원씩의 초과이윤을 얻게 된다. 이러한 초과이윤은 모두 토지소유자에게 돌아가서 차액지대 I을 형성하게 된다.

차액지대 I은 또한 토지의 위치, 즉 시장으로부터 토지까지의 거리의 차이에 의해서도 형성된다. 시장에 가까운 토지에서 생산된 농산물은 운송비가 적게 들어서 단위생산량 당 비용가격이 시장에서 먼 토지에서 생산된 농산물보다 그 운송비의 차이만큼 낮을 것이기 때문이다. 따라서 그것도 초과이윤을 형성하게 되고, 차액지대로서 토지소유자의 수중에 들어가게 된다.

그 다음 차액지대 II는 동일한 토지에 자본이 연속적으로 투하됨으로써 투하된 자본들 간의 생산성의 차이로부터 발생하는 차액지대를 가리킨다 (*MEW* Bd. 25: 686). 이것은 오늘날 농업경영의 집약화와 관련이 있는데, 예를 들어 농지의 관배수시설의 개량과 토지개량을 위한 각종 비료의 투하, 농토의 재편성 등을 통하여 토지의 비옥도를 높이는 경우에 해당한다. 예로 <표 8>을 보기로 하자.

앞의 차액지대 I의 예에서 인구가 점차 증가함으로써 기존의 쌀 생산량만으로는 수요를 모두 충족시키기 어려운 상황이 되었다고 가정해 보자. 그리고 이 때 토지의 절대적인 제약으로 말미암아 더 이상 경작할 새로운 토지가 없다고 하자. 즉 C 이하의 열등지는 더 이상 존재하지 않는다고 하자. 그런데 새로운 농업기술이 개발되어 만일 토지 A에 추가로 100원의 자본이 투하된다면 5kg이 더 생산될 수 있으며, 이것이 늘어나는 수요를 충족시킬 수 있다고 하면 토지 A에 추가적으로 자본이 투하될 것이다. 왜냐하면 100원의 자본으로 쌀 5kg을 생산하면 킬로그램당 생산가격은 24원으로서 기존의 시장가격 킬로그램당 30원보다 낮기 때문에 A의 자본가는 평균이윤 이상을 얻을 수 있기 때문이다. 특히 만일 이 시기가 토지 A의 임대차계약 기

<표 9> 차액지대 II의 발생

토지 종류	소모된 자본	평균이윤	생산량	개별적 생산가격		사회적 생산가격		초과 이윤	차액 지대
				총생산물	kg당	kg당	총생산물		
A	100원	20원	6kg	120원	20원	30원	180원	60원	60원
A'	100원추가	20원	5kg	120원	24원	30원	150원	30원	30원
B	100원	20원	5kg	120원	24원	30원	150원	30원	30원
C	100원	20원	4kg	120원	30원	30원	120원	0원	0원

간의 도중이라면 킬로그램당 6원의 초과이윤은 모두 A의 자본가가 차지할 수 있을 것이다. 그리하여 토지 A에서는 추가적인 투하자본 100원에 의해 30원의 초과이윤이 발생한다. 이 초과이윤은 농업에 투하된 4개의 단위자본들(각 100원)의 생산성의 차이로부터 발생한 것이다.

이러한 초과이윤은 추가자본이 투하된 이후 임대차계약이 새로 갱신되기 전까지는 농업자본가의 몫이 된다. 그러나 계약기간이 지나서 임대차계약이 새로 체결될 때는 토지소유자는 계약기간 중에 이루어진 토지의 개량을 감안하여 지대를 인상하게 된다. 따라서 계약기간이 지나고 나면 지대는 새로 발생한 초과이윤 30원을 포함하여 원래의 60원에서 90원으로 상승하므로 결국 초과이윤은 다시 토지소유자의 차지로 바뀌게 된다.

이런 이유로 토지소유자들은 가능한 한 계약기간을 짧게 하고자 애쓰며, 농업자본가들은 반대로 계약기간을 늘리고자 노력한다. 그리고 농업자본가들은 토지가 자신의 소유가 아니며 계약기간이 짧기 때문에 장기적으로 토지의 생산성을 높이는 투자를 기피하는 경향이 있으며, 주로 계약기간 내에 단기적으로 효과를 거둘 수 있는 투자만을 집중적으로 하게 된다. 그 결과 토지에 대한 약탈적인 영농이 성행하게 되며, 토지의 생산력은 점차 회복기능을 상실하고 황폐화하게 된다.

한편 차액지대 II는 사실상 B와 동일한 비옥도를 가진 새로운 토지가 경작된 경우와 동일한 결과를 보여준다. 그래서 그것은 사실상 차액지대 I과 같은 원리, 즉 생산이 불균등한 결과 그 차이로부터 발생한다. 그래서 차액지대 II는 본질적으로 차액지대 I과 일치한다(*MEW* 25: 690).

(2) 절대지대

우리는 지금까지 차액지대를 고찰하면서 최열등지에는 지대가 없다고 간주하였다. 그러나 정말로 공짜로 빌릴 수 있는 땅이 있다면 얼마나 좋겠는가? 자본주의적 생산관계 하에서는 주인이 없는 땅이란 없으며 지대가 없는 땅도 없다. 즉 최열등지에서도 자본주의적 지대는 존재하는데, 이런 지대는 그 토지에서 아무런 초과이윤도 발생하지 않기 때문에 차액지대에는 속하지 않는다. 최열등지에서도 발생하는 이러한 지대는 절대지대라고 한다.

절대지대는 토지의 비옥도나 위치와는 상관없이 모든 토지에서 발생한다. 앞서 토지의 특성을 얘기하면서 우리는 토지가 거의 주어진 크기로만 존재하며 임의로 늘릴 수 있는 것이 아니라고 지적하였다. 그러나 사회가 발전해 가면 인구는 증가하기 때문에 자본주의적 생산에서 농업생산은 우등지들에서만 이루어지지 않고 열등지들에서도 이루어질 수밖에 없다. 그런데 자본주의 사회에서는 아무리 열등지라고 하더라도 모두 소유자가 있으며, 주인 없는 토지란 존재하지 않는다. 따라서 농업자본가는 아무리 생산조건이 열악한 열등지라 하더라도 일정한 금액의 지대를 물어야만 토지를 이용할 수 있다. 그리하여 이런 토지의 소유권으로부터 절대지대가 발생하게 된다. "토지소유 그 자체가 지대를 창출하는 것이다"(*MEW* 25: 763). 그런데 이런 열등지의 토지소유자에게도 절대지대가 지불될 수 있으려면 농업자본가가 그 토지의 경작으로부터 평균이윤을 얻을 수 있을 뿐만 아니라 그 이상의 초과이윤을 얻을 수 있어야만 한다. 그래야만 농업자본가는 평균이윤을 자신의 몫으로 차지하고도 토지소유자에게 지대를 지불할 수 있을 것이다.

그러면 어떻게 해서 열등지에서도 평균이윤 이상의 초과이윤이 발생하며, 그 결과 그것이 절대지대를 이루게 되는 것일까?

자본주의가 발전해나감에 따라 농업은 공업에 비해 상대적으로 기술수준이 뒤떨어지게 된다. 이러한 농업부문의 상대적인 기술적 낙후성은 공업

부문의 자본의 유기적 구성에 비해 농업에서의 유기적 구성이 낮은 것으로
나타난다. 그리하여 농업부문과 공업부문에 동일한 크기의 자본이 투하되
고 잉여가치율도 두 부분이 동일하다 하더라도 농업부문에서는 공업부문에
비해 더 많은 잉여가치가 창출된다. 예를 들어 농업과 공업부문에 각각 다
음과 같이 서로 다른 유기적 구성으로 100만원의 자본이 투하되고, 잉여가
치율은 두 부문이 똑같이 100%라고 하자. 그러면 두 부문의 생산물가치는

  공업부문 $80c+20v+20m=120W$
  농업부문 $50c+50v+50m=150W$

가 될 것이다. 생산물이 가치대로 팔린다면 공업부문에서는 20%의 이윤율
이 실현될 것이고, 농업부문에서는 50%의 이윤율이 실현될 것이다. 그러면
만일 토지에 대한 자본투하가 아무런 제약을 받지 않고, 따라서 농업부문과
공업부문간의 자본의 이동이 자유롭다면 공업부문의 자본들은 당연히 이윤
율이 더 높은 농업부문으로 이동할 것이다.

그 결과 농업부문과 공업부문 간에는 이윤율의 균등화가 일어나서 평균
이윤율이 형성될 것이다. 평균이윤율은 두 부문을 합친 사회적 총자본을 기
준으로 이루어질 것이고, 따라서 총자본 200만원$[(80+50)c+(20+50)v]$에
대한 총잉여가치 70만원$[(20+50)m]$의 비율에 의하여

$$\frac{70}{200} \times 100 = 35\%$$

가 될 것이다. 공업부문의 생산물과 농업부문의 생산물은 모두 그 가치와
상관없이 135만원에 판매될 것이고, 두 부문의 자본가들은 똑같이 35만원
씩의 평균이윤을 실현하게 될 것이다.

그러나 사태는 그렇게 되지 않는다. 농업부문에서는 토지의 소유로부터 발생하는 제약들로 인하여 자본의 투하가 무제한적으로 이루어질 수 없고, 따라서 공업부문에서의 농업부문으로의 자동이동은 제한을 받게 된다. 두 부문간에는 이윤율의 균등화가 이루어지지 않으며, 따라서 평균이윤율이 형성되지 않는다. 두 부문의 생산물은 각기 자신의 가치대로 판매된다. 공업부문의 생산물은 120만원에, 농업부문의 생산물은 150만원에 각각 판매될 것이다. 그리하여 공업부문의 자본가들은 20만원의 이윤만을 손에 넣게될 것이다. 반면 농업부문의 자본가들은 50만원의 이윤을 실현함으로써 공업부문의 자본가들에 비하여 30만원의 초과이윤을 획득하게 될 것이다.

그런데 농업부문에서 발생하는 이러한 초과이윤은 농업자본가의 몫이 되지 못한다. 왜냐하면 농업부문에서는 토지의 사적 독점이라는 제약이 존재하기 때문이다. 그래서 이런 초과이윤은 토지소유를 독점하고 있는 토지소유자들의 몫이 된다. 즉 절대지대가 되는 것이다. 이처럼 절대지대는 농업부문에서의 자본의 유기적 구성이 공업부문의 유기적 구성에 비해 상대적으로 낮음으로써 일단 형성된 초과이윤을 토지에 대한 사적 소유에 기초하여 토지소유주가 차지하게 되는 부분을 가리킨다. 그리하여 자본주의적 생산에서는 사실상 차액지대와 절대지대가 함께 결합하여 지대의 현실적인 모습으로 나타나게 된다. 즉 우리가 앞서 논의한 모든 차액지대들에는 사실상 절대지대가 추가되어야 하는 것이다.

그밖에 절대지대와 유사한 것이긴 하지만 절대지대와 구별해야 할 지대형태가 있는데, 그것은 곧 독점지대이다. 독점지대란 특별히 유리한 자연조건을 갖춘 토지의 소유자가 받게 되는 지대를 가리키는데, 말하자면 특별한 과일이나 희귀한 약초 등이 생산되는 토지의 경우에 해당한다. 예를 들어 무등산수박이나 경기미 등과 같이 특별한 품질을 인정받고 있으면서 그 생산량이 극히 제한되어 있는 농산물들은 일반적으로 그 가치를 초과하는 가

격으로 판매될 수 있는데, 이러한 가격을 독점가격이라고 하며 수요에 비해
공급이 제한되어 있기 때문에 공급자가 임의로 높은 가격에 판매할 수 있
다. 따라서 이런 농산물의 생산자는 평균이윤 이상의 초과이윤을 얻게 되는
데, 그러한 초과이윤은 물론 토지의 제약에 기초하여 토지소유자가 독점지
대로 차지하게 된다. 보통의 토지생산물의 가격이 그 가치에 비해 상대적으
로 높은 것은 자본주의적 지대가 추가된 결과이지만, 여기에서는 거꾸로 독
점적으로 형성된 생산물의 가격, 즉 독점가격이 독점지대를 형성한다. 전자
에서는 지대가 가격의 원인이지만, 후자에서는 가격이 지대의 원인이 되는
것이다.

(3) 토지가격

자본주의 사회에서 토지는 상품으로서 매매의 대상이 되고 있다. 앞서
이미 본 바와 같이 상품의 가치는 그 상품을 생산하는 데 소요되는 사회적
필요노동량에 의해 결정된다. 그런데 토지는 노동생산물이 아니며, 따라서
가치를 가질 수 없다. 그런데도 자본주의 사회에서는 토지가 일정한 가격으
로 매매되고 일정한 가격을 갖는다. 그것은 토지가 사적 소유로 되어 있으
며, 이것을 구입하는 자는 그 소유권을 이용하여 매년 일정액의 지대를 얻
게 되기 때문이다. 이것은 마치 주식자본에서 그것이 직접적인 잉여가치를
창출하지 않으면서도 배당금과 이자율의 수준에 의하여 일정한 가격, 즉 주
식가격을 갖게 되는 것과 마찬가지이다. 말하자면 토지도 직접적인 가치를
창출할 수 없음에도 불구하고, 그것이 일정한 지대를 가져다주기 때문에 가
격을 갖게 되는 것이다.

그러면 토지가격은 무엇에 의하여 결정되는가? 토지가격은 그것으로부터
얻어지는 지대의 크기와 은행예금에 대해 지불되는 이자율에 의해서 결정된

다(*MEW* 25: 785).

가령 어떤 토지로부터 일년에 받는 지대가 10만원이라면 그 토지의 소유자는 은행에 예금을 하여 일년에 이자로 10만원을 받을 수 있는 그런 금액을 토지가격으로 요구할 것이다. 만일 이자율이 연 10%라고 한다면 10만원의 이자를 얻기 위해서는 은행에 100만원을 예금해야 할 것이다. 그러므로 이런 경우 토지의 가격은 100만원이 될 것이다. 그런데 만일 이때 이자율이 연 5%로 하락하면 10만원의 이자를 얻기 위해서는 100만원이 아니라 200만원을 예금해야 하므로 토지가격도 200만원으로 상승하게 될 것이다. 마찬가지로 지대액이 10만원에서 20만원으로 상승할 경우에도 은행이자율이 연 10%일 경우 20만원의 이자를 받기 위해서는 은행예금이 200만원이 되어야 하므로 토지가격도 200만원으로 상승할 것이다. 따라서 토지가격은 지대액이 커지면 커질수록, 그리고 이자율이 낮으면 낮을수록 상승하게 될 것이다. 그리하여

$$\text{토지가격} = \frac{\text{연간지대}}{\text{은행예금의 이자율}} \times 100$$

로 표시된다.

자본주의적 생산이 발전해나감에 따라 토지가격은 전반적으로 상승하는 경향을 보이고 있다. 미국과 일본, 독일 등 선진자본주의 국가들에서는 물론 우리나라 대만 등의 발전도상국들에서도 비교적 단기간의 2∼3년 동안에 몇 백 퍼센트의 토지가격 상승이 나타나서 큰 사회문제로 등장하고 있다. 이러한 토지가격의 상승은 자본주의적 생산의 발전에 따른 이자율의 상승이 억제되는 경향과 그와 반대로 지대는 상승하는 경향, 도시지역에서의 건축지 가격의 상승, 생산확대를 위한 은행신용의 창출을 목표로 한 토

지에 대한 자본가들의 저당수요 등이 복합적으로 작용하고 있다.

지대는 대부이자와 마찬가지로 자본유통의 외부에서 자본유통과는 무관하게 형성된다. 따라서 그것은 잉여가치의 형성과 무관하며 자본유통 내에서 형성되는 배분기준인 평균이윤율의 적용을 받지 않는다. 그러나 지대의 크기는 스스로 결정되는 것이 아니라 **평균이윤율이 결정되고 나서야 비로소**(그 차액, 즉 초과이윤에 의해서) 결정된다는 점에서 평균이윤율에 기생하는 성격을 갖는다. 따라서 그것은 직접적으로 잉여가치와는 무관하며 이윤을 자신의 원천으로 하고 있다. 그것은 대부이자와 마찬가지로 이윤의 혈통에 서 있는 것이다.

그리하여 잉여가치의 배분은 일차적으로 잉여가치의 형성에 직접 관여한 산업자본과 상업자본이 잉여가치를 이윤으로 변모시킨 다음 이차적으로 대부이자와 지대가 이윤으로부터 다시 배분되는 과정을 밟게 된다. 그리하여 한 사회에서 만들어진 총 가치의 배분은 일단 노동력에게 가변자본 부분이 돌아가고, 그 다음 나머지 잉여가치가 평균이윤(기업가수익과 상업이윤), 대부이자, 지대의 네 부분으로 나뉘어짐으로써 완결된다.

이러한 가치의 배분구조는 자본주의적 생산내에서 사회구성원들간의 이해관계가 어떤 지형을 이루고 있는지를 선명하게 설명해준다. 가장 기본적인 경제적 이해관계는 총가치가 배분되는 노동자와 자본가간의 대립적 관계이다. 여기에서는 잉여가치의 착취와 피착취가 대립의 경계선을 이룬다. 두 번째 이해가 갈리는 부분은 잉여가치의 배분을 둘러싸고 이루어지는 기능자본(산업자본, 상업자본)과 그에 기생하는 부분들(대부자본, 토지소유자)간의 대립이다. 여기에서는 이윤의 착취와 피착취가 대립의 경계선을 이룬다.

우리는 지금까지 자본주의라는 생산양식에서는 생산의 내용이 가치이며 그 가치가 어떻게 생산되고 유통되어 배분되는지를 모두 살펴보았다. 개미와 베짱이의 우화가 현실에서 뒤집어지는 모순은 애초 그 생산양식이 가치를 생산한다는 사실 속에 숨겨져 있었다. 가치야말로 인간들을 우화가 뒤집어지는 관계로 묶어내는 마법이었던 것이다. 가치가 만들어낸 이 마법의 세상이 어떻게 시작하여 움직이고 또 지속되는지를 설명하는 『자본론』의 얘기는 제3권 가치의 배분에서 지대를 끝으로 막을 내린다.

그렇다면 이제 최종적으로 이 마법의 세상이 어떤 운명을 가지고 있는지에 대해서 얘기해야 할 때가 된 것이 아닐까? 애초 『자본론』은 마법의 수수께끼가 무엇인지를 밝히는 것이 목적이 아니라 그 마법을 푸는 것, 즉 이 마법의 세상을 '바꾸는 것'이 목적이 아니었던가? 말하자면 『자본론』은 이제 자신의 전체 논의를 정리해야 할 지점에 도달한 것이다. 우리는 이미 앞에서 가치의 생산부분에서는 그것의 축복의 운명에 대해서, 가치의 순환과 배분부분에서는 비극적인 운명에 대해서 잠깐씩 언급하였다. 그러나 거기에서는 아직 이 마법의 세상의 전체 운명이 논의의 주제가 아니었다. 그래서 운명은 오로지 커튼 사이로 잠깐씩 얼굴을 디미는 것으로만 그쳤다. 이제 그 운명이 무대의 전면에 나서야 할 때이다. 우리는 자본주의적 생산양식의 운명에 대한 『자본론』의 심판을 살펴보기로 하자.

1998년 우리나라에서 생산된 총가치(GDP, 우리의 용어로는 v+m)는 444조원이었다. 이 가치 가운데 간접세와 고정자본의 마모분을 제한 순가치는 328조원이었다. 이 가운데 임노동자에게 임금으로 지급된 가치(피용자보수, 우리의 용어로는 가변자본 v)는 201조, 나머지(영업잉여, 우리의 용어로는 잉여가치 m)가 127조원이었다. 이 127조원은 기업 및 재산소득이라고 불리는데 이것이 자본가와 기생계급들에게 배분되는 몫에 해당한다. 이런 가치의 배분을 그림으로 보면 다음과 같다.

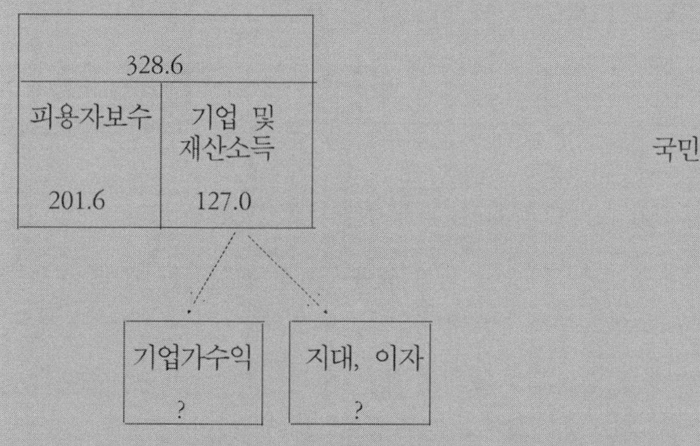

자료: 한국은행, 「알기쉬운 경제지표 해설」, 인터넷 홈페이지.

제11장
자본주의 생산양식의 운명, 공황의 예언

1928년 12월 4일 미국의 쿠울리지(Coolidge) 대통령은 의회에 임기 중의 마지막 일반교서를 보냈다. 교서에는 경기에 대한 밝은 전망이 제시되어 있었다.

국내에는 평온과 만족… 그리고 최고의 호황이 기록되고 있다. 이렇게 유례없는 축복의 주된 원천은 미국 국민의 단결과 품성 속에 있다(Galbraith, 1981: 23).

의회는 교서에 고무되었고 축복을 달콤하게 즐기기만 하면 된다고 생각하였다. 그러나 대통령도 의회도 한 가지를 잊고 있었다. 타이타닉호의 그 커다란 비극은 바람 한 점 없이 너무나 평온한 항해 직후에 발생하였다는 사실이다. 미국 자본주의를 향해서 적어도 두 군데로부터 태풍이 다가오고 있었다.

한 곳은 플로리다였다. 좋은 기후조건이 미끼가 된 휴양지로서의 가치 때문에 이 곳에서는 1920년대 중반에 광범위한 토지투기가 급격히 팽창하고 있었다. 토지대금의 10퍼센트에 해당하는 1차 불입금만으로 광대한 토지가 분양되어 갔다. 건축이 시작되고 붐이 일어났다. 그러나 이 장밋빛의

휴양지에는 사람들에게 채 알려지지 않은 복병이 숨겨져 있었다. 말 그대로
의 태풍이었다. 1926년 가을 이 불청객은 두 번이나 찾아왔고 건축된 모든 것
을 바람에 날려 버리거나 물 속에 밀어넣어버렸다. 모든 것이 날아가버린 황
량한 분양지에는 아직 불입되지 않은 90%의 토지대금 잔액만이 쌓여 있었다.

또 한 곳은 주식시장이었다. 여기에서는 1927년부터 본격적인 붐이 시작
되었다. 이 한 해 동안 단 두 달을 제외하곤 지속적인 주식의 상승만이 있
었다. 주식시장에는 쿠울리지의 교서만큼이나 낙관적인 전망만이 지배하였
다. 그리하여 1928년이 되자 드디어 대중이라는 물결이 주식시장을 덮쳤다.
겨울이 지나고 봄이 오면서 주식시장은 폭등하기 시작하였다. 이제 아무도
그 거센 움직임을 막을 수 없었다. 누구나 입만 열면 주식시장에 대한 낙관
적 전망을 자신 있게 피력하였다. 또 하나의 폭풍이 이 낙관적 전망 속에서
팽창하고 있었다.

이런 낙관적 전망 위에 서서 새로운 대통령 후버(Hoover)는 이렇게 선언
하였다. "오늘날 미국은 바로 빈곤의 극복이라는 승리의 문턱에 와 있다.
가난은 사라지고 있다!" 그러나 누가 알았으랴, 바로 그 낙관주의의 절정이
야말로 타이타닉호의 바로 앞에 갑자기 빙산이 나타난 그 시점이라는 것을.

추락하는 것은 날개가 있다! 절정에서 추락이 시작되었다. 그날은 1929
년 10월 24일, 역사에는 '검은 목요일'로 기록되었다. 이날 도대체 무슨 일
이 있었는가? 미국 뉴욕의 증권거래소에서는 이날 1,280만 주의 주식이 거
래되었다. 그러나 거래된 가격은 소돔에 떨어진 불처럼 아픈 것이었다. 아
침부터 매물은 걷잡을 수 없이 쏟아졌다. 가격은 수직으로 하락하였다. 시
세속보기는 떨어지는 가격을 모두 통보할 수 없었다. 시세속보기와 가격하
락 사이의 간격은 점점 벌어졌다. 오전 11시 반 거래소 안의 분위기는 절망
적인 공포에 휩싸여갔다.

거래소 바깥 월스트리트에는 사람들이 모여들어 거리를 가득 메웠다. 무

슨 중대한 일이 벌어지고 있다는 분위기가 역력하였다. 심상찮은 분위기를 눈치챈 경시총감 그로버 홀런(Grover Whalen)은 월스트리트로 경찰을 출동시켰으며, 거리의 군중들은 이제 무슨 일이 벌어지는가를 목이 빠지게 기다리고 있었다. 한 수선공이 무엇인가를 고치기 위해 어떤 고층빌딩 위에 올라갔는데 사람들은 그가 자살하기 위해 나타난 것으로 알고 이제나저제나 그가 뛰어내리기를 기다렸을 정도였다.

추락은 하루로 끝나지 않았다. 주가의 하락은 그 이후 무려 3년 동안 계속되었다. 단 하루 동안의 주가하락으로 인한 손실액이 250억 달러에 달한 날도 있었다. 11명의 유명한 '큰손'들이 자살하는 것을 필두로 많은 자본가들이 파멸을 맞았다. 1933년까지 약 9천 개의 은행이 파산하였다. 그러나 추락의 비극은 이런 부자들의 '안락사'에 그치지 않았다. 자본가들의 파산은 노동자들의 일자리도 빼앗아갔다. 미국 전체의 공업생산이 50% 이상 감소하였고, 국민총생산이 1/3 가량 줄어들었으며, 그 결과 미국 전체 노동자의 약 1/4이 일자리를 잃었다.

누가 이런 사태를 구할 수 있었을까? 1930년 6월 사태가 계속 악화일로에 있을 때 자본가의 대표들은 후버 대통령을 방문하여 대책을 요구하였다. 그때 대통령은 이렇게 말하였다. "여러분, 저를 찾기에는 60일이 늦었습니다. 공황은 이미 터져 버렸습니다"(Schlesinger Jr. 1957: 231).

아무도 그것을 구할 수 없었다. 그것은 자본주의적 생산의 피할 수 없는 운명이었다.

자연이 타이타닉호를 통해서 자연정복에 대한 인간의 자만심을 시험했듯이 자본주의적 생산의 운명은 공황을 통해서 시험된다. 공황 속에는 그 운명이 속속들이 암시되어 있다. 그런 점에서 공황은 자본주의적 생산양식의 운명에 대한 예언자이기도 하다. 공황에는 어떤 운명의 암호들이 숨겨져 있을까?

1. 운명에 대한 예언자, 공황은 어떤 모습으로 나타나는가

1933년 미국에서는 모두 4천만 에이커의 밭에 면화를 심었다가 그 가운데 약 1/3을 도로 갈아엎어 버렸다. 엄청난 낭비가 자행되었던 것이다. 게다가 애꿎은 돼지의 수난도 있었다. 약 460만 마리의 돼지가 땅속에 매장되거나 강에 내버려 짐으로써 폐기 처분되었던 것이다. 1929~33년 공황 기간 동안 미국에서는 모두 92기의 용광로가 파괴되었으며, 영국에서는 72기가 파괴되었다(중국 남경대학 마르크스-레닌주의 교수연구실 정치경제학 연구 교수연구조, 1989: 224).

이것은 공황이라는 예언자가 나타나는 모습이다. 공황은 모든 것이 넘쳐 서 남아도는 과잉으로 모습을 드러낸다. "자본과 상품의 과잉생산이 자본주 의적 경제위기의 특성"(*MEW* 25: 266)을 이루는 것이다. 풍요 속의 빈곤, 바 로 이 말은 공황을 상징적으로 나타내는 표어이다. 그러나 이런 과잉생산이 일상적인 경제순환과정에서 갑자기 나타나는 것일 수는 없다. 그것은 지나 간 경제순환과정의 누적적 결과이다. 또한 그런 과잉생산이 자본주의적 생 산에서 늘상 지속되는 일상적인 것일 수도 없다. 그것은 새로운 경제순환과 정의 출발점이기도 한 것이다.

말하자면 그것은 어떤 과정을 나타낸다. 그것은 자본주의적 생산 및 재생 산과정의 '비정상적인 상태'(*MEW* 24: 320)로서 개별 생산부문들의 균형이 (총생산에서의) '연속적인 불균형의 과정'으로 나타나는(*MEW* 25: 267) 것을 말한다. 그래서 공황의 모습은 주기적으로 나타나는 순환적인 과정으로 나 타나는데 대개 이런 순환적 과정은 공황과 공황 사이에서 4개의 국면이 이 어지는 형태를 갖는다. 이들 국면은 자본주의적 재생산의 순환 전체를 구성 하며 경기순환이라고도 부른다.

경기순환의 과정은 공황을 기점으로 출발한다. 공황이란 지속되는 호황의 최정점에서 급작스레 모든 자본주의적 재생산과정이 중단되어버리는 사태를 가리킨다. 공황 국면에서는 무엇보다도 세 가지 형태의 자본이 모두 순환을 정지해 버린다. 그런 정지는 지속되어 오던 호황으로 모든 것이 지나치게 과잉 생산되어 더 이상 팽창할 수 없는 마지막 정점에서 마치 풍선이 터지듯이 발생한다. 그 정점에서는 공장이 최대로 증설되어 있으며, 동시에 가동률도 최고를 기록하며, 따라서 노동력에 대한 수요도 가장 높다. 그래서 실업은 최저수준에 머무르며 노동력의 품귀현상으로 임금은 최고수준으로 상승해 있다(*MEW* 24: 409). 상품은 풍부하게 시장에 나와 있으며, 자금수요도 높아 이자율은 매우 높다. 그것은 마치 흥청거리는 잔치마당을 연상하게 한다.

이런 떠들썩한 잔치마당에 공황은 마치 허리케인처럼 밀어닥친다. 허리케인이 휩쓸고 간 자리에는 정적만이 남는다. 모든 것은 갑자기 정지한다. 공장에서 기계와 원료, 노동력의 고용 등의 형태를 띠고 있는 생산자본은 기능을 정지한다. 공장은 가동을 멈추고 휴업상태에 빠지게 되며 노동자들은 실업상태로 전락한다. 생산수단들은 아무런 쓸모도 없는 것들로 전락하여 가치를 상실하고 노동력의 가치, 즉 임금도 형편없이 하락한다. 한편 생산이 이미 이루어져서 생산물의 현물형태를 띠고 있던 상품자본은 더 이상 구매능력을 갖춘 수요자들을 발견할 수 없어서 시장이나 창고에서 팔려나가지 못한 채 잠을 자게 된다. 상품가격은 폭락하게 된다. 상품자본이 판매되지 못함으로써 이미 유통에 투입되어 있던 화폐자본은 더 이상 되돌아오지 못하며, 아직 유통에 투입되지 못한 화폐자본도 생산자본이 기능을 정지한 까닭에 그것을 필요로 하는 곳을 찾지 못한다. 화폐자본은 투자될 곳을 찾을 수 없게 되고 이자율은 바닥으로 떨어진다. 그리하여 세 가지 형태의 자본은 모두 유통을 정지하고 기능을 상실하면서 그것들이 과잉상태였음을 드러낸다. 그리하여 이제 모든 것이 남아돌게 된다.

모든 형태의 자본이 과잉상태가 됨으로써 자본들은 자신의 가치를 증식시키는 것은 물론 자신의 가치를 유지시키는 것도 불가능하게 된다. 자본의 가치는 파괴되고 회복 불능의 상태에 빠지게 된다. 이런 상태는 많은 중소 자본가들의 파산으로 나타난다. 자본의 가치 파괴로 자본 전체의 양은 급격히 줄어들고 이로 인해 역설적으로 공황 이후까지 살아남는 자본에는 더 유리한 증식 가능성이 생겨난다.

공황 다음에는 **불황** 국면이 이어진다. 이 국면에서는 공업생산이 더 이상 줄어들지는 않지만 전반적으로 침체상태에 있으며, 상품가격은 매우 낮은 수준에 머물러 있다. 상업은 활기를 잃은 상태이며 화폐자본이 과잉상태이므로 이자율은 매우 낮은 수준을 유지하고 있다. 공황국면에서 나타났던 자본가치의 파괴현상은 더 이상 진행되지 않지만 아직도 많은 공장들이 휴업 상태에 있고, 많은 실업자들로 인하여 임금은 낮은 수준에 묶여 있다. 그리하여 사회의 구매력도 여전히 낮은 수준을 보이고 있다.

그러나 불황 국면에서는 그 다음에 올 회복 국면이 준비된다. 자본가는 과잉상태로 쌓여 있는 상품들을 꾸준히 헐값에 처분하거나 폐기한다. 그리고 자본가들은 전반적으로 상품가격이 낮은 조건하에서 생산을 새롭게 시작한다. 그리고 여기에서는 여러 가지 유리한 점들이 자본가들에게 작용한다. 즉 우선 임금이 낮기 때문에 과거에 비해 잉여가치율을 훨씬 높일 수 있는 조건이 주어진다. 또한 생산수단들의 가치가 매우 낮아져 있기 때문에 고정자본의 갱신을 통한 새로운 생산방법의 도입이 용이해진다. 고정자본의 갱신은 생산수단에 대한 수요의 증가를 가져오며, 그 결과 생산수단을 생산하는 산업부문들의 생산이 증가하게 된다. 이들 산업부문들에서의 생산의 증가는 이들 산업부문들과 관련된 각종 원료와 자재의 수요증가로 이어지고, 그들 관련 산업부문들의 생산을 자극하게 된다. 그리하여 사회 전반에 각종 생산수단과 노동력에 대한 수요가 늘어나면서 생산과 유통은 점

<표 10> 자본주의적 경기순환의 국면들과 지표들

국면 지표	공황	불황	회복	호황
생 산	최대수준에서 급격히 위축	정체	증가	최대수준
임 금	최고수준에서 급격히 하락	최저수준	상승	최고수준
이 자 율	최고수준에서 급격히 하락	최저수준	상승	최고수준
실 업 률	최저수준에서 급격히 상승	최고수준	하락	최저수준
상품가격	최고수준에서 급격히 하락	최저수준	상승	최고수준

차로 활기를 띠게 된다. 그리하여 불황 국면은 회복 국면으로 넘어간다.

회복 국면에서는 생산이 다시 늘어나기 시작한다. 공황 국면을 극복한 자본가들은 축적을 늘리게 되며, 생산의 확대에 따라 실업은 줄어들고 임금은 상승하게 된다. 생산의 확대에 따라 생산수단과 소비수단에 대한 수요가 모두 증가하며, 그 결과 상품가격은 전반적으로 상승한다. 자본의 증식조건은 개선되며 이윤율이 다시 올라가고 생산은 공황 이전의 수준으로 회복된다. 이런 상태에서 호황 국면이 이어진다.

호황 국면에서는 생산이 공황 국면 이전의 수준을 넘어서며 새로운 기업들이 설립되고 거대한 투자계획들이 실행된다. 상품에 대한 수요가 계속 늘어나서 상품가격은 상승하며, 상품은 날개 돋친 듯이 쉽게 판매된다. 상품가격의 지속적인 상승과 손쉬운 판매에 힘입어 상업자본가들은 상품재고를 최대한으로 늘리고자 하며, 그에 따라 산업생산도 급격히 늘어난다. 모든 자본가들은 이 시기를 이용하여 한밑천을 잡고자 필사적으로 노력하며 그로 인해 사회 전체의 분위기는 비정상적으로 들뜨게 된다. 이런 상태를 '경기과열'(boom)이라고 부르는데, 이 상태에서는 모든 자본가들이 생산과 상업의 규모를 무제한적으로 확대하고자 노력한다. 자연히 모든 형태의 신용이 동원되고 생산과 상업의 규모는 지불능력이 있는 수요의 수준을 훨씬 넘어서게 된다. 바로 이 시점에서 새로운 공황이 준비된다.

생산은 공황 직전의 수준으로까지 확대되지만 아직도 더 많은 상품들이 판매될 수 있을 것처럼 보인다. 과잉생산은 이미 존재하고 있지만 그것은 아직 표면화되지는 않고 있다. 투기로 인해 모든 상품가격이 상승하고 상품에 대한 가수요가 급격히 팽창한다. 가수요의 팽창으로 생산과 소비간의 모순은 극도로 첨예화되며 점차로 창고에 쌓인 상품들이 늘어나고 판매부진 현상이 나타난다. 그리하여 새로운 공황이 발발한다.

공황은 이처럼 일정한 주기를 두고 반복적으로 나타난다. 공황이 이처럼 주기적으로 나타나게 되는 원인은 고정자본의 갱신이 가장 주된 것이다. 공황이 끝나면 새로운 기계와 설비가 투입되며 새로운 생산공정이 도입되고 대규모의 자본투하가 이루어지면서 회복 국면과 호황 국면이 이어진다. 이런 경기순환을 가능하게 하는 것은 오랜 기간에 걸쳐 감가상각을 통해서 모아졌다가 고정자본을 갱신하는 데 사용되는 감가상각기금이다. 고정자본이 갱신되면 노동생산성이 향상되고 생산이 확대됨으로써 회복 국면과 호황 국면이 이어지며, 호황 국면에서 이런 생산의 확대는 수요를 넘는 수준으로까지 확대되며, 그 결과 과잉생산이 이루어져서 공황이 준비되는 것이다. 이리하여 고정자본의 갱신은 생산을 회복시키는 역할을 할 뿐만 아니라 과잉생산의 직접적인 원인이 되기도 한다.

2. 운명을 예고하는 암호, 공황은 왜 발생하는가

주기적으로 반복되는 공황은 자신의 모습을 통해서 무엇을 말하고자 하는가? 공황 속에는 어떤 예언이 숨겨져 있을까? 우리는 공황의 모습인 '연속적인 불균형의 과정'으로부터 그 예언의 암호를 찾아보기로 한다.

1) 개별자본과 사회적 총자본

공황의 모습은 언제나 과잉상태로 나타난다. 과잉이란 균형상태가 파괴된 **불균형상태**를 가리킨다. 그렇다면 도대체 무엇이 불균형이란 말인가? 이 물음 속에 예언의 암호가 숨어 있다.

암호를 푸는 단서는 자본주의적 생산의 사회적 생산구조로부터 얻어진다. 자본주의적 생산은 각기 별개로 행동하는 개별 자본들이 사회 전체로는 사회적 총자본이란 형태로 관련을 맺을 수밖에 없는 구조로 되어 있다. 사회적 총자본이란 무엇인가? 자본주의적 생산에서는 한 사회내에 무수히 많은 개별 자본들이 존재하며, 이들은 다양한 경제부문들 내에서 각기 독립적으로 누구의 간섭도 받지 않고 자기 책임 아래 가치증식 활동을 수행한다. 그러나 이들은 서로가 밀접한 관련을 맺지 않고는 각자의 활동을 수행할 수 없다. 즉 예를 들어 기계를 만들려면 철과 석탄이 있어야 하지만 또 철과 석탄을 생산하기 위해서는 기계가 필요하다. 따라서 기계를 생산하는 자본가와 철 및 석탄을 생산하는 자본가들은 서로가 긴밀한 관계를 유지해야만 한다. 사회적 총자본은 이처럼 서로 연관되어 있고 의존하고 있는 개별자본의 총량을 가리킨다. 그것은 자본주의 생산의 사회적 구조를 나타낸다.

앞에서 이미 얘기했듯이 자본주의적 생산은 기본적으로 재생산이며, 따라서 개별자본은 물론 개별자본의 총량인 사회적 총자본도 재생산을 유지해야만 한다. 그런데 이러한 사회적 총자본의 재생산을 위해서는 개별자본들 간의 관계가 엄격하게 균형을 유지해야만 한다. 즉 기계를 생산하는 자본가가 필요로 하는 양의 석탄과 철이 정확하게 필요량만큼만 생산되어 공급되고, 석탄이나 철을 생산하는 자본가가 필요로 하는 기계의 양도 정확하게 필요량만큼만 공급되어야 한다. 생산되어 공급되는 각 상품의 양이 필요량보다 많거나 적게 되면 사회적 재생산은 장애를 받게 될 것이다.

공황이 4개의 국면을 순환하면서 '연속적인 불균형의 과정'으로 나타나는 것은 바로 이런 사회적 재생산에 필요한 개별 자본들의 균형이 잘 지켜지지 않는다는 것을 의미한다. 왜 그런 균형이 잘 지켜지지 않을까? 우리는 그 원인을 찾기 위해서 그런 균형이 지켜지기 위한 조건을 검토해보기로 한다.

사회적 재생산의 균형조건을 검토하는 데 있어서 우리는 논의의 복잡성을 피하기 위해 먼저 다음의 사항들을 가정해두고자 한다. 사회의 모든 생산은 자본주의적 생산이다. 그리고 불변자본은 일 년 동안에 전부 소비되어 그 가치가 모두 새로운 생산물에 이전된다고 가정한다. 그러면 사회적 총자본은 생산과정에서 현물형태로 만들어지는 사회적 총생산물과 같은 것이 된다.

사회적 총자본의 운동, 즉 사회적 총생산은 사회적 총생산물의 형태로 나타난다. 사회적 총생산물이란 사회적 총자본에 의해서 일 년 동안에 생산된 물건의 총량을 가리킨다. 이들 생산물은 현물로는 생산수단과 소비수단으로 이루어져 있으며, 가치에 있어서는 불변자본과 가변자본, 그리고 잉여가치의 세 부분으로 이루어져 있다. 즉 사회적 총생산물도 개별 상품과 마찬가지로 사용가치와 가치의 통일체로 파악된다.

그리하여 사회적 총생산물은 우선 그 가치에 있어서 개별 상품의 가치와 마찬가지로 c+v+m으로 표현된다. 사회적 총생산물의 이들 세 부분은 재생산과정에서 각기 다른 역할들을 수행한다. 불변자본은 다음 생산과정에 계속 사용되며, 가변자본은 임금으로 지출된다. 그리고 잉여가치는 단순재생산의 경우에는 전부 자본가가 개인적으로 소비하고 확대재생산의 경우에는 그 일부만 자본가가 개인적으로 소비하고, 나머지는 생산을 확대하기 위하여 축적된다.

한편 사회적 총생산물은 그 사용가치에 있어서는 두 부분으로 나누어진다. 생산수단과 소비수단이 곧 그것이다. 그리하여 사회적 생산은 이들 두 부분을 생산하는 부문들로 크게 구분된다. 생산수단을 생산하는 부문을 I부분이라 하며, 소비수단을 생산하는 부문을 II부문이라 한다. 이들 생산수단과 소비수단은 재생산과정에서 각기 다른 역할을 수행한다. 즉 예를 들어 공작기계와 방직기계 등의 생산수단은 전자가 기계와 같은 생산수단을 만드는 데 사용되는 반면, 후자는 소비수단인 옷감을 생산하는 데 사용된다. 그리고 옷이나 신발 등의 소비수단은 직접적으로 개인소비에 사용된다.

그런데 사회적 총자본의 재생산을 위해서는 사회적 총생산물의 두 형태 가운데서 사용가치의 측면, 즉 현물형태가 매우 중요하다. 다시 말해서 사회적 총자본이 원만하게 재생산되기 위해서는 사회 전체적으로 어떤 종류의 생산수단이 얼마만큼 생산되며, 또 어떤 종류의 소비수단이 얼마만큼 생산되는가 하는 것이 중요한 문제가 된다. 사회적 총자본의 운동이 중단되지 않고 계속 진행되기 위해서는 반드시 각종 생산수단과 소비수단이 종류와 양에 있어서 적절하게 생산·공급되어야만 한다. 따라서 생산의 제I부문과 제II부문간에 일정한 균형관계가 성립해야 하고, 이러한 균형관계의 기초 위에서 생산된 생산물들이 교환되고 실현되어야 하는 것이다. 이러한 생산물들 간의 균형이 이루어지기 위해서는 일정한 조건이 필요하다. 첫 번째 암호가 얘기한 균형의 내용은 바로 이들 생산물들간의 균형조건을 말하는 것이다. 이제 암호를 풀기 위한 전제가 마련되었다. 그렇다면 도대체 그런 균형의 조건은 어떤 것인가?

2) 자본주의적 단순재생산에서의 실현조건

앞에서 이미 살펴보았듯이 재생산에는 단순재생산과 확대재생산의 두 가지 유형이 있다. 자본주의적 단순재생산이란 자본가가 노동자들로부터 얻은 잉여가치를 모두 자신의 개인적 소비에 사용해버림으로써 생산을 종전과 동일한 규모로 반복하는 것을 말한다.

단순재생산에서 사회적 총자본이 실현되기 위한 조건을 다음의 예를 통해서 살펴보기로 하자.

제 I 부문   4,000c＋1,000v＋1,000m＝6,000 생산수단
제 II 부문   2,000c＋ 500v＋ 500m＝3,000 소비수단

예에서 제I부문에서는 6,000(여기서 단위는 우리의 편의에 따라 억 원이라고 간주하자)의 생산수단이 생산되었는데, 이를 생산하기 위해 기계, 원료, 자재 등의 구입에 불변자본으로 4,000이 소비되고 임금으로 1,000의 가변자본이 지출되고 그 결과 1,000의 잉여가치가 생산되었다. 그리고 제II부문에서는 모두 3,000의 소비수단이 생산되었는데, 이를 생산하기 위해 2,000의 불변자본, 500의 가변자본이 지출되고, 그 결과 500의 잉여가치가 생산되었다. 그리하여 일년 동안 생산된 사회적 총생산물은 제I부문에서 생산된 생산수단이 6,000, 제II부문에서 생산된 소비수단이 3,000이다.

여기에서 그 다음 해에도 같은 규모로 생산수단 6,000, 소비수단 3,000이 계속 생산되기 위해서는 생산된 사회적 총생산물은 어떻게 실현되어야 할 것인가? 먼저 제I부문에서는 생산이 종전과 동일한 규모로 계속 반복되기 위해서 생산수단, 즉 불변자본 4,000이 다시 요구된다. 그러므로 이것은 제I부문 내의 자본가들 간에 상호 교환된다. 그러나 제I부문에는 그밖에도 가변자본 1,000과 잉여가치 1,000에 해당하는 가치액이 생산수단의 형태로 아직 남아 있다. 이것은 제I부문에서 일하는 노동자들이 받는 임금과 자본가들이 얻는 잉여가치에 해당한다. 그들은 이것을 모두 개인적 소비에 사용할 것이다. 따라서 제I부문의 1,000v＋1,000m, 즉 2,000의 생산수단은 제II부문

에서 생산되는 소비수단과 교환되어야 한다. 이리하여 제I부문의 생산물 6,000은 모두 실현된다.

그 다음 제II부문에서는 생산이 계속되기 위해서 생산수단, 즉 불변자본 2,000이 다시 요구된다. 그런데 제II부문의 생산물은 모두 소비수단의 현물형태를 취하고 있다. 이것은 방금 본 바와 같이 생산수단의 형태로 존재하는 제I부문의 1,000v+1,000m과 교환된다. 그 결과 제II부문은 재생산에 필요한 생산수단—소비수단을 생산하기 위한 생산수단—을 제I부문으로부터 공급받게 된다. 그런데 아직 제II부문내에는 500v+500m, 즉 1,000의 가치액이 소비수단의 형태로 남아 있다. 이것은 앞서와 마찬가지로 제II부문에 종사하고 있는 노동자들과 자본가들의 개인적 소비에 사용될 부분이며, 따라서 제II부문내에서 실현된다. 500v는 제II부문의 자본가와 노동자간에, 500m은 제II부문의 자본가와 자본가간에 실현된다. 이리하여 제II부문의 생산물 3,000이 모두 실현된다.

이상을 요약해 보면 첫째 제I부문의 4,000c에 해당하는 생산수단—생산수단을 생산하기 위한 생산수단—은 이 부문내의 자본가들 사이에서 실현되고, 둘째 제II부문의 1,000(500v+500m)에 해당하는 소비수단은 이 부분내에서 실현된다. 셋째 제I부문의 2,000(1,000v+1,000m)에 해당하는 생산수단—소비수단을 생산하기 위한 생산수단—은 제II부문의 생산물 중 2,000c에 해당하는 소비수단과 교환된다. 이것을 그림으로 표시하면 <그림 25>와 같다.

그리하여 자본주의적 단순재생산의 실현조건은 다음과 같이 정리된다.

(1) 제I부문에서 생산된 생산수단의 가치총액은 제I부문과 제II부문에서 소비되는 생산수단의 가치총액과 같아야 한다.

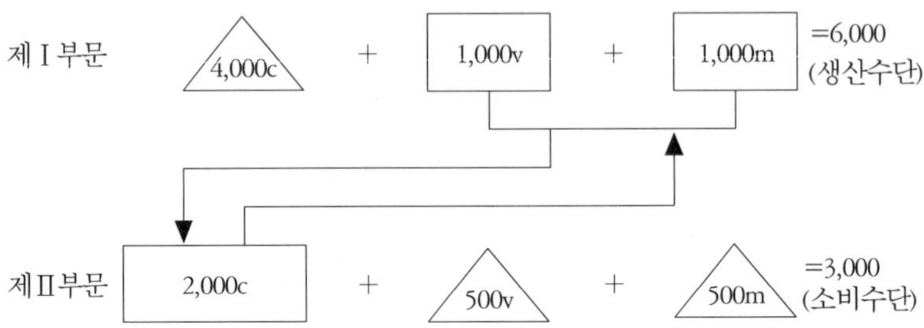

$$\text{I}(c+v+m)=\text{I}c+\text{II}c$$

(2) 제II부문에서 생산된 소비수단의 가치총액은 제I부문과 제II부문의 노동자 및 자본가들의 수입총액과 같아야 한다.

$$\text{II}(c+v+m)=\text{I}(v+m)+\text{II}(v+m)$$

(3) 제I부문의 가변자본과 잉여가치를 합한 것이 제II부문의 불변자본의 가치총액과 같아야 한다.

$$\text{I}(v+m)=\text{II}c$$

이상의 세 가지 조건이 모두 충족되어야만 사회적 총생산물이 모두 실현될 수 있으며, 따라서 단순재생산이 진행될 수 있다.

3) 자본주의적 확대재생산에서의 실현조건

자본주의적 생산에서 전형을 이루는 것은 단순재생산이 아니라 확대재생산이다. 자본주의적 확대재생산이란 자본가들이 노동자들로부터 얻어낸 잉여가치 가운데 일부만을 자신의 개인적 소비에 사용하고 나머지 일부는 자본에 첨가함으로써 생산을 종전보다 확대된 규모로 반복하는 것을 말한다.

생산을 확대하기 위해서는 생산수단과 노동력이 종전보다 더 많이 든다. 그러므로 생산수단을 생산하는 제I부문은 자신의 생산규모를 확대하기 위한 추가적인 생산수단뿐만 아니라 소비수단을 생산하는 제II부문의 생산을 확대하기 위한 추가적인 생산수단까지도 함께 공급할 수 있어야 한다. 그러므로 확대재생산을 위해서는 제I부문의 가변자본과 잉여가치를 합한 가치액이 제II부문의 불변자본 부분보다 커야 한다. 즉 'I(v+m)>IIc'이어야만 한다. 이것을 다음의 예를 통해서 살펴보기로 하자.

제 I 부문 $4,000c+1,000v+1,000m=6,000$
제 II 부문 $1,500c+\ \ 750v+\ \ 750m=3,000$

예에서 제I부문에서는 불변자본 4,000과 가변자본 1,000이 지출되고 잉여가치 1,000이 창출되어 6,000의 생산수단이 생산되었고, 제II부문에서는 1,500의 불변자본과 750의 가변자본이 지출되고, 잉여가치 750이 창출되어 3,000의 소비수단이 생산되었다. 확대재생산에서는 무엇보다도 생산된 잉여가치의 일부가 생산을 확대하는데 사용된다. 그래서 제I부문의 자본가가 잉여가치 1,000 가운데서 500을 개인적 소비에 사용하고 나머지 500은 생산을 확대하는데 사용한다면 이 500은 추가적인 생산수단과 노동력을 구입하는데 지출된다. 그리고 500의 지출은 제I부문의 자본의 유기적 구성이 계속 불변일 경우 4c+1v의 비율로 이루어질 것이므로 400c+100v로 지출된다. 즉 생산의 확대에 돌려진 500의 잉여가치는 불변자본으로 400, 가변자본으로 100이 지출된다. 그리하여 제I부문에서 생산이 확대되기 위해서는 우선 4,400의 생산수단이 제I부문의 자본가들 사이에서 실현되어야 한다. 그리고 나머지 1,600(1,000v+100v+500m)은 제I부문의 노동자와 자본가의 개인적 소비에 사용되는 부분이므로 제II부문의 소비수단과 교환되어야 한다.

제II부문에서도 생산이 확대되기 위해서는 역시 추가적인 생산수단과 노동력이 구입되어야 하며, 이를 위해서 잉여가치의 일부가 지출되어야 한다. 그러면 제II부문에서 창출된 잉여가치 750 가운데서 얼마만큼이 생산을 확대하는 데 돌려져야 할 것인가? 제II부문에서 생산을 확대하는 데 필요한 생산수단은 전적으로 제I부문에서만 구입할 수 있다. 그런데 제I부문은 1,600의 소비수단을 필요로 하고 있으며, 따라서 그만한 가치액의 생산수단을 판매하고자 한다. 그러므로 제II부문은 소모된 1,500의 생산수단을 보전하는 외에 100의 생산수단을 추가로 증대시킬 수 있다. 이 추가적인 생산수단 100을 구입하기 위해서 제II부문의 자본가는 자신의 잉여가치 750 가운데 우선 100을 지출해야 한다. 그리고 생산수단의 추가적 증가에 따라 노동력도 추가적으로 증가해야 하는데, 제II부문의 자본의 유기적 구성이 불변이라면 추가적으로 증대되어야 할 노동력은 50에 해당한다. 즉 제II부문의 자본의 유기적 구성은 1,500c+750v로 2c+1v에 해당하므로 불변자본 100의 증가에 대해서는 50의 노동력의 증가가 요구되는 것이다. 이러한 노동력의 증가분 50도 잉여가치 750 가운데서 지출되어야 한다. 그리하여 제II부문에서는 전체적으로 잉여가치 750 가운데 150이 생산의 확대에 사용된다. 그 결과 제II부문에서는 800v(750v+50v)와 600m(750m−150m)이 제II부문 내에서 서로 교환되어 노동자와 자본가들의 소비에 사용되고, 1,600c(1,500c+100c)는 제I부문의 생산수단과 교환된다.

<그림 26> 자본주의적 확대재생산에서의 실현조건

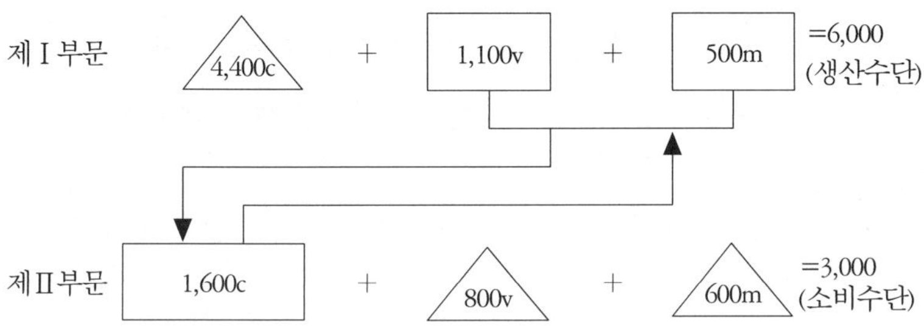

*△: 해당부문 내에서 실현되는 부분
□: 두 부문간에 교환을 통해서 실현되는 부분

지금까지 얘기한 것을 종합하면 다음과 같이 정리된다. 제I부문의 4,400c에 해당하는 생산수단은 제I부문의 자본가들 사이에서 실현되며, 제II부문의 800v+600m에 해당하는 소비수단은 제II부문 내에서 실현되며, 제I부문의 1,600(1,100v+500m)에 해당하는 생산수단은 제II부문의 생산물 중 1,600c에 해당하는 소비수단과 교환된다. 이것을 그림으로 표시하면 <그림 26>과 같다.

이와 같이 생산수단과 소비수단이 제I부문과 제II부문 내부에서, 그리고 제I부문과 제II부문간에 교환됨으로써 확대재생산이 보장된다. 이리하여 다음 연도에는 생산이 다음과 같이 확대된다.

제 I 부문   4,400c+1,100v+1,100m=6,600
제 II 부문   1,600c+ 800v+ 800m=3,200

우리는 자본주의적 확대재생산의 실현조건을 위의 예로부터 다음과 같이 정리할 수 있다.

(1) 제I부문에서 생산된 생산수단의 가치총액은 제I부문과 제II부문의 단순재생산과 확대재생산에 필요한 생산수단의 가치총액과 같아야 한다.

$$I(c+v+m)=I(c+mc)+II(c+mc)$$

(2) 제II부문에서 생산된 소비수단의 가치총액은 제I부문과 제II부문의 단순재생산 및 확대재생산에 필요한 소비수단의 가치총액과 같아야 한다.

$$II(c+v+m)=I(v+mv+mr)+II(v+mv+mr)$$

(3) 제I부문과 제II부문간의 교환관계는 다음과 같이 이루어진다.

$$I(v+mv+mr)=II(c+mc)$$

(mc: 잉여가치 중 불변자본으로 전화된 부분, mv: 잉여가치 중 가변자본으로 전화된 부분, mr: 잉여가치 중 자본가의 개인적 소비로 지출되는 부분)

3. 암호의 의미, 자본주의적 재생산의 모순

자본주의적 재생산의 균형조건은 무엇을 말해주는가? 자본주의적 생산에서 사회적 총자본의 재생산이 순조롭게 진행되기 위해서는 사회적 총생산물이 원활하게 실현되어야만 한다. 그런데 이런 사회적 총생산물의 실현을 위해서는 바로 이들 재생산의 균형조건들이 충족되어야 한다는 것을 의미한다. 즉 크게 생산수단과 소비수단으로 나누어지는 사회적 총생산물들 간에 일정한 비율관계가 균형을 유지해야만 하였다. 이러한 균형은 두 가지 의미를 갖는다. 하나는 자본주의적 재생산체계 전체에서의 생산과 소비간 의 균형을 의미하며, 또 하나는 그러한 균형이 개별 생산물들의 총량 수준 에서 이루어져야만 한다는 것이다.

그런데 자본주의적 생산은 이런 균형을 거의 달성할 수 없는 모순적 구 조로 이루어져 있다. 모순은 첫째 **생산의 무정부성**에서 먼저 나타난다. 자본 주의적 생산은 상품생산을 기초로 고도로 발달된 사회적 분업 위에서 이루 어진다. 그러한 분업 때문에 모든 개별생산자들과 생산부문들은 서로 깊이 관련을 맺으며 서로에게 깊이 의존해 있다. 예를 들어 자동차를 생산하는 데는 수만 개의 부품이 필요하며, 이들 부품을 생산하는 데는 여러 산업부 문과 거기에서 종사하는 숱한 자본가들과 또한 그들에게 고용된 많은 노동 자들이 관련되어 있으며, 이들 모두가 서로 긴밀하게 협조하고 결합됨으로 써 비로소 자동차의 생산은 이루어진다. 따라서 그 생산은 사회적인 협력과 긴밀한 사회적 연계를 전제로 하고 있다. 그 생산은 사회적 성격을 띠고 있 는 것이다.

그러나 이 생산에 참여하는 모든 자본가들은 사회적 생산을 목표로 하고 있는 것이 아니라 자신들의 이윤을 목표로 하고 있다. 자본가들은 오로지 자신의 책임 아래 자신의 이윤을 위해서 생산에 종사한다. 생산은 오로지 그의 판단과 그의 의사에 전적으로 달려 있다. 자본가들에게 생산은 자신의 이윤과 관련된 사적 생산의 성격을 띠고 있는 것이다. 따라서 생산의 사회 적 성격과 사적 성격간에 화해하기 어려운 모순이 존재하게 된다.

한편 이러한 모순은 사회적 재생산의 실현조건을 불안정하게 만드는 것 으로 나타난다. 즉 자본주의적 생산에서의 사회적 분업의 완성을 위해서는 각 생산부문들 간의 생산의 균형이 이루어져야 하는데, 이러한 균형은 우리가 이미 앞에서 논의한 재생산의 실현 조건들이었다. 그러나 이런 실현 조건은 자본가들의 사적 이윤의 달성이라는 목표 때문에 달성되기 어렵다. 그것은 자본주의적 축적의 경향으로부터 비롯된다. 그리하여 모순의 두 번째 형태가 나타난다.

두 번째 모순은 생산의 무제한적 확대경향으로 나타난다. 이것은 자본가들의 사적 생산의 성격으로부터 비롯된다. 자본가들은 이윤의 획득을 목표로 하는데, 이것은 잉여가치 생산의 증대를 통해서 달성된다. 그러나 잉여가치 생산은 궁극적으로 자연적인 한계 때문에 상대적 잉여가치와 특별잉여가치의 생산에 의존할 수밖에 없게 된다. 특히 자본가들 간의 경쟁이 치열해짐에 따라 자본가들의 이윤은 점차로 좁은 한계에 갇히게 되고, 그 결과 자본가들은 주로 특별잉여가치의 생산에 결정적으로 의존하게 된다. 그러나 특별잉여가치는 자본가들 간의 경쟁 때문에 항상 일시적으로만 존재하게 되고, 일정 기간이 경과하고 나면 곧 소멸해 버린다. 따라서 자본가들은 새롭게 특별잉여가치의 생산을 위해 끊임없이 노력하게 된다. 그런데 특별잉여가치의 생산은 항상 노동생산성의 향상, 즉 생산의 확대를 통해서만 이루어진다. 따라서 자본가들이 특별잉여가치의 생산을 위한 끊임없이 노력하는 것은 결국 생산의 무제한적 확대로 이어지게 된다. 이러한 생산의 확대경향은 개별 자본가들의 사적 이익과 관련된 것이며, 따라서 사회적 재생산의 균형 조건은 당연히 전혀 고려되지 않는다.

자본가들의 사적 생산의 성격으로부터 비롯된 생산의 무제한적 확대경향은 사회적 재생산의 균형 조건을 결정적으로 교란시킨다. 생산의 무제한적 확대는 사회적 재생산의 측면에서 소비의 균형된 확대를 통해서만 순조롭게 보장된다. 그런데 생산성의 향상을 통한 생산의 확대는 반드시 자본의 유기적 구성의 고도화를 동반한다. 그리고 자본의 유기적 구성의 고도화는 자본축적 속도에 비해 상대적으로 가변자본의 증가 속도를 저하시키는 것

은 물론 상대적 과잉인구를 증가시킴으로써 임금상승을 억제하여 노동자들
의 수입과 그에 따른 소비능력을 저하시킨다. 그 결과 확대재생산의 실현
조건은 소비능력의 부족으로 균형을 이루지 못하고 교란된다. 생산의 무제한
적 확대는 소비 조건과 모순을 드러내게 된다. 이것이 세 번째 모순이다.

　마지막 네 번째 모순은 자본의 과잉생산으로 나타난다. 이것은 생산의 무
제한적 확대가 새로운 시장의 개척 등에 의해 소비 조건과 균형을 이룰 수
있는 경우와 관련된다. 생산의 무제한적 확대가 소비 조건에 의해 제약을
받지 않을 경우, 즉 생산의 확대가 순조로운 경우에는—이것을 통상 호황기
라고 말하며, 가장 전형적인 경우는 식민지 개척 등과 같이 해외시장의 새
로운 발견으로 시장이 급격히 확대되는 경우이다—고용이 증가하고, 산업
예비군이 감소한다. 생산이 순조로우면 순조로울수록 산업예비군의 감소
정도는 더욱 클 것이고, 산업예비군이 일정 수준 이하로 축소되면 산업의
각 부문에서 노동력 부족이 나타나게 되고 그에 따라 임금의 억제가 어려
워져서 임금이 상승하게 된다.

　임금의 상승은 가변자본 부분의 상대적 증가를 가져오고 그것은 당연히
잉여가치율, 즉 착취도의 하락을 가져온다. 잉여가치율의 하락은 이윤율의
저하를 유발하며, 따라서 생산의 확대를 위해 추가로 투하되는 자본 가운데
는 사회적 평균이윤을 실현시키지 못하는 자본이 나타나게 된다. 이러한 자
본은 정상적인 상태에서는 경쟁에서 금방 소멸하는 자본이지만, 지속적인
호황기에는 자본간 경쟁이 비교적 치열하지 않기 때문에 상당 기간 존속할
수 있으며, 호황이 지속됨에 따라 누적적으로 증가한다. 평균이윤을 실현하
지 못하는 이런 자본을 과잉자본이라고 하며, 그런 과잉자본의 누적적 증가
를 자본의 과잉생산이라고 부른다. 자본의 과잉생산은 궁극적으로 정상적
인 이윤을 실현하지 못하는 자본이 증가한다는 것을 의미하고, 그것은 곧
자본축적이 정상적으로 이루어지지 않는다는 것을 의미하며, 따라서 자본

주의적 확대재생산이 제약에 부딪힌다는 것을 의미한다. 즉 자본주의적 재생산이 모순을 드러내는 것이다. 그리하여 생산의 무제한적 확대는 소비조건과의 모순에 부딪히거나, 아니면 자본의 절대적 과잉생산에 부딪히게 된다(*MEW* 25: 254/255).

이러한 네 가지 모순은 자본주의적 생산이 재생산의 균형조건을 거의 이룰 수 없다는 것을 말해준다. 재생산의 균형은 오로지 우연적으로만 달성되며 일상적으로는 불균형상태가 지배적으로 된다. 공황과 불안정한 경기순환의 반복적인 출현은 바로 그런 재생산의 균형이 자본주의적 생산내에서 거의 달성되기 어렵다는 사실을 말해준다. 자본주의적 재생산이 모순을 가지고 있으며 그 모순이 거의 극복되기 어렵다는 점, 따라서 이 생산양식에서는 지속적인 불안정성이 피할 수 없는 숙명이라는 점, 그것을 공황은 말해준다. 극복될 수 없는 모순을 가지고 진행되는 자본주의적 생산의 운명은 어떤 것일까? 공황은 바로 그런 운명을 예언하고 있는 것이다.

자본주의 사회의 모순에 가득 찬 운동은 현실에 종사하는 부르주아라면 근대산업이 통과하는 주기적 순환의 국면전환 속에서 가장 절실하게 느끼는 것인데, 이 국면전환의 절정이 전반적 공황이다(*MEW* 23: 28).

자본주의는 제2차 세계대전 이후 지속적인 안정성장을 보임으로써 한때 그런 모순을 극복한 모습을 보이기도 하였다. 그러나 그것은 '짧은 꿈'(Lutz, 1984)에 불과한 것이었다. 1980년대 이후 세계화라는 이름으로 급격히 불안정하게 되어가는 세계자본주의는 자본주의의 본질이 불안정성에 있다는 점을 다시 한번 확인시키면서 공황의 예언을 새삼 되살려주고 있다. 특히 우리나라는 1997년의 IMF 경제위기국면을 통해서 그런 불안정의 극단적인 국면을 한껏 경험해야만 하였다.

제12장
『자본론』의 현재와 과거─살아 있는 부분과 죽은 부분

애초 『자본론』은 자본주의적 생산이라는 마법의 세상에서 그 세상을 바꾸고자 하는 열망을 안고 그 변화의 지렛대를 찾는 것을 목표로 한 저작이었다. 그것은 단순히 자본주의적 생산의 수수께끼를 밝히는 데 그치지 않고 그것을 '바꾸고자' 하는 의식적 목표를 가지고 있었다. 그러나 『자본론』이 자신의 그런 목적을 달성하지 못했다는 것은 분명하다. 『자본론』의 전체 초고가 완성된 것이 1865년, 그리고 마지막 제3권의 출판이 1894년, 그로부터 세기가 두 번이나 바뀌었지만 지금 그 마법의 세상은 아직 바뀌지 않았기 때문이다.

그러면 오늘날 『자본론』은 실패한 저작일 뿐인가? 이 물음은 역설적인 이중의 의미를 동시에 담고 있다. 왜냐하면 변화를 달성하지 못했으므로 그것은 실패하였지만 동시에 바로 그 변화가 이루어지지 않았기 때문에 그것이 견지했던 의식적 목표는 아직도 여전히 살아있기 때문이다. 우리가 처음 이 책을 출발할 때 확인했던 승차권, 그것은 변화에 대한 열망을 확인하는 것이었고 이 열망은 『자본론』이 한 세기 전에 확인했던 이후로 지금까지 변함없이 이어지고 있는 것이다. 『자본론』으로부터 과거와 동시에 현재를 함께 정리해내야 하는 이유는 바로 이 점에 있다.

자, 그렇다면 『자본론』으로부터 흘러가버린 과거는 무엇이며 아직도 이어지고 있는 현재는 무엇인지 살펴보기로 하자.

1. 『자본론』 이후의 자본주의 — 새로운 현상, 『자본론』의 한계

지금 누가 맑스를 읽는가? 투기적 매점이 벌어졌고 오존층에 전지구적 관심이 일어났으며 특히 '동유럽'에서 공산주의가 붕괴한 지난 10년의 시간이 흐른 지금, 맑스보다 더 낡고 더 '공룡' 같은 저자가 과연 있는가? 1980년대는 맑스의 관을 영원히 굳게 봉했으며, 그와 그의 괴물 같은 저작들을 역사의 쓰레기통 속으로 집어던졌다. 설사 우리가 서 있는 곳이 역사의 종말은 아닐지라도 그의 역사의 종말인 것은 확실하다(Lash/Urry. 1998: 13).

맑스에 대한 이런 사형선고는 오늘날 그다지 새로운 일이 아니다. 『자본론』은 이미 낡아버린 것이다. 그것은 어쩌면 당연한 일인지도 모른다. 왜냐하면 1865년 『자본론』의 초고가 완성된 때로부터 이미 130여년이 흘렀고 이런 세월의 간격은 그대로 『자본론』의 흘러가 버린 과거를 이루기 때문이다. 사실 『자본론』이 집필된 이후 자본주의적 생산은 그 축적구조에 있어서 크게 두 번의 중요한 변화를 겪었다. 당연히 이들 변화는 『자본론』에서 다루어질 수 없었다. 그리고 바로 그 변화들이 만들어낸 누적적인 결과가 21세기의 문턱에 서 있는 현재의 자본주의를 이룬다. 그래서 이들 변화는 오늘날 『자본론』에게 있어서 어쩔 수 없는 시간의 공백으로 남아 있다. 그 두 가지 변화는 독점과 세계화이다. 이들 변화가 『자본론』의 어떤 부분을 낡은 부분으로 만들어버렸는지 살펴보기로 하자.

1) 독점

맑스가 위의 글(『자본론』 제3권 제27장―필자)을 쓰고 난 이후 몇 배의 주식
회사를 나타내는 유명한 산업경영형태가 새롭게 발달하였다.… 오랫동안 찬사를
받아오던 경쟁의 자유는 자신의 종언을 고하고 또 치욕스럽게도 자신의 파산을
스스로 공표하지 않을 수 없게 되었다. 각 나라마다 각 산업부문들에서는 대사업
가들이 생산의 규제를 위한 카르텔을 결성한다. 하나의 위원회가 각 공장별 생산
량을 확정짓고 들어온 주문을 최종적으로 배분한다. 심지어는… 국제카르텔도
나타났는데 영국과 독일의 제철산업부문의 카르텔이 그런 것이다.… 생산규모가
허락하는 개별 산업부문들에서는 이 산업의 전체생산이 하나의 거대한 주식회사
로 단일하게 집중되어버리기까지 하였다.… 경쟁 대신 독점이 자리하게 되었
고… 그것은 사적 소유의 제한을 받지 않는 사적 생산이다(*MEW* 25: 453/454).

이 글은 엥겔스가 『자본론』 제3권 가운데 편집자 주로 달아놓은 글이다.
엥겔스는 『자본론』에서 발생한 시간의 공백을 이미 제3권을 편집하던 1880
년대에 목도해야 했던 것이다. 그 공백은 독점이란 현상이었다. 맑스는 이
현상을 『자본론』에서 다룰 수 없었고 엥겔스는 자신의 편집자 주로써 그것
이 『자본론』의 논의와 연결된다는 것을 간접적으로 언급할 수밖에 없었다.
　독점이란 무엇을 얘기하는 것이며 그것은 『자본론』의 과거와 어떤 관련
이 있는가?
　독점은 1870년대부터 나타나기 시작하여 1900년대가 되면 이미 일반화
된다. 독점은 경쟁의 결과 발생한다. 자본축적은 자본의 집적과 집중을 동
반하여 자본의 양적 규모를 늘린다. 이런 자본축적은 하나의 자본이 계속
가지치기를 해 나가는 양상을 보이면서 자립적인 개별 자본의 수를 늘린다.
말하자면 자본의 세포분열이 일어나는 것이다(*MEW* 23: 653/654).

이런 세포분열은 동시에 자본들간의 경쟁을 한층 치열하게 만든다. '자본가에 의한 자본가의 수탈'이 본격화되고 '다수의 소자본이 소수의 대자본으로 전화'하는 것이다. 이런 독점의 형성에 있어서 최고의 실천가는 록펠러였다.

1839년 뉴욕주의 조그만 마을 리치포드에서 출생한 이 천재는 1870년 1월 '스탠더드 오일'이란 회사를 설립하였다. 당시 석유시장에서는 석유가 과잉 생산되고 있었고 석유를 운반할 철도회사들도 과잉상태였다. 그리하여 양쪽업계는 가격인하의 치열한 경쟁에서 허덕대고 있었다. 이런 상황에서 록펠러는 철도회사 간부들을 한 곳에 모아놓고 낮은 목소리로 기상천외한 제안을 했다.

"여러분은 오늘부터 철도운임을 인하한다는 어리석은 짓을 그만두어야 합니다. 도리어 전원이 하나의 협정운임을 지금보다 더 높게 결정하여 그것을 실행해주기 바랍니다. 다만 한 가지 조건이 있습니다. '스탠더드 오일'의 석유만은 종래의 싼 운임을 그대로 적용해주시기 바랍니다."

얼토당토않은 이 제안에 갸웃거리는 철도회사 간부들에게 록펠러는 계속해서 다음과 같이 말하였다.

"이 운임시스템을 비밀리에 지켜주시기만 하면 '스탠더드 오일'의 경쟁사들은 높은 운임 때문에 차례로 도산할 것입니다. 그러나 그 회사들은 사라지는 것이 아니고 내가 모두 매수할 것이므로 석유화물이 줄어들 염려는 않으셔도 됩니다.… 이 제안에 찬성하시는 철도회사들에 대해서 '스탠더드 오일'은 우선적으로 석유수송을 맡길 것이며 여러분 개개인에 대해서도 여러 가지를 드릴 것입니다"

철도회사들이 록펠러의 제안을 받아들이자 그 다음 록펠러는 높은 운임으로 경영이 어려워진 경쟁사들을 차례대로 찾아가서 이렇게 말하였다.

"회사를 나에게 팔든지 파산을 하든지 양자택일로 자신의 장래를 선택하

십시오. 은행과 철도는 모두 내 양해 없이는 어떤 결정도 내릴 수 없게 되어 있습니다. 너무 늦으면 회사를 팔려해도 처분이 불가능하게 될 것입니다."

그리하여 1880년 미국 석유의 95%가 록펠러의 손아귀에 들어갔다(히로세 다카시, 1991: 33이하). 이런 독점은 산업부문에서 금융부문으로 확대되는데 록펠러는 '스탠더드 오일'에 쌓이는 돈을 '내셔널 시티뱅크'로 집중시켜 나중에 금융독점체인 '시티뱅크'로 발전시켰다. 은행과 산업부문에서 형성된 독점은 점차로 국제독점체로까지 발전하는데 이것을 엥겔스는 보았던 것이다. 즉 1884년 설립된 국제철도카르텔(International Rail Makers Association)에는 영국, 독일, 벨기에의 철강독점자본이 참가하여 국제적인 판매시장협정을 체결하였던 것이다. 19세기말까지 40개 이하였던 국제독점체는 제1차 세계대전 때는 114개로, 1933년에는 250개로 증가하였으며 오늘날에는 그 수를 헤아릴 수 없이 일반화되었다.

이런 독점은 국가의 개입을 불러일으키는 데 맑스는 이를 이미 신용부문에서 예견하기도 하였다(*MEW* 25: 454). 국가와 독점체의 결합으로 국가독점자본주의라고 불리는 자본주의의 새로운 모습은『자본론』제3권의 출간 이후로도 다시 40여년이 경과하고 나서 미국에서는 뉴딜정책으로, 독일, 일본 등지에서는 파시즘이라는 형태로 나타났다. 제2차 세계대전 이후 자본주의는 국가독점자본주의로서 원숙한 체제로 정착되었다.

록펠러 이후 이렇게 발전해간 독점은 오늘날 자본주의의 일반적 형태로 자리를 잡았다. 그런데 독점은 애초 경쟁의 산물이지만 경쟁을 변질·왜곡시킨다. 반면『자본론』은 가치의 배분에서 가치법칙을 기초로 하고 있으며 이는 생산가격과 평균이윤율을 통한 시장에서의 자본들간의 완전한 경쟁을 전제로 하고 있다. 따라서 1900년대 들어서 새로운 현상인 독점을『자본론』의 논의와 연결시키고자 하는 노력이 있었으며 이런 노력의 고전적인 출발점으로는 레닌의『독점자본주의론』(Lenin, 1977)을 손꼽을 수 있다. 레닌의 저작 이후 독점에 대한 논의가 많이 쌓이면서 『자본론』이 비워둔 독점에 대한 시간의 공백은 상당부분 메워졌다. 그러나 그럼에도 불구하고 이들 공백이 맑스나 엥겔스 자신들에 의해 메워지지 못함으로써 독점에 대한 논의는 여전히 다양한 편차를 드러내면서 갖가지 쟁점을 형성하곤 하였다. 그러나 그런 쟁점도 사회주의권의 몰락과 또 하나의 새로운 경향인 세계화에 매몰되어 이제는 논의의 지평에서 사라져버린 상태이다. 결국 독점은 『자본론』에서 메워지지 않은 공백으로 남게 된 것이다.

2) 세계화

제3권 제5편 특히 제27장에서는 자본주의적 생산 일반 속에서 증권거래소가 어떠한 위치를 차지하는가라는 점이 얘기되어지고 있다. 그러나 이 책이 쓰여진 1865년 이래 하나의 변화가 발생하여 오늘날에는 그것이 증권거래소에 현저하게 증대된 역할을 부여하고 있고, 더구나 이 역할은 더욱 커져가고 있다. 그리고 이 변화가 더 한층 발전하면 그것은 공업과 농업을 포함한 전 생산을, 또 교통수단과 교환기능을 포함한 전 무역을 증권거래업자의 수중에 집중시켜가는 경향이 있고, 이리하여 증권거래소는 자본주의적 생산 그 자체의 가장 두드러진 대표자로 되는 것이다(*MEW* 25: 917).

이 글은 엥겔스가 『자본론』 제3권의 편집을 마친 후에 그 말미에 달아놓은 「제3권의 보유」 가운데 한 부분이다. 엥겔스가 얘기한 제3권의 제5편은 이자 낳는 자본, 즉 대부자본 부분을 가리킨다. 바로 이 신용제도에 관한 논의가 『자본론』에서 또 하나의 공백을 이룬다. 엥겔스가 이미 「보유」에서 짐작은 하고 있었듯이 신용제도의 팽창은 사실 『자본론』의 곳곳에서 예견되고 있다. 그러나 그것이 본격적인 현상으로 드러나기에는 무려 한 세기 이상이 필요했다. 당연히『자본론』은 그 시간의 간격을 도저히 따라잡을 수 없었다.

엥겔스가「보유」를 쓴 때로부터 한 세기가 지나버린 1995년 미국 클린턴 대통령의 오랜 자문위원인 제임스 카빌은 이렇게 말하고 있다.

> 예전에 나는, 만일 다시 태어난다면, 대통령이나 교황이 되고 싶어했다. 그러나 지금은 생각이 바뀌었다. 만일 내가 다시 삶을 살게 된다면 증권시장으로 태어나고 싶다. 왜냐하면 온 세상을 위협할 수 있는 힘이 바로 증권시장에 있기 때문이다(*The Economist*, 1995년 10월 7일).

그의 말은 매우 구체적인 근거가 있었다. 1985년 이후 외환 및 국제유가 증권 거래 매출액은 무려 10배 이상 증가하였던 것이다. 증권가의 하루 거래액은 무려 1조 5천억 달러에 이르고 있었다(Martin/Schumann. 1997: 105). 이 금액은 세계교역액의 20배가 넘는 금액이며 독일 경제의 연간생산액과 비긴다. 또한 그것은 전세계가 원유를 사기 위해 연간 지불하는 금액의 4배에 달하는 액수이다. 세계경제의 중심은 증권시장에 몰려 있는 것이다.

새로운 현상인 세계화는 바로 증권시장의 팽창을 통한 금융의 세계화를 의미한다. 이런 금융의 세계화는 자본주의적 관계를 세계적 규모로 확산시키고 세계적 수준의 분업을 재편하면서 새로운 형태의 축적구조를 형성하였다. 이런 재편과정은 1980년대 이후 본격화되었고 따라서『자본론』의 집필로부터 한 세기가 넘는 시간적 거리를 두고 있다.

새로운 축적구조에서는 무엇보다도 축적의 중심이 산업자본에서 금융자본으로 이동하였다. 그리하여 축적의 주요 기제도 산업자본의 이윤이 아니라 금융자본의 금융수익, 특히 주가수익으로 변화하였다. 산업자본과 금융자본간의 헤게모니가 변화함으로써(de Brunhoff, 1998: 186/187) 산업자본과

노동과정을 둘러싸고 대립해 있던 임노동관계는 이제 금융적 축적체계의
주변으로 밀려나버렸다. 그리하여 임노동자에게는 전반적 위기가 닥쳤다.
축적구조 자체로부터 노동이 배제되는 상황이 발생한 것이다. 결과는 대량
실업의 발생과 고용 없는 성장(경제성장은 이루어지는데 고용은 늘어나지
않는 현상. 전창환, 1999)이었으며 그 결과 노동의 소멸이 예고되고 있다
(Rifkin, 1994; Forrester. 1996).

이런 세계화 현상은『자본론』의 전체 논의구조에 대한 근본적인 도전이
되고 있다.『자본론』은 그 출발점이 되는 가치론에서 이미 화폐를 상품가치
의 단순한 그림자로 상정하고 화폐를 중심으로 한 축적을 아예 배제하고
있다. 따라서 대부자본의 논의에서도 산업자본과 대부자본간의 헤게모니는
당연히 산업자본을 우위에 두는 것이 전제되어 있다. 게다가『자본론』은 외
환시장이 아직 채 형성되기 전에 집필되었기 때문에 금융의 세계화라는 문
제를 제대로 다룰 수 없었다. 그렇기 때문에『자본론』은 사실상 일국 자본
주의라는 조건을 전제로 집필된 것이며 세계 자본주의라는 조건을 본격적
으로 고려할 수 없었다. 요컨대『자본론』은 최근의 세계화 현상에 대해서
논의의 빈자리를 가지고 있는 것이다.

이처럼『자본론』은 오늘날 많은 논의의 공백을 안고 있는 것이 사실이다.
물론 한 세기도 더 전에 쓰여진 저작으로부터 모든 시간의 공백을 뛰어넘
는 열쇠를 기대하는 것은 무망한 일이다. 그러나 이런 논의의 공백이 있다
고 해서 이제 단숨에『자본론』을 쓰레기통에 던져도 좋다고 얘기해도 되는
것일까?『자본론』에는 이제 변화의 지렛대와 관련된 유효한 것이 아무 것
도 남아 있지 않은 것일까?

2. 『자본론』의 현재, 변화의 지렛대

맑스는 『자본론』 제1권을 출간하면서 그 서문에서 자신이 분석하는 "현재의 사회(자본주의라는 마법의 세상—필자)가 결코 고정된 결정체가 아니라 변화될 수 있고 또 끊임없는 변화과정에 있는 유기체"(MEW 23: 15)라고 규정하고 있다.

그것은 적어도 두 가지 의미를 갖는다. 하나는 자신의 분석이 노스트라다무스의 예언서가 아니라는 점이다. 그의 분석대상은 지속적으로 변화하는 것이므로 그가 "문제로 삼은" 것은 "자본주의적 생산의… 법칙 그 자체, 즉 철의 필연성을 가지고 작용하면서 자신을 관철해 나가는 그 경향"(MEW 23: 14)이었지 그것의 구체적인 형태가 아니었던 것이다. 그런 점에서 독점이나 세계화에 대한 논의의 공백은 전혀 『자본론』의 결함이 아니며 오히려 당연한 일에 속한다.

그리고 또 하나는 (바로 이것이 본질적인 부분일 터인데) 이 마법의 세상이 '변화할 수 있다는' 가능성에 대한 확신이었다. 애초 『자본론』이 변화의 열망을 담고 집필되었다는 것은 우리가 이미 여러 차례 확인한 바 있다. 문제는 그 변화의 열망이 '그렇게 되어야 한다'는 도덕률에 그치는 것이 아니라 '실제로 그렇게 되고 있다'는 현실성을 안고 있다는 점이다. 바로 그런 점에서 맑스에게 마법의 세상을 변화시키는 것은 강단에서의 설교가 아니라 현실에서의 운동의 문제였다. 『자본론』의 변화에 대한 문제의식은 실천성에 있는 것이다. 그래서 『자본론』은 변화의 지렛대를 현실에서 발견하고자 했으며 그것을 위해 실천적 운동과 긴밀하게 결합하고자 하였다.

『자본론』 이후 한 세기 반이 지난 지금 마법의 세상은 아직 변화하지 않았고 마법에 갇힌 사람들에게 변화의 열망이 아직 지속되고 있다면 그 변화를 실천에 옮길 과제는 여전히 남아 있는 셈이다. 바로 그런 점에서 『자본론』의 현재는 그대로 살아 있다. 실천운동과 긴밀하게 결합된 변화의 지렛대, 바로 그것이 아직 살아 있는 것이다. 『자본론』이 담고 있는 변화의 지렛대는 두 가지이다. 당파성과 과학성이 바로 그것이다.

1) 노동운동을 통한 실천, 당파성

『자본론』 제3권의 말미에서 맑스는 자신의 전체분석을 종합적으로 요약하는 다음과 같은 글을 쓰고 있다.

> 자본주의적 생산양식을 처음부터 두드러지게 만든 것은 다음의 두 가지 특징이다. 첫째로 이 생산양식은 그의 생산물을 상품으로서 생산한다.… 이것은 노동자 자신이 다만 상품의 판매자로서만, 따라서 자유로운 임금노동자로서만 나타나고 따라서 노동이 일반적으로 임노동으로서 나타난다는 것을 의미한다.… 자본주의적 생산양식을 특징짓는 두 번째 사항은 생산의 직접적 목적 및 규정적 동기로서의 잉여가치의 생산이다(*MEW* 25: 886~888).

『자본론』 제1권의 출판을 앞두고 1867년 8월 24일에 맑스가 엥겔스에게 보낸 편지 속에서도 이와 비슷한 내용이 확인된다.

> 나의 책에서 가장 요긴한 것은 (1) (제반 사실의 모든 이해가 이 점에 기초하네) 바로 제1장에서 강조된, 노동이 사용가치에서 표현되느냐 가치에서 표현되느냐에 따른 노동의 이중성, (2) 잉여가치를 그의 특수한 형태들인 이윤, 이자, 지대 등으로부터 독립해서 다룬 점이네…(*MEW* 31: 326).

즉 『자본론』의 핵심은 노동력의 상품화에 기초한 잉여가치의 규명에 있다는 것이 여기에서 드러난다. 그리고 이런 잉여가치의 분석이야말로 "소유계급의 모든 누적된 자본이 다름 아닌 '불불노동'이라는"(*MEW* 16: 214) 사실을 밝히고 있는 것이다. 따라서 이렇게 파악된 자본주의적 생산양식은 필연적으로 "사회적 적대관계"를 발전시켜 나간다(*MEW* 23: 14).

『자본론』은 바로 이 사회적 적대관계 속에서 변화의 지렛대를 찾았다. 그 관계야말로 변화의 열망을 담고 있는 것이었다.『자본론』이 찾은 변화의 지렛대는 무엇이었을까? 1864년 10월 4일『자본론』제1권의 집필 준비를 모두 마치고, 이제 그것의 출판작업을 앞둔 채 맑스가 졸링겐(Solingen)의 칼 클링스에게 보낸 다음의 편지는 그 지렛대가 무엇이었는지를 밝혀주고 있다.

저는 지난해 내내 아팠습니다(종기와 부스럼에 시달렸지요). 그렇지만 않았더라면 정치경제학에 관한 저의 저서인『자본론』은 벌써 간행되었을 것입니다. 이제 몇 달 후면 마침내 모든 것이 끝나고 부르주아들에게 다시는 회복할 수 없을 치명타를 가하게 되기를 저는 희망합니다.

안녕히 계십시오. 그리고 노동자계급이 언제나 저에게서 한 명의 충실한 선구자를 발견하게 되리라는 것은 믿어도 좋습니다(*MEW* 31: 418).

맑스가 발견한 지렛대는 바로 사회적 적대관계 속에서 부르주아계급과 대립해 있는 노동자계급이었던 것이다. 맑스는 다시『자본』제1권의 집필을 끝내고 출판을 눈앞에 둔 1867년 4월 17일에 제네바의 요한 필립 베커에게 또 이런 편지를 쓰고 있다.

나는 제1권 원고를 마이스너 씨에게 전달하기 위해 지난 수요일에 기선으로 런던을 떠나 풍랑 속에서 금요일 오후에 함부르크에 도착했네. 인쇄는 이미 이번 주초에 시작했으니 5월말에는 제1권이 간행될 것이네. 저서 전체는 세 권으로 간행되네. 제목은『자본론. 정치경제학 비판』이네. 제1권은 '자본의 생산과정'을 포괄하네. 그것은 부르주아들에게 던져진 가장 가공할 만한 폭탄이 될 것이 틀림없네…(*MEW* 31: 541).

맑스는 변화의 지렛대인 노동자계급이『자본론』을 무기로 사용하기를 희망했던 것이다.『자본론』은 이처럼 노동운동의 실천과 결합해 있으며 그런 점에서 21세기의 문턱인 지금도 마법의 세상을 변화시키고자 하는 열망이 노동운동에 남아 있다면『자본론』은 아직 그 생명력을 잃지 않고 있는 것이다. 그러나 만일『자본론』이 강단과 연구실속으로 들어가버렸다면 그리하여 노동운동의 실천과 결별했다면, 그리고 노동운동이 변화에 대한 열망을 버렸다면『자본론』은 이제 마땅히 쓰레기통 속으로 던져버려도 좋을 것이다. 그런 열망과 실천이 아직 남아 있을까?

2) 현실에 대한 절제된 인식, 과학성

1879년『자본』제1권에 대한 대중적인 이탈리아어 발췌번역판이 출판되자, 맑스는 그 번역자인 카를로 카피에로에게 7월 29일 다음과 같은 편지를 썼다. 그는 여기에서『자본론』의 개요를 대중적으로 전달하는 데 주의해야 할 사항을 지적하고 있는데, 거기에는『자본론』이란 무기를 어떻게 사용할 것인지에 대한 중요한 힌트가 담겨 있다.

… 문제 핵심의 기본사고에 대해 말씀드리자면… 프롤레타리아의 해방을 위해서 필요한 물적 제조건이 자본주의적 생산의 진행에 의해 자생적으로 산출된다는 점에 대한 증거가 결여되어 있습니다.

그 밖의 점에 있어서 저는—제가 당신의 서문을 올바르게 이해했다면—교육시키고자 하는 사람들의 정신에 지나친 부담을 주어서는 안된다는 당신의 의견에 동의합니다. 적당한 시기에 이 문제를 재론하시고 『자본론』의 이런 유물론적 토대를 더욱 강조하신다면 그 어느 것도 당신을 방해하지 않을 것입니다(*MEW* 34: 384).

맑스는 변화의 지렛대가 현실 위에서 작동하기를 희망하였다. 맑스는 그것을 머리 속에서 만들어지는 관념과 구별하고자 노력하였고 그런 그의 의도는 헤겔과 자신을 비교한 부분에서 가장 극명하게 드러난다.

나의 변증법적 방법은 근본적으로 헤겔의 그것과 다를 뿐만 아니라 오히려 정반대이다. 헤겔에게는 그가 '이념'이라는 이름 아래 자립적 주체로까지 전화시킨 사유과정이 현실적인 것의 창조자이고 현실적인 것은 다만 그 외적 현상을 이룰 뿐이다. 나에게는 그와 반대로 관념적인 것은 인간의 머리 속으로 전환되고 번역된 물질적인 것 이상의 아무 것도 아니다(*MEW* 23: 27).

맑스는 『자본론』이란 무기가 관념 속에서 작동하는 당위적인 도덕률로서 사용되기보다는 현실의 물적 운동 속에서 실제로 효력을 갖기를 희망하였던 것이다. 그래서 그는 변화되어야 할 마법의 세상이 개인의 탐욕이나 책임에 기인하는 것이 아니라 사회적 관계(물질적인 것)이라는 점을 분명히 하였다.

만일의 오해를 피하기 위하여 한 가지 언급해 두고자 한다. 나는 자본가와 토지소유자를 결코 장밋빛으로 묘사하지 않을 것이다. 그러나 여기에서 개인이 문제로 되는 것은 오로지 그들이 갖가지 경제적 범주들의 인격화인 경우에 한해서이며 특정한 계급관계 및 이해의 담지자인 경우에 한해서이다(*MEW* 23: 16).

그런 점에서 『자본론』이 다루고 있는 내용은 '자본주의 혹은 자본가, 혹은 토지소유자가 나쁘다 좋다'라는 등의 도덕적 판단을 담은 윤리학이 아니라 자본주의라는 사회적 관계의 물적 구조를 객관적으로 분석하는 과학(특히 사회과학)인 것이다. 이런 과학적 입장에서는 마음속의 이념이나 희망에 쫓긴 비약이 엄격하게 절제된다. 물적 운동의 조건에 대한 냉철한 분석만이 실천적 운동의 전제를 이룬다. 맑스는 『자본론』이라는 무기가 바로 그런 절제된 과학적 무기로 사용되기를 희망하였던 것이다. 그리고 바로 그런 점에서 오늘날 세계화된 자본주의의 물결 속에서 변화의 열망을 간직한 사람들에게 『자본론』은 아직 살아 있는 현재를 이룬다.

한 사회가 그 운동의 자연법칙을 발견하였다 하더라도 그 사회는 자연적인 발전단계들을 뛰어 넘을 수 없고 그것을 법령으로 제거할 수도 없다. 다만 그 산고를 단축하고 완화할 수는 있다(*MEW* 23: 15/16).

참고문헌

1. 맑스와 엥겔스

저작

Engels, F.(1845), "Die Lage der arbeitenden Klasse in England," *MEW* Bd.2

_______ (1867), "Rezension des Ersten Bandes 'Das Kapital' für die 'Elderfelder Zeitung,' 1867.10.22," *MEW* Bd.16

_______ (1885), "Zur Geschichte des Bundes der Kommunisten," *MEW* Bd.21

_______ (1886), "Vorwort zur englischen Ausgabe [des ersten Bandes des "Kapitals"]," *MEW* Bd.23

_______ (1885), "Vorwort [zum zweiten Band des "Kapitals"]," *MEW* Bd.24

_______ (1894), "Vorwort [zum dritten Band des "Kapitals"]," *MEW* Bd.25

Marx, K.(1849). "Lohnarbeit und Kapital," *MEW* Bd.6

_______ (1865), "Lohn, Preis und Profit," *MEW* Bd.16

_______ (1867), "Das Kapital Ⅰ," *MEW* Bd.23

_______ (1885), "Das Kapital Ⅱ," *MEW* Bd.24

_______ (1885), "Das Elend der Philosophie," *MEW* Bd.4

_______ (1886), "Thesen über Feuerbach," *MEW* Bd.21

_______ (1894), "Das Kapital Ⅲ," *MEW* Bd.25

Marx, K./Engels, F.(1848), "Das Kommunistische Manifest," *MEW* Bd.4

편지

"Marx an Engels, 1858.4.2," *MEW* Bd. 29, S. 318

"Marx an Engels, 1858.4.29," *MEW* Bd. 29, S. 323

"Marx an Engels, 1866.2.13," *MEW* Bd. 31, S. 179

"Marx an Engels, 1867.8.16," *MEW* Bd. 31, S. 323

"Marx an Engels, 1867.8.24," *MEW* Bd. 31, S. 326

"Marx an Engels, 1867.9.12," *MEW* Bd. 31, S. 346

"Marx an Carl Klings, 1864.10.4," *MEW* Bd. 31, S. 418

"Marx an Johann Philipp Becker, 1867.4.17," *MEW* Bd. 31, S. 541

"Jenny Marx an Ludwig Kugelmann, 1867.12.24," *MEW* Bd. 31, S. 596

"Marx an César De Paepe, 1871.11.24," *MEW* Bd. 33, S. 338

"Marx an Carlo Cafiero, 1879.7.29," *MEW* Bd. 34, S. 384

2. 국내문헌

강신준(1991), 『수정주의 연구 I 』, 이론과실천

한국산업사회학회, 『경제와 사회』

고사카 지로/ 임종한 옮김(1996), 『마쓰시타』, 매일경제신문사

노동부, 『매월 노동통계 조사보고서』

노동부, 『임금구조기본통계조사보고서』

노동부, 인터넷 홈페이지

『동아일보』

리 아이아코카/ 윌리엄 노바크(1985), 『아이아코카 자서전』, 범우사

『마태복음』

월간 『말』

보이어 모레이스(1989), 『알려지지 않은 이야기들 1』 현장문학사

『부산일보』

셰익스피어/ 김재남 역(1996), 『베니스의 상인』, 서문당

성낙선(1997), 「생산적 노동자에 대한 국가재정의 소득재분배 효과」, 한국사회경제
학회, 『사회경제평론』 제10호

『요한계시록』

유하(1994), 『바람 부는 날이면 압구정동으로 가야 한다』, 문학과지성

『인터넷 한겨레』

전창환 편저(1999), 『현대 자본주의의 미래와 조절이론』, 문원출판사

전태일 기념관 건립위원회 엮음(1983), 『어느 청년 노동자의 삶과 죽음』, 서울
정성진(1990), 「한국경제에서의 마르크스 비율의 분석」, 서울대 박사학위논문
정운영(1989), 『광대의 경제학』, 까치
『조선일보』
중국 남경대학 마르크스-레닌주의 교수연구실 정치경제학 연구 교수연구조 지음/
    한국선 외 옮김(1989), 『통속 정치경제학』, 청년사
『한겨레신문』
한국노동연구원(2000), 『2000 해외노동통계』
______ (2001), 『2001 KLI 노동통계』
한국사회연구소(1991), 『한국경제론』, 백산서당, 1991
한국생산성본부, 『생산성리뷰』
한국은행, 『조사통계월보』
황석영(1983), 「어둠의 자식들」, 『제3세대 한국문학 15』, 삼성출판사
히로세 다카시/ 신지평 옮김(1991), 『억만장자는 허리우드를 죽인다』, 두레

3. 외국문헌

de Brunhoff(1998), "Money, Interest and Finance in Marx's Capital," *Marxian Economics: A Reappraisal*, Vol. 1, Edited by R. Bellofiore, Macmillan
Dobb, Maurice(1959), *Wages, James Nisbet and Company*(강신준 옮김, 1983, 『임금론』, 거름사)
The Economist
Forrester, Viviane(1996), *L'Horreur Économique, Librairie Artème Fayard, Paris*(김주경 옮김, 1997, 『경제적 공포』, 동문선)
Foster, William(1959), *Outline History of the World Trade Union Movement*(정동철 옮김, 1986, 『세계노동운동사 1』, 백산서당)
Galbraith. J. K.(1977), *The Age of Uncertainty*, London(김태선 옮김, 1992, 『불확실성의 시대』, 기린원)
______ (1955), *The Great Crash 1929*(최광열 옮김, 1981, 『대공황 1929』, 양영각)

Haubtmann, Pierre(1982), *Proudhon: Sa vie et sa pensée(1809~1849)*, Paris(이학수, 1988, 「프루동과 노동조합」, 『프랑스 노동운동과 사회주의』, 느티나무)

Hofstadter. Richard(1945), *Social Darwinism in American Thought 1860~1915*, Philadelphia: University of Pennsylvania Press

Homer(B.C. 900?), *Iliad*

Huberman, Leo(1968), *Man's Worldly Goods*, New York: Monthly Review Press

Ilin, M./ 정성호 번역센터 옮김(1993), 『인간의 역사』, 오늘

IMF, *International Financial Statistics Yearbook*

Kuczynski, Jürgen/ translated by C. T. A. Ray(1967), *The Rise of Working Class*(박기주 옮김, 1989, 『노동계급등장의 역사』, 푸른산)

Langford, J. A.(1868), *A Century of Birmingham Life from 1741~1841*, Compiled and edited by J. A. Langford, 2 vols., Vol.1, Birmingham: Osborne, 1868

Lash, Scott/ Urry, John(1994), *Economy of Signs & Space*(박형준·권기돈 옮김, 1998, 『기호와 공간의 경제』, 현대미학사)

Lenin, V. I.(1977), *Imperialism, the highest stage of capitalism*, New York: International Publishers

_______ (1990), "The Three Sources and Three Component Parts of Marxism," *Introduc -tion to Marx, Engels, Marxism*, Mocow: Progress Publishers

Lutz, B.(1984), *Der kurze Traum immerwährender Prosperität*, Frankfurt/M., New York

Malthus. T. R.(1836), *Principles of Political Economy*, second ed., London

Martin, H. P./ Schumann, H.(1996), *Globalisierungsfalle*, Hamburg(강수돌 옮김, 1997, 『세계화의 덫』, 영림카디널)

Mills, W.(1956), *The Power Elite*, London: Oxford University Press

Morton and Tate(1956), *The British Labour Movement 1770-1920*, London

Moss, Bernard(1975), "Parisian Producers' Association(1830~51): The Socialism of Silled Workers," Roger Price ed., *Revolution and Reaction: 1848 and the Second French Republic*, New York

Müller, Klaus(1988), *Wo das Geld die Welt regiert*, Frankfurt am Main: Verlag Marxistische Blätter, 1986(『돈은 어떻게 세계를 지배하는가』, 들불, 1988)

Pirenne, H.(1925), *Medieval Cities*, Princeton University Press

Ricardo, D.(1951), *On the Principles of Political Economy and Taxation*, Cambridge University Press

Richter, Horst et.(1988), *Politische Ökonomie des Kapitalismus und des Sozialismus*, Berlin(유팔무 옮김, 1990, 『현대 정치경제학』 I, 서울)

Rifkin, Jeremy(1994), *The End of Work*, Jeremy P. Tarcher Inc.(이영호 옮김, 1996, 『노동의 종말』, 민음사)

Schlesinger Jr., A. M.(1957), *The Crisis of the Old Order*, Houghton Mifflin Col., Boston

Schneider, Helmut et al.(1980), *Geschichte der Arbeit: vom Alten Ägypten bis zur Gegenwart*, Kiepenheuer & Witsch, Köln(한정숙 옮김, 1982, 『노동의 역사』, 한길사)

Sée, H.(1936), *Französische Wirtschafigeschichte*, Vol. II, Jena

Smith, A.(1937), *An Inquiry into the Nature and Causes of The Wealth of Nations*, Modern Library, New York

Torrence, R.(1815), *An Essay on the external Corn Trade*, London

U.S.A. BLS, *Hourly Compensation Cost for Production Workers in Manufacturing*, 2000

Weber, M.(1920), *The Protestantische Ethik und der Geist des Kapitalismus*, Gesammelte Aufsätze yur Religionssoziologie Bd. 1, J. C. B. Mohr, Tübingen

Wygodski, W .S.(1976), *Wie "Das Kapital" entstand*, Frankfurt am Main: Verlag Marxistische Blätter

찾아보기